A crise da ideologia keynesiana

Lauro Campos

A crise da ideologia keynesiana

Segunda edição, revista e ampliada pelo autor.

Direção editorial
Ivana Jinkings
Edição
Carlos Lima e Franck Soudant
Assistência editorial
Thaisa Burani
Revisão
Marta Almeida de Sá
Coordenação de produção
Livia Campos
Diagramação
Franck Soudant e Livia Campos
Capa
Antonio Kehl

Equipe de apoio: Allan Jones, Ana Yumi Kajiki, Artur Renzo, Bibiana Leme, Eduardo Marques, Elaine Ramos, Giselle Porto, Isabella Marcatti, Ivam Oliveira, Kim Doria, Leonardo Fabri, Marlene Baptista, Maurício Barbosa, Renato Soares, Thaís Barros, Tulio Candiotto

CIP-BRASIL. CATALOGAÇÃO NA PUBLICAÇÃO
SINDICATO NACIONAL DOS EDITORES DE LIVROS, RJ

C212c
2. ed.
Campos, Lauro, 1928-2003
A crise da ideologia keynesiana / Lauro Campos. - 2. ed. - São Paulo : Boitempo, 2016.

Inclui bibliografia
ISBN 978-85-7559-506-0

1. Economia keynesiana. I. Título.

16-37305 CDD: 330.156
CDU: 330.834

1ª edição: novembro de 2016

Este livro teve uma edição anterior, pela editora Campus, do Rio de Janeiro, em 1980. Esta que o leitor tem em mãos, revista e ampliada pelo autor, é a primeira edição pela Boitempo. Sua publicação contou com o apoio da Fundação Lauro Campos.

BOITEMPO EDITORIAL
Jinkings Editores Associados Ltda.
Rua Pereira Leite, 373
05442-000 São Paulo SP
Tel./fax: (11) 3875-7250 / 3875-7285
editor@boitempoeditorial.com.br | www.boitempoeditorial.com.br
www.blogdaboitempo.com.br | www.facebook.com/boitempo
www.twitter.com/editoraboitempo | www.youtube.com/tvboitempo

Sumário

Prefácio

O desvelamento do papel ideológico do fundo público

Carlos A. F. Lima e*
*João dos Reis Silva Júnior***

A crise da ideologia keynesiana, de Lauro Campos, que ora vem a público em sua segunda edição totalmente revista e ampliada pelo autor, constitui-se em verdadeiro clássico do pensamento econômico brasileiro, a investigar, de forma penetrante, a *Weltanschauung* keynesiana.

O professor Lauro Campos apresenta, neste livro, uma singular análise do pensamento do maior ideólogo economista do século XX, lorde John Maynard Keynes.

Quando a primeira edição deste livro veio a público, em 1980, o professor Lauro concluía um longo caminho de pesquisa e reflexão sobre a ideologia econômica keynesiana. Conforme disse em plenário no Congresso Nacional, sua vontade, sua volição primeira era fazer psicanálise, estudar Freud para desconstruí-lo. Não pôde fazê-lo porque, à época, tinha primeiro de cursar medicina para, depois, fazer o curso de psicanálise. Tal fato direcionou-o para os cursos de direito e economia, e ele terminou por se dedicar mais ao segundo do que ao primeiro.

Possuidor de ampla cultura – na casa paterna, "bastava esticar o braço para ter em mão Sigmund Freud, Alfred Adler, Carl G. Jung, Karl Mannheim e outros" –, este senador, "armado" com a sociologia do conhecimento, afirmava:

> minha principal dívida, neste particular, é para com o meu pai e mestre, Carlos Campos, com quem cedo aprendi a conhecer parte da grandeza da mente consciente e inconsciente do homem.[1]

E, mais adiante:

---

* Professor da Universidade de Brasília (UnB). (N. E.)
** Professor da Universidade de Sorocaba (Uniso). (N. E.)

[1] Ver, neste volume, p. 34.

> No decorrer de sua obra, Carlos Campos identificou diversos mecanismos de distorção. O conhecimento deles permitiu-lhe a elaboração crítica que constitui a maior parte de seus estudos. O que deriva da análise do trabalho desse professor é uma verdadeira instrumentalização da sociologia do conhecimento.[2]

É inegável que Lauro Campos fez com Keynes o que pretendia fazer com Freud caso tivesse realizado sua primeira querença.

Em depoimento na Universidade de Brasília, Lauro declinou-nos suas influências maiores: Carlos Campos, Karl Marx e Karl Mannheim. Além desses, divisamos no vasto conhecimento do pensador autores como Sigmund Freud, Ernest Jones, Otto Rank, Karen Horney, Dalbiez, Engels, Lenin, Trotski, Marcuse, Adorno, Benjamin, Paul Mattick, Maurice Dobb, Rosa Luxemburgo, Henri Lefebvre, Georg Lukács e outros tantos que lhe permitiram e possibilitaram perscrutar o mundo do ponto de vista do trabalhador.

O livro é o ápice de uma longa pesquisa iniciada nos anos 1950 com sua tese de livre-docência, intitulada *Inflação: ideologia e realidade* (1956), na qual a teoria keynesiana já era apresentada como ideologia. Mais tarde, Lauro Campos continuou seus estudos em Roma, com a tese *Controle econômico, controle social* (1958). Nos anos 1960, teve de se retirar do Brasil devido à perseguição de que era vítima pelo governo militar, indo para Sussex, na Inglaterra, onde passou a lecionar. Nos anos 1970, já de volta ao Brasil, escreveu dois textos de rara profundidade: "Mecanismos de sustentação do crescimento I: o terciário" e "Mecanismos de sustentação do crescimento II: as *Agenda*", em 1973 e 1974, respectivamente. É interessante observar que o marxista Lauro Campos, com a acuidade que lhe era peculiar, percebeu que a produção capitalista, produtora de mercadorias, em vez de valorizar o capital ou, dito de outra forma, aumentar o *capital equipment*, começou a desviar recursos que serviriam para sua reprodução ampliada, passando estes a ser canalizados para o terciário e as *Agenda*, produzindo não-mercadorias (não-meios de consumo e não-meios de produção). A gênese e o desenvolvimento das não-mercadorias são magistralmente bem desenvolvidos nas *Agenda*.

Em 1980, é publicado *A crise da ideologia keynesiana*. Este livro é impressionante pela análise percuciente, meticulosa e cuidadosa que faz dos meandros, ardis e malabarismos contidos na obra do genial lorde Keynes. O texto está escrito numa linguagem inteiramente acessível. O autor era um mestre nos variegados domínios em que, como escafandrista, analisou a obra de Keynes. Nesta obra, chama atenção, também, a monumental cultura do autor. Poucos são os economistas que se aventuram a escrever um livro de economia adentrando o corredor escorregadio da ideologia. Lauro

---

[2] Ibidem, p. 43.

não se aventura, discorre com desenvoltura sobre a questão da produção e circulação da ideologia no mundo do capital e o faz demonstrando, com sagacidade, as transformações da ideologia em termos de verdade desde a Idade Média até o modo de produção capitalista. Vejamos o que nos diz:

> A perda de racionalidade das proposições do *laissez-faire*, que se tornaram incapazes de superar as contradições que lançaram o mundo na crise de 1929, permitiu que Keynes percebesse que a utilidade era o critério da verdade capitalista. Se as proposições do *laissez-faire*, ao deixarem de ser úteis, de dinamizar com respostas adequadas o organismo da economia capitalista, deixaram de ser verdadeiras, então era preciso criar uma "nova sabedoria para a nova era", e esta nova sabedoria ainda não poderia conter proposições reais, verdadeiras. Por "mais cem anos", Keynes acreditava que deveríamos continuar fingindo para nós mesmos e para todos que "o justo é ignóbil e o ignóbil é justo, porque o ignóbil é útil e o que é justo não é útil. A avareza e a usura e a precaução devem ainda continuar sendo nossos deuses. Porque apenas eles podem nos conduzir para fora do túnel da necessidade econômica em direção à luz do dia".[3]

Vale a pena ressaltar que Lauro Campos, conforme disse a um amigo, fez uma inversão ao escrever primeiro sobre a crise da ideologia, antes que o real apresentasse sua crise completa. Só a agudeza e a fertilidade de um pensamento consistentemente fundamentado poderiam apontar, com tamanha limpidez, o devir da ideologia keynesiana em crise.

Vinte e um anos mais tarde aparece outra obra, também de grande fôlego, deste escafandrista das relações socioeconômicas: *A crise completa: a economia política do não*, na qual a crise capitalista, a crise do mundo real, vai aparecer com toda virulência, e então podemos constatar, com clareza, a veracidade do que o professor Lauro Campos dizia 33 anos antes com a primeira edição deste livro e há 57 anos com sua tese de livre-docência.

O capítulo 1 constitui uma impressionante apresentação dos mecanismos finamente elaborados pela ideologia. Com o instrumental da sociologia do conhecimento acima aludido, o autor nos oferece e nos deixa uma irrepreensível análise dos mecanismos de distorção e deformação utilizados por Keynes em sua obra magna e, *pour cause*, faz deles o meio pelo qual elabora uma análise penetrante e impecável dos rendimentos decrescentes, demonstrando sua irracionalidade. Mais adiante, no capítulo 3, desenvolve sua crítica a esse conceito sagrado dos economistas. Não há dúvida de que Lauro Campos, em um golpe de mestre, rasga os véus da teoria econômica convencional fundada na pretensa racionalidade dos rendimentos decrescentes. Esta desconstrução, o ato de desnudamento do conceito, já

---

[3] Ibidem, p. 65.

coloca Campos na galeria dos grandes pensadores da crítica da economia política. Ao examinar o tempo na teoria econômica, esquadrinha a perspectiva de curto prazo marshalliana e mostra, com clareza, o quão vazio de conteúdo é este conceito, principalmente quando aplicado à macroeconomia. Como assevera:

> Keynes foi o gênio do escapismo e do disfarce. O prazo do multiplicador de investimentos não é o curto prazo, tampouco o é o lapso amplo em que conceitua a eficiência marginal do capital, "o direito ao fluxo de rendas futuras que espera obter da venda de seus produtos, enquanto durar o capital". Duração que é superior, muito mais ampla do que o curto prazo. Keynes jogou com o tempo, de acordo com as necessidades de suas "demonstrações", e sua inteligência não ficou prisioneira do curto prazo marshalliano. Mas foi prisioneira, sem dúvida, do estágio de desenvolvimento das contradições do capitalismo, das necessidades de soerguer a taxa de lucro disfarçada com o nome de eficiência marginal do capital e o processo de acumulação, que tinham ainda alguma potencialidade, nas condições cada vez mais limitadas e difíceis da economia capitalista.[4]

Ricardo, porta-voz do capital industrial, deixa claro, no segundo capítulo dos *Princípios de economia política e tributação*, que é na agricultura, e somente nela, que os rendimentos são decrescentes. Seria completamente ilógico o defensor *par excellence* do capital industrial dizer que os recursos investidos na indústria proporcionariam aos capitalistas industriais rendimentos decrescentes, o que levaria Lauro Campos a afirmar:

> A moldura que envolve Keynes é mais acanhada. Ao invés do longuíssimo prazo de produção do homem, Keynes parece se contentar com o curto prazo marshalliano, lapso tão curto que elimina a ocorrência de modificação na "técnica, na organização e no equipamento". [...] Se a rendimentos constantes deve corresponder a estabilidade imobilizadora de salários constantes; se a retornos mais do que proporcionais devem corresponder salários em elevação, que participam dos incrementos de produtividade, só os retornos menos que proporcionais, como lei geral do movimento da grande indústria capitalista, poderiam justificar a redução do salário real por unidade de trabalho que Keynes considerava imprescindível para soerguer a taxa de lucro decaída pelo colapso de 1929. Assim, a moldura acanhada em que a esperteza de Keynes colocou o curto prazo marshalliano limitou a grandeza do gênio: ninguém pode ser gênio no curto prazo. Mas Keynes não se limitou ao curto prazo: usou-o enquanto ele fornecia a falsa imagem de uma indústria capitalista em que os rendimentos decrescentes apareciam como resultado de sua operação, ao invés dos evidentes rendimentos crescentes que Ricardo e os clássicos viam resultar da formidável dinâmica industrial.

---

[4] Lauro Campos, "A grandeza das pinturas e a dimensão dos quadros" (Brasília, UnB, 1983), col. Lauro Campos, v. 2, p. 4; mimeo.

É evidente que Keynes sabia da impossibilidade de pensar a economia no curto prazo, mas esse "gênio do disfarce" o utilizou para colimar seu objetivo maior, qual seja, garantir a redução da unidade marginal de trabalho para aumentar a eficiência marginal do capital, isto é, a taxa de lucro dos capitalistas.[5]

O autor mostra a utilização por Keynes, na *Teoria geral*, do curto prazo marshalliano e, *pari passu*, a mudança no plano de análise para manter, em teoria, os rendimentos decrescentes que cabiam como uma luva no arsenal teórico keynesiano, a fim de demonstrar a necessidade de redução da unidade marginal de salário. Toda a arquitetura dos rendimentos decrescentes é, então, posta às claras. A urdidura do conceito é, por dentro, dinamitada. A aparente consistência lógica cai por terra. Para Campos:

> [...] a periodização marshalliana, a introdução do tempo ou dos períodos na análise econômica permitiram o passe mágico que estendeu à indústria a lei lógica dos rendimentos decrescentes. Armou-se, graças à hipótese de *ceteris paribus* aplicada aos elementos dinâmicos, um quadro extremamente simplificado e irreal, no qual logicamente o produto aparece como função decrescente da variável: unidades de trabalho empregadas. O que não deixa de ser um truísmo. A única dificuldade é que nem tudo que é lógico é real e a economia deveria tratar de relações reais e não de princípios lógicos ou truísticos, com conteúdo teleológico à flor da pele.[6]

E, mais adiante:

> Keynes rompeu parcialmente com o conceito marshalliano de curto prazo. Aceitou-o, na íntegra, no início da *Teoria geral*, porque só nele pode ser demonstrado (*ab definitio*) que a lei dos rendimentos decrescentes, se aplicada à atividade industrial, impõe a redução da unidade de salário como decorrência do aumento do volume de ocupação. Assim, a fantástica lei racionaliza e justifica o impulso capitalista de reduzir a unidade de salário real, atribuindo a redução à lei física (!) dos rendimentos decrescentes que se manifestaria no quadro arranjado do curto prazo marshalliano-keynesiano. Aqui cabe o pensamento de Nietzsche: "Nosso pensamento e nosso julgamento de valor não são senão desejos sob a máscara".[7]

O disfarce, o engodo, a mentira vêm à tona postos pelas linhas de Lauro Campos, que, com sua sensibilidade e agudeza intelectiva, teve a capacidade de ir à intimidade do sistema analisando os conflitos, as contradições e os antagonismos que o

---

[5] Idem.

[6] Lauro Campos, *A crise da ideologia keynesiana*, cit., p. 86.

[7] Ibidem, p. 88.

capitalismo apresenta e que a fina inteligência de Keynes encobriu por tanto tempo. Afinal, "*precisamos fingir por mais cem anos...*", como dizia o genial lorde.

Outro ponto a salientar é a questão da demanda efetiva. Com a acuidade mental de que era possuidor, o autor mostra como Keynes fez um diagnóstico ao mesmo tempo oposto e semelhante ao de Marx. As demandas de bens de consumo e de bens de produção formam a demanda global. Assim, Keynes diagnostica a crise de 1929 como sendo de insuficiência de demanda efetiva. Porém aqui temos uma distorção, como a que está apresentada no capítulo 1 deste livro, que se apresenta como o problema de homogeneização, ou seja, ao unificar as duas demandas, Keynes homogeneizou o heterogêneo e pôde, assim, propor investimentos na economia, já que o diagnóstico por ele efetuado da economia capitalista apontava para uma insuficiência de D_2, ou seja, insuficiência de demanda de bens de produção, escamoteando a verdadeira causa da crise. Como diz Marx:

> A razão última de todas as crises reais é sempre a pobreza e restrição ao consumo das massas em contraste com o impulso da produção capitalista a desenvolver as forças produtivas como se estas tivessem seu limite apenas na capacidade absoluta de consumo da sociedade.[8]

O diagnóstico keynesiano vem ao encontro dos interesses dos capitalistas, visto que seria necessário, para sair da crise, investimentos em bens de produção. Como uma proposta desse tipo poderia vingar na economia capitalista combalida? Ora, como fazer novos investimentos em D_2 quando setores inteiros da produção apresentavam entre 60% e 80% de ociosidade e, mesmo assim, as prateleiras estavam cheias porque o "estômago" do trabalhador era socialmente limitado, portanto, não *realizava* as mercadorias? Investir em bens de produção não seria uma *contradictio in adjeto*?

O que Keynes não expõe mas Lauro Campos apresenta e analisa de forma irretorquível é que o economista inglês propiciou uma saída temporária para a dinâmica capitalista, qual seja, o Estado desloca-se da esfera da produção para a do consumo e, assim, a estrutura da ocupação é radicalmente transformada, visto que aquele passa a consumir no lugar dos trabalhadores assalariados. Mas o Estado não consome a mesma coisa que os trabalhadores endividados e divididos. A demanda estatal será diversa daquela própria aos trabalhadores assalariados, a fim de *combler le trou* da demanda insuficiente capitalista. Como afirma nosso autor:

> Logo, Keynes sabia que a solução não estava no aumento de D_2, que era tão impossível quanto o de D_1. Seu diagnóstico fundamental é falso, e ele sabia disso.

---

[8] Karl Marx, *O capital: crítica da economia política*, Livro III: *O processo de produção global do capital* (trad. Rubens Enderle, São Paulo, Boitempo, no prelo).

> Na prática, o que é proposto é o aumento do "dispêndio do governo", que não é demanda nem de bens de consumo nem de bens de produção, porque o governo não é consumidor de nenhum deles. O governo keynesiano deve demandar produtos que não são, ao mesmo tempo, nem bens de produção nem de consumo (produtos bélicos e espaciais, estradas, pirâmides, buracos, esgotos etc.). A estrutura da produção deve expandir o departamento III, capaz de satisfazer D_3, a demanda do governo por aqueles produtos.[9]

O mundo muda qualitativamente com a "saída" keynesiana. Até a crise de 1929, o capitalismo era bidepartamental, produtor de mercadorias. Para resolver a crise de insuficiência de demanda efetiva e continuar se reproduzindo, o governo passa a ser o consumidor autônomo e a dinamização da economia fundada na exploração do trabalho assalariado produtor de mercadorias muda, malthusianamente, para ser comandada pela produção de não-meios de consumo e de não-meios de produção (não-mercadorias). Para Lauro Campos – assim como foi para Karl Marx –, o capitalismo caracteriza-se pela produção de mercadorias. Ao desenvolver-se, a economia vai-se tornando mais complexa e completa e, neste sentido, a crise de 1929 representa a exaustão da dinâmica capitalista fundada nos departamentos I e II e, portanto, configura a crise do mundo das mercadorias. A partir de então, a dinamização da economia será efetuada pelo departamento III, produtor de não-mercadorias.

O fantástico desenvolvimento da produção desse departamento permite a recuperação do capitalismo, que passa a ser capitaneado pela produção improdutivo-destrutiva. O mundo do trabalho será, agora, dominado pelo trabalho improdutivo-destrutivo. Nesse sentido, a demanda governamental será predominantemente de estádios, de estradas duplicadas, engenhos espaciais, artefatos bélicos, propaganda, publicidade, superinfovias, produção de conhecimento, de instituições republicanas que gerenciem a produção financiada pelo fundo público. Basta analisarmos a Previdência Social e no que se transformou mundialmente a universidade pública, entre muitos outros exemplos.

A moeda – relíquia bárbara ligada ao trabalho produtivo que era dominante até 1929 – transforma-se e vem representar o trabalho improdutivo-destrutivo. É o *State money*, moeda inconversível com a qual o governo despótico capitalista passa a demandar as não-mercadorias a um preço fictício, a fim de elevar a eficiência marginal fictícia do capital.

> A crise do lucro real cria as condições para o surgimento e o desenvolvimento do lucro fictício, a eficiência marginal (fictícia) do capital que é engendrado pelo Estado

[9] Lauro Campos, *A crise da ideologia keynesiana*, cit., p. 40.

> produtor de moeda estatal. Ao adquirir não-mercadorias e pagá-las em papel-moeda, o Estado capitalista revela que ele é capital, gera capital; se "capital é poder sobre coisas e pessoas" (Bentham, citado por Marx e por Keynes), as relações sociais, políticas que compõem o poder do Estado são capital.
> Ao comprar não-mercadorias, o Estado capitalista eleva o nível combalido da demanda efetiva, aumenta a eficiência (fictícia) marginal do capital, eleva preços dos bens-salário (*wage goods*), reduzindo os salários e elevando a taxa de lucro (real).[10]

O Estado desempenha, na ideologia keynesiana, um papel fundamental. O autor demonstra com riqueza de detalhes como a intervenção estatal no processo produtivo-consuntivo proposta por Keynes contribui para a reprodução do capital. É verdadeiramente impressionante a leitura que faz sobre o Estado capitalista. Para ele, o Estado intervencionista keynesiano, desde o início, na sua forma de Estado de bem-estar social, é um Estado despótico, autoritário e que produz uma moeda despótica. Como vaticina Lauro Campos:

> Quando a ideologia de Keynes deixar de ativar o real e se desmoralizar, o caráter irreal do consumo destrutivo (estatal) e do esquizofrênico (da massa de consumidores do capitalismo avançado) ficará evidente. Da mesma forma que um dia o ouro e a prata deixaram de ser a riqueza por excelência diante dos padrões impostos pela produção capitalista baseada no valor-trabalho, da mesma maneira pela qual o *boom* ferroviário que durou de 1850 a 1907 desmoralizou-se e foi sucedido por um período em que os trilhos das ferrovias foram arrancados, assim como os 5,3 milhões de automóveis produzidos em 1929 nos Estados Unidos reduziram-se a 900 mil em 1931 e a 700 mil em 1943, assim também as obras públicas improdutivas, a produção bélica do dirigismo despótico etc. irão desmoralizar-se na crise da economia keynesiana. A falta de visão histórica impede que muitos cérebros privilegiados percebam que a crise da economia keynesiana começou quando ela surgiu, assim como a presença de Tânatos manifesta-se no primeiro vagido erótico da vida individual.[11]

Assim, o Estado keynesiano capitalista intervém na sociedade para garantir a reprodução do capital, garantir a demanda efetiva, garantir o subsalário, garantir o ponto máximo de exploração do trabalhador assalariado. Mas, para ele, a dinâmica keynesiana carregava a sua negação, portanto, a *débâcle* da ideologia e da economia keynesianas traria, iniludivelmente, a crise capitalista. Assim,

> Quando os instrumentos monetários deixarem de ativar o sistema e não se verificar o aumento do volume de ocupação, uma condição essencial à reprodução da economia keynesiana terá

---

[10] Ibidem, p. 175-6.

[11] Ibidem, p. 305-6.

deixado de existir, traduzindo-se numa crise. A dívida pública que se eleva para conter a taxa de inflação dentro de limites estreitos colocará outro limite à dinâmica keynesiana. Os gastos do governo destinar-se-ão ao pagamento do serviço do capital financeiro e passarão a sustentar o imperialismo senil e não mais, sequer, a produção de não-mercadorias.[12]

Com a perspectiva histórica que lhe era característica, o professor Lauro Campos demonstra que a visão keynesiana é a visão do capital e, ao desconstruir Keynes, colocar o "rei nu", como gostava de afirmar, entregava para os trabalhadores a arma da crítica, a fim de *bouleverser le monde*. A este respeito, vale a pena adiantar o seguinte trecho desta obra:

> O trabalho humano, que o capitalismo senil tornou tanatológico e objetivou na produção de não-mercadorias, deixará de ser organizado para obtenção da eficiência marginal fictícia do capital. A economia destrutiva, concentrada nos Estados Unidos, não encontrará o contrapolo de uma nação beligerante. A crise das estruturas e das instituições keynesianas falidas deixará enormes forças potenciais desempregadas. Na ausência do lucro e da eficiência marginal fictícia do capital, a inquietude humana chamada trabalho só poderá organizar-se e objetivar-se sob a direção de uma nova bússola: a preservação da vida humana e da natureza, do lazer saudável, da produção artística, literária, erótica. A rosa amorosa e civilizada existe e está plantada no futuro. Seu aroma, sua cor, sua textura aguardam a sociedade que será digna de colhê-la. Não importa o nome da rosa – socialismo, comunismo, cooperativismo –, o que importa é a rosa.
>
> Sem o lucro de poucos, o trabalho coletivo será gratificado pelo resultado social, erótico, vitalizante que brotará da própria ação.[13]

Como está claro no excerto transcrito acima, o resultado do trabalho no âmbito da economia e da prática social seria, sem a necessidade social da sociedade capitalista, a própria elevação da condição humana, ao contrário do que se realiza quando orientado pela lógica do capital: o resultado do trabalho ou da prática é estranho ao homem, portanto, não se articula com processos humanos de elevação de sua condição de ser. Neste momento, Lauro Campos faz-se filósofo mais do que intelectual da economia e da sociologia do conhecimento. A preocupação reside na busca da liberdade humana em sua condição de ser e nos meios para a consumação de tal liberdade: a política no seu sentido *lato* e *stricto*.

No primeiro semestre de 2002, em palestra na Faculdade de Educação da Universidade de São Paulo, Lauro Campos declarou sua vocação política na condição de sua dívida com os trabalhadores, por ter tido condições de estudar sua vida

---

12 Ibidem, p. 314.

13 Ibidem, p. 325.

toda. Nessa condição, procurou desenvolver seus trabalhos, a exemplo deste, no âmbito do qual busca desconstruir Keynes para entregar aos trabalhadores instrumentos teóricos para sua prática política.

Ao identificar a sutil manobra teórica de Keynes na homogeneização da heterogeneidade de demandas nos capítulos 1, 4 e 11, Lauro Campos produziu a chave de entendimento das inteligentes construções lógicas do lorde inglês, o qual acabou por produzir uma teoria econômica que daria a guarida necessária para as propostas dos oportunistas da social-democracia alemã, bem como ao Estado consumidor improdutivo e destrutivo do século XX, que se reiteraria por quase toda a Europa. E, no plano teórico, abre a guarda de Keynes e dos intelectuais social-democratas para a discussão política sobre tema relevante à época de Keynes: reforma ou revolução?

A forma histórica que o capitalismo tomaria no século da social-democracia e do Estado de bem-estar social encontrava em Keynes a materialidade teórica para a prática política e para a regulação social. Assim como a mercadoria apresenta-se por meio de suas qualidades intrínsecas e oculta suas qualidades extrínsecas – que são sociais –, Keynes conseguiu, no plano lógico, produzir, no âmbito da economia, a ideologia que daria sustentação ao grande compromisso de classes produzido no século XX. Se o fetichismo da mercadoria é a base para a ideologia liberal, em outros termos, é a cultura que funda as relações sociais produtoras do pacto social no capitalismo, a ideologia keynesiana é sua forma histórica no século social-democrata. Lauro Campos antecipou o que infelizmente assistimos hoje em nível planetário no âmbito do império do capital fictício. Com a economia capitalista no regime da predominância financeira, o fetichismo atinge seu ápice, o vício faz elogio à virtude e num verniz fauno a riqueza aparece no próprio dinheiro, o dinheiro produz riqueza *de per si*.

Na predominância financeira o dinheiro desaparece quase totalmente em sua forma concreta num movimento de autonomização das formas verdadeiramente sociais que assume, produzindo o ápice do fetichismo da mercadoria dinheiro. Destaca-se, assim, a universalidade desta obra que foi editada na década de 1980 e atualizada já nos anos 2000.

Paulani examina a autonomização em brilhante texto e, para analisar como o crédito se autonomiza da produção de valor, ela recupera os passos anteriores deste movimento partindo do valor de uso da mercadoria.

> Para analisar esse quarto movimento [de autonomização do crédito em relação à produção de valor], é interessante fazer um retrospecto da totalidade do processo até aqui descrito: com o dinheiro, posto como equivalente geral, [1] o valor se autonomiza do valor de uso, mas internaliza no dinheiro a tensão que constitui a mercadoria entre a generalidade

abstrata do valor que ela porta e a concretude do valor de uso que sustenta esse valor (e que também determina a mercadoria); [2] como meio de circulação, o dinheiro se autonomiza do concreto que a medida do valor requer, mas internaliza no meio de circulação a tensão entre abstrato e concreto constitutiva da medida do valor (que aparece como a exigência de que a medida do valor se apresente como padrão de preços); [3] como meio de pagamento, o meio de circulação se autonomiza da própria circulação, mas internaliza no meio de pagamento a contradição constitutiva do meio de circulação entre sua natureza abstrata e imaterial (que aponta logicamente para o dinheiro inconversível) e a materialidade da circulação a quem ele serve. [4] Ora, com o desdobramento do dinheiro (já plenamente constituído) em sua figura de crédito, o processo de acumulação se autonomiza da produção e realização do mais-valor, mas internaliza no crédito a contradição constitutiva desse processo entre o impulso lógico de valorizar indefinidamente o valor em geral e a dependência que essa valorização tem da produção de riqueza real (ou seja, que tem o valor de uso por conteúdo).[14]

É interessante indagar sobre a primeira determinação do valor com que Paulani inicia o movimento. Trata-se do valor de uso. Cabe indagar – posto não ter sido este o objetivo da autora – qual tensão põe-se nesta determinação? Qual contradição o valor de uso carrega e transfere para o valor? Trata-se da tensão homem/natureza, que superada através do trabalho é fundante para a construção do ser social. Desta forma, Lauro indica-nos em seu livro o movimento em que o ser social vai se complexificando nas mudanças das formas sociais do dinheiro e como o ser social passa a ser cada vez mais autonomizado de seu próprio trabalho. Isto pode ser visto como o processo de estranhamento próprio do capitalismo que se vai aprofundando e afundando-se em suas contradições. A obra de Lauro já indica a ideologia do capital financeiro que predomina no século XXI, quase meio século antes deste perverso tempo atual.

Outra importante consideração no que se refere à desconstrução da *Teoria geral* realizada por Campos consiste na demonstração da necessidade estrutural de o capitalismo produzir o departamento III, de não-mercadorias, para "fingirmos mais cem anos", quando, segundo alguns ideólogos, chega-se ao fim da história e ao último homem, como pretendeu demonstrar Francis Fukuyama em sua obra mais divulgada no Brasil. Decorre da estruturação do departamento III a forma institucional do fundo público, que desde Adam Smith é a própria afirmação de que o Estado capitalista, para além de representar o capital por meio de uma autonomia política relativa, sempre teve um papel econômico, sem o qual o capital jamais se reproduziria plenamente de forma privada, isto é, pela "mão invisível do mercado". Na verdade, Lauro Campos, em outro trabalho, ao analisar as políticas liberais e neoliberais, deixa claro,

[14] Leda Paulani, "A autonomização das formas verdadeiramente sociais na teoria de Marx", XXXVII Encontro Nacional de Economia, Foz do Iguaçu, Anpec, 8-11 dez. 2009, p. 16; disponível online.

com a ironia que lhe era peculiar, que a mão invisível do mercado é, na realidade, a mão armada, senão vejamos:

> Os liberais, favoráveis à livre concorrência até mesmo entre brancos e índios, aprovaram na democrática Câmara de Filadélfia uma lei que garantia o pagamento de US$ 100, US$ 50 e US$ 20 pelos escalpos de índios adultos, mulheres índias e crianças índias, respectivamente; os neoliberais lançam bombas atômicas no Japão, bombas napalm no Vietnã, fazem a guerra na Coreia, destroem o Kuwait, desembarcam em Granada, ameaçam Cuba, armam os "Contra" na Nicarágua, alimentam o fogo em El Salvador, enviam a quarta frota para garantir o golpe de 64 no Brasil, assassinam Allende... [...]
> Os liberais ingleses destroem o artesanato indiano, conquistam o Egito, armam Cecil Rhodes nas guerras contra a Bechinalândia, a Zuzulândia etc., na África; dobram a China por meio da Guerra do Ópio (1840); enforcam liberalmente seu rei e, liberalmente, põem outro em seu lugar; os neoliberais ingleses, enfraquecidos depois da Segunda Guerra Mundial, fazem a Guerra das Malvinas em parceria com os Estados Unidos, privatizam empresas estatais e anulam várias conquistas dos trabalhadores [...].[15]

O autor mostra-nos, com maestria, o papel político mas também o econômico e o belicoso do Estado capitalista no século da social-democracia e no presente momento neoliberal, oferecendo-nos a chave para desvendarmos o período do liberalismo clássico. A primeira das despesas é com a defesa, em seguida, com a justiça, baseada na propriedade privada e, como decorrência, na desigualdade social entre os homens, chegando-se a afirmar de forma convicta que:

> Para cada homem rico haverá, pelo menos, 500 homens pobres, e a prosperidade de uns poucos pressupõe a indigência de muitos. A prosperidade dos ricos provoca a indignação dos pobres, que muitas vezes são levados pela necessidade e influenciados pela inveja a apropriar-se dos seus bens. E é só com a proteção do magistrado civil que o dono de sua valiosa propriedade, adquirida com o trabalho de muitos anos, ou talvez de muitas gerações, poderá dormir com segurança.[16]

O terceiro aspecto a que Smith faz referência é a despesa do Estado com serviços ou mesmo instituições que possam não interessar a uma ou mais unidades de capital, como, por exemplo,

> a criação e a manutenção dos serviços públicos que facilitam o comércio de qualquer país, [...], boas estradas, pontes, canais navegáveis etc., exigirão variadíssimos níveis de despesas nos diferentes períodos da sociedade.[17]

---

[15] Lauro Campos, *O PT frente à crise do capitalismo* (Brasília, Partido dos Trabalhadores, 1991), p. 23-4.

[16] Adam Smith, *A riqueza das nações*, v. 2 (Lisboa, Fundação Calouste Gulbenkian, 1993), p. 318.

[17] Ibidem, p. 335.

A educação, para Smith, também é parte de tais despesas. Trata-se de Estado que em sua origem subsome a dimensão pública à esfera privada em benefício da última. E, ao perscrutarmos esta obra, vemos que há uma linha de continuidade: as mudanças na forma de Estado estão sempre a serviço do capital e do trabalho alienado. As modificações das esferas pública e privada, como salienta de forma contundente Lauro Campos, mantêm relação direta com a realização do valor na esfera da circulação de mercadorias, o que teria levado Marx a dizer que a burguesia necessita revolucionar-se sempre para manter-se, do que decorre a expressão de um intelectual dos nossos dias, de que mais do que nunca "o vício faz elogio à virtude".

Este é outro ponto alto desta contribuição do senador. Embora as teorias e a expressão decorrente delas (política econômica) sejam devidas à herança de Keynes, a intervenção do Estado no domínio do econômico sempre esteve presente no capitalismo. Assim, o bom e velho fundo público, que toma sua forma institucional no século XX, parece estar nas características intrínsecas do capitalismo – o que contribui, como escreveram Luxemburgo e Lenin, para o oportunismo da social-democracia –, e para produzi-lo é necessário o departamento produtor de não-mercadorias. Esse é o núcleo ideológico da teoria keynesiana, que é outra forma histórica de uma teoria geral sobre a reprodução social da vida humana no capitalismo, como acentua Lauro Campos. Portanto, neste livro, embora a crítica tome a obra de Keynes como o foco, para além dela trata-se do capitalismo como um todo em suas diferentes fases. Assim, o que se depreende da grandeza da obra do autor é um legado ainda pouco explorado na academia e na política para instrumentalizar a crítica do perverso momento em que vivemos.

É importante destacarmos algumas transformações no período analisado por Lauro Campos, que se estende aproximadamente de 1870 a 1910. A população dos Estados Unidos conheceu, para o período, um aumento de 132%; proporcionalmente, a classe trabalhadora aumentou ainda mais, passando de 3,5 milhões para 14,2 milhões. O número de assalariados, em 1849, era de 957 mil, aumentando progressivamente para atingir 4,2 milhões em 1914 e 7 milhões já em 1917. Também nesse momento foram fundados os primeiros sindicatos: Cavaleiros de São Crispim, A Nobre Ordem dos Cavaleiros do Trabalho (que chegou a ter 700 mil filiados). Na década de 1880, surgia o Partido Socialista e em seguida o Partido Comunista. Em 1905, foi fundada a Industrial Workers of the World (IWW), que se associou a outros clubes e a outras entidades da sociedade civil, pregando a luta de classes e o socialismo nos Estados Unidos. Havia, por outro lado, uma superprodução de capital produzida nos primeiros momentos do capitalismo monopolista por meio da superexploração, que, ato imediato, transformou a aparência dos países que mais sentiam tais mudanças. Movimentos revolucionários surgiam no México, na Europa Oriental e na Rússia. Tais eventos marcavam uma mudança estrutural no processo civilizatório burguês, dada a sua própria racionalidade, e no plano teórico, como bem analisou Lauro Campos. John Reed, jornalista e escritor apaixonado pela causa socialista, não deixou de sentir e traduzir tais fatos concretos para a literatura, além de cobrir quase todos esses eventos. Em 1917, em um de seus livros, de forma sensível, autoanalisando-se e comparando o que ocorria no mundo, escreve:

> Estou com 29 anos e sei que este é o fim de um período de minha vida, o fim de minha juventude. Às vezes me parece também *o fim da juventude do mundo; certamente a Grande Guerra mexeu com todos nós*. Mas este é também o início de uma nova fase da vida, e o mundo em que vivemos está tão cheio de mudanças rápidas, cores e significados, *que não posso deixar de imaginar as esplêndidas e as terríveis possibilidades da época que está por vir*. Passei os últimos dez anos indo e vindo de um lugar a outro, bebendo da fonte da experiência, lutando e amando, observando, ouvindo e provando coisas. Viajei por toda a Europa, para as fronteiras do Oriente e para o México, vivendo aventuras, vendo homens mortos e mutilados, vitoriosos e sorridentes, visionários e bem-humorados. *Durante minha vida, vi a civilização mudar, estender-se e se suavizar; e a vi destruir-se e se esfacelar na explosão da sangrenta guerra.*[18]

Tal como John Reed traduz, literariamente, no excerto acima, Lauro Campos, ao desvendar o núcleo ideológico das teorias de Malthus e Keynes, mostra-nos com clareza que, depois da crise de 1929, o capitalismo entrou na fase tanatológica no que se refere ao ser humano[19]. Para Lauro, a intervenção do Estado por meio de investimentos em não-mercadorias e em serviços improdutivos é a forma pela qual o problema axial do capitalismo – a insuficiência de demanda efetiva – é temporariamente resolvido, dando início à economia política do não: a não produção de riqueza, o não desenvolvimento, o não emprego, o trabalho não produtivo, ou seja, tem início a artificialidade da economia capitalista e a destruição do processo civilizatório burguês por meio da mercantilização da esfera social da cidadania, isto é, dos direitos sociais e da guerra. Ao reiterar o que Lauro Campos já analisou, um fundo público é então produzido para a manutenção do capitalismo não só no plano da economia, mas, sobretudo, no âmbito da construção do macroacordo social, isto é, na produção ideológica. Trata-se da criação da cultura da social-democracia pela via da não-mercadoria, do Estado consumidor e destruidor, para que se possa "fingir mais cem anos". Ao fazer esse movimento, mostra-nos outro, o da esfera social da cidadania, que, de modo artificial, operacionaliza seu alargamento por meio das políticas do Estado de bem-estar, fazendo do Estado a instituição

---

[18] John Reed, "Quase trinta" (1917), em *Eu vi um novo mundo nascer* (São Paulo, Boitempo, 2001), p. 23; grifos nossos.

[19] Lauro Campos, *A crise completa: a economia política do não* (São Paulo, Boitempo, 2001).

social central para a expansão do mercado, portanto, de redução da diferença de ritmos de aumento da produção e do consumo, mas não eliminando as possibilidades e, mesmo, a realidade das crises capitalistas: subconsumo, realização, sobreacumulação de capital, baixa da taxa de lucro, dívida pública e desproporção.

Nesta fase tanatológica, o cidadão torna-se usuário do Estado em vez de sujeito político, como na fase erótica, já desde a segunda metade do século XVII, com a vitória de Guilherme de Orange sobre seu sogro Jaime II, em 1688, por meio da Revolução Gloriosa, quando desembarcou em solo britânico tendo em seu estandarte os dizeres "Em defesa da liberdade, do parlamento e do protestantismo". Estavam postas as condições econômicas para o capitalismo legitimadas pelo liberalismo, e consolidava-se a tolerância religiosa. Na expressão de Lauro (2001), a fase de Eros do capitalismo se iniciara, e com ela um novo processo civilizatório, com a presença de instituições sociais com autonomia relativa quanto ao Estado e mais progressista do que o regime monárquico absolutista dos Stuart, ainda que já trouxesse, em potência, a fase tanatológica dessa forma de produção da vida humana: o capitalismo.

O modo de produção capitalista, portanto, necessita constantemente de transformações imprescindíveis para sua própria manutenção. A partir de 1929, a reprodução do capital se faz por meio da produção improdutivo-destrutiva, com destaque especial para a negação sistêmica do homem: a guerra[20]. O Estado, nesse sistema, ocupa lugar central; portanto, ainda que com autonomia relativa sobre as classes sociais – mostrando-se como representante de todas elas e de seus segmentos –, orienta, induz ou faz tais transformações no âmbito da produção, da economia, da política e da cultura.

Pois, ainda que o público derive do privado e a ele se submeta – como queria Locke –, a compreensão da abrangência e da definição dessas esferas depende diretamente do movimento das relações sociais de produção, que, por sua vez, constituem-se a partir da racionalidade do atual modo de produção: ao capitalismo, como muito bem mostra Lauro Campos neste seu trabalho, interessa a utilidade, não a justiça. Os espaços públicos e privados são fluidos, mas distintos e relacionados entre si. De toda forma, o entendimento do público e do privado e de seu movimento no capitalismo somente se pode dar com a compreensão do movimento do capital e das crises do capitalismo, que instalam novos modos de conformação do público e do privado, redesenham as relações entre o Estado e a sociedade e inauguram novos paradigmas políticos, alargando ou estreitando os direitos sociais e a possibilidade concreta da existência. Portanto, a compreensão das mudanças no conteúdo histórico da cidadania e de paradigmas políticos – como se vê no Brasil

---

[20] "Da mesma forma, a produção que produz o homem passa a produzir o não homem, a negação do ser humano, até produzir sua negação sistêmica e necessária: a guerra"; ibidem, p. 14.

nas últimas décadas de forma exemplar – somente pode ser feita no contexto de redefinição das esferas pública e privada, especialmente em momentos de crise e mudança do capitalismo. Ainda, que, aparentemente, quando isso se faça sob um proclamado governo democrático popular, *o Príncipe* do intelectual da *virtú*, do florentino Maquiavel, na condição de povo.

O momento histórico do capitalismo, em sua fase concorrencial, atinge o seu ocaso no fim do século XIX, em função de sua racionalidade autofágica anteriormente delineada, tal como propõe Marx, e a burguesia assume o poder político e estabelece o seu ordenamento jurídico, formal e abstrato, fundado no jusnaturalismo, como já anunciavam os dizeres do estandarte de Guilherme de Orange. No entanto, diante da crise que se instaura intensiva e extensivamente no período referido, tendo como marco histórico o ano de 1929, a linha de desenvolvimento da totalidade social (que tem como esfera fundante a economia) é alterada, impondo mudanças estruturais para a continuidade da autofagia social produzida pela coisificação do homem e a destruição do próprio processo civilizatório construído no capitalismo. Inaugura-se um novo tempo, denominado fordismo – talvez por algum economista inspirado em Gramsci –, que tem o Estado de bem-estar social como instituição central em sua nova forma fenomênica.

No âmbito econômico, o fordismo pode ser caracterizado como um modelo estruturado em uma base produtiva com tecnologia rígida, com produtos homogêneos e a produção realizada em larga escala. Na esfera do consumo, o correspondente à produção em massa é o consumo em massa e, nesse sentido, a propositura keynesiana foi a contratação, pelo Estado capitalista, de trabalhadores improdutivo-destrutivos, a fim de realizarem as mercadorias que a distribuição capitalista impedia, dado que a demanda é insuficiente por ser capitalista. A demanda estatal é fundamental para garantir, de forma complementar e substantiva, a eficiência marginal (fictícia) do capital, assim como, ancilarmente, a demanda de bens de consumo duráveis feita pelos trabalhadores do terciário e das *Agenda*. Assim sendo, o motor da economia capitalista passa a ser os setores vinculados à produção de não-mercadorias, diminuindo relativamente, portanto, a produção de mercadorias. Nos países hegemônicos, tem de haver uma diminuição do capital produtor, pois

> *o capital deve conservar-se bastante escasso* para que sua eficiência marginal seja pelo menos igual à taxa de juros [...]. Se, em tais circunstâncias, partimos da posição de pleno-emprego, *os empreendedores terão naturalmente prejuízo se continuarem a oferecer emprego numa escala que utilize a totalidade da existência de capital.*[21]

[21] John Maynard Keynes, *Teoria geral do emprego, do juro e do dinheiro* (Rio de Janeiro/Lisboa, Fundo de Cultura Brasil-Portugal, 1970), p. 209; grifos nossos.

Duas páginas depois, Keynes complementa:

> O dia em que a abundância de capital virá a interferir com a abundância de produção pode ser recuado na medida em que *os milionários encontrem satisfação em edificar vastas mansões para nelas morarem enquanto vivos, e pirâmides para se recolherem depois de mortos, ou, arrependidos dos seus pecados, levantem catedrais e dotem mosteiros ou missões no estrangeiro. "Abrir buracos no chão"* à custa da poupança não só aumentará o emprego como também a renda nacional em bens e serviços úteis.[22]

Na esfera política, o Estado de bem-estar social caracteriza-se pela realização de um compromisso de classes produzido a partir de políticas e legislação sociais, com a função de garantir a demanda comprimida pela distribuição capitalista da renda. É a intervenção do público sobre o privado em benefício deste último, por meio do departamento III, produtor de não-mercadorias, tão bem determinado por Lauro Campos. A reprodução ampliada desse processo socioeconômico está, como aparentemente se pode depreender desta breve caracterização, centrada na esfera da política, de modo específico na estrutura e nas funções do Estado, nesse caso, o Estado de bem-estar social. O papel deste é analisado por Lauro Campos em outra obra bastante relacionada com *A crise da ideologia keynesiana:*

> [...] o assalariado está excluído do consumo, a não ser enquanto este reproduz sua força de trabalho como realidade histórico-social. O governo keynesiano passa a consumir, no lugar do assalariado, aqueles valores de uso que o assalariado não pôde consumir, e no lugar dos consumidores não capitalistas: também estes podem ser parcialmente excluídos, porque a demanda "autônoma" do governo garante a valorização do capital objetivada em não-mercadorias, não-meios de consumo.[23]

Por intermédio das políticas públicas, o Estado de bem-estar social exerce um papel econômico, político, jurídico e ideológico no processo de reprodução social do capital que é de fundamental importância. Para ajustar, conforme a teoria de Keynes, a oferta em larga escala à demanda, foi absolutamente necessário o aumento exponencial do déficit público, por meio da hipertrofia do processo de acumulação de capital fundado no fantástico desenvolvimento do departamento III relativamente aos departamentos produtores de meios de consumo e de meios de produção. O Estado torna-se então consumidor estratégico para a valorização do capital, garantindo tanto as condições materiais de reprodução do capital quanto as condições sociais de reprodução das classes sociais em luta.

---

[22] Ibidem, p. 211; grifos nossos.

[23] Lauro Campos, *A crise completa*, cit., p. 37.

Na fase positiva, de taxas de acumulação crescentes, de aumento do emprego, de taxas de lucro em ascensão, o *well/warfare State* administrava despótica e autoritariamente, sob capa democrática, a relação, o "compromisso de classes", produzindo, no século XX, um macroacordo social que inexoravelmente estava fadado a crises.

Por outro lado, o momento atual, momento de ruptura das relações sociais de produção, apresenta com clareza o conteúdo negativo tão bem envelopado por Keynes e genialmente descortinado por Lauro Campos no presente livro. "Quem tem antenas para ver verá", dizia Lauro. Ora, o panorama internacional apresenta um quadro nada alentador: bombardeamento de populações e países pela maior potência mundial, como foram os casos de Afeganistão e Oriente Médio nas últimas décadas. A economia estadunidense atingiu 5% de taxa de desemprego no primeiro quadrimestre de 2013; a Alemanha e a França alcançaram 10,7% e 9,3%, respectivamente. A Espanha detém o recorde europeu, com 11,9% da população ativa desempregada no mesmo período[24]. Segundo a Organização Internacional do Trabalho (OIT), 3 bilhões de pessoas (ou seja, metade da população do planeta) encontram-se na pobreza, com uma renda de menos de US$ 2 por dia, sendo que a quase totalidade desses miseráveis mora nos chamados países em desenvolvimento.

Nas economias semi-integradas, retardatárias, a crise da ideologia e da economia keynesianas manifesta-se de forma mais virulenta. No caso brasileiro, após oito anos de neoliberalismo com o governo FHC, o poder passa a ser empalmado pela esquerda que defendia ideias antípodas ao governo Fernando Henrique. O proclamado governo popular cede às determinações do capital internacional em crise e, nesse sentido, suas políticas assumem definitivamente o papel de destruidoras das conquistas da classe trabalhadora. Agora no poder, os "homens do presidente" propugnam pelo discurso único, numa sociedade lacerada pelas contradições inerentes à dinâmica capitalista em agonia. A proposta é asséptica, neutra, afastando o povo em nome de soluções "mais adequadas tecnicamente". É claro que

> reconhecível, apesar de escondida, a velha "direita" está lá para recolher os pedaços da ideologia de esquerda. A imagem do tecnocrata vem desta última. A esquerda parece pensar que o reino da técnica advirá graças a ela. Segundo ela, os homens de direita que prometem eficácia técnica não querem e não podem realizar suas promessas: planificação, satisfação de necessidades sociais, racionalização da vida social, internacional e nacional etc. À esquerda cabe preparar a entrada na Terra Prometida. As duas tendências entraram

[24] Ver, a respeito, Margaret Maruani, "Ravages cachés du sous-emploi", *Le Monde Diplomatique*, jun. 2003; disponível online.

em acordo sobre uma representação: o mito da tecnocracia. É que nada parece mais com a imagem de um "tecnocrata de esquerda" que a de um "tecnocrata de direita".[25]

Nesse sentido, a utilidade, como único critério de verdade do capitalismo, impôs com força para o governo popular democrático, em sua prática, a orientação do pragmatismo como filosofia política – e a prática é o único lugar onde a verdade e a falsidade das proposições são demonstradas. A política neoliberal do período anterior parece repetir-se de forma atualizada, com a agravante de que os mecanismos macroeconômicos contêm automatismos que aprofundam e agudizam as contradições do tecido social brasileiro esgarçado. A taxa de morbidez em termos de crianças abandonadas e carentes só tem aumentado. A taxa de investimento tem, desde 1994, despencado. A taxa de juros continua explosiva, alimentando a *auri sacra fames* do setor bancário e diminuindo o poder aquisitivo da população brasileira, por demais depauperada. O poder paralelo desenvolve-se nas metrópoles como Rio de Janeiro, São Paulo, Belo Horizonte, Recife, Brasília etc. Em seu último discurso no plenário do Senado Federal, disse o autor deste livro, de forma premonitória:

> O candidato Luiz Inácio Lula da Silva pode colocar o que resta de suas barbas de molho; ele tem de colocar de molho o que resta de suas barbas. As suas barbas são simbólicas; o Brasil, também. Estatelado, ele não tem proposta, não tem partido, não tem ideologia, não tem verticalidade. Ele não sabe dizer "não".[26]

O Estado capitalista oculta ideologicamente a negatividade intrínseca à dinâmica capitalista no seu estágio senil, pois o departamento III (produção de não-mercadorias), que era a negação da riqueza elementar da sociedade burguesa (produção de mercadorias), entra em crise. A emissão de *State money*, o déficit público, como políticas que propiciaram a dinamização do Estado de bem-estar social, interverteram-se. A crise da relação capital explode por todos os poros da sociedade. O custo de reprodução do capital é cada vez maior e a irracionalidade da economia capitalista em crise agônica escancara suas mazelas: os juros e as amortizações da dívida pública representam mais de 40% do orçamento brasileiro de 2014, com graves repercussões sobre a sociedade. Nesse sentido, a propositura neoliberal se torna transparente, qual seja, a barbárie torna-se a tônica maior onde os movimentos sociais, que não foram amordaçados, recrudescem e, assim, pululam os sem-terra, os sem-teto, os sem-saúde, sem-educação, sem-perspectiva, sem-alternativa, sem...

---

[25] Lauro Campos, *Crise, desemprego e destruição: o capital na UTI* (Brasília, Senado Federal, 2003), p. 120.

[26] Lauro Campos, *A crise completa*, cit., p. 15.

Portanto é inegável que o Estado autocrático e despótico produziu, no "breve século XX" que passou, o grande macroacordo social, o século da social-democracia, quando os capitalistas internalizaram como privado aquilo que é público, numa espécie de neopatrimonialismo.

Temos certeza de que este livro constitui uma contribuição indelével para o processo de afirmação do homem em seu caminhar da pré-história à história humana. Como dizia o pensador Lauro Campos:

> Se a luz no final do túnel será a do clarão da guerra ou a do alvorecer da história da humanidade, depende da percepção, da inteligência e da habilidade desta geração na condução do mais delicado e decisivo passo. Espero que saibamos dá-lo e, se este livro concorrer em algo para isto, digo que valeu a pena ter existido e trabalhado.[27]

N.B. Fui aluno do professor Lauro Campos nos "anos de chumbo". A Universidade de Brasília era, à época, uma das mais visadas do país pelos donos do poder. As aulas ministradas por Lauro eram sempre magistrais, disputadíssimas pelos estudantes e, naturalmente, vigiadas por agentes da Segurança Nacional (Dops e SNI). O professor Lauro sempre foi perseguido pela ditadura militar.

Em vida, apenas dois livros seus foram publicados. Constituem verdadeiros clássicos da economia brasileira. Teve sempre muita dificuldade em divulgar textos seus, avesso que era a bajulações, encômios, "pressões" etc., encontrando muitos obstáculos em ter suas ideias disseminadas.

Este livro, em sua segunda edição, diferentemente da primeira, teve traduções das citações em inglês, francês, italiano e espanhol para o português, efetuadas pelo próprio autor. Lauro citava os autores de cabeça e, por isso, tivemos de localizá-los nas obras referidas porque, muitas vezes, a frase era símile, mas não exatamente igual à tradução citada. Muitas vezes, preferia a sua às publicadas.

Cabe esclarecer que foram respeitadas as diversas edições utilizadas pelo autor, principalmente no que respeita à *Teoria geral*. Isso se deve ao fato de que o livro foi escrito em diferentes momentos e, portanto, ele manuseava edições múltiplas. Ocorria também o fato de literalmente dormir sobre o livro e, ao acordar, este estar impróprio para posteriores leituras.

Sabedor do especial carinho que o professor Lauro tinha por este livro, provoquei-o, certa vez, perguntando se não achava interessante fazer complementos à edição que escrevera depois de passadas mais de duas décadas.

---

[27] Lauro Campos, *A crise completa*, cit., p. 15.

Prontamente, pegou um exemplar e, nas partes em branco deste, começou a escrever o que viria a se tornar a presente edição. Neste sentido, esta segunda edição tem um valor independente da anterior, visto ter um sem-número de páginas, notas, desdobramentos e adendos inteiramente inéditos e as demais estarem totalmente revisadas.

Last but not least, agradeço dona Oraida, que sempre manteve aberta a biblioteca do professor Lauro Campos para que pudéssemos realizar a pesquisa necessária à feitura dessa nova edição. Agradeço também a Franck Soudant, por sua cumplicidade no trabalho de edição deste livro.

Carlos Lima
Brasília, 16 de novembro de 2014.

Não importa o nome da rosa – socialismo, comunismo, cooperativismo –, o que importa é a rosa.

Lauro Campos

Introdução

Os resultados do trabalho humano no modo capitalista de produção, as mercadorias e as ideologias não são o produto de processos distintos de produção. A divisão social entre o trabalho material e o trabalho imaterial não consegue retirar o caráter histórico e social da produção material, nem converter a ideologia, o produto do trabalho intelectual, numa ciência neutra.

Se a máquina é o prolongamento do homem que potencializa sua produtividade, a máquina coletiva, o conjunto das máquinas existentes em dada formação econômica, é sociomórfica e reproduz, de forma pouco clara em sua substância, a estrutura básica da sociedade. Se, de uma maneira geral, as máquinas são o prolongamento dos membros e órgãos do homem, as relações capitalistas transformam o trabalhador parcial, assalariado, em apêndice da máquina.

O funcionamento de uma máquina coletiva no processo de trabalho movido pelos trabalhadores assalariados, independentes e parciais mostra como as relações sociais da produção e os interesses, os privilégios, os poderes de apropriação do produto superpõem-se às relações técnicas, mesclam-se a elas, determinando em parte a produtividade e a intensidade do trabalho, a densidade do processo de trabalho, a divisão entre processo de produção e de valorização, o grau de divisão do trabalho e o caráter antagônico de suas relações, a duração da jornada, a estrutura global da produção, a estrutura da máquina coletiva etc.

Parece que não há outra possibilidade de determinação dos resultados concretos do trabalho humano no modo capitalista de produção – as mercadorias e as ideologias – senão iniciar a análise pela produção, pelas relações sociais de produção, pelo processo de produção, pelas relações entre trabalho necessário e trabalho excedente, entre trabalho produtivo e improdutivo, material e intelectual, entre produção de valor e valorização, tal como Marx o fez.

Aqui se considera a ideologia como uma mercadoria especial. Isso significa que a produção da ideologia é parte necessária e condição essencial da reprodução. Uma ideologia é o resultado, o produto de um processo de produção de ideias que está ligado, é produzido e interage, dentro de certos limites, sobre o processo material de produção de mercadorias. Sua função não é determinar os fenômenos concretos, suas relações e as leis de seu movimento, mas preservar as relações sociais da produção e as condições políticas, jurídicas etc. da reprodução material. A ideologia é um insumo imaterial necessário à reprodução física, e o capital dela se apropria gratuitamente.

Se as relações de produção são conflitivas, tensas, antagônicas, a ideologia capitalista não lhes pode revelar a verdadeira natureza, mas deve obscurecê-la para que a ação coletiva polarizada possa se unir no processo de produção e valorização do capital. Portanto a função social desse produto social – a ideologia – é o obscurecimento das relações reais.

Para que a tarefa obscurecedora seja realizada, é preciso que a ideologia seja produzida em condições tais que lhe permitam circular entre as classes polarizadas, ser consumida pela coletividade, "mesclando-se com os interesses e as paixões" da classe dominante e interagindo sobre o processo de produção de mercadorias. Conforme Mannheim, dentro de certos limites, a ideologia obscurece, unifica e simplifica a pluralidade possível de sentidos dos fenômenos em proveito da ação.

Ao dinamizar o real, racionalizar defeitos do sistema, justificar pressões e desigualdades, propor novas formas de dominação, fundamentar gastos que alteram a estrutura da produção, criar formas monetárias capazes de alterar a demanda global, ampliar as bases econômico-financeiras de fortalecimento do Executivo, justificar novas formas de dominação internacional etc., a ideologia encarna na estrutura material.

Assim como a crença em Osíris, Ísis, Órus e em outras divindades quiméricas justificou a construção de pirâmides, esfinges, templos e monumentos erguidos pelo trabalho humano; assim como a crença em produtos fantásticos do cérebro humano armou guerras, fortaleceu o poder de certos grupos, emprestou coesão e eficiência ao trabalho coletivo, justificou a intensificação da exploração etc., assim também a ideologia keynesiana encarna no processo real, reage sobre ele, ideologiza a estrutura da produção e da ocupação, estabiliza a sociedade polarizada, reforça o poder despótico do governo, dentro de certos limites. A solução é limitada porque a ideologia não é capaz de resolver, de superar as contradições que ela visa obscurecer.

As estruturas da máquina coletiva, da ocupação total, do produto social são sociomórficas e sofrem a influência da mercadoria especial – a ideologia – na formação histórica daquelas estruturas.

Aqui se afirma que a máquina coletiva que sofreu a influência da ideologia keynesiana desenvolveu ao máximo seu componente bélico, espacial, irreprodutível, e que a estrutura ocupacional dinamizada por aquela ideologia levou ao limite a expansão do trabalhador improdutivo como parte do trabalhador coletivo.

Se em suas relações com as condições externas, dadas as relações antagônicas, a ideologia visa obscurecer o real, afastar-se do real para ser útil, internamente o sistema teórico-ideológico deve apresentar certa racionalidade e certa coerência, as quais não estão ancoradas a determinações, categorias e leis que reproduzem no pensamento o movimento dos fenômenos concretos; os conceitos da ideologia são arranjados, mudam de conteúdo, e o sistema teórico é construído através de racionalizações, de seccionamentos indevidos dos fenômenos, de mudanças de planos de análise, de homogeneização de uma realidade irredutível ao homogêneo e de outros mecanismos por meio dos quais uma racionalidade aparente é dada à ideologia, ao sistema teórico ideologicamente construído.

Por que uma ideologia, para poder circular e ser consumida, deve, além de obscurecer o real, apresentar certa racionalidade que só pode ser aparente, formal? A resposta é tão simples quanto pode ser surpreendente para o pensamento "desrealizado", e resulta do tratamento da ideologia como mercadoria.

A formação social capitalista, quando passa a ser dominante em seu processo histórico de expansão, torna-se tão completa que produz não apenas a mercadoria, as classes sociais, o *ethos*, o direito, a ética, o governo burguês, o dinheiro, o crédito, o comerciante capitalista, o mercado, o transporte, a máquina coletiva, o consumidor coletivo-antagônico etc., mas também um critério de verdade específico.

A formação social feudal, teocêntrica, teve como critério de verdade a verdade revelada nos textos sagrados. Quando as proposições e determinações reais, concretas, não coincidiam com aquelas enunciadas nos textos sagrados, eram consideradas falsas diante do critério dominante e não podiam circular. A razão era, naquela sociedade, a razão divina manifestada através dos textos sagrados e de sua exegese oficial.

O critério da verdade que a formação econômica capitalista vai instaurando lenta e inconscientemente em substituição ao critério decadente da verdade revelada, feudal, é a utilidade. As proposições enunciadas pela produção mental da sociedade capitalista obviamente não devem coincidir com o velho critério da verdade revelada, mas, para ser verdadeiras, poder circular e ser consumidas, precisam ser úteis, isto é, adequadas à reprodução das relações sociais produtoras e acumuladoras de "utilidades".

No entanto, além da utilidade, a ideologia, para circular, como todas as mercadorias, deve apresentar certa racionalidade. A racionalidade que se afirma no modo de produção capitalista não é a *ratio* natural, reflexo da divina, mas a razão do capital, isto é, a racionalidade que emerge do processo de trabalho quando este passa da antiga oficina feudal para a manufatura, e que encontra seu coroamento na grande indústria.

Descartes expressa o momento da dúvida, da transição, em que o antigo padrão sobrenatural ou metafísico da racionalidade perdera sua eficácia, e em que o novo, por ele identificado na mecânica, na ciência do movimento e da máquina, na geometria e na matemática, ainda não se havia afirmado como o novo padrão da racionalidade. Descartes compara o homem, o filho do "Criador", a uma máquina, o filho do modo capitalista de produção, composto "de nervos, de veias, de músculos"...

A racionalidade que se afirma não é o resultado de uma luz divina que, através da mente, ilumina o objeto, mas, inconscientemente, a racionalidade que vem de baixo e é uma síntese do processo de trabalho que se organiza no modo capitalista de produção, já presente nas grandes manufaturas francesas de Colbert, no tempo de Descartes[1].

Assim como mercadorias são supostamente produzidas por um processo racional de produção, considerado como o mais eficiente, o mais economizador de esforços, de tempo, de matérias-primas etc., e o mais útil do ponto de vista do egoísmo individual lucrativo, também as ideologias particulares têm de demonstrar, para poderem circular, que são o produto de um processo racional de produção intelectual.

Como as relações técnicas não coincidem com as relações capitalistas; como a eficiência capitalista se desenvolve através da destruição e da ineficiência imanentes aos compartimentos destrutivos e improdutivos, necessários à reprodução do todo; como o bem comum e o equilíbrio geral no ponto ótimo são obtidos apenas na fantasia que mutila o processo real; como a racionalidade da produção capitalista é apenas aparente, a ideologia só precisa externar uma aparente racionalidade. Aliás – como a ideologia é o afastamento do real em direção ao útil, no critério da verdade capitalista –, se a função da ideologia é obscurecer o real e unir a ação coletiva de uma coletividade polarizada, então sua racionalidade só pode ser aparente.

Como se supõe que uma mercadoria seja produzida por um processo racional de produção, retificado, corrigido pelos sinais provenientes da circulação (do mercado), exige-se que uma ideologia particular, além da utilidade comum a todas as mercadorias, mostre que é o resultado de um processo de produção mental aparentemente racional, e que as críticas provenientes da circulação e do consumo aperfeiçoem, dentro de certos limites, a mercadoria intelectual.

Se a ideologia medieval deve expressar-se em latim ou grego, línguas mais próximas do Olimpo, a ideologia capitalista deve mostrar que foi obtida através de um processo de produção que obedeceu ao ritual da mecânica e pode ser expressa na linguagem matemática, em termos geométricos ou em outra linguagem aceita no Olimpo do capital.

---

[1] Em 1546, as manufaturas de seda de Tours já empregavam 40 mil operários; uma delas, em Lyon, ocupava 2 mil trabalhadores, sob o reinado de Francisco I. Descartes morreu em Estocolmo em 1649, pouco antes de Colbert ter assumido o Ministério das Finanças de Luís XIV.

A dialética, ao evidenciar o movimento, as mudanças, os limites, as contradições, as formas aparentes, diversas das ocultas, latentes, as superações etc., é exorcizada por ser incompatível com o critério da verdade (a utilidade) e com os padrões da racionalidade (derivados do processo de produção capitalista) da formação social dominante.

Os utilitaristas ingleses, em vez de determinarem a utilidade como móvel da ação capitalista em todos os níveis (teórico e prático), passaram a considerá-la como o critério que conduz a ação humana em geral em todas as formações econômicas. Quando a burguesia assumiu o poder político, isto é, quando o capitalismo se democratizou, os ideólogos acrescentaram à utilidade "o maior número", e a "utilidade do maior número" foi instaurada como o critério da ideologia capitalista democrática.

Se a ideologia é o desvio do real concreto em direção ao útil, se o critério da verdade capitalista é a utilidade, suas ideologias deixam de ser verdadeiras quando perdem a utilidade. A ideologia do *laissez-faire* deixou de ser útil na crise de 1929; ela se desmoralizou quando deixou de ser útil para dinamizar o real, deixando de ser verdadeira segundo o próprio critério do sistema.

A ideologia keynesiana foi tida como verdadeira enquanto foi útil, e deixará de ser a base da ciência macroeconômica burguesa, deixará de ser verdadeira, quando, na crise da economia keynesiana que se aproxima, deixar de ser útil.

O presente trabalho indica os mecanismos e processos empregados para dar aparente coerência e racionalidade aos desvios, às distorções e aos ilogismos que permeiam a ideologia de Keynes. Muitos desses defeitos virão à tona e serão apontados quando a cisão entre a dinâmica do real histórico e o congelamento necessário da ideologia keynesiana desmoralizar, na crise, a verdade aparente contida na sutil construção teórica de Keynes.

À medida que uma nova versão ideológica passa a ser dominante – como ocorreu com a ideologia da burguesia revolucionária nos séculos XVII e XVIII e com a ideologia keynesiana na década de 1930 –, ela impregna a estrutura do poder político, os instrumentos tributários, fiscais, monetários, a produção literária, o pensamento acadêmico, os meios de comunicação: os ideólogos vitoriosos podem silenciar. A ideologia se objetiva, reifica, modela a estrutura e as relações de produção. Nesse momento, as coisas, a estrutura da produção remodelada passam a falar no lugar dos ideólogos vitoriosos. A inteligência distorcida dos ideólogos passa de sua cabeça desrealizada para reificar-se no mundo reconstruído à imagem e semelhança da ideologia dominante.

Antecipando algumas conclusões

O presente trabalho principia com a apresentação de algumas conclusões, que talvez não sejam as mais importantes, à guisa de exemplos.

Em seguida, expõe-se o instrumental principal utilizado para realizar a crítica interna da ideologia de Keynes. Os mecanismos de distorção aqui identificados foram, obviamente, o resultado final de anos de pesquisa e não uma hipótese arbitrária ou abstrata de trabalho. Alguns desses mecanismos de distorção foram apontados por Marx, Schumpeter, Joan Robinson e vários outros autores. Minha principal dívida, neste particular, é para com o meu pai e mestre, Carlos Campos, com quem cedo aprendi a conhecer parte da grandeza da mente consciente e inconsciente do homem.

Aqui seguem algumas das conclusões decorrentes do descortinamento da *Teoria geral* e da tentativa de determinação dos fenômenos reais que ela obscurece:

1. A distinção entre inflação e elevação no nível geral de preços é mais política do que científica. O cálculo do hiato inflacionário (*inflationary gap*) é impossibilitado pela falta de compreensão da realidade total presente no fenômeno inflacionário.

2. A elevação do nível geral de preços é um fato normal no mundo contemporâneo e expressa, de forma imprecisa, as tensões, contradições e distorções da estrutura socioeconômica e das relações fundamentais da economia moderna.
3. A "elevação do nível geral de preços" ou "inflação" é uma técnica de exploração do assalariado e dos que percebem rendas fixas no mundo capitalista.
4. A teoria keynesiana fornece a mais perfeita justificativa dessa técnica, que constitui a unidade das soluções da economia keynesiana e não um problema, como é considerada.
5. A inflação só pode ser considerada como fenômeno social total no qual atuam elementos de ordem monetária, ocupacional, política, psicológica, tecnológica e jurídica.
6. Existem, nas sociedades contemporâneas, resistências favoráveis à elevação do nível de preços e desfavoráveis à baixa do mesmo, que explicam por que as políticas deflacionárias não atuam tão bem quanto as inflacionárias.
7. A *Teoria geral* de John Maynard Keynes encerra dois sentidos: um, aparente, revolucionário; o outro, latente, conservador e pautado pelos objetivos, valores e predileções ideológicas dos economistas clássicos.
8. A quase totalidade da literatura existente em torno da *Teoria geral* preocupa-se em transmitir, de forma mecanicista e simplificada, os conceitos e as ideias de Keynes. O conteúdo latente, o "significado do significado", as implicações reais e necessárias, talvez mais importantes, têm permanecido intocados, apesar do volume das análises e dos esforços dos economistas pós-keynesianos.

9. Os conceitos keynesianos de "pleno emprego", "inflação verdadeira" etc. são expressos em símbolos sedutores e persuasivos; no entanto, depois de desfeitos e evidenciados os arranjos conceituais, percebem-se claramente seus verdadeiros sentidos. A "plena ocupação", por exemplo, depois de analisada no contexto da *Teoria geral*, é pouco mais do que o ponto de máxima exploração do assalariado e dos que percebem rendas fixas, enquanto o aumento do nível geral de preços (ou do preço das mercadorias consumidas pelos assalariados), que acarreta uma redução da unidade de salário real, não é considerado por Keynes "inflação verdadeira". A "inflação verdadeira" aparece depois de atingida a "plena ocupação", isto é, o ponto de maior exploração ("ponto de resignação"), de maior redução possível da unidade de salário real. Outros significados latentes de símbolos e conceitos keynesianos são igualmente analisados.
10. No diagnóstico fundamental, Keynes apresenta defeitos do sistema capitalista como limitações e deficiências do *laissez-faire* teórico e prático. Para Keynes, o defeito principal é, de início, a baixa taxa de novos investimentos, ou seja, quando aumenta Z, preço da oferta global da produção correspondente ao volume N de emprego, aumenta D_1, quantia que os empresários esperam obter da venda dos bens de consumo $D = D_1 + D_2$; se o montante que os empresários esperam obter da venda de sua produção, que os levou a determinar a escala do emprego e da produção, não se realiza, eles reduzirão o volume de emprego e de produção. Para que o emprego se mantenha, é necessário que D_2 (demanda de bens de capital) cresça o suficiente para elevar D a um nível capaz de manter o volume de emprego (igualar Z e D). A demanda efetiva de pleno emprego é um caso especial em que a curva da função da oferta global Z e a da demanda total D se cruzam num ponto que corresponde ao volume máximo de emprego, isto é, em que inexiste desemprego involuntário.

    Assim, o problema central é manter certa taxa de crescimento do investimento (D_2); esta crença no remédio eterno do capitalismo, o aumento da acumulação de capital, é fortalecida pelo fato de que,

    > quando o emprego aumenta, a renda real global aumenta. A psicologia da coletividade é tal que, quando a renda real aumenta, o consumo cresce, mas não tanto quanto a renda.[2]

    Assim, Keynes conclui que a insuficiência é de D_2, demanda de bens de capital, porque a demanda de bens de consumo cresce, mas não tanto quanto

[2] John Maynard Keynes, *The General Theory of Employment, Interest and Money* (Londres, The Royal Economic Society, 1976), p. 27.

a renda. Mas o contrário seria, pelo menos, igualmente plausível: quando o emprego aumenta, a renda real global aumenta. A psicologia da coletividade é tal que, quando a renda real aumenta, o investimento cresce, mas não tanto quanto a renda; assim, ao contrário do que afirma Keynes em seu diagnóstico fundamental, concluir-se-ia que a insuficiência estaria na demanda de bens de consumo e não na de bens de capital. Obviamente, esta inversão do diagnóstico em nada ofenderia a lógica da proposição, mas aproximaria, de forma muito clara, Keynes de Malthus, Marx, Hobson e de outros excomungados subconsumistas. Levaria, também, a mostrar que a demanda de bens de capital e o processo de acumulação de capital não encontravam nenhum redutor externo (papel desempenhado pela taxa de juros no modelo keynesiano); ao contrário, seria o consumo coletivo que, ao encontrar-se limitado por alguns redutores (a distribuição capitalista da renda, por exemplo), expressar-se-ia em uma reduzida demanda de bens de consumo.

11. As lutas travadas em torno da preponderância do sistema monometálico e do bimetálico, entre o sistema conversível e o inconversível, expressam os conflitos de interesse entre os grupos favoráveis e os desfavoráveis à inflação. O sistema ametálico, inconversível, de papel-moeda, é o mais inflacionável de todos. Sua vitória expressa a predominância, na composição do poder, dos grupos interessados na inflação.

12. O método global, tal como é utilizado por Keynes, assume o caráter de mecanismo de distorção ideológica. No cerne das grandezas globais, as realidades individuais, de grupos, de classes e de categorias especiais de rendas são homogeneizadas e globalizadas indevidamente.

    A renda ou o dividendo nacional – tal como Keynes utiliza esse conceito – é a expressão globalizadora de diversas categorias de renda que variam em sentido contrário (diretamente umas, inversamente outras) à elevação dos preços. A redução da unidade de salário real, quando se elevam os preços dos bens de consumo, não aflora em sua análise, que considera a renda nacional, em seu aspecto global, como se fosse o símbolo de uma realidade homogênea. Assim, dentro do global, as realidades heterogêneas e antagônicas são envolvidas e ocultas na grandeza abrangente e adequada à especial óptica de Keynes: a renda ou o dividendo nacional.

13. Keynes adotou o multiplicador de investimentos em vez do multiplicador de ocupação de Kahn, embora o considerasse igual ao seu, a fim de ocultar a existência de um *leakage* (escoadouro ou filtração) importantíssimo. O multiplicador de ocupação de Kahn indica claramente que sua grandeza depende da aquiescência do assalariado na redução de seu salário real vigente. Quando

aumenta o volume de ocupação, a unidade de salário real deve, fatalmente, reduzir-se no "curto prazo" em que a ideologia keynesiana coloca esse problema. Ora, Keynes enfatizou os efeitos sobre a renda nacional, desviando o enfoque sobre o volume de ocupação que, se fosse feito, evidenciaria a necessidade da redução da unidade do salário real como condição *sine qua non* do próprio processo de multiplicação. Para realizar esse desvio do enfoque, Keynes seria obrigado a transbordar sua análise para o longo prazo – em que existem modificações dos elementos que supunha constantes: a técnica, o equipamento e a organização – ou alterar o conceito de investimento. Optou pela segunda solução, e, no livro III da *Teoria geral*, quando trata do multiplicador, só as unidades de trabalho variam, pois considera "dado o equipamento produtor", o que mostra que no livro III o investimento não é definido como aumento do capital real (*capital equipment*); se investimento significa aumento de unidades de trabalho, os multiplicadores são a mesma coisa.

14. A análise de Keynes sobre a preferência pela liquidez baseia-se no pressuposto da existência de um sistema monetário metálico, em que só há depósitos regulares. No sistema bancário do "mundo em que realmente vivemos", a produção de moeda tem mais elasticidade, e a criação de moeda escritural talvez compense automaticamente a redução da "quantidade de moeda" provocada pela conservação em forma líquida. Keynes conduz sua análise para outros campos a fim de justificar o aumento da "quantidade de moeda", elemento dinâmico fundamental (mais latente do que aparente). E o "aumento da quantidade de moeda" surge de sua análise como único instrumento manejável pelo governo (autoridade monetária) capaz de reduzir o preço pago pela renúncia à liquidez: a taxa de juros.

15. A solução dada por Keynes ao problema do "desemprego involuntário" (redução da unidade de salário real vigente graças à elevação do preço das mercadorias para assalariados) reforça o aspecto político da ação econômica do governo e procura conciliar a redução do salário com o aumento da demanda global de bens de consumo.

16. O curto prazo marshalliano compreende certo conteúdo e traduz alguma proximidade com o mundo real: no plano microeconômico em que Marshall o conceitua, numa dada firma, pode-se observar se a técnica, a organização e o equipamento são dados, considerando curto o prazo em que aqueles elementos dinâmicos da atividade industrial não se alteram. Mas, para a economia como um todo, no plano macroeconômico em que Keynes coloca sua teoria, a cada instante alguma firma que compõe a economia nacional está mudando sua técnica, sua organização ou seu equipamento. No plano

macroeconômico, o curto prazo marshalliano se distancia da realidade, perde conteúdo, é mero símbolo vazio.

Keynes, no entanto, não se lembra de alertar o leitor para o fato de ele estar fingindo raciocinar no curto prazo marshalliano. Este é essencial a Keynes porque só ele permite levar-se a lei dos retornos não proporcionais da agricultura – onde Ricardo a colocara[3] – para a atividade industrial, que se caracteriza por rendimentos crescentes no tempo real, cronológico. Mas, no curto prazo marshalliano, em que, por definição, os elementos dinâmicos são considerados como dados (a técnica, a organização e o equipamento), unidades de trabalho adicionadas hipoteticamente àquela maquinaria passiva e imutável acabarão, logicamente, dando retornos não proporcionais às unidades agregadas. Do ponto de vista microeconômico, no curto prazo marshalliano, isso é lógico, mas não real. Do ponto de vista macroeconômico, é mero jogo verbal, raciocínio sobre símbolos vazios, conceitos dos quais se extraiu qualquer conteúdo. Keynes finge ignorar isto e, no plano macroeconômico, trabalha no curto prazo microeconômico marshalliano. Não critica a lei dos rendimentos decrescentes que decorre do conceito marshalliano de curto prazo e não pode criticá-la porque é ela que justifica a redução do salário real vigente quando se eleva o volume de ocupação.

A lei dos retornos não proporcionais e a produtividade decrescente do trabalho imporiam a necessidade de redução do salário: esta redução não resultaria do impulso capitalista e da luta de classe, mas da lei física dos retornos não proporcionais! Por racionalização, o desejo da classe dominante apresenta-se como necessidade lógica, decorrência da "lei". Mas a lei só é válida no curto prazo marshalliano, o qual é apenas um arranjo conceitual que possibilita a

3 Na verdade, foi Antonio Serra quem, em 1580, enunciou a "lei dos retornos não proporcionais", considerando-a específica da atividade agrícola. Como a atividade manufatureira se caracterizava por rendimentos crescentes, Serra preferia esta àquela como atividade principal do reino. [Antonio Serra, italiano, escreveu *Breve trattato delle cause che possanofar abbondare il regni d'oro e argento dove non sono miniere* (1613). Pouco se sabe sobre o autor, que escreveu seu livro na prisão. Schumpeter enfatiza o fato de que a marca, a característica verdadeiramente importante de Antonio Serra foi a de ter utilizado de forma integral e com maestria o instrumento analítico. Foi um dos primeiros a prestar atenção aos "invisíveis; a refutar a doutrina bulionista das trocas; a expor os pontos de vista acerca da proibição das exportações de ouro e prata que se generalizaram na Inglaterra etc. O tratado versa sobre os fatores dos quais depende a abundância de recursos: recursos naturais, qualificação das pessoas, desenvolvimento da indústria e do comércio, administração eficaz mostrando que quando o processo econômico flui corretamente a balança comercial autocorrigir-se-á sem uma intervenção mais pontual e específica". Cf. Joseph A. Schumpeter, *Histoire de l'analyse économique* (Paris, Gallimard, 1983), p. 487-8. – N. E.]

extensão da lei dos rendimentos decrescentes da agricultura – devido ao grau decrescente de fertilidade da terra incorporada ao processo produtivo – para a indústria, em que impera a produtividade crescente do equipamento e das novas técnicas e formas de organização. A lei não se aplica à atividade industrial, muito menos a ela como um todo, na qual o curto prazo marshalliano não existe no mundo real.

Ainda que fosse válida em condições hipotéticas especiais, a lei não poderia ser aplicada numa economia em subemprego, na qual o equipamento adquirido e instalado encontra-se, em parte, ocioso. A elevada taxa de ociosidade significa custo de conservação e retorno negativo do capital. Sobre esse capital, as unidades de trabalho vivo adicionadas não poderão ter retorno não proporcional, oferecer rendimentos decrescentes. Logo, também por isso, a hipótese de rendimentos decrescentes é irreal e falsa, principalmente no universo de análise de Keynes. Ela encobre e obscurece as relações que a prática keynesiana necessariamente estimula, bem como o caráter contraditório dessas relações: como a reabsorção do desemprego só pode ser feita em atividades improdutivas, sob a égide do governo, ao aumento do volume de emprego improdutivo tem de corresponder uma redução imediata do salário real individual. Esta redução do salário não decorre da lei dos rendimentos decrescentes, mas do simples fato de que o volume de emprego não pode, de início, aumentar no departamento de produção de bens de consumo, mas em atividades improdutivas (estradas, esgotos, edifícios públicos, indústria bélica etc.), e, assim, uma maior renda disponível para o consumo do volume acrescido de assalariados se defrontará, no mercado, com dado produto disponível para o consumo. A elevação de preços dos bens de consumo operário e a correspondente redução do salário real vigente resultam necessariamente dessa estrutura da produção, da ocupação, da demanda, e não da hipotética e falsa "lei dos rendimentos decrescentes".

17. A lei psicológica fundamental de Keynes, baseada no comportamento individual, é, como a teoria do flogisto, o fundamento falso de uma tendência comprovada empiricamente no nível global. O consumo assume, na *Teoria geral*, o poder de multiplicar a renda nacional, e o que Keynes pretende é, no fundo, fornecer os fundamentos da sociedade de consumo capitalisticamente estruturada.

18. De início, o diagnóstico de Keynes aponta a insuficiência de D_2, ou o baixo coeficiente de novos investimentos, como o componente da demanda global responsável pela insuficiência da demanda efetiva. Keynes não deixa transparecer que nem D_1 (demanda de bens de consumo) nem D_2

(demanda de bens de produção, considerados como os únicos componentes de D (demanda global), podiam elevar-se nas condições de "equilíbrio em subemprego": D_1 é função bastante estável da renda e só pode elevar-se quando esta cresce. A função renda não pode crescer em situação de crise ou de subemprego e, se o fizesse, seria porque o volume de emprego teria aumentado, não havendo problema a ser resolvido, nem modificações a ser introduzidas no capitalismo do *laissez-faire*: a *Teoria geral* não teria *momentum*. D_2 também não podia aumentar no mundo real, porque a crise e o subemprego implicam uma elevada taxa de ociosidade do equipamento e da maquinaria. Por isso, o aumento de D_2 significaria compra de *novas máquinas e equipamentos para ser instalados ao lado das ociosas*. Segundo Steindl[4], durante a crise de 1929, a taxa de ociosidade do equipamento chegou perto de 90% em certos setores, impedindo o aumento da demanda de bens de capital (D_2).

Assim, a economia não tinha condições de elevar nem D_1 nem D_2. Não havia solução para o capitalismo do *laissez-faire*, visto como bissetorial. Keynes diagnostica a insuficiência de D_2 e, logicamente, o aumento da demanda de bens de capital apresenta-se como a solução da crise. Mas ele sabe que, por mais baixa que se situe a taxa de juros em relação à cadente curva de eficiência marginal do capital, não há estímulo capaz de levar os empresários a adquirir máquinas novas para ser instaladas ao lado das paradas. Seria necessário que, antes, aumentasse D_1, a demanda de bens de consumo, para reduzir a taxa de ociosidade do departamento de produção de bens de consumo a zero ou próximo de zero, a fim de ampliar o equipamento e a maquinaria produtivos. D_1 só poderia aumentar se aumentassem o volume de emprego e a renda, cadentes ou estagnados na crise ou no subemprego. Logo, Keynes sabia que a solução não estava no aumento de D_2, que era tão impossível quanto o de D_1. Seu diagnóstico fundamental é falso, e ele sabia disso.

Na prática, o que é proposto é o aumento do "dispêndio do governo", que não é demanda nem de bens de consumo nem de bens de produção, porque o governo não é consumidor de nenhum deles. O governo keynesiano deve demandar produtos que não são, ao mesmo tempo, nem bens de produção nem de consumo (produtos bélicos e espaciais, estradas, pirâmides, buracos, esgotos etc.). A estrutura da produção deve expandir o departamento III, capaz de satisfazer D_3, a demanda do governo por aqueles produtos.

4 Josef Steindl, *Maturidade e estagnação no capitalismo americano* (São Paulo, Abril Cultural, 1983), Coleção Os Economistas.

Neste aparentemente reduzido domínio da análise econômica que escolhemos como objeto de estudo, certos aspectos da realidade foram afastados indevidamente do campo de análise. Consideramos de importância fundamental o descortinar amplo, o desnudamento completo de toda a realidade obscurecida pela ideologia.

Se não fosse audácia de nossa parte, diríamos que aí se adensam, nesse domínio da teoria econômica, com particular intensidade, os traços ideológicos mais característicos da "ciência" econômica moderna. Tomamos o termo "ideologia" no sentido em que o emprega Karl Mannheim, isto é,

> considerando que o conceito de ideologia reflete uma das descobertas que surgiram do conflito político, a saber, que os grupos dominantes podem estar tão ligados, em seu pensamento, aos interesses decorrentes de uma situação, que se tornam simplesmente incapazes de perceber certos fatos que lhes solapariam o senso de domínio [...] [e que] a palavra ideologia implica o conceito de que, em certas situações, o inconsciente coletivo de determinados grupos obscurece o verdadeiro estado da sociedade, tanto para esses grupos como para os demais, e que, por isso mesmo, a estabiliza.[5]

Ao contrário do texto acima, aqui se afirma que a estabilização, provocada em parte pelo obscurecimento ideológico, só se verifica dentro de certos limites. Na economia keynesiana, a estabilização está baseada no desenvolvimento dos compartimentos improdutivos e destrutivos na estrutura da produção e da ocupação. A redução da taxa de crescimento das forças produtivas (e da riqueza real) conserva estáveis as relações de produção e parece eternizá-las, bem como a superestrutura jurídica, política etc.

No entanto, de um lado, a solução é contraditória e, por isso, tem seus limites, que a crise evidenciará; de outro, a ideologia keynesiana, para poder circular, teve de assumir a forma de verdade eterna que só o congelamento equilibrista e o ritual mecanicista lhe deram, obrigando-a, por força do próprio caráter a-histórico do modelo, a distanciar-se cada dia mais do processo real, movido lentamente pelas reduzidas taxas de crescimento das forças produtivas.

O hiato crescente entre as condições reais, entre o processo produtivo-consuntivo e a ideologia congelada manifestar-se-á como cisão violenta na crise da economia keynesiana, que deixará de obscurecer e de dinamizar o real. Ao deixar de ser útil, a ideologia keynesiana deixará de ser verdadeira, de acordo com o próprio critério da verdade capitalista: a utilidade.

---

5 Karl Mannheim, *Ideología y utopía* (Cidade do México, Fondo de Cultura Económica, 1941), p. 36.

O processo real, estabilizado e equilibrado pela produção de produtos inúteis (bélicos, improdutivos), desmoralizará, na prática, o objetivo, o fim e a eficiência do sistema produtor de utilidades, cada vez mais inúteis à reprodução e ao engrandecimento do homem.

1

Mecanismos de produção da ideologia

No decorrer de sua obra, Carlos Campos identificou diversos mecanismos de distorção. O conhecimento de cada um permitiu-lhe a elaboração crítica que constitui a maior parte de seus estudos. O que deriva da análise do trabalho desse professor é uma verdadeira instrumentalização da sociologia do conhecimento.

As distorções, os desvios, os erros e os ilogismos que surgem em determinadas produções "científicas" e que resultam da situação especial do observador, dos valores e das normas que ele defende, consciente ou inconscientemente, não são arbitrários; eles têm sua lógica própria e obedecem – na construção da ideologia particular – a mecanismos determináveis.

As racionalizações, os seccionamentos da realidade, os arranjos conceituais etc. que se encontram nas produções "científicas" ideologicamente comprometidas e distorcidas podem ser considerados resultado do esforço de adaptação dos interesses, valores, preconceitos e privilégios do grupo ou da classe a que pertence o analista, que ele deseja defender e preservar dos novos quadros que surgem da realidade socioeconômica e que ameaçam destruí-los.

Assim como a personalidade dispõe de inúmeros mecanismos de adaptação (sublimação, regressão e fixação, identificação, transferência, projeção, racionalização, simbolização etc.), e a própria síndrome neurótica é um deles, com seus mecanismos próprios, assim também a atividade teorizante e "científica" possui seus mecanismos internos de fabricação de erros, exageros, desvios e ilogismos. Mas é natural que esses últimos venham ocultos, latentes, nas obras teóricas. Uma capa ou aparência lógica é necessária na construção da ideologia particular, a fim de que esta não surja como um conjunto vulnerável, repleto de erros e incongruências visíveis.

Por isso, os desvios e ilogismos internos presentes na construção da ideologia particular devem responder a uma lógica[1] própria. Esta atividade interna utiliza mecanismos especiais, determináveis, que preparam e deformam o objeto de análise, arranjam os conceitos e organizam os erros internos a fim de que a aparência lógica do sistema teórico seja alcançada.

Sua determinação permite a instrumentalização da sociologia do conhecimento e indica que sua principal tarefa é sair das proposições gerais e realizar a análise e a revisão interna dos sistemas teóricos de explicação da realidade social, econômica, jurídica, política etc., emprestando transparência aos fenômenos.

Se não dispuséssemos desses conhecimentos e dessa visão, jamais teríamos a coragem de desmontar as peças da *Teoria geral* de John Maynard Keynes e proceder à sua revisão interna. Em nosso trabalho, aplicamos à obra de Keynes os princípios anteriormente expostos; os mecanismos de fabricação distorcida por ele utilizados na *Teoria geral* são muitos, destaquemos alguns.

Homogeneização

Tomam-se fenômenos ou fatos heterogêneos ou complexos como se fossem simples e homogêneos. Por exemplo: a renda ou o dividendo nacional é um conceito que resulta da junção de outros mais simples e homogêneos, como juro, lucro e dividendo. As diversas modalidades de renda incluídas no símbolo "renda nacional" não reagem igualmente a uma alteração do nível de preços. Assim, quando Keynes analisa as variações da renda nacional, procede como se ela fosse homogênea, o que lhe permite obscurecer a redução do salário real individual e das rendas fixas quando aumentam o volume de ocupação, a renda nacional em seu conjunto e o nível de preços se eleva. Termos como "bem comum", "vontade do povo", "opinião pública" são o produto do processo de homogeneização da realidade complexa, heterogênea, irredutível à homogeneidade. A homogeneização constitui frequentemente uma etapa anterior da globalização. O setor terciário é outro produto da homogeneização: graças a ela, toda uma gama de atividades distintas pode ser reunida sob um mesmo símbolo, o terciário.

A homogeneização de bens e serviços, como se ambos não expressassem relações antagônicas e desempenhassem papéis opostos no processo produtivo-consuntivo de

---

[1] A atividade mental especial que utiliza os mecanismos de distorção, compensando os erros, arranjando os conceitos, criando universos de análise adequados às conclusões finais, não é lógica; empregamos o termo apenas para designar que tal atividade mental não é arbitrária, obedece a certos padrões, a leis do pensamento que, segundo as informações de que dispomos, não foram devidamente analisadas até o presente.

mercadorias, resulta do mesmo mecanismo. Os conceitos assim formulados, como categorias definitivas de análise, são inteiramente indeterminados.

Simbolização

Consiste na criação de um símbolo do qual se extrai parte do conteúdo real do objeto, que deveria estar logicamente inerente ao símbolo. Confunde-se o símbolo preparado, alimpado do conteúdo desagradável do objeto, com a própria realidade complexa, total, e os símbolos substituem a realidade no processo de análise. Keynes criou diversos símbolos novos: inflação autêntica, pleno emprego, propensão a consumir, preferência pela liquidez, entre outros. Do termo "plena ocupação", por exemplo, foram extraídos aspectos da realidade que perturbariam e incomodariam se aparecessem claramente expressos no conceito; só foi possível colocar o termo "plena ocupação" como substituto de "ótimo econômico" e erigi-lo em meta da economia quando se desvencilhou essa expressão do salário que percebe a unidade de trabalho.

Keynes criou o símbolo "plena ocupação" e passou a medi-lo pela unidade de trabalho (homem-hora). Assim, a redução do salário real inerente à plena ocupação pôde ser afastada de sua análise. A simbolização e a eliminação de parte do conteúdo real têm, geralmente, um sentido político, visando supervalorizar e erigir em ideal uma situação, um estado ou uma posição relativa que só o é em relação a certos aspectos particulares da realidade, isto é, de certo ponto de vista particular. Por isso, o símbolo "plena ocupação" pôde ser erigido em meta, em fim, em ideal, quando corresponde, sob outra óptica, ao ponto de máxima exploração do assalariado e dos que percebem rendas fixas.

A oferta e a procura, a renda nacional e seus componentes e muitos fenômenos tomados em sua expressão monetária – como a inflação – são desvinculados graças à simbolização do contexto social que os explica. Os símbolos passam a ter vida própria e relações irreais e mecânicas entre si, independentemente das relações sociais que neles se ocultam.

Seccionamento da realidade fática

Este é um mecanismo que aparece com muita frequência e se manifesta em duas escalas:

1. Seccionamento do campo de investigação que se considera próprio da disciplina, mediante eliminação da realidade que se supõe fora do campo de investigação. Baliza-se o campo de análise, considerando exógenas, fora do domínio da disciplina, algumas variáveis incômodas, capazes de invalidar a análise.

2. Seccionamento interno do próprio fenômeno analisado. Este seccionamento ocorre na *Teoria geral*, por exemplo, quando Keynes subordina a inflação autêntica à plena ocupação. O mesmo fenômeno (elevação de preços) foi seccionado de tal forma que, antes da plena ocupação, mal surge na análise. A partir deste ponto – que é também aquele da máxima redução da unidade de salário, devendo a elevação de preços ser compensada ou mais do que compensada pela elevação de salários, a fim de possibilitar um incremento do volume de ocupação –, entramos no campo da inflação autêntica que, segundo resulta da análise de Keynes, deve ser evitada. Os períodos em análise econômica (infracurto, curto, longo e ultralongo) constituem seccionamentos políticos do tempo.

Globalização

É a homogeneização, no plano global, de fenômenos ou de fatos heterogêneos: "vontade do povo", "renda nacional", "bem comum", "demanda global". A homogeneização aparece como pressuposto – estoque homogêneo, unidade marginal, firma e consumidor representativos, leilão prévio em Walras[2] que homogeneíza e assegura de antemão o "equilíbrio geral" da teoria marginalista – e, outras vezes, é realizada no curso da análise. A lei do consumo de Keynes foi feita graças à homogeneização das rendas nominais específicas, quando aumenta a renda nacional.

Por isso foi possível realizar uma posterior globalização e afirmar que quando aumenta a renda nacional o consumo da coletividade também aumenta, não tanto quanto a renda. Ora, mesmo que haja redução do consumo e das rendas fixas individuais, a lei, em termos globais, é válida, desde que ao novo volume de mão de obra empregada N' (sendo $N' > N$) corresponda um consumo maior do que o existente ao volume de ocupação anterior (N).

A globalização, na *Teoria geral*, aparece em sua forma precisa no conceito compósito e incompossível de pleno emprego, e é o mecanismo de distorção mais habilmente manejado por Keynes.

Conceituação "arranjada"

Sobre conceitos arranjados, uma operação lógica especial se desenvolve a fim de dar coerência interna e aparência de validez ao sistema teórico.

Na *Teoria geral*, Keynes identifica três tipos de desemprego que são assim conceituados:

---

[2] Léon Walras, *Compêndio dos elementos de economia política pura* (São Paulo, Abril Cultural, 1983), Coleção Os Economistas.

1. *Desemprego voluntário*: quando não há mão de obra disponível no nível do salário nominal vigente.
2. *Desemprego friccional*: o que surge em virtude de mudança de emprego. Nesta categoria situam-se os que deixaram um emprego e esperam um novo.
3. *Desemprego involuntário*: único objeto da análise. É, por definição, o desemprego que existe quando há mão de obra disponível, pronta a empregar-se, no nível de salário vigente, ainda que ocorra pequena elevação de preços das mercadorias para assalariados (*wage goods*).

Este arranjo conceitual permite ao autor concluir que há plena ocupação sempre que os assalariados se recusarem a empregar-se a um salário baixo e que tende a abaixar, em termos reais. Se os salários descem a um nível tão baixo no qual não há oferta adicional de mão de obra, os assalariados estão voluntariamente desempregados: não se empregam a este salário porque não querem. Logo, há plena ocupação porque foi absorvido o desemprego involuntário. Assim, a redução do salário é o mecanismo interno, que deriva da análise keynesiana, para obtenção da plena ocupação. Klein percebeu o sentido real do arranjo conceitual keynesiano, cuidadosamente obscurecido por seus seguidores neoclássicos.

> Keynes pensou que era necessário desenvolver nova definição do desemprego, de modo a explicar a presença de um equilíbrio em subemprego. *Definiu o desemprego involuntário como aquele desemprego que poderia ser suprimido mediante reduções nos salários reais.*[3]

Schumpeter percebeu alguns arranjos conceituais na *Teoria geral* e a eles se refere da seguinte forma:

> O que mais admiro nesse e noutros arranjos conceituais é a adequação: ajustam-se ao objetivo como um paletó bem cortado se ajusta aos ombros do freguês. Evidentemente, por esse motivo, eles têm utilidade limitada quando aplicados a outros que não aos objetivos específicos de Keynes.[4]

Racionalização

Atribuição pessoal, grupal ou de classe, de valor absoluto, de caráter de verdade eterna ou de ideal a certas situações, fenômenos e relações que só o são segundo a óptica particular. Em verdade, as racionalizações nada têm de ideal, de verdade eterna

---

[3] Lawrence R. Klein, *La revolución keynesiana* (Madri, Editorial Revista de Derecho Privado, 1952), p. 100; grifo nosso.

[4] Joseph A. Schumpeter, *Teorias econômicas: de Marx a Keynes* (Rio de Janeiro, Zahar, 1970), p. 274.

ou de valor absoluto. Até mesmo defeitos do sistema, imperfeições e erros transformam-se em virtude.

Lorde Keynes jamais duvidou de que a mentira seria uma companheira insubstituível nos cem anos posteriores.

> Temos de inventar uma nova sabedoria para a nova era.[5]
> Por no mínimo mais cem anos devemos fingir (*pretend*) para nós mesmos e para os outros que o justo é abominável e que o abominável é justo; porque o abominável é útil e o justo não o é. A avareza, a usura e a precaução devem ser nossos deuses ainda por muito tempo.[6]

Keynes pratica uma racionalização consciente quando afirma que o sacrifício, o sofrimento, a desutilidade que envolve a realização do trabalho humano acarreta prazer, "utilidade positiva para aqueles que estiveram desempregados durante longo tempo"[7]. Assim, por uma racionalização, transforma sacrifício em prazer a fim de justificar uma drástica redução do salário. Seu raciocínio a esse respeito pode ser explicado da seguinte forma: se os assalariados que estiveram desempregados por longo tempo sentem prazer em encontrar trabalho, contentam-se com um salário baixo que, para eles, representará, subjetivamente, uma grande utilidade, uma boa dose de prazer a mais, podendo, até mesmo, levá-los a "trabalhar por nada" (*work for nothing*, conforme Marshall).

A lei dos rendimentos decrescentes marginalista, erigida sobre a ideia de margem, vale-se amplamente do mecanismo de racionalização. A afirmativa de que a unidade marginal (utilidade da unidade marginal, valor do produto marginal, remuneração da unidade marginal do fator) determina e mede as demais unidades do estoque é, em última análise, um mecanismo de racionalização.

Projeção

Mecanismo nitidamente semelhante ao descoberto por Freud, aparece muitas vezes na teoria econômica. Quando os economistas clássicos (e marginalistas) "lançam a culpa do desemprego" nos assalariados, afirmando que, se há desemprego, ele se deve ao fato de que os trabalhadores não concordaram com a redução de seus salários reais, praticam uma projeção. Malthus atribui à tendência do homem de procriar em progressão geométrica a culpa dos possíveis desajustes do capitalismo. Quando

---

5 John Maynard Keynes, *Essays in Persuasion* (Nova York, Norton, 1963), p. 337.

6 Ibidem, p. 372.

7 Idem, *Teoria geral do emprego, do juro e da moeda* (Rio de Janeiro/Lisboa, Fundo de Cultura Brasil-Portugal, 1970), p. 129.

Jevons lança, em última análise, a culpa das crises capitalistas sobre as manchas solares, utiliza o mecanismo de projeção[8].

Keynes coloca a culpa dos desajustes do sistema (taxa de juros elevada, "filtrações que reduzem o efeito multiplicador" etc.) na moeda, no comportamento em face dela, retirando a etiologia do problema das relações básicas do capitalismo.

A principal e mais bem elaborada projeção de Keynes é a que se encontra em seu diagnóstico fundamental: lança a culpa pelo subemprego e desemprego da mão de obra no baixo coeficiente de novos investimentos. Ora, a elevada taxa de ociosidade do equipamento em fase de crise ou recessão mostra a impossibilidade de realizar o aumento da demanda de bens de capital (D_2), uma vez que é determinada pela insuficiência relativa da procura de bens de consumo (D_1). Keynes formula a lei psicológica fundamental para fazer crer que a insuficiência do consumo, em relação à capacidade de produção, não poderia ser a causa principal do desemprego e da crise. Logo, conclui, sem prová-lo, que, como a culpa não é da insuficiência da procura de bens de consumo, só pode ser de D_2, baixo coeficiente de novos investimentos.

A partir daí é fácil desvincular a taxa de juros do consumo e conceituá-la como fenômeno monetário, atribuindo a culpa do desemprego àquele fenômeno monetário: a elevada taxa de juros em relação à eficiência marginal do capital é que responde, afinal, pela insuficiência da demanda de bens de capital.

A culpa pelo subemprego é projetada no juro (fenômeno monetário, segundo ele), desvinculando o diagnóstico das contradições e crises do sistema das relações capitalistas; tal diagnóstico permite-lhe, também, justificar os estímulos e incentivos ao processo de acumulação, fazendo crer que os investidores capitalistas, devidamente estimulados pelo governo, poderiam elevar o coeficiente de novos investimentos até o nível suficiente para que a demanda de pleno emprego se tornasse efetiva.

Segundo Marx, o capitalista percebe, mas afasta continuamente de sua consciência, que o mais-valor nasce na produção, no processo de valorização do capital para o capitalista: projeta na circulação, através de um fantástico processo de vender mais caro do que comprou, a origem de seu lucro, que, assim, purifica-se da exploração imanente ao processo capitalista de produção.

> Com efeito, durante o processo imediato de produção a natureza do mais-valor ocupa continuamente a consciência do capitalista, como o demonstra sua avidez por tempo de trabalho alheio etc., que já vimos ao analisarmos o mais-valor. No entanto [...] o próprio processo imediato de produção é apenas um momento transitório, que migra

[8] William Stanley Jevons, *A teoria da economia política* (São Paulo, Abril Cultural, 1983), Coleção Os Economistas.

> constantemente para o processo de circulação, assim como este migra para o primeiro, de modo que a noção mais ou menos clara da fonte do ganho obtido no processo de produção, isto é, da natureza do mais-valor aparece, no máximo, como um momento dotado de tanta validade quanto a representação de que o excedente realizado provém do movimento independente do processo de produção, derivado da própria circulação, ou seja, do movimento realizado pelo capital independentemente de sua relação com o trabalho.[9]

Assim, é projetada na circulação a origem do lucro que, por isso, pode ser considerado como resultado de preços mais elevados de venda da mercadoria do que os de compra dos fatores que entram em sua produção; por esta projeção, a consciência do capitalista fica livre da culpa pela exploração do trabalhador, segundo a óptica do valor.

Confusão deliberada

Arma-se o esquema de análise com uma complexidade que não é essencial à operação cognitiva, com o intuito de desviar a atenção para aspectos laterais, secundários, dos fatos analisados. Keynes herdou tal mecanismo de Alfred Marshall que, em nosso entender, foi quem melhor e mais fartamente o utilizou. Na teoria marginalista e neomarginalista, o mecanismo surge como a abertura de diversas hipóteses que são abandonadas, caminhos que não levam a nada, porque, em verdade, só uma das hipóteses é coerente com o quadro geral da análise. As demais hipóteses erguem-se, portanto, como verdadeira cortina de fumaça capaz de desorientar o leitor em relação aos objetivos finais, teleológicos, da análise, ocultando a *hipótese relevante*.

Quando, por exemplo, Keynes trata da preferência pela liquidez, determina quatro motivos que a explicariam. Mas, depois de analisar de forma sutil as diversas hipóteses possíveis, relaciona a variação da taxa de juros à variação da quantidade de dinheiro (relação entre r e M_2):

> Portanto, correspondendo à quantidade de dinheiro criada pela autoridade monetária haverá, *ceteris paribus*, uma determinada taxa de juros ou, mais propriamente, um complexo de taxa de juros para as dívidas de diversos vencimentos. Assim, esta análise só será útil e importante na medida em que tenha alguma relação, essencialmente direta ou teleológica, entre as alterações na quantidade de dinheiro e as que ocorram na taxa de juros.[10]

[9] Karl Marx, *O capital: crítica da economia política*, Livro III: *O processo global da produção capitalista* (trad. Rubens Enderle, São Paulo, Boitempo, no prelo).

[10] John Maynard Keynes, *Teoría general de la ocupación e interés y el dinero* (Cidade do México, Fondo de Cultura Económica, 1951), p. 193.

Depois da exposição mais confusa que existe na *Teoria geral*, transparece a estrada real de sua análise. E o aumento da "quantidade de moeda", que é tão essencial a seus propósitos – principalmente como instrumento de redução da unidade de salário real –, aqui surge como a única forma de reduzir a taxa de juros. Tudo o mais é cortina de fumaça.

O mesmo ocorre em relação à escolha das variáveis dependentes e independentes. À página 235 de sua obra, determina as variáveis independentes, propensão ao consumo, a curva da eficiência marginal do capital e a taxa de juros. Mas, à página seguinte, afirma que algumas vezes podemos considerar que nossas variáveis independentes finais consistem:

> 1. nos três fatores psicológicos fundamentais, isto é, a propensão psicológica a consumir, a atitude psicológica em relação à liquidez e a esperança psicológica de rendimentos futuros dos bens de capital;
>
> 2. na unidade de salários, tal como se determina pelos contratos celebrados entre patrões e trabalhadores; e
>
> 3. na quantidade de dinheiro, segundo se fixa pela ação do banco central.[11]

Demonstramos que a verdadeira variável independente final, dentro da própria *Teoria geral*, é a última, a quantidade de dinheiro, segundo se fixa pela ação da autoridade monetária. É sua manipulação que atuará sobre as demais, reduzindo a taxa de juros, reduzindo a unidade de salário real e elevando a esperança psicológica de rendimentos futuros, variações estas que permitirão o aumento das variáveis dependentes: renda nacional e volume de ocupação.

Portanto a variável independente final é a quantidade de moeda tal como se fixa pela ação do banco central, e as demais são componentes da cortina de fumaça levantada com o propósito de perturbar o entendimento do processo real que a *new wisdom* inventada por Keynes pretende instaurar no mundo moderno.

Mudança de um plano de análise para outro

Este mecanismo consiste na realização da análise em determinado plano (objetivo, individual, real, por exemplo), estabelecendo-se relações, correlações e *leis*, alcançando conclusões válidas ou aparentemente válidas nesse plano especial de análise e, a seguir, transportando-as como verdadeiras para outros planos (subjetivo, global ou monetário), em que as ilações, *leis* e proposições não têm validez.

A habilidade no manejo desse mecanismo é um dos mais significativos índices da inteligência abstrata do teórico, naquilo que ela tem de comum com a

---

[11] Ibidem, p. 254.

capacidade de emprestar aparente coerência lógica ao sistema teórico de *explicação*. E a coerência lógica, aparente ou real, é um dos pré-requisitos para a aceitação e para o êxito do sistema.

Os clássicos tiveram limitadas possibilidades de utilizar tal mecanismo de distorção, pois as bases de sua explicação permaneceram em grande parte nos planos objetivo e real (amonetário). A possibilidade de mudanças do *plano individual* ao global aparece no pensamento clássico em virtude de uma longa elaboração mercantilista e fisiocrática. O individualismo clássico inaugurou o plano individual de análise econômica demonstrando desconfiança e aversão à análise no plano global, tal como era realizada pelos fisiocratas e mercantilistas. A passagem do plano individual para o global, no raciocínio econômico clássico, era feita com reservas expressas: nem tudo que se pode afirmar ou que é válido em relação ao indivíduo o é para a coletividade. A "procura efetiva", o aumento da população, a produção dos meios de subsistência, o fundo de salários, a "riqueza das nações" etc. constituem sobrevivências pré-clássicas, incrustadas em uma análise baseada no plano individual. A aversão mercantilista fez com que o plano monetário fosse eliminado da análise clássica.

A análise de Marx, em seu aspecto crítico, coloca-se predominantemente no plano global. Aponta as inconsistências implícitas no processo de globalização realizado pelos clássicos mediante a prévia homogeneização dos interesses, das classes sociais etc. e a limitação do ponto de vista do capitalista individual em que se posiciona o ideólogo.

A possibilidade de realização da análise econômica no *plano subjetivo, psicológico*, aparentemente consistente com a análise desenvolvida no plano objetivo, surge na economia, de forma sistemática, apenas com os marginalistas. Eles construíram um sistema teórico no plano subjetivo (utilidade, desutilidade etc.) transportando-o ao plano objetivo em que as leis, proposições e conclusões eram consideradas, *a priori*, igualmente válidas. E se a realidade objetiva não se conformasse à análise subjetiva, por projeção, lançavam a culpa dos defeitos na realidade que teimava em não seguir o modelo racional.

Foi a sedimentação histórica dos diversos planos de análise que possibilitou a constituição do mecanismo de transposição de um plano de análise a outro.

Joan Robinson percebeu claramente as consequências da mudança do plano real para o plano monetário na teoria neoclássica do capital:

> Para quem quer que não se tenha deixado hipnotizar pelos ensinamentos neoclássicos, a falácia é fácil de ser vista. Ela consiste em confundir os dois significados de capital: finanças controladas por capitalistas que ganham lucros são identificadas com o equipamento físico e os estoques que ajudam o trabalho a produzir o produto. Um fundo

financeiro é uma soma de dinheiro a ser investida na compra dos equipamentos a serem produzidos a custos correntes. A taxa de lucro entra na determinação dos preços. Quando o nível da taxa de salários nominais é dado, os preços pelos quais os bens têm de ser vendidos, a fim de fornecerem uma taxa superior de lucro, têm de ser mais altos. O valor do estoque de equipamento, quer expresso em dinheiro, em tempo de trabalho ou numa cesta representativa de mercadorias, não é independente da taxa de lucro. O conceito de "produtividade marginal do capital" constitui-se numa extensão ilegítima do conceito de "mercadorias escassas" para a esfera da acumulação. O argumento continua circulando, os alunos enfeitiçados e os críticos exasperados *por se pular constantemente de um conceito de capital para o outro sem se distinguir entre eles.*[12]

Eli Heckscher[13] percebeu a importância do plano psicológico de análise no contexto da *Teoria geral*, esclarecendo que a contrarrevolução, isto é, o movimento keynesiano após a Segunda Guerra Mundial, abandonou aquela forma de análise. Os conceitos de

> [...] propensão a consumir, a poupar, a preferência pela liquidez e os incentivos a investir não são categorias testáveis no mundo real e os fenômenos a que se referem não podem ser verificados no mundo real.[14]

Heckscher conclui que a análise deve abandonar o plano psicológico para testar os pressupostos em que ele se baseou: "Está na natureza do problema que a investigação deve sair do plano psicológico em que Keynes habita"[15].

Fabricação distorcida do sistema teórico e os núcleos de interesse

Estes são os principais mecanismos de construção distorcida de um sistema teórico de explicação. O analista filtra e seleciona os elementos centrais da cultura, que considera como vitais, e valoriza-os a fim de que os interesses dominantes, bem como a organização básica que os mantém, permaneçam intocáveis. Como os mecanismos que o teórico utiliza não são processos lógicos, a coerência aparente é obtida por

---

12 Joan Robinson, "The Relevance of Economic Theory", *Monthly Review*, jan.1971, p. 33; grifos do original.

13 Eli Heckscher, citado em John Maynard Keynes, *The General Theory of Employment, Interest and Money* (Londres, The Royal Economic Society, 1976).

14 Ibidem, p. 346.

15 Ibidem, p. 347. Keynes tinha consciência de que a mudança do plano individual para o plano global de análise tinha sido utilizada por diversos ideólogos: "Erros importantes têm sido cometidos por estender ao sistema como um todo conclusões que foram corretamente formuladas acerca de uma parte tomada isoladamente" (ibidem, p. xxii), mas incorreu nos mesmos erros, por usar o mesmo mecanismo de distorção da realidade, ao construir sua ideologia.

operações especiais; uma capa de aparência lógica, de coerência interna, é tecida, e os desajustes são compensados ou ocultos no decorrer da análise. Os mecanismos de que se vale o analista, o teórico, são individualmente manejados; a matéria sobre a qual se aplicam são os fatos, os fenômenos e as relações entre eles são vistos através de suas lentes próprias, de sua *Weltanschauung* individual, que é socialmente produzida.

A estrutura mental e a visão de mundo são, em grande parte, determinadas pela situação especial do teórico e pelas experiências pregressas e vivências que conformam sua personalidade básica ou seu superego, por sua situação histórica, isto é, a época em que nasceu e viveu, particular e distinta das demais, sua situação social determinada, os interesses que se relacionam à sua situação de classe, os valores internalizados no processo de socialização de sua personalidade, as crenças e deformações decorrentes do caráter de sua formação profissional e as afinidades com as classes com as quais conviveu e das quais absorveu valores, crenças, regras de conduta, interesses etc. Embora nem sempre presentes à consciência individual, apesar de inconscientes, esses ingredientes são ativos, dinâmicos, e são eles os principais responsáveis pelo acionamento dos mecanismos anteriormente apontados.

Tais mecanismos de distorção atuam em torno de certos centros, de determinados polos, que são a sede dos interesses fundamentais da classe que produz a ideologia. Todo o tecido aparentemente lógico, todas as distorções e os ilogismos se entrelaçam e se compensam para formar a muralha de proteção destes núcleos de interesses que ficam obscurecidos, latentes[16].

Na economia moderna, descentralizada, caracterizada pela "organização do trabalho formalmente livre"[17], o eixo, o núcleo central, é, certamente, a problemática

---

[16] Mais de dez anos depois da redação do trecho acima, deparei, no Livro III de *O capital*, com o seguinte trecho em que, pela primeira vez na história, determinava-se a existência desse importante processo mental pelo qual os ideólogos procuram dar exatidão a uma representação, isto é, a uma falsa imagem do real: "Com efeito, o economista vulgar não faz outra coisa do que traduzir as curiosas ideias dos capitalistas imersos na concorrência para uma linguagem aparentemente mais teórica e generalizadora, *esforçando-se por construir a correção de tais ideias*"; Karl Marx, *O capital*, Livro III, cit.; grifo nosso. Essa construção alienada, em que a representação do real é tida como o real concreto, capta apenas o nível da aparência e, por isso, de início dinamiza a ação. Mas aquela representação passa a ser o objeto de um depuramento teórico contínuo que, em vão, procura dar exatidão à construção ideológica; o processo real, histórico, desenvolve-se e cada vez se afasta mais de sua representação cristalizada. A crise revela que o distanciamento entre a produção ideológica e o processo real (ou expansão e transformação das condições da produção) chegou ao máximo; rompe-se, então, a superestrutura ideológica das condições reais. A crise do pensamento se verifica, os teóricos ficam perplexos diante da crise e preparam-se as condições de uma "revolução", isto é, de uma reorganização ideológica. Na década de 1930, coube a Keynes formular a nova versão ideológica, *a new wisdom for a new age*.

[17] Max Weber, *Historia económica general* (Cidade do México, Fondo de Cultura Económica, 1942), p. 5.

do salário. Toda a teoria do valor-trabalho estrutura-se a partir do problema do salário, e as construções marginalistas, neomarginalistas e keynesianas gravitam em torno desse poderoso núcleo.

As teorias sobre o lucro e o juro, em qualquer versão, estão relacionadas com o problema central das rendas fixas e das demais rendas, do qual não escapa a explicação moderna, macroeconômica e funcionalista, preocupada com as variações nominais do salário. E sua preocupação está presente mesmo quando o problema das variações do salário é envolvido e globalizado no estudo da variação da renda nacional.

John Maynard Keynes foi um gênio e, em nosso modo de ver, o traço marcante de sua inteligência manifesta-se quando ele consegue dar aparência revolucionária à sua obra. Analisada em seu conteúdo latente, profundo e real, a obra de Keynes pouco apresenta de revolucionária, apesar de sua capa macroeconômica. Ela é pautada e afinada com todos os valores e interesses da economia clássica, e a determinação dos mecanismos de distorção de que se utiliza seu artífice mostra-nos isso claramente.

A ideologia keynesiana constitui o notável esforço de teorização e justificação de transformações capaz de permitir a compatibilização da sobreacumulação que provocou, entre outras, a crise de 1929. A potencialidade alcançada pelo sistema industrial de produção[18] barrou os investimentos produtivos adicionais. A geração de lucro, renda, emprego e consumo passou a ser garantida pelos "investimentos" improdutivos e destrutivos da era keynesiana. Keynes procura esconder que a crise de sobreacumulação é o resultado necessário da dinâmica capitalista. Taxas elevadas e crescentes de investimentos são necessárias para garantir a reprodução do sistema como um todo. Volumes crescentes de investimentos em maturação (tais como os "investimentos públicos" keynesianos) geram renda adicional sem correspondentes acréscimos na oferta de mercadorias. Assim, aquela acumulação de capital, em escala crescente, compensa a insuficiência relativa do consumo capitalista, limitado pela distribuição desigual da renda nacional. Quando a acumulação se transforma em sobreacumulação, devido à queda da taxa média de lucro, a contração dos investimentos traz à tona a crise de subconsumo.

A ideologia keynesiana fornece os marcos da ação governamental sobre as relações econômicas na estrutura do capitalismo moderno, procurando compatibilizar as mudanças com o âmago de suas características herdadas.

---

[18] O sistema capitalista volta-se para a produção de artigos de luxo (duráveis). A crise de 1929 é o resultado do desenvolvimento dessa dinâmica tortuosa. A redinamização apoia-se na produção de não-mercadorias (produtos bélicos, espaciais, estádios, estradas etc.). A produção deixa de se destinar ao consumidor individual de artigos de luxo para voltar-se para o governo.

As *Agenda* dos clássicos (defesa interna e externa, burocracia civil e militar, justiça, administração pública), investimento em infraestrutura (estradas, canais, comunicação, saúde, educação, pesquisa, espaço etc.), em que os padrões de racionalidade diferem dos que movem os *spontae acta* (ação empresarial que visa minimizar custos e se move pelo lucro), encontram na *Teoria geral* os instrumentos de seu novo e hipertrofiado dimensionamento.

> Temos de discriminar entre o que Bentham, em sua nomenclatura esquecida, mas útil, usava denominar *Agenda* e *Non Agenda* [...] e a tarefa ímpar da política é vislumbrar formas de governo dentro de uma democracia que sejam capazes de realizar as *Agenda*.[19]

Por intermédio desses investimentos não produtivos, a capacidade de consumo e o volume de ocupação se expandem, permitindo a manutenção (*ex post*) de elevada capacidade relativa de consumo. Enquanto os clássicos limitavam tais "investimentos" não produtivos ao equilíbrio orçamentário (único parâmetro de sua racionalidade), Keynes rompe essa restrição e alarga o universo de análise econômica que passa a abranger as *Agenda*.

A inflação é o resultado dessa política de gastos do governo e o remédio para a redução da taxa de juros, para o aumento da eficiência marginal do capital, para a necessária redução da unidade de salário real vigente, para o aumento do volume de emprego, do coeficiente de novos investimentos e para a hipertrofia do Executivo e de suas agências.

Na estrutura da produção da economia keynesiana afirmam-se os setores que produzem para as *Agenda* (defesa, saúde, comunicação, espaço, educação, pesquisa etc.); essa produção cria um objeto especial (não-meios de produção e não-meios de consumo individual) que não é nem bem de consumo nem bem de capital e que, portanto, não pode retornar ao processo produtivo como força efetiva de reprodução. Criado o objeto, o sujeito que o adquire de forma monopsonista é o governo, que, para isso, deve ter uma massa crescente de recursos monetários, de meios de pagamento em suas mãos: a moeda estatal, inconversível, não limitada pelo ouro – "a relíquia bárbara" –, que expressa o caráter despótico do governo diante das contradições que se desenvolvem na economia moderna.

Assim, o departamento que produz não-mercadorias para o governo se expande, desviando, para esse departamento que não produz nem bens de consumo nem de produção, recursos que poderiam ser alocados para incrementar as forças produtivas. Ao desviar para os setores improdutivo-destrutivos parte das forças produtivas da sociedade, conserva as relações de produção capitalistas e amplia o volume de ocupação e a capacidade relativa de consumo.

---

[19] John Maynard Keynes, *Essays in Persuasion*, cit., p. 373.

Os limites da ideologia keynesiana evidenciam-se no modo pelo qual ela circulou, foi assimilada pela classe social dominante, pelos iniciados, e foi imposta à sociedade como um todo, justificou os instrumentos de ação política e dinamizou as relações, proporções e os processos organizacionais do capitalismo moderno. A teoria econômica pós-keynesiana, em vez de desmascarar a representação ideológica inicial, transformou-a num modelo de equilíbrio geral, artificial, a-histórico, imutável como a verdade eterna e "universalmente válida": a macroeconomia burguesa contemporânea. Nos páramos do equilíbrio, em que inexistem as contradições, os conflitos, os desajustes, as crises resultantes do trabalho humano[20] e do incremento que ele produz nas forças produtivas, os ideólogos puderam dar "exatidão àquela representação" ou, na expressão do próprio Keynes, aprimorar a "precisão... fictícia". A produção ideológica, em vez de encarar o processo real e tentar aproximar-se dele, olha para sua própria imagem, narcisisticamente, à procura da perfeição de seu modelo irreal. E o faz por necessidade: se retificasse, autocriticasse e reconstituísse seu esquema, abalaria a fé no caráter eterno de suas verdades.

Dessa forma, a cisão entre o produto ideológico e o processo real aumenta com o tempo[21]: a adequação inicial da versão ideológica, expressa na dinâmica posterior a 1936, torna-se cada vez mais precária, e os próprios instrumentos de ação política perdem sua eficácia até que a crise mostre que a construção ideológica estagnada já não recebe o *referendum* do real. De início, a ideologia era tida como a própria e total verdade porque ela dinamizava o real; na crise, a incapacidade de ativar o processo produtivo desmoraliza a verdade, desacredita o caráter explicativo do discurso ideológico. Por isso, só a prática fornece o critério de verdade ou falsidade das ideias. Mas o fato de as ideias, os sistemas ou modelos dinamizarem o real, unificarem a pluralidade de sentidos e obscurecerem os antagonismos sociais em proveito da ação prova o seu caráter ideológico e não, como parece à primeira vista, seu caráter científico e neutro.

Os produtos do cérebro humano são o resultado da atividade prática dos homens e assumem a forma de mercadorias no sistema capitalista de produção – as esculturas, as pinturas, as invenções, as pesquisas, toda a produção ideológica. Essa produção

---

[20] "No mundo real, do qual o neurótico foge, reina a sociedade humana, com todas as instituições criadas pelo trabalho coletivo"; Sigmund Freud, *Totem et tabou* (Paris, Payot, 1924), p. 165. Os mundos do ideólogo e do neurótico estão exorcizados da dialética do trabalho coletivo de uma sociedade polarizada. Ambas são construções desrealizadas do cérebro dos homens cindidos: a ideologia e a neurose.

[21] "Uma ideologia pode, pois, ter uma problemática, contanto que não abale seus fundamentos. Pode ser rearrumada, modificando-se-lhe os detalhes, porém sem tocar o essencial"; Henri Lefebvre, *Sociologia de Marx* (São Paulo, Forense, 1968), p. 58. A ciência macroeconômica moderna aprimorou o conteúdo não essencial da *Teoria geral*.

ideológica é necessária à reprodução ampliada do sistema, um insumo imaterial da produção física que age como força social gratuitamente utilizada pelo capital.

Formação econômica e critérios da verdade

A ideologia, como outras criações do cérebro humano, constitui um produto "necessário do processo da vida material" dos homens que, para poder circular, atuar sobre a mente dos homens e os acontecimentos da história nas condições da produção capitalista, deve apresentar uma aparente coerência lógica.

Na sociedade teocêntrica, medieval, o critério da verdade das proposições e das leis foi, como vimos, a verdade revelada na sagrada escritura; na sociedade capitalista, pragmática, utilitarista, o critério da verdade é a utilidade, de tal forma que as leis e proposições produzidas no capitalismo são consideradas verdadeiras enquanto são úteis para preservar o sistema. Keynes, Nietzsche e Bentham concordam ao considerar a utilidade (do capitalista, dos mais fortes ou do maior número, respectivamente) como o critério da verdade, sem esclarecer que aquele critério não é geral, mas específico do modo capitalista de produção. "Se, devemos continuar fingindo (por mais cem anos) que o útil é também verdadeiro", conforme Keynes, as teorias úteis não encerram proposições verdadeiras a não ser por mera coincidência e, para determinar a concreticidade do real, é necessário mostrar que, sob o manto da utilidade e das relações e leis ideológicas e aparentes, ocultam-se as verdadeiras leis, relações, tendências, correlações e movimentos da economia real.

A ideologia capitalista – ou seja, a teoria utilitarista e dinamizadora do real – é obrigada a ocultar, necessariamente, os fenômenos reais sempre que eles não se mostrarem úteis à dinâmica do real e à preservação da estrutura social, econômica, jurídica e política do capitalismo.

Para que o sistema teórico, ideologicamente distorcido, afastado do real em direção ao útil, possa circular e ser aceito, deve corresponder a outra exigência das relações capitalistas: apresentar-se com uma capa ou revestir-se de uma aparência racional. A mesma racionalidade que se pretende que exista e impere no processo da produção material capitalista exige-se para o produto imaterial do cérebro dos ideólogos do sistema. Aquelas racionalidades são aparentes, tanto na produção material quanto na produção teórica.

Ao satisfazer as exigências sociais de uma sociedade produtora de mercadorias, esta simples aparência de coerência lógica do sistema teórico ideologicamente deformado apresenta-se da mesma forma que as mercadorias que circulam e são consumidas e, em realidade, sob os aparentes pontos ótimos de equilíbrio e racionalidade, o processo de sua produção apresenta contradições, irracionalidades, distorções, desproporções e desperdícios necessários.

Assim como a sociedade teocêntrica medieval erigiu a verdade revelada, em suas versões oficiais, no fundamento com que as leis e proposições enunciadas por aquela sociedade deveriam, necessariamente, concordar para poder circular e ser aceitas; assim como os galileus que afirmaram, contra os josués sagrados, a proposição de que a Terra se move, e não o Sol, tiveram de se silenciar, assim também os cientistas sociais do capitalismo só podem fazer circular suas produções mentais se elas se mostrarem compatíveis com o critério da verdade da sociedade capitalista: a utilidade.

Se o capital substituiu Deus como centro, comando e canalização de quase toda atividade coletiva; se a empresa substituiu a Igreja até mesmo como caminho da salvação, segundo Max Weber; se a laicização da sociedade e sua organização sob os aparentes padrões de racionalidade se fizeram em vista de sua maior compatibilidade com o desenvolvimento do capitalismo; se o capitalismo é a forma de organização do trabalho, da produção, do consumo, da propriedade e do Estado que coloca como objeto e fim da ação humana a produção de bens úteis e a acumulação de *utilidades*, todas as produções do cérebro humano que não se fundem na utilidade, que não se demonstrem úteis do ponto de vista das necessidades de reprodução do sistema serão consideradas como falsas, como proposições adulteradas, que não podem circular no mundo da ciência capitalista, que é a ciência do pragmatismo utilitarista.

A utilidade substituiu, na sociedade capitalista, a verdade revelada imperante na sociedade feudal como critério da verdade em que se devem fundamentar as leis, proposições e verdades de nosso tempo. O sistema capitalista de produção é tão completo, tão fechado, que não apenas produziu o seu governo, a sua moeda, o seu crédito, o seu comércio, o seu direito, o seu consumo etc., mas também o seu critério de verdade distinto dos critérios dominantes em estágios anteriores de nossa história, em formações econômicas pré-capitalistas.

O mercantilismo não procurou outro critério para fundamentar suas proposições que não a utilidade aparente de seu sistema de regras de política econômica. Como qualquer ideologia moderna, a mercantilista apresenta-se como capaz de realizar o bem comum, a máxima utilidade do soberano, dos comerciantes, dos proprietários de terra, dos artesãos e dos trabalhadores através dos efeitos do aumento do saldo da balança de comércio. Com a crise do mercantilismo, as proposições deixaram de ser úteis, de dinamizar o processo de produção e de acumulação de capital, ou de *utilidades*, e receberam as críticas posteriores de Quesnay e Smith.

A ideologia moderna apresenta-se, para poder circular, como capaz de realizar o bem comum, a "utilidade do maior número", a maximização da utilidade e a minimização da desutilidade, do custo, à margem, o *capitalismo democrático* não se funda em uma utilidade qualquer, indeterminada, mas na utilidade que se propõe e se afirma como a "utilidade do maior número", ou de todos, indicada nos pontos de equilíbrio à margem.

O processo de produção de mercadorias não se justifica ou se fundamenta apenas como produtor de utilidades, de bens, de coisas "ofélimas", mas como processo cujos produtos são obtidos através de métodos racionais de produção. A racionalidade que se supõe imperar no processo de produção de mercadorias é referendada pela *racionalidade* da circulação capitalista de tal forma que só poderão ser reproduzidas as mercadorias que não forem eliminadas por outras, produzidas mais racionalmente, na economia competitiva.

A racionalidade que caracteriza e determina o homem – de acordo com a ideologia capitalista – não é uma racionalidade qualquer, indeterminada, mas uma racionalidade que reflete e reproduz os próprios padrões dominantes no processo de produção capitalista. Não é uma racionalidade medieval mais ou menos identificada à razão divina, mas o resultado da organização do trabalho humano no processo de produção que se inaugura nas manufaturas; a soma, sob o mesmo teto, de numerosos artífices.

Esses oficiais que se dedicavam a produzir um mesmo produto final (carruagem, por exemplo), ou que se dedicavam a produzir, uns, fios, outros, tecidos, e que agora se entrosam sob um mesmo teto, sob o mesmo comando etc., experimentam uma mudança qualitativa detectada pelo conceito de manufatura. A condensação e a intensificação do trabalho humano, a parcialização das tarefas e do trabalhador, a maior eficiência dos instrumentos de trabalho agora de propriedade do capitalista, o novo ritmo do trabalho emprestado pela máquina e não mais pelo artífice, a economia de instalações, matérias-primas, de tempo parado, o alargamento inicial (no período de formação intensiva de capital) da jornada de trabalho, o emprego de trabalhador não qualificado em tarefas simples que dominam o novo processo de trabalho constituem partes de uma racionalidade que domina não apenas a produção, mas a circulação (o comércio, o crédito, o transporte), o consumo individual e as atividades burocráticas e improdutivas, na medida em que o modo de produção industrial se afirma e expande.

Essa racionalidade impulsionada pela maximização do lucro (utilidade, produtividade do capital), dirigida para a acumulação, transforma o homem em apêndice de uma grande máquina; se a máquina é prolongamento e objetivação da racionalidade humana (capitalista), então o mundo pode ser concebido como uma grande máquina pelos filósofos do racionalismo: Descartes concebe o mundo como uma grande máquina e estende essa concepção ao mundo vegetal e animal. O racionalismo de Descartes é o produto da fase de transição entre a sociedade teocêntrica e a utilitariocêntrica; duvida dos *fondements si peu fermes*[22] e, naquele "caos" da transição,

[22] Fundamentos pouco ou nada consistentes da filosofia medieval.

afirma que "não se encontra nada tão evidente e tão certo que não dê margem a alguma controvérsia"[23]. Só as demonstrações mecânicas e geométricas dão segurança a Descartes:

> Aquele que procura a verdade não se deve ocupar de um objeto a respeito do qual não possa ter um conhecimento igual à certeza das demonstrações aritméticas e geométricas.[24]

Seu método consiste, essencialmente, em "dividir as dificuldades que eu examinarei em tantas parcelas quantas possíveis", tal como se faz na divisão do trabalho dentro da manufatura nascente, em que as operações se dividem em parcelas mínimas e mais fáceis do processo total de produção.

Uma das regras de Descartes afirma que o pensamento que

> ilumina o objeto [deve] começar pelos objetos mais simples e mais fáceis de ser conhecidos, até o conhecimento dos mais complicados, e supondo a existência da ordem mesmo entre aqueles que não precedam naturalmente uns aos outros,[25]

da mesma maneira que uma mercadoria acabada partiu de uma matéria-prima e, seguindo certa ordem, no processo de produção termina na forma complexa de um produto final. Outra regra consiste apenas em fazer desdobramentos e revisões tão gerais que nada seja omitido.

A mecânica é a ciência dos movimentos, e as qualidades que "existem fora de mim" (calor, som) são apenas variedades do movimento. A mecânica é o modelo das ciências, daí o persistente mecanismo das ciências sociais ortodoxas, cartesianas.

> Se eu considero o corpo de um homem como sendo uma espécie de máquina construída e composta de nervos, músculos, veias, sangue e pele [...], considerando o corpo humano como tendo sido formado por Deus para ter em si próprio todos os movimentos normalmente manifestos,[26]

a racionalidade da máquina divina – o homem – tem como modelo não uma racionalidade revelada ou abstrata, mas a racionalidade impressa pelo homem em seu produto: a máquina. Como um relógio, uma máquina de precisão produzida pela produção manufatureira, capitalista, "composta de engrenagens

---

23 René Descartes, citado em Marcus Aurelius, "Méditations", em *Great Books of the Western World*, v. 12 (Chicago, Encyclopædia Britannica, 1952).

24 Idem.

25 Idem.

26 Ibidem, p. 101.

e contrapesos, não observa menos as leis da natureza quando é mal feita e não mostra satisfatoriamente o tempo"[27], também a máquina produzida pelo Criador pode ter defeitos; mas, como "*God is in no wise a deceiver*"[28], os estímulos externos são transmitidos ao cérebro por meio dos nervos, e dele para a mente; e todo o sistema funciona racionalmente se a sensação transmitida do cérebro para a mente é "a mais adequada e a mais geralmente útil para a conservação do corpo humano, quando ele se encontra sadio"[29].

Se a prova da racionalidade está na *adequação* das respostas e em sua utilidade para reproduzir as condições normais de produção da vida individual, basta considerar a sociedade como um organismo para se estender a ela o critério da racionalidade de seu funcionamento.

O sistema centrado em torno do interesse da produção de utilidades passaria a ser visto como um *organismo* que, na produção, na circulação e no consumo, forneceria sinais (preços, contribuição produtiva dos fatores marginais, produtos e receitas marginais) capazes de obter respostas racionais, isto é, "úteis para a conservação do corpo" social, das condições de reprodução das relações capitalistas.

Sem ter consciência do processo, a ideologia burguesa constrói em torno de seu critério de verdade – a utilidade – uma economia que é mecanicista e organicista, porque o próprio organismo é visto como máquina. O mecanicismo organicista inverte e obscurece o processo real e não percebe que a *irracionalidade* da máquina capitalista resulta das relações capitalistas de produção que reproduzem sua irracionalidade.

Essa máquina ou esse organismo *sadio* move-se pelo interesse individual, que alcança sua máxima expressão em Bentham:

> Qual é o idioma da verdade simples? Apesar de tudo o que se disse, o predomínio geral da autoestima sobre qualquer outra classe de consideração fica demonstrado por tudo o que se fez. Ou seja: que no curso ordinário da vida, nos sentimentos dos seres humanos de tipo comum, o Eu é tudo; comparado com ele, as demais pessoas, somadas a todas as outras coisas, nada valem.[30]

Se a ação capitalista, em seu processo histórico, construiu a racionalidade da produção capitalista, que domina a produção de mercadorias e ideologias; se a utilidade é o critério da verdade da formação econômica capitalista, de tal forma que as proposições enunciadas só serão consideradas verdadeiras se e enquanto forem úteis, isto é,

---

[27] Idem.

[28] "Deus não é de maneira alguma um enganador"; ibidem, p. 103.

[29] Ibidem, p. 102.

[30] Jeremy Bentham, *Escritos económicos* (Cidade do México, Fondo de Cultura Económica, 1965), p. 12.

se e enquanto constituírem insumos adequados à produção material, a obtenção de resultados úteis passa a ser considerada o objetivo de toda ação humana, de tal forma que a racionalidade econômica, tal como em Descartes, é o atestado da presença da razão na condução do processo. A psicologia que mais adequadamente expressa a ideologia capitalista é a que define a mentalidade, a inteligência pela obediência da ação aos princípios que definem a própria economia capitalista como ciência. "A busca dos fins e a escolha dos meios para seu alcance são, portanto, a marca e o critério da mentalidade em um fenômeno"[31], tal como no conceito de economia formulado por Lionel Robbins na década de 1930, quarenta anos depois de William James, no qual foram incluídos apenas a escassez dos meios e o uso alternativo implícitos no conceito de mentalidade.

> O fisiologista não assegura confiantemente a existência de uma consciência inteligente na estrutura espinhal do sapo até que ele tenha mostrado que o efeito útil que a maquinaria nervosa produz em consequência de dada irritação *permanece o mesmo quando a maquinaria é alterada.* [...] Mas se o critério da existência da mente for a escolha dos meios adequados para a obtenção dos fins previstos, todos os atos parecem ser inspirados pela inteligência, porque a adequação caracteriza igualmente todos eles.[32]

Como o resultado da ação é um "resultado útil", ele é uma mercadoria, uma ideologia, uma coisa "ofélima"; como a utilidade do resultado manifesta-se pela tendência "à autopreservação", então apenas são "racionais" as ações que tendem a preservar o organismo social, a máquina sociocapitalista; o processo de produção capitalista garante que o resultado útil, a produção da mercadoria, seja racionalmente alcançado, mediante a escolha de meios escassos.

Desta forma, como não poderia deixar de ser, a *utilidade capitalista* e a racionalidade do processo capitalista de produção impregnam as produções do sistema e, circularmente, só as produções que conservam a estrutura, os interesses, os privilégios, a organização do sistema capitalista são consideradas racionais e úteis.

As condições do capitalismo retardatário impuseram, na luta por sua integração, concentração e ampliação do raio de ação de sua produção, certas *respostas* diversas, *escolhas* diferentes daquelas prevalecentes no capitalismo cêntrico, integrado, dominante, e reunidas na estratégia de sua política econômica nacional. A *racionalidade* do capitalismo protecionista alemão, sob Bismarck, ou do japonês, sob Meiji, parecia irracional diante dos padrões da ideologia do *laissez-faire*. Como as condições concretas em que o processo de produção daquelas economias capitalistas

---

[31] William James, "Principles of Psychology", em *Great Books of the Western World*, v. 53 (Chicago, Encyclopædia Britannica, 1955), p. 5.

[32] Ibidem, p. 9.

diferiam e se chocavam com as condições do capitalismo cêntrico, as proposições verdadeiras e úteis para os primeiros não eram verdadeiras para os últimos, porque não eram úteis para os objetivos particulares e as condições específicas do capitalismo retardatário.

A organização do governo, seu caráter mais ou menos despótico, os antagonismos sociais decorrentes de taxas de exploração necessariamente distintas nas diferentes condições nacionais, entre outras especificidades, mostraram a existência de padrões diferentes de racionalidade possível na formação econômica capitalista, diversidades dentro da unidade.

O caráter violentamente despótico do governo capitalista retardatário, o necessário inconformismo com as regras impostas pelo centro e justificadas pela ideologia do *laissez-faire*, traduzidas no *ethos* da agressividade anticristã, o irracionalismo emergente dos padrões distintos de racionalidade encontraram sua expressão inconsciente mais acabada na obra de Nietzsche.

Se a quebra dos padrões de racionalidade do capitalismo dominante decorre das condições antagônicas em que se organiza a produção capitalista retardatária, isto é, resulta da forma assumida pela universalização do modo capitalista de produção, outra quebra de padrões de racionalidade resulta do desenvolvimento das contradições internas do capitalismo cêntrico.

As cisões e paralisações que se apresentam na crise mostram que as respostas úteis à reprodução da vida da sociedade capitalista, que caracterizam e definem a racionalidade da *máquina*, deixaram de existir.

Nietzsche não descrê apenas da moral cristã, das virtudes cristãs, da ideologia da igualdade e da fraternidade, mas também da importância do critério da verdade, ou da fundamentação da verdade das proposições. "A falsidade de um conceito não me parece uma objeção a esse conceito"[33], porque, esclareça-se, o fundamento dos conceitos e das proposições não é a verdade, mas a utilidade. "O que é necessário saber é em que medida ele favorece e serve à vida, conserva a espécie"[34], é útil à reprodução ampliada. Isto é, se os conceitos e as proposições preservarem a espécie organizada no capitalismo retardatário e lhe derem as condições de sua afirmação vital, então, ao ser útil, a ideologia será a verdade dos super-homens falsos.

Se o objetivo final da acumulação de capital é o aumento do poder do capitalista; se a acumulação de utilidade revela-se como concentração de "poder sobre pessoas e coisas"; se o poder político é a mais ampla forma de poder, então Nietzsche determina o critério da verdade capitalista que, nas condições da vontade oprimida da

[33] Friedrich Nietzsche, citado em Carlos Álvares da Silva Campos, *Sociologia e filosofia do direito* (Belo Horizonte, Del Rey, 1995), p. 219.

[34] Idem.

Alemanha retardatária, manifesta-se na forma mais evoluída e clara: "o critério da verdade reside na intensificação do sentimento do poder"[35].

A ideologia se vale de certa lógica interessada que, na formação econômica capitalista, procura "demonstrar" que o que é útil, o que aumenta o poder e reproduz sua estrutura social e as relações econômicas que produzem a utilidade e o poder capitalista, é também verdadeiro.

A vontade de poder, o desejo egoísta benthamiano, a conduta pragmático-capitalista, a vontade de acumular utilidades condicionam a produção física e intelectual do capitalismo. A lógica formal, a matemática, as demonstrações geométricas servem para dar aparente racionalidade às proposições, aos conceitos, às leis, relações que se desviam do real-concreto na direção da utilidade.

> A vontade de poder elaborada diante do princípio de realidade impregna os canais da lógica, impondo, através de suas sutilezas, a solução adequada aos interesses dominantes [...].[36]

A perda de racionalidade das proposições do *laissez-faire*, que se tornaram incapazes de superar as contradições que lançaram o mundo na crise de 1929, permitiu que Keynes percebesse que a utilidade era o critério da verdade capitalista. Se as proposições do *laissez-faire*, ao deixar de ser úteis, de dinamizar com respostas adequadas o organismo da economia capitalista, deixaram de ser verdadeiras, então era preciso criar uma "nova sabedoria para a nova era", e esta nova sabedoria não poderia conter ainda proposições reais, verdadeiras. Por "mais cem anos", Keynes acreditava que deveríamos continuar fingindo para nós mesmos e para todos

> que o justo é ignóbil e o ignóbil é justo, porque o ignóbil é útil e o que é justo não é útil. A avareza e a usura e a precaução devem ainda continuar sendo nossos deuses. Porque apenas eles podem conduzir-nos para fora do túnel da necessidade econômica em direção à luz do dia.[37]

A utilidade como critério da verdade e a moralidade do egoísmo são, ao lado da inflação, os subprodutos da acumulação de capitais iniciada no século XVI que perdurariam cem anos, até o advento da "era da abundância"[38]. Quando a ideologia keynesiana deixar de ser útil, de dinamizar o real, ela deixará de ser verdadeira, de acordo com o critério da verdade próprio da formação econômica capitalista: a utilidade.

---

35 Ibidem, p. 220.

36 Carlos Álvares da Silva Campos, *Sociologia e filosofia do direito*, cit., p. 220.

37 John Maynard Keynes, *Essays in Persuasion*, cit., p. 372.

38 Cf. ibidem, p. 361.

Só quando uma formação econômica tiver erigido o real-concreto em seu critério de verdade, as proposições enunciadas por seus pensadores serão verdadeiras.

As condições materiais que determinam a mudança do critério de verdade afirmam-se na formação econômica antes mesmo da crise final que desmoralizará o velho critério.

Assim, a prática do capitalismo keynesiano, ao desenvolver a produção inútil, destruidora e/ou irreprodutível no âmago da sociedade dominada, impulsionada e dirigida para a produção de utilidades, cria as condições materiais para a superação do critério da verdade imanente à estrutura atômica do modo capitalista de produção. O caráter improdutivo, destrutivo, inútil de parcela crescente do produto social da economia keynesiana e a falsidade de seus produtos ideológicos mostrarão que o trabalho humano está, na sociedade, centrado em torno da utilidade, transformando-se no seu oposto, a inutilidade, imprestável como critério da verdade capitalista. É a inutilidade crescente da produção que prepara o caminho para o outro critério da verdade que superará a utilidade, o critério capitalista.

A inutilidade crescente da produção material e a inutilidade crescente da produção intelectual, isto é, da ideologia que se torna inútil, incapaz de dinamizar o real, mostram que os processos de produção material e de produção intelectual constituem uma unidade na diversidade do processo de produção capitalista.

2

O modelo econômico e seu processo de formação no período anterior ao aparecimento da *Teoria geral*

Quem pretende fazer um exame crítico dos modelos utilizados pelas teorias econômicas não deve esquecer-se de que o esquema amadurece lentamente no espírito do teórico que, de acordo com a observação direta ou indireta dos fatos, com as mudanças verificadas nas estruturas analisadas, com as contingências e imposições do momento em que vive, da ideologia dominante, entre outros fatores, transmite ao esquema em elaboração o resultado de suas experiências, modificando-o. Esse problema torna-se mais sério ainda quando, ao lado de certo subjetivismo a que não pode fugir o observador, considera-se a preocupação política de influir sobre a crise do momento, de apresentar soluções para problemas que envolvem interesses vitais de seu grupo ou sua classe social.

Tais elementos apresentam-se na obra de Keynes com tamanha intensidade e frequência que toda a sua obra, principalmente a posterior a 1929, está eivada dessas influências. Outro fato importante para a análise e principalmente para a compreensão de algumas construções teóricas é a participação do estudioso em apenas uma cultura, em apenas alguns grupos, do conhecimento de determinadas formas de conduta psicológica exclusivas, de certos modos de vida, de certos comportamentos e padrões peculiares a dada sociedade. O desvio sofrido por essa visão restringida da realidade – algumas vezes deliberada e outras vezes inconscientemente experimentada pelo observador – transforma seu modelo, ainda que supostamente geral, em particular e limitado, expressão de sua óptica especial.

O condicionamento cultural e sua influência na *Teoria geral*

Keynes sofreu de forma profunda o condicionamento cultural em diversos níveis e modalidades. "Homem de uma mentalidade prevalentemente anti-histórica, o capitalismo foi para ele a própria realidade"[1]. Inglês na máxima e total significação da palavra, Keynes já foi apontado como fundador de uma teoria cuja utilização se restringiria apenas à Ilha. Ao apontar este aspecto de sua personalidade, que o é também de sua obra, Schumpeter chega à seguinte conclusão, aplicável a todos os conselhos por ele sugeridos:

> Se todos pudessem somente compreender isso, também compreenderiam que o keynesianismo prático é uma árvore tenra que não pode ser transplantada para solo estranho: fenece e torna-se venenosa antes de morrer. Também compreenderiam que em solo inglês esta árvore é saudável e promete fruto e sombra.[2]

Mais importante do que isso é indagar-se sobre a adequação dos instrumentos de política econômica (monetária, fiscal, financeira) às condições concretas do capitalismo central, avançado e integrado e do capitalismo retardatário, semi-integrado e subdesenvolvido e das modificações dessas condições diante do imobilismo e congelamento da ideologia keynesiana praticados pelos neokeynesianos.

O país capitalista central – a Inglaterra até a Primeira Guerra Mundial, os Estados Unidos após 1918 – acaba sendo o detentor da moeda mundial. O raio de ação da produção nacional engendra relações econômicas internacionais e transforma a moeda nacional em padrão de câmbio internacional, reserva internacional de valor, em dinheiro aritmético internacional (isto é, na moeda em que os contratos internacionais são feitos) e em meio de pagamento internacional.

Para desempenhar essas funções, a moeda deve ser bastante estável, como a libra o foi até 1931. Mas Keynes percebeu, na década de 1920, que a estabilização da libra, evidenciada pela tentativa de restabelecer o lastro anterior a 1914, estava impedindo o governo inglês de elevar o dispêndio na escala necessária para fazer as obras públicas e estimular a produção nas *Agenda* capazes de reabsorver 1,18 milhão de desempregados ingleses no final da década de 1920. Assim, a desvalorização monetária (e a inflação) da libra naquele tempo, como a do dólar hoje, exigida pelo capitalismo keynesiano, não poderia ser feita pela Inglaterra e pelos Estados Unidos justamente por serem economias centrais, integradas e avançadas, detentoras do dinheiro mundial que não pode ser desvalorizado, sob pena de provocar uma crise monetária mundial. Os países subdesenvolvidos, que têm as suas moedas nacionais incapazes de pretender desempenhar o papel de dinheiro mundial, podem inflacionar livremente, usando, sob esse aspecto apenas, o remédio de Keynes em larga escala.

A análise das assincronias do modelo keynesiano exigiria outro livro; sendo assim, apontemos apenas mais um fenômeno que mostra como o keynesianismo

---

1 John Strachey, *Il capitalismo contemporáneo* (Milão, Feltrinelli, 1957), p. 269.

2 Joseph A. Schumpeter, *Teorias econômicas: de Marx a Keynes* (Rio de Janeiro, Zahar, 1970), p. 262.

chegou com certo atraso nas economias capitalistas centrais: a inflação é um instrumento de perdão de dívidas e, por isso, beneficia os grupos sociais que têm acesso à maior parcela dos créditos concedidos a longo prazo. De início, na fase de formação intensiva de capital, a totalidade do crédito destina-se à produção. Os empresários capitalistas obtêm a maior parte do crédito nacional e tanto mais se beneficiam dele quanto maior for o perdão de dívidas consequente da mais elevada taxa de inflação. Desse modo, o custo do equipamento comprado a prazo e das instalações financiadas decresce com o correr do tempo. Mas, à medida que se concentra o capital, as empresas tornam-se autofinanciadas, prescindem do crédito e, por isso, não podem beneficiar-se com o perdão de dívidas acarretado pela inflação.

Com o aumento da capacidade de produção e a redução do horizonte acumulativo, o crédito, afastado das grandes empresas autofinanciadas, concentra-se no polo do consumo. Uma vez iniciado o sistema de vendas a crédito de bens de consumo, duráveis ou não, ele tende a se generalizar, porque a indústria ou firma que não tiver seu produto final financiado só poderá contar com uma parcela residual da renda do consumidor possivelmente disponível para a compra de seu produto, porque ainda não destinada a pagar as prestações dos bens comprados a crédito. Ao concentrar o crédito não mais no polo da produção – como ainda hoje ocorre nas economias retardatárias –, mas no polo do consumo, como há décadas ocorre na economia estadunidense, a inflação, que na primeira situação beneficia o capitalista-devedor, na segunda situação atingida pelo desenvolvimento da economia capitalista passa a favorecer o consumidor endividado. O perdão de dívidas do consumidor-devedor representa uma redução do poder de compra do dinheiro que reflui ao capitalista industrial e significa um verdadeiro aumento dos salários e vencimentos reais, em detrimento do lucro e da eficiência marginal do capital.

Quando a desvalorização da moeda foi justificada como instrumento de dinamização da economia capitalista pela ideologia de Keynes, já o crédito se deslocara em grande parte do polo da produção para o polo do consumo, no qual finalmente veio a dominar na economia capitalista avançada, provocando efeitos perversos aos interesses do capitalista industrial e contrários aos que, de início, acarretara.

Por outro lado, em muitos aspectos o modelo keynesiano distancia-se das condições reais das economias semi-integradas e retardatárias; resumidamente, pode-se indicar a inexistência do departamento de produção de bens de produção e as limitações do setor de produção para as *Agenda* como os responsáveis pelo caráter incipiente da Bolsa e de outras instituições necessárias à aplicação dos instrumentos keynesianos de política econômica. Schumpeter não percebeu a inadequação crescente do instrumental de política econômica keynesiano diante das condições concretas do capitalismo avançado, revolucionadas pela própria ação do instrumental keynesiano. Keynes foi o maior aluno de Elton; e os seus gostos e preferências foram essencialmente os daquele grupo seleto e específico: gostos que, embora diferenciados daqueles dos alunos "externos" eltonianos de um lado, e dos alunos de Winchester do outro, possuíam a qualidade de ambos.[3]

Outro traço marcante na obra de lorde Keynes é o teleologismo, a preocupação política que se apresenta como um fio mais ou menos visível em todo seu pensamento. A utilidade das instituições, das crenças, das medidas de política econômica e dos postulados em que se fundam é o que importa, e não sua proximidade ou o conteúdo de verdade: "devemos continuar fingindo que o que é útil é também verdadeiro" por mais cem anos, como afirmou na década de 1920.

Defesa do capitalismo e do dirigismo monetário: duas constantes na obra de Keynes

O estudo da obra de Keynes anterior à *Teoria geral* apresenta-nos duas tendências, às quais o autor se manteve fiel durante toda a sua existência: defesa do capitalismo e do dirigismo monetário[4]. Em *Indian Currency and Finance*, seu livro de estreia na economia, já aparece definida sua posição. A esse respeito, diz Lawrence Klein:

> Alguns economistas atuais preferiram, sem dúvida, salientar o fato de Keynes ter-se separado, desde o princípio, da ortodoxia tradicionalista, já que a obra que comentamos defendeu um sistema de moeda dirigida.[5]

Em seu livro *As consequências econômicas da paz*[6], ao lado da defesa de um elevado nível de inversões, Keynes mostrava que este só poderia ser alcançado graças à desigualdade na distribuição de rendas inerente ao sistema capitalista. Klein deu pouca importância a tais fatos e à sua colocação no pensamento de Keynes, mas, se

---

[3] John Strachey, *El capitalismo contemporáneo* (Cidade do México, Fondo de Cultura Económica, 1960), p. 269.

[4] Depois de analisar, com a percuciência de seu espírito analítico, as deficiências e inexatidões em que se fundamenta a filosofia social e econômica do *laissez-faire*, Keynes afirma, em seu "Laissez-faire and Comunism": "Não há nada nelas [em suas reflexões] que seja seriamente incompatível com o que me parece ser a característica essencial do capitalismo, a saber, a dependência a um intenso apelo aos instintos dos indivíduos de fazer dinheiro e de amar o dinheiro como o motor principal da maquinaria econômica"; John Maynard Keynes, "Laissez-faire and Communism", em *Essays in Persuasion* (Nova York, Norton, 1963), p. 73. Foi à defesa do capitalismo no que ele tem de essencial, constante e fundamental, segundo seu entender, que ele dedicou ao longo de sua vida o poder de sua inteligência privilegiada.

[5] Lawrence R. Klein, *La revolución keynesiana*, cit., p. 6.

[6] John Maynard Keynes, *As consequências econômicas da paz* (Brasília, Editora UnB, 2002).

considerarmos sua obra posterior, perceberemos que estas são preocupações constantes, à defesa das quais dedicou grande parte de sua vida. Naquela ocasião, o problema do desemprego não o havia preocupado seriamente, pois dedicava sua atenção aos processos de manutenção de um alto volume de investimentos. A poupança, para ele, ainda era a virtude clássica. "Graças somente ao fato de o rico ser bastante prudente para abster-se de consumir, foi possível atingir a acumulação de capitais em tão elevado nível". A parte mais importante desta análise, porém, reside em que Keynes só viu dois possíveis obstáculos ao dito crescimento econômico progressivo:

a. que a população crescesse rápido demais e mais depressa do que a acumulação de capitais[7]; e

b. que as guerras consumissem o capital acumulado.[8]

Mais importante ainda do que o problema do desemprego era o da manutenção do alto nível de investimento, aqui não como forma de aumentar a ocupação, como mais tarde fingiria defender, mas como processo de manutenção do crescimento econômico, através da desigualdade de distribuição das rendas, única forma de conservar o ritmo ascendente da economia capitalista. Mantida a desigualdade, apenas as guerras ou o crescimento desmesurado da população poderiam alterar o ritmo calmo da prosperidade. A propensão à liquidez não aparecia, ainda, com seu efeito paralisador, corrosivo, das poupanças e do investimento.

A preocupação de Keynes com a manutenção de um elevado volume de investimento, mesmo cronologicamente, é anterior e superior à que se manifesta em relação ao subemprego e ao desemprego. Apenas quando a insuficiência da procura global lhe pareceu constituir uma ameaça ao processo de desenvolvimento da economia capitalista, ao lado dos apontados, voltou Keynes sua atenção para o problema do desemprego, com especial cuidado. Quando o aumento da procura global aparece como condição essencial à retomada, é advogada a expansão do volume de investimentos, agora como instrumento de elevação do volume de emprego e condição *sine qua non* de continuidade da elevação do nível de investimento, do processo de acumulação capitalista.

Não nos parece, portanto, que o problema do desemprego e do subemprego, em si, tenha sido a grande preocupação de Keynes na *Teoria geral*, mas o fato de

---

[7] "É chegado o tempo em que cada país necessita considerar uma política nacional sobre qual tamanho da população, se maior ou menor que a presente, ou se o mesmo, é mais conveniente"; John Maynard Keynes, "Laissez-faire and Communism", cit., p. 70. Ou seja, em termos de seu mestre Malthus, acionar os "freios preventivos" para evitar a guerra, o "freio repressivo" malthusiano.

[8] Lawrence R. Klein, *La revolución keynesiana* (Madri, Editorial Revista de Derecho Privado, 1952), p. 8-9.

constituir esse problema uma grave ameaça à própria sobrevivência do sistema capitalista. Por isso, não há paradoxo algum no fato de o pleno emprego keynesiano ser conceituado de tal forma que possa coexistir com milhões de desempregados; basta que não haja mão de obra disposta a empregar-se ao salário nominal vigente (que experimentará uma redução em termos reais, devido à "pequena elevação do preço das mercadorias para assalariados") para se alcançar, por definição, o pleno emprego.

Defesa da inflação: antiga preocupação de Keynes

Talvez agora se possa compreender melhor por que, antes de 1936, e de forma constante em toda a sua vida, Keynes mostrou declarada preferência pela inflação, tendo afirmado que "esperar tirar proveito da política de deflação é um erro eterno"[9]. Entre duas possibilidades – de inflação ou de deflação –, sempre elegeu a primeira. "Em um mundo empobrecido – dizia então Keynes – é pior provocar o desemprego do que lesar o rentista"[10]: a inflação lesa o indivíduo que percebe rendas fixas, mas permite conservar o volume de emprego em nível satisfatório. O que é inegável, contudo, é que esse nível é alcançado graças à lesão provocada não apenas aos rentistas, mas também aos assalariados e funcionários. Desde os economistas clássicos até Pigou, Marshall e o próprio Keynes na *Teoria geral*, afirma-se unanimemente a rigidez característica dos salários, isto é, que os salários sobem posteriormente aos preços. A elevação do nível de preços representa, pois, uma redução nos salários reais.

Em toda a teoria ulteriormente elaborada, da qual a *Teoria geral* é o coroamento, o lorde inglês justifica e analisa as medidas de política econômica que compõem o quadro da inflação e fornecem os elementos teóricos e políticos essenciais dessa técnica de exploração que deriva da própria elevação do nível geral de preços e, em especial, da elevação dos bens-salário.

Como veremos, as políticas monetárias representam papel de primeira grandeza neste processo. No *Treatise on Money*, sua robusta confiança se fortalece ainda mais:

---

9 John Maynard Keynes, *Treatise on Money: The Pure Theory of Money* (Londres, Macmillan, 1971), p. 105.

10 "Não há forma mais sutil e segura de modificar a atual base da sociedade do que enfraquecer a moeda. O processo coloca ao lado da destruição todas as forças ocultas da lei econômica e o faz de modo que, num milhão de pessoas, nem uma única o perceba"; John Maynard Keynes, citado em Robert Louis Heilbroner, *História do pensamento econômico* (São Paulo, Nova Cultural, 1996), p. 258-9. Qual o lado da destruição? As obras posteriores de Keynes mostram a evolução de seu pensamento neste particular e confirmam que algo deve ser destruído ou explorado no processo de construção e soerguimento estimulado pelo enfraquecimento da moeda.

A característica principal das medidas keynesianas para melhorar o nível de emprego é que quase todas elas supõem um certo controle e manipulação sobre a moeda[11]. O desemprego foi considerado um de nossos mais sérios problemas econômicos, ainda que Keynes pensasse, com confiança, que seria resolvido por completo dentro da estrutura do sistema capitalista mediante o emprego de uma política monetária apropriada.[12]

Não foi preciso esperar as complexidades da *Teoria geral* para confiar nestas medidas. A deficiente análise clássica lhe bastava, eis que "a maioria das medidas políticas propostas estavam justificadas por uma estreita análise clássica"[13]. Para ir do dirigismo monetário ao intervencionismo, faltava apenas a política de investimentos públicos. Esta foi formulada em 1929, quando o espectro do desemprego se espalhava por toda a Inglaterra, havendo, até aquele ano, um constante aumento de desemprego, que atingiu um milhão ou mais de trabalhadores. A política de investimentos públicos foi, então, defendida pelo economista Keynes quando o político Lloyd George a apresentou na plataforma eleitoral como capaz de reduzir o volume de desemprego. Então, a principal base dessa política – o multiplicador de ocupação – não havia sequer sido formulada por Khan. Mas o raciocínio de Keynes encontrava uma forma de justificar os efeitos desfavoráveis de tal política sobre o orçamento, o aumento dos déficits. Na verdade, o raciocínio por ele usado, embora hoje nos pareça bastante estranho e tivesse sido objeto de críticas naquela época, não deixou de ser um expediente útil.

> [Keynes] imaginava que mediante estes gastos públicos o governo seria capaz de elevar-se a si mesmo, por seus próprios meios. E concluía que haveria tal aumento de renda,

---

[11] Vale a pena recordar a página de Keynes em seu citado "Laissez-faire and Communism", na qual, uma vez mais, é reafirmada sua fé no dirigismo monetário e creditício: "Muitos dos maiores males econômicos de nosso tempo são frutos do risco, da incerteza e da ignorância. É porque indivíduos particulares, afortunados em habilidades ou em status, são capazes de tirar vantagem da incerteza e da ignorância, e também porque, pela mesma razão, os grandes negócios são frequentemente uma loteria, que ocorrem grandes desigualdades na distribuição da riqueza, e os mesmos fatores são causa do desemprego de trabalhadores e da frustração de expectativas razoáveis dos negócios e da falta de eficiência da produção. Também aqui a cura situa-se fora do campo de operação dos indivíduos; pode até ser do interesse dos agentes privados agravar os males. Creio que a cura dessas coisas deve ser encontrada parcialmente no controle deliberado da moeda e do crédito por um banco central, e parcialmente pela coleta e divulgação, em grande escala, de dados relativos à situação dos negócios, inclusive a publicidade, obrigatória por lei, se necessário, de todos fatos econômicos que é útil saber" (p. 68). Essa visão – que posteriormente ele próprio deveria considerar bastante ingênua – das causas e dos remédios dos grandes males da economia moderna expressa claramente a convicção, à qual sempre foi fiel, de que a cura dos males só poderia advir da manipulação eficaz da moeda e do crédito.

[12] Lawrence R . Klein, *La revolución keynesiana*, cit., p. 15.

[13] Idem.

como resultado daquelas despesas, e que, com as percentagens fixas de imposto, o governo obteria grandes aumentos em suas receitas fiscais, que lhe permitiriam equilibrar o déficit orçamentário.[14]

Esse processo de "subir puxando para cima os próprios sapatos" atesta a tendência permanente em seu espírito de justificar os investimentos públicos com maior ou menor exatidão, justificá-los de qualquer forma. As consequências inflacionárias, o efeito sobre o nível de preços que os déficits orçamentários provocam, e que Pigou já havia considerado como a principal causa da inflação, não despertavam maior atenção no lorde.

Outro episódio de grande significação, que atesta a posição de Keynes em relação a um importante instrumento da política econômica, foi o movimento, em 1925 na Inglaterra, de volta ao padrão-ouro. Ele se colocou decididamente contrário a tal medida, combatendo-a em uma série de artigos. No seu *A tract on monetary reform,* publicado em 1923, Keynes pregava

> a estabilização do nível de preços internamente, com a finalidade de estabilizar a situação interna dos negócios, dando-se atenção secundária aos meios de diminuir as flutuações, a curto prazo, do câmbio exterior. A fim de chegar a este resultado, recomendava que o sistema monetário criado pelas necessidades de guerra fosse mantido também na economia da paz.[15]

Uma constante do pensamento de Keynes foi a aplicação, nos tempos de paz, das experiências feitas em economia de guerra. Se atentarmos para as grandes modificações que a guerra leva à economia dos países beligerantes, principalmente a plasticidade que introduz no sistema monetário, que deve responder satisfatoriamente aos estímulos brutais das despesas criadas pela economia de guerra, perceberemos o alcance da posição assumida por Keynes em sua obra de 1923. Ele percebera – como posteriormente salientaria – o efeito da situação bélica sobre o ritmo da atividade econômica, e seu espírito sereno viu a Inglaterra trabalhar a pleno vapor. Seu espírito prático repudiava a ideia, na ocasião defendida por muitos, do retorno ao sistema rígido do período anterior a 1914.

Por ter compreendido o aspecto positivo da plasticidade adquirida pelo sistema monetário em economia de guerra, e que "a volta a um sistema de padrão-ouro e à paridade anterior à guerra era mais do que a sua Inglaterra poderia suportar"[16], Keynes se opôs tenazmente a tais medidas. Considerava a volta à paridade anterior à Grande

---

[14] Ibidem, p. 21.

[15] Joseph A. Schumpeter, *Teorias econômicas: de Marx a Keynes*, cit., p. 266.

[16] Ibidem, p. 267.

Guerra como medida deflacionária a que era avesso de longa data. Talvez não apenas por isso, mas porque percebia que o papel-moeda inconversível era um instrumento muito mais manipulável pelo governo, apto a manter a elevação do nível de preços e, ao mesmo tempo, a fornecer ao governo os recursos monetários para a expansão de seu dispêndio. Como mostraremos em capítulo posterior, o papel-moeda representa uma grande aquisição no prolongado processo de evolução em que as armas do dirigismo monetário adquirem destreza e funcionalidade. Os percalços que os sistemas metálicos infligem ao processo de elevação do nível de preços representam uma das causas pelas quais as elevações que se verificaram na vigência desse sistema nos parecem mesquinhas se comparadas com as que se realizaram sob a vigência do sistema ametálico, de papel-moeda.

Praticamente todos os instrumentos e políticas econômicas que são responsáveis, em grande parte, pela continuada elevação de preços em todos os países do mundo apareciam na obra de Keynes anterior a *Teoria geral.* Mas seria preciso esperar o ano de 1936 para que se conjugassem, de forma mais precisa e complexa, todos esses elementos em uma das construções teóricas mais importantes de toda a história do pensamento econômico. Como veremos na análise de *Teoria geral*, o processo de elevação de preços aparece claramente como forma fina, quase não sentida, de realização do que Pigou aconselhava concretizar de forma direta: provocar a baixa do salário real de cada indivíduo e, ao mesmo tempo, a redução da taxa de desemprego, de forma compatível com a preservação das características e estruturas capitalistas fundamentais.

Ideologia e crise

Entre as várias cisões e paralisações que as crises impõem ao sistema capitalista, verifica-se a ruptura entre as condições materiais da produção e a superestrutura política e ideológica. A ideologia, que se mostrou compatível com determinado estágio de expansão das forças produtivas, torna-se incapaz de explicar a crise; daí a crise da ideologia e a necessidade de reformulação ou criação de nova ideologia.

A ideologia de Keynes é a representação, no pensamento, das contradições desenvolvidas ao longo do período do *laissez-faire*. As dificuldades de realização e o consequente aumento do desemprego de mão de obra, de equipamento e máquinas só poderiam ser resolvidos através de um aumento da demanda global; mas a demanda global só pode aumentar se aumentar a renda total, e esta, se houver aumento do volume de ocupação. A explicação é tautológica e o círculo vicioso não se rompe. Se a solução é aumentar a demanda de bens de capital, como afirmou Keynes, como fazê-lo se a crise elevou a taxa de ociosidade a 60%? O aumento da demanda de bens de capital significaria colocar máquinas novas ao lado de máquinas paradas...

As contradições da economia do *laissez-faire* refletem-se na mente de Keynes e a solução que este apresenta consiste, na verdade, na expansão de um departamento de produção que a ideologia clássica, de Marshall a Pigou, tinha obscurecido: o departamento de produção de não-meios de produção e de não-meios de consumo (pois para os meios de produção e para os meios de consumo não havia demanda efetiva adicional possível). Como Keynes já escrevera na década de 1920, era preciso voltar ao conceito útil e esquecido de Bentham – as *Agenda* –, expandindo a produção de "produtos que não são postos à venda", conforme expressão de Malthus: estradas, edifícios públicos, redes de esgoto, rede de água, combate à poluição, defesa, entre outros, "produtos extra *commercium*", adquiríveis apenas pelo governo; aumentar o terceiro componente de demanda (D_3) – que o *laissez-faire* tinha limitado –, eis a solução real de Keynes.

Assim, a estrutura da produção tinha de se diversificar e o governo deveria ter os recursos necessários para comprar a nova massa de produtos, o que explica a necessidade de uma ideologia que justificasse a ligação da superestrutura política com as condições reais da produção, emergentes.

Uma vez remodelada a estrutura da produção, graças aos investimentos keynesianos nas *Agenda*, as agências do governo ter-se-iam ampliado, empregando parte da mão de obra dispensada dos setores produtivos de meios de consumo e de meios de produção.

Se os setores produtivos (de meios de consumo e de meios de produção) reduziram o volume de ocupação, dispensaram mão de obra, devido às dificuldades de vender a antiga escala de produção, não podem eles próprios iniciar sua reabsorção. O desemprego é necessariamente reabsorvido, de início, diretamente pelo governo (política de reemprego), ou pelos setores que produzem para o governo. O aumento do volume de ocupação e de produção nesse setor determinará um aumento da demanda de meios de consumo por parte dos assalariados e dos capitalistas, e de meios de produção por parte dos empresários.

Uma vez restabelecidas as condições essenciais à reprodução, isto é, alteradas as estruturas produtiva e consuntiva, a ideologia de Keynes pode e deve eternizar-se, assumir o caráter de universal e natural. A forma matemática e gráfica que assumiu expressa a necessidade de apresentar como imutável, eterna, a ideologia keynesiana. Mas se o que é científico é eterno, universal, imutável, inovações críticas e reformulações inovadoras que enriqueceriam o modelo com as mudanças do real-histórico entram em choque com a verdade eterna e imutável. Assim, para que a ideologia circule é necessário que ela se congele dentro de limites muito estreitos e que as inovações sejam raras e não entrem em contradição com o modelo básico.

Como ocorreu com o *laissez-faire*, a ideologia pós-keynesiana estagnou e acabará por mostrar-se imprestável para dinamizar a ação. O movimento das forças reais diante da estagnação ideológica acabará por cindir o nível da atividade da esfera ideológica e política, eliminando esta condição necessária à reprodução. Diante da nova crise, a ideologia keynesiana e a pós-keynesiana, estagnadas, serão tão ineficazes quanto foram a ideologia do neoliberalismo durante a crise de 1929 e a ideologia mercantilista na Inglaterra no século XVIII. Por não serem mais úteis, também deixarão de ser verdadeiras.

Portanto não apenas a mente humana não pode criar arbitrariamente sua ideologia, porque utiliza mecanismos limitados de distorção, como o processo de reprodução da ideologia está limitado pelos clichês conceituais e metodológicos estáveis, dificilmente alteráveis. Na Idade Média, o pensamento só poderia ser produzido e circular se não ofendesse a verdade revelada nas escrituras sagradas. No período mercantilista, se se mostrasse compatível com o engrandecimento do Estado nacional e do tesouro; entre os neoclássicos, se não ofendesse o equilíbrio como fim, a escassez, a lei dos rendimentos decrescentes, a repartição da renda, a linguagem simbólica e a razão.

Keynes foi um dos poucos que perceberam que o critério da verdade, dominante na sociedade teocêntrica medieval, não era o mesmo do capitalismo pragmático, "fazendo e amando o dinheiro". No modo capitalista de produção, o critério da verdade será, em última análise, a utilidade. As leis e proposições econômicas e das ciências sociais em geral serão tidas como verdadeiras enquanto forem úteis para dinamizar e preservar as relações capitalistas. Por isso Keynes repetia: "devemos continuar fingindo, para nós mesmos e para todos, que o que é útil é também verdadeiro".

3

A filiação malthusiana

Em carta a Bernard Shaw, escrita durante a produção de *Teoria geral* e também no primeiro capítulo dessa obra, Keynes considera Marshall, Pigou e Edgeworth como seguidores de Ricardo[1]. Ora, Ricardo está preocupado com o valor-trabalho, com a aplicação da teoria do trabalho cristalizado para a explicação do valor de troca das mercadorias produzidas no modo capitalista de produção, procurando superar as dificuldades encontradas por Adam Smith nesse domínio, investigando as leis de distribuição do *produto* da indústria entre as classes que concorreram para sua formação, as relações entre o custo dos meios de subsistência e o salário, pretendendo demonstrar que a renda fundiária não influi no preço e que os três fatores *naturais* são redutíveis ao trabalho humano passado (capital) e presente. Estas preocupações centrais estão ausentes d as obras daqueles que Keynes considera como seguidores de Ricardo. O método de Ricardo é diferente do de seus pretensos seguidores neoclássicos: começa a análise pela *produção* que é determinante da distribuição e do consumo, e não pelo consumo e pelo consumidor soberano, que ele desconhece. Sua análise se faz no tempo cronológico, real, e por isso considera a lei dos retornos não proporcionais aplicável apenas à atividade agrícola; a indústria, caracterizada por incrementos de produtividade e inovações tecnológicas, é dominada pelos rendimentos crescentes, e o agente da produção é o homem social e não o homem racional homogêneo, o *homo œconomicus*.

Marshall certamente não se considerava ricardiano, e costumava dizer a seus alunos que "tudo está em Adam Smith"; sem dúvida, Marshall considerava-se smithiano e não ricardiano.

Para considerar Marshall, Edgeworth e Pigou ricardianos, Keynes estabeleceu um critério próprio de distinção que permitiu que ele mesmo se posicionasse como

---

[1] John Maynard Keynes, *Teoria geral do emprego, do juro e da moeda* (Rio de Janeiro/Lisboa, Fundo de Cultura Brasil-Portugal, 1970).

revolucionário, destruidor dos fundamentos ricardianos do pensamento clássico. Esse critério de distinção entre clássicos e keynesianos, criado por Keynes, consiste apenas em colocar no centro da problemática econômica declarada as indagações sobre a grandeza do produto nacional e sobre o grau de utilização dos fatores disponíveis potencialmente, em vez das indagações *ricardianas* sobre as leis da distribuição de dado produto pelos agentes que participaram em sua produção. Mas, ao adotar a nova colocação, Keynes não se refere ao outro clássico que nisto lhe antecipara: Malthus. Assim, se Marshall e Pigou são clássicos porque são ricardianos, Keynes é clássico porque é malthusiano. Ele, que frequentemente cita Montesquieu, o "grande Locke", os mercantilistas, Silvio Gesell etc., bem como seus precursores, esqueceu-se de declarar que, segundo seu próprio critério de determinação da escola clássica, é um malthusiano, preocupado, como este, com a demanda efetiva e sua relação com o grau de utilização dos fatores existentes.

Mas este lapso de memória e de raciocínio tem sua razão de ser quando, na *Teoria geral*, ele não quer maiores proximidades com o subconsumista Malthus e sua tese declaradamente favorável ao consumidor improdutivo e aos gastos do governo em "produtos que não são postos à venda nos mercados". Em *Essays in biography*, Keynes não oculta sua filiação admirada ao "primeiro economista de Cambridge":

> Se apenas Malthus, em vez de Ricardo, tivesse sido o ancestral do qual a economia do século XIX procedeu, que lugar muito mais sábio e muito mais rico o mundo seria hoje... Há muito tempo eu proclamei Robert Malthus o primeiro dos economistas de Cambridge.[2]

Nesse mesmo ensaio, Keynes declara sua admiração pelo método de Malthus, que considera superior ao de Ricardo e mais próximo dos problemas reais do capitalismo. Malthus foi o único grande economista retirado da relação dos clássicos e Keynes considerava-se seu herdeiro intelectual, encarregado de conferir maior precisão e clareza ao diagnóstico malthusiano e à política econômica do grande herético que, infelizmente, do ponto de vista de Keynes, não foi compreendido e permitiu a Ricardo conquistar a Europa como a Sagrada Inquisição conquistou a Espanha.

Os dois postulados da teoria clássica do emprego são corolários da lei dos rendimentos decrescentes. Keynes criticou os corolários, mas aceitou o axioma básico

A crítica expressa de Keynes aponta para os dois postulados da teoria clássica da ocupação, a saber:

---

[2] Idem, "The Collected Writings of John Maynard Keynes", em *Essays in Biography* (Londres, The Royal Economic Society, 1972), p. 100-1.

1. o salário é igual ao produto marginal do trabalho;
2. a utilidade do salário, quando se usa determinado volume de trabalho, é igual à utilidade marginal desse mesmo volume de ocupação.[3]

Keynes logrou algum êxito em sua crítica porque realizou um ataque externo (a uma hipótese fundamental) e, além disso, praticou uma mudança de plano de análise, isto é, passou a analisar a teoria clássica da ocupação no *plano monetário*, que os neoclássicos ignoraram com sua concepção amonetária do capitalismo[4].

A hipótese clássica violentada por Keynes de forma declarada é a que se refere a determinada *racionalidade* que preside o comportamento dos agentes econômicos. Ora, a afirmativa seguinte é o atestado de que a crítica à teoria clássica da ocupação, tal como foi formulada, baseia-se no ilogismo, na irracionalidade que Keynes atribui à conduta dos assalariados:

> Diz-se algumas vezes que seria ilógico por parte da mão de obra resistir a uma redução do salário nominal e não a outra do salário real. Por razões que apresentamos adiante [...] e afortunadamente, como veremos depois, isto pode não estar tão desprovido de lógica como parece à primeira vista; porém, lógica ou ilógica, esta é a conduta real dos trabalhadores.[5]

O ilogismo patente que Keynes atribui à conduta dos trabalhadores ofende a hipótese clássica da racionalidade das decisões. Em outro quadro hipotético, é evidente que o sistema teórico clássico não pode ser aceito, e pode ser considerado falso, mas a crítica falseia a colocação do problema.

No *plano monetário*, os dois postulados clássicos podem também ser objetados, porque os clássicos os enunciaram no plano real em que toda a sua análise se desenvolve. A oferta e a demanda de trabalho, no plano real, dentro dos pressupostos clássicos, leva à igualdade do salário com o produto (real) marginal do trabalho; no plano subjetivo, a utilidade do salário iguala-se à desutilidade marginal do volume de ocupação, e a correspondência entre os dois planos não é demonstrada, mas suposta.

Todavia, no *plano monetário* pode-se supor a existência de uma variável exógena que altere não apenas o ponto de equilíbrio que se estabeleceria se esta variável não

---

[3] John Maynard Keynes, *Teoria geral do emprego, do juro e da moeda*, cit., p. 19.

[4] Os "postulados fundamentais" da teoria clássica não são postulados, mas sim corolários da lei dos rendimentos decrescentes. O axioma fundamental que permanece intocado pela crítica de Keynes, que se utiliza acriticamente dele, é a lei dos retornos não proporcionais. Ele aceita o axioma, necessário para justificar a redução do salário real no curto prazo marshalliano; a crítica ao pensamento de Keynes tem de atingir o axioma fundamental marshalliano, a lei dos rendimentos decrescentes, isto é, destruir os fundamentos marshallianos da *Teoria geral*.

[5] John Maynard Keynes, *The General Theory of Employment, Interest and Money*, cit., p. 9.

existisse (pressuposto clássico), como também todo o mecanismo de formação de preço que não considere a influência desta variável: a quantidade de moeda. De modo que, no plano monetário, todo o mecanismo de formação de preço passa a ser condicionado, e portanto alterado, em virtude da influência de uma macrovariável – a quantidade de moeda –, tal como é determinada pela autoridade monetária.

Assim sendo, *apenas no plano monetário* pode-se caracterizar a existência de "desemprego involuntário", tal como Keynes o definiu:

> Os homens encontram-se involuntariamente sem emprego quando, no caso de produzir uma pequena *alta no preço dos artigos para assalariados*, em relação com o *salário nominal*, tanto a oferta total de mão de obra disposta a trabalhar pelo salário nominal corrente como a demanda total desta ao referido salário são maiores que o volume de ocupação existente.[6]

A "pequena alta no preço das mercadorias para assalariados" é determinada pela variável exógena – a quantidade de moeda tal como é fixada pela autoridade monetária – e é incompatível com a análise clássica situada no plano real. A partir do momento em que se considera a possibilidade de que os salários nominais deixem de expressar, em termos de poder de compra, o mesmo que os salários reais (devido à elevação de preços), pode-se, então, diagnosticar a existência do "desemprego involuntário".

"A igualdade entre o salário real e a desutilidade marginal do volume de ocupação pressuposta no segundo postulado"[7] pode, no plano monetário, deixar de realizar-se nesse ponto. É então possível supor um aumento do volume de ocupação, de vez que a desutilidade marginal do volume de ocupação no plano monetário difere daquela no plano real. Como há homens dispostos a trabalhar pelo mesmo salário nominal vigente, ainda que seu salário real baixe, então a oferta de mão de obra é superior, no plano monetário, à oferta no plano real. A diferença entre as duas constitui o desemprego involuntário keynesiano. Logo, o ponto de equilíbrio indicado pela análise real, amonetária, clássica, corresponde a um volume de ocupação inferior àquele que no plano monetário se estabelece. Mas, em ambas, só é possível, além do ponto de equilíbrio estabelecido na análise clássica, aumentar-se o volume de ocupação pressupondo certo ilogismo por parte dos assalariados que se deixariam enganar pela falácia do salário nominal. Ainda mais: na óptica monetária, a absorção do "desemprego involuntário" leva fatalmente à redução do salário real vigente (tal como na clássica)[8],

---

6 John Maynard Keynes, *Teoria geral do emprego, do juro e da moeda*, cit., p. 27; grifos do original.

7 Ibidem, p. 35.

8 Assim se expressa Alfred Marshall a respeito: "A produção extra resultante do aumento daquele agente da produção [o trabalhador] aumentará o dividendo nacional e, por isso, outros agentes da

portanto à "transferência de rendas dos que estavam antes empregados para os empresários"[9], a qual é realizada graças à elevação de preços dos bens-salário.

Mas a "pequena elevação dos preços das mercadorias para assalariados", que se verifica a fim de reduzir o salário real vigente, está logicamente baseada na lei dos rendimentos decrescentes e fundamentada na armação teórica do curto prazo marshalliano.

Keynes concorda com os clássicos. No curto prazo marshalliano,

> num certo estado de organização, equipamento e técnica, os salários reais e o volume de produção (e, portanto, do emprego) estão correlacionados numa forma determinada, de tal modo que, em termos gerais, um aumento do emprego só pode ocorrer, simultaneamente, com o decréscimo da taxa de salários reais. Não contesto este fato fundamental que os economistas clássicos muito justamente declararam inatacável.[10]

A redução da taxa de salários reais, que Keynes pretende obter por meio da elevação dos preços dos bens-salário, está justificada logicamente apenas no curto prazo marshalliano. Keynes esqueceu-se de justificá-la no longo prazo; no entanto a elevação dos preços dos bens-salário não se interrompe no curto prazo marshalliano, em que estaria teoricamente justificada. Mas no curto prazo sua *lógica* é, também, aparente e inconsistente.

No plano individual, pode-se admitir que o curto prazo marshalliano tenha algum conteúdo real: pode-se em uma firma observar a imutabilidade da organização, do equipamento e da técnica e considerar certo período como suficientemente curto para que estes elementos não se alterem; este período é conceituado como o curto prazo. No plano global, no qual Keynes coloca a análise, o conceito se esvazia, perde o conteúdo e torna-se mera recordação ou suporte verbal do conceito marshalliano: para a economia nacional como um todo, a cada instante alguma firma está alterando a técnica, a organização ou o equipamento. Logo, não subsiste, no plano macroeconômico, o conceito de curto prazo marshalliano. O conceito se esvazia de conteúdo ao passar do plano individual, marshalliano, para o global. Keynes adotou-o, espertamente, e apenas na fase de sua elaboração teórica em que pretende unir-se aos clássicos, considerando *inatacável* a redução dos salários reais; tal conclusão baseia-se em sua lei dos rendimentos decrescentes aplicada à indústria, e esta lei se fundamenta no curto prazo marshalliano[11].

---

produção serão beneficiados: mas aquele agente [o trabalhador] terá de submeter-se a um rendimento menor"; Alfred Marshall, *Principles of Economics* (Londres, Macmillan, 1961), p. 446.

[9] John Maynard Keynes, *Teoria geral do emprego, do juro e da moeda*, cit., p. 30.

[10] Ibidem, p. 36.

[11] No capítulo 11, em que expõe a eficiência marginal do capital, o período de análise é o que corresponde à vida útil do "investimento ou ativo de capital" comprado pelo capitalista industrial. No

Mostrada a inconsistência do conceito de curto prazo e seu esvaziamento completo no plano global, esfacela-se toda a ideologia clássico-keynesiana no que diz respeito à "correlação unívoca e inversa" entre o volume de ocupações e a taxa de salários reais.

Considerações sobre o problema do tempo na teoria econômica. A ilusão dos rendimentos decrescentes na atividade industrial: um exemplo de inversão da realidade

Escolha o leitor um conceito de tempo. Qualquer que seja ele, não coincidirá com o tempo, isto é, com o conceito de período, tal como aparece, em modalidades diversas, na análise econômica neoclássica. Nem o tempo como uma das categorias kantianas, nem o tempo material concreto, nem o tempo duração, modo de ser que nos é dado pela experiência inevitável, podem ser identificados às noções de tempo econômico.

O que será o tempo na análise econômica? Esta pergunta não encontra resposta fácil.

Um lugar-comum, tão repetido quanto injusto, é o de que os clássicos teriam ignorado o tempo, realizando uma análise estática, atemporal. É verdade que, em alguns pontos importantes, como na célebre teoria do fundo dos salários, o tempo foi parcial e deliberadamente afastado da análise[12].

Sob o pretexto de enriquecer a análise econômica pela introdução dos períodos, os marginalistas – Marshall principalmente – realizaram uma tarefa bem diferente: forjaram as bases lógicas para a aplicação da lei dos rendimentos decrescentes à indústria.

---

capítulo 10, em que trata da propensão marginal a consumir e do multiplicador de investimento, Keynes considera que diversas quantidades de unidades de trabalho aplicam-se em "*given capital equipment*" (dado capital produtor) (cf. John Maynard Keynes, *The General Theory of Employment, Interest and Money*, cit., p. 214), e assim por diante, variando sempre o prazo de sua análise, de acordo com os objetivos particulares de suas demonstrações.

[12] Os clássicos supõem que os assalariados nascem prontos para trabalhar; seu período de formação até a idade de trabalho é zero ou próximo de zero: o aumento do salário acima do mínimo de subsistência não se pode manter, porque o salário elevado provoca um aumento da população assalariada, da oferta de mão de obra, impondo a queda do salário. A redução do salário decorre, na ideologia clássica – principalmente em Malthus –, da mão invisível que atua como uma lei natural que impõe o aumento imediato da oferta de assalariados. Qualquer tentativa de elevar a unidade de salário real esbarraria na "lei". Vê-se claramente que os clássicos, os neoclássicos e Keynes jogam com o tempo e o fazem principalmente na ideologia do salário, atribuindo, os primeiros, a redução do salário ao mínimo de subsistência e à "lei da população", e os últimos, à lei dos rendimentos decrescentes, ambas falsas.

Para que se avalie a importância fundamental dessa contribuição marginalista e os aspectos políticos, teleológicos subjacentes no problema do tempo e dos períodos na análise econômica, é necessária uma incursão, ainda que rápida, na origem ricardiana do problema, onde se encontra o núcleo da questão. O único ponto de vista que nos permite uma visão compreensiva e uma resposta satisfatória às nossas indagações é o que toma como ponto de partida as relações estreitas entre a *lei dos rendimentos decrescentes* e o tempo, e acompanha as modificações, adaptações e os arranjos que ambos vêm experimentando simultaneamente no processo de sedimentação histórica dos instrumentos de análise.

A primeira constatação importante que se faz é de que a lei dos rendimentos decrescentes, formulada por Antonio Serra, em 1580[13], é aplicada apenas à atividade agrícola; em Ricardo também só se aplica à terra e às atividades a ela relacionadas; na versão ricardiana, os retornos menos que proporcionais eram específicos da atividade agrícola, pelo fato de que terras cada vez menos férteis seriam incorporadas ao processo produtivo, devido ao crescimento da população e ao aumento da procura por produtos agrícolas. Note-se que, na genial colocação de Ricardo, dois fatores variam simultaneamente: terra e mão de obra. A produtividade do fator trabalho não se altera, as unidades desse fator são homogêneas, de forma que apenas os graus decrescentes de fertilidade do solo podem ser responsáveis pelo rendimento menos do que proporcional.

Mas a conclusão a que Ricardo não pôde fugir – de que a célebre lei não é aplicável à atividade industrial – amarrou a validez do princípio à agricultura. Ao ser formulada, a limitação explicitamente declarada trazia a chave de sua própria liberação, conforme veremos em seguida. O dinamismo industrial, as inovações tecnológicas tornavam impossível a aplicação à atividade industrial do raciocínio utilizado por Ricardo, que levou à renda diferencial. Não seria admissível supor que as máquinas, o equipamento, o capital fixo fossem considerados como fator dotado de produtividade decrescente, tal como a terra se caracterizava pela produtividade decrescente, pelos graus decrescentes de fertilidade. Assim, o aumento da mão de obra na atividade industrial não acarretaria, ainda que as unidades de trabalho fossem consideradas homogêneas (igualmente eficientes), rendimentos menos que proporcionais, mas, ao contrário, suscitaria rendimentos crescentes, potencializados pelas novas técnicas e pela aplicação da ciência ao processo de trabalho.

Para que os rendimentos decrescentes existissem na indústria, seria necessário que

> a cada ano, a maquinaria ultimamente construída fosse menos eficiente que a antiga, já que assim os bens manufaturados, não só com a referida maquinaria, mas também

13 Ver nota 3 da Introdução.

com toda a maquinaria do reino, teriam indubitavelmente um maior valor de troca, e pagar-se-ia uma renda diferencial a todos quantos estivessem de posse da maquinaria mais antiga.[14]

De modo que, para que a lei dos rendimentos decrescentes se aplicasse à indústria, seria necessário anular todo o dinamismo próprio desse setor, tarefa que Ricardo considerava irrealizável, caso se almejasse guardar certa fidelidade à realidade econômica, principalmente ao tempo e às inovações que o devir revela.

Se se considera o curto prazo como um período suficientemente curto para que mudem a técnica, a organização e o equipamento, introduz-se, sob o manto da periodização, a anulação de todos os elementos dinâmicos, no conceito de curto prazo. Sob o pretexto de se introduzir o tempo na análise econômica, violentou-se a realidade, pois "a evolução real não se deixa cortar em fatias", como afirmam Lhomme e Marchal[15].

Com a amarração dos elementos dinâmicos, isto é, formulando-se, sem declarar, a hipótese de *ceteris paribus* aplicada às mudanças da técnica, do equipamento e da organização, perde a atividade industrial o seu dinamismo, isto é, justamente a característica que impediu Ricardo de aplicar a ela a lei dos rendimentos decrescentes. Este *seccionamento indevido da realidade* foi, portanto, o mecanismo que possibilitou a generalização da lei dos rendimentos decrescentes e se expressa no corte do tempo real nos prazos artificiais curto e longo.

A faca que seccionou o tempo real, do qual os clássicos se aproximavam mais do que os marginalistas, é um instrumento político. Basta verificarmos que, no curto prazo, por definição, o único fator variável é o trabalho. Se supusermos um aumento nas unidades de trabalho "homogeneamente eficientes" sobre um capital fixo estático, sem alterações da técnica, possibilidade de melhoria da organização e no qual o equipamento seja imutável por definição, é *lógico* que, mais cedo ou mais tarde, cada unidade de trabalho agregada a essa *imagem* do processo produtivo dará um produto inferior ao produto da anterior, em igual unidade de tempo.

Assim, a periodização marshalliana, a introdução do tempo ou dos períodos na análise econômica permitiram o passe mágico que estendeu à indústria a *lei lógica* dos rendimentos decrescentes. Armou-se, graças à hipótese de *ceteris paribus* aplicada aos elementos dinâmicos, um quadro extremamente simplificado e irreal, no qual, logicamente, o produto aparece como função decrescente da variável – unidades de trabalho empregadas. O que não deixa de ser um truísmo. A única dificuldade é que

---

[14] David Ricardo, *Princípios de economia política e tributação* (São Paulo, Abril Cultural, 1982), p. 57.

[15] Jean Lhomme e Jean Marchal, *Contributions à une théorie réaliste de la répartition* (Paris, Armand Colin, 1952).

nem tudo que é lógico é real, e a economia deveria tratar de relações reais e não de princípios lógicos ou truísticos, com conteúdo teleológico à flor da pele.

O principal corolário dos rendimentos decrescentes é o de que é impossível, no curto prazo, aumentar-se o volume de ocupação sem redução do salário real que ganha uma unidade de trabalho. Assim, embora o fator trabalho (variável) seja, *ab initio*, homogêneo em relação à eficiência, os rendimentos decrescentes aparecerão, em virtude do aumento de unidades de trabalho empregadas em um dado capital fixo! Em Ricardo, o fator terra fornecia, por seu grau decrescente de fertilidade, produtividade decrescente, isto é, o fator que fornecia os rendimentos menos que proporcionais já era, desde o início, caracterizado por sua fertilidade (produtividade potencial) decrescente[16]. Maior quantidade de trabalho produtivo deveria ser despendida nas terras menos férteis para obter a mesma quantidade de produto, produzido na mais fértil.

Assim, o curto prazo permitiu aos marginalistas, além de aplicar a lei dos rendimentos decrescentes à indústria e de justificar a redução da unidade de salário real que ganha uma unidade de trabalho quando aumenta a ocupação, dotar o referido fator de uma produtividade gradualmente decrescente, embora, de início, fosse ele considerado um fator *homogêneo* (unidades de trabalho igualmente eficientes). Esses são os motivos principais, e não declarados, pelos quais o campo da economia foi dividido entre o curto e o longo prazo, de forma que a produtividade potencializada do trabalho humano realizado pelo assalariado sobre máquinas inovadas, em vez de rendimento e produtividade crescente, apresenta-se decrescente para justificar a redução do salário. Entendido dessa forma, o respeito à tradição marshalliana perde o sentido; passando a uma *óptica global*, em que o fluxo contínuo

---

[16] Os possuidores de terra obtinham e se apropriavam de renda diferencial. Na indústria, os possuidores do trabalho não se apropriam de renda diferencial alguma. A transposição do raciocínio foi feita apenas em parte; o assalariado anteriormente empregado deveria receber um salário diferencial referente à diferença entre sua contribuição produtiva e a da unidade marginal de trabalho: de acordo com Marshall, o marginal *sheepherd* produz menos do que os anteriores, supramarginais, e por isso o salário deve cair ao aumentar o volume de emprego, havendo uma transferência de renda (salário) dos trabalhadores anteriormente empregados para os empresários. A contribuição produtiva dos trabalhadores supramarginais é transferida gratuitamente para o empresário, porque o salário de todos os trabalhadores é igual à contribuição produtiva marginal, isto é, a menor de todas. Mas, na transposição da lei dos rendimentos decrescentes da agricultura para a indústria, o salário diferencial passou a ser apropriado, sem justificativa lógica, pelo dono da indústria, tal como a renda diferencial era apropriada pelo dono da terra. Porém, como a extensão feita por Marshall, não é ao fator que apresenta fertilidade decrescente (terra no primeiro caso e trabalho humano no segundo) que a renda diferencial é atribuída, tal como decorreria de uma extensão lógica da lei dos retornos não proporcionais, mas ao dono do equipamento, do capital, como resultado de uma extensão política, teleológica da lei.

de alterações da técnica, do equipamento, da organização e do volume de ocupação se verifica em cada momento na economia nacional, o curto prazo marshalliano mostra o que ele é: símbolo vazio, conceito sem conteúdo, a não ser o ideológico.

Keynes rompeu parcialmente com o conceito marshalliano de curto prazo. Aceitou-o, na íntegra, no início da *Teoria geral*, porque só nele poderia ser demonstrado *ab definitio* que a lei dos rendimentos decrescentes, se aplicada à atividade industrial, impõe a redução da unidade de salário como decorrência do aumento do volume de ocupação. Assim, a fantástica lei racionaliza e justifica o impulso capitalista de reduzir a unidade de salário real, atribuindo a redução à lei física (!) dos rendimentos decrescentes que se manifesta no quadro arranjado do curto prazo marshalliano-keynesiano. Aqui cabe o pensamento de Nietzsche: "Nosso pensamento e nosso julgamento de valor não são senão desejos sob a máscara"[17].

A falsa lei dos retornos não proporcionais e o obscurecimento das contradições que a economia keynesiana desenvolve necessariamente

Poder-se-ia indagar por que foi feito tamanho esforço de reconstrução ideológica. A generalização da lei dos rendimentos decrescentes da agricultura em que Ricardo, Turgot e o velho Serra[18] fundaram para a atividade industrial capitalista, a mais dinâmica, revolucionária e densificadora forma de organização do trabalho humano, dotada – de acordo com Ricardo – de retornos crescentes no tempo real, cronológico, consistiu numa inversão da realidade necessária ao marginalismo marshalliano. Para praticar tamanha inversão, Marshall formulou o conceito de curto prazo, no qual os fatores dinâmicos da atividade industrial, responsáveis pela produtividade crescente da atividade industrial capitalista, simplesmente inexistem. Se o curto prazo é, por definição, o período de tempo tão curto que nele não se verifica nenhuma mudança, nem da técnica, nem da organização, nem do equipamento, nele a indústria é adinâmica, anti-industrial e, tal como a terra ricardiana, dará rendimentos decrescentes se a ela se for adicionando o fator variável no conceito do período curto: o número de trabalhadores (homem-hora).

Diga-se de passagem que, na construção teórica de Alfred Marshall, tão cuidada quanto absurda, as unidades de trabalho são de início homogêneas e igualmente eficientes. Para se aplicar ao salário a determinação à margem, é necessário que aqueles trabalhadores igualmente eficientes entrem na fase de rendimentos decrescentes, isto é, que o produto adicionado pelo trabalho do marginal *sheepherd* seja menor do

---

[17] Friedrich Nietzsche, citado em Carlos Álvares da Silva Campos, *Sociologia e filosofia do direito* (Belo Horizonte, Del Rey, 1995), p. 260.

[18] Cf. nota 3 da Introdução.

que o produto do trabalhador supramarginal. Ora, a produtividade do trabalhador só pode ser testada na prática do trabalho em ação, e o professor Marshall jamais entrou na cena do trabalho real, na firma capitalista. Ele supõe que, nela, o trabalhador tenha rendimentos decrescentes, isto é, que sua contribuição produtiva individual seja menor do que a dos anteriormente empregados. Quando aumenta o volume de ocupação "devido aos rendimentos decrescentes", o salário real por unidade de trabalho tem de ser reduzido.

Para justificar a redução de todos os salários individuais, os marginalistas voltaram à hipótese inicial, à suposição (que abandonaram ao longo do raciocínio) de que os trabalhadores são igualmente eficientes, que as unidades de trabalho (homem-hora) são homogêneas. Ora, se em relação à produtividade, que é o que se quer medir, os trabalhadores são homogêneos, eles *não podem ser graduados* em suas contribuições produtivas, em sua própria produtividade que no início foi suposta homogênea. Assim, *gradua-se* um estoque homogêneo, o que é totalmente impossível, a fim de que se possa chegar à *determinação* à margem. E, depois de "cientificamente" provarem que o salário é igual ao produto da unidade marginal do trabalho, voltam, com sua amnésia, ao suposto *a priori* abandonado, de que as unidades de trabalho são homogêneas, igualmente eficientes, para dizerem: como todos são igualmente eficientes, todos devem receber um salário igual ao que ganha a unidade marginal de trabalho! Marshall – ao menos ele – declara que a este igualar-se ao salário do trabalhador marginal correspondia uma transferência de parte dos salários dos anteriormente empregados para os empresários, embora eles, supramarginais, produzissem mais do que o marginal.

Ao aplicar a hipótese abstrata dos rendimentos decrescentes à atividade industrial, enuncia-se uma teoria marginalista do salário cujo único suporte é uma falsa lógica. Esta se apoia numa pretensa relação funcional que existiria entre o estoque homogêneo de unidades de trabalho adicionadas ao equipamento dado (com a mesma técnica e a mesma organização) e a contribuição produtiva de cada unidade de trabalho adicionada.

Não nos preocupa, aqui, a impossibilidade de se manter a mesma organização do trabalho industrial quando incrementos quantitativos impõem, necessariamente, uma organização diferente daquela vigente quando menos trabalhadores estavam em ação. Aqui, no reino das abstrações ideológicas, o que nos espanta é que a noção de função, limite e derivada entrou pela porta dos rendimentos decrescentes para dar aparência de "exatidão àquela representação" com tal ímpeto que conseguiu cumprir seu objetivo: obscurecer o real e dinamizá-lo pelo obscurecimento. Quando, na física, diz-se que a temperatura de ebulição da água é função inversa da pressão, aquela relação funcional foi deduzida após experimentações inúmeras que a comprovaram. Nenhum marginalista jamais testou a contribuição produtiva de cada uma das supostamente homogêneas unidades de trabalho adicionadas ao processo ideal de trabalho no "curto prazo marshalliano" ou fora dele. É *lógico* que, se se colocam dois ou três trabalhadores realizando as operações simples que um só deveria fazer, a relação funcional inversa entre volume de ocupação e produto deverá verificar-se. Mas nem tudo o que é lógico é real, e muita coisa que não é lógica é real. O desenvolvimento tecnológico é *labour saving* e a experiência histórica; o conhecimento das condições de trabalho não permite experimentações de combinações de unidades de trabalho e de capital senão em limites estreitos.

Keynes percebeu o obscurecimento subjacente às proposições de Marshall e à incapacidade de seus colegas de confessar o fato. Usou o engano porque, como ele declarou em seus *Essays in persuasion*, e reproduzimos uma vez mais, "devemos continuar fingindo, para nós mesmos e para os outros, que o que é errado é justo e o que é justo é errado, porque o errado é útil e o justo não o é"[19].

Assim, fingiu adotar o curto prazo marshalliano, embora soubesse que, para a economia nacional como um todo, no plano macroeconômico em que se colocara, era sem sentido construir uma teoria que se situasse no átimo, no milésimo de segundo, em que nenhuma empresa alterasse sua técnica, sua organização e seu equipamento em parte alguma do território nacional!...

Keynes adotou, para certos fins, a lei dos rendimentos decrescentes, e estes só são possíveis na lógica abstrata e no curto prazo marshalliano. O objetivo da adoção de tão espúrio produto foi o mesmo de seus antecessores: justificar a redução da unidade de salário real vigente.

A novidade de tal adoção não consiste apenas no caráter ainda mais desrealizado que o curto prazo marshalliano adquire ao ser levado para o plano global de análise. Keynes tinha de ocultar que a tendência da economia capitalista, após a crise de 1929, teria de ser alterar a estrutura da produção, a estrutura ocupacional e a estrutura do consumo (da demanda global) para permitir a expansão dos setores improdutivos e/ou destrutivos, das ocupações improdutivo-destrutivas na estrutura ocupacional e do consumidor improdutivo-destrutivo na estrutura da demanda agregada.

Se, na crise, os departamentos de produção de bens de consumo e os de bens de produção estão desempregando trabalhadores; se, nessas condições, tais setores não podem reabsorver parte da mão de obra desempregada, a única solução capaz de reabsorver o desemprego é a ampliação de setores improdutivo-destrutivos movidos por padrões de racionalidade distintos daqueles que não permitiram reincorporar trabalhadores. Esses setores, que não produzem nem bens de consumo nem bens

---

[19] John Maynard Keynes, *Essays in Persuasion*, cit., p. 372.

de produção, operam sob a égide do governo que, ao ser o único comprador, cria as condições de rentabilidade das atividades improdutivas e/ou destrutivas, desde as firmas de construção de estradas até as indústrias de guerra.

O desperdício, a dissipação e a correspondente ineficiência que se apresentam no nível global são imanentes à reprodução ampliada do capital, e só o governo pode garanti-los:

> É curioso como o senso comum foi capaz de preferir formas completamente dissipadoras de empréstimos para investimentos a formas parcialmente dissipadoras que tendem a ser avaliadas em critérios estritos dos princípios comerciais.[20]

Portanto, os princípios comerciais e a racionalidade privada não se aplicam aos padrões de ação do governo keynesiano, que deverá elevar o dispêndio e a dissipação à escala necessária para levar a cabo a "grande experiência capaz de provar minha tese", e garantir a reprodução do capital.

Se o departamento que reabsorve mão de obra na crise é o improdutivo-destrutivo, ao número maior de trabalhadores empregados na economia nacional corresponde maior renda monetária (salário agregado) disponível para o consumo. Mas os bens de consumo disponíveis permanecem nos mesmos níveis do período de volume inferior e anterior de emprego e de salário, porque não houve aumento de emprego e de produção no departamento que produz os ditos bens.

Logo, o montante acrescido de empregados e de salário disponível para o consumo vai-se deparar com dado montante de bens-salário. O "preço das mercadorias para assalariados" deverá ser elevado não porque existiam rendimentos decrescentes, mas devido à nova estrutura da produção, da ocupação e do consumo, na qual se desenvolve prioritariamente, sob o comando do governo, o departamento produtor de não-mercadorias, que produz bens inconsumíveis pelo assalariado de volta ao trabalho, mas em nova estrutura de emprego total.

A inflação, ou "pequena elevação do preço dos bens de consumo operário", decorre dessa estrutura. Ela impõe a redução do salário real e exige a ampliação relativa dos setores improdutivos e destrutivos. Isso para ocultar a contradição entre os departamentos produtivos e o de não-mercadorias e o caráter necessário da grande dissipação. Keynes recorreu à lei dos rendimentos decrescentes que fez crer atuar mesmo no plano global, no qual o curto prazo marshalliano é símbolo vazio, conceito sem conteúdo, a não ser o ideológico, que justifica e esclarece sua razão de ser.

Samuelson, por exemplo, percebe o caráter polêmico da lei dos rendimentos decrescentes: "A escassez do solo põe em xeque a teoria do valor-trabalho. Ela se traduz em

---

[20] Idem, *The General Theory of Employment, Interest And Money*, cit., p. 129.

custos crescentes"[21]. Assim, para o Prêmio Nobel da ortodoxia, a lei dos retornos não proporcionais é importante porque refutaria a teoria do valor-trabalho, não porque expressa uma tendência real do mundo em que vivemos. Segundo Samuelson, a *teoria do valor-trabalho* foi formulada por Karl Marx (!), daí a necessidade de se crer na lei dos rendimentos decrescentes que, segundo sua estranha mensagem, refutaria aquela lei[22]. Esquece-se Samuelson de que o próprio Marx – no Livro III de *O capital* – aceita que a lei vigore em algumas condições, na produção agrícola, e que Ricardo esforça-se por demonstrar que, devido à lei dos rendimentos decrescentes na agricultura, o trabalho humano aplicado na terra menos fértil, a marginal, incorporada por último no processo produtivo, constitua o único fator determinante do preço das mercadorias agrícolas, porque o preço de mercado se iguala ao custo do trabalho naquela terra de menor fertilidade, e, como essa terra não fornece renda diferencial, a renda não influi no preço que se compõe apenas do trabalho. Assim, Ricardo mostra a total compatibilidade entre sua teoria do valor-trabalho e a lei dos rendimentos decrescentes, ao contrário do que a ingenuidade e a ignorância de Samuelson afirmam gratuitamente. Ele crê no curto prazo marshalliano e em sua validez até no plano macroeconômico e, por isso, vendo os rendimentos e a produtividade crescente da economia estadunidense, aceita o dogma de fé dos rendimentos decrescentes, porque supõe erradamente que essa lei refuta a teoria do valor-trabalho! Mas deixemos os Samuelsons e seus prêmios Nobel de lado.

Keynes, que considerava a "precisão... fictícia" da economia neoclássica, que construiu uma teoria quantitativa baseada em "conceitos não quantificáveis", sabia que a correlação unívoca e inversa entre o salário real de uma unidade de trabalho e o volume de ocupação não se fundava – tal como, por exemplo, a determinação de que o ponto de ebulição da água é função inversa da pressão – em uma série de testes, mas em uma hipótese *imaginária*, *ideal* e *irreal*, porém útil do ponto de vista da classe produtora da ideologia. Ao permitir o tratamento por meio de limites, derivada e diferencial, o exercício imaginário assume o papel de verdade matematicamente comprovada; na crise, as supostas igualdades à margem entre desutilidade marginal do trabalho e utilidade marginal do salário, entre salário marginal e produto da unidade marginal do trabalho etc., em vez do ótimo econômico imaginário,

[21] Paul Samuelson, *L'Économique: techniques modernes de l'analyse économique* (Paris, Librairie Armand Colin, 1968), p. 57.

[22] Antes de Stuart Mill, diversos economistas tinham relacionado os rendimentos decrescentes à queda da taxa de lucro: o aumento do custo da produção dos ali- mentos consumidos pelos trabalhadores (devido aos rendimentos decrescentes na agricultura) impõe a elevação de salários reais por unidade de trabalho e redução da taxa de lucro. Marshall, com seu "curto prazo", transferiu a queda do lucro para a queda de salário real: se é o trabalhador que tem rendimento decrescente no "curto prazo" marshalliano, ele que sofra a redução de salários se quiser conseguir emprego. Assim, a lei da queda tendencial da taxa de lucros converte-se em lei da queda tendencial de salários...

correspondem à crise real, à queda real da taxa de lucro, do montante dos lucros e do volume de emprego. Nessas condições, a antiga precisão ideológica deixa de ser útil e deve ser objeto da crítica reformista, tarefa desempenhada por Keynes ao realizar a crítica parcial da teoria neoclássica e construir a sua ideologia, sua "sabedoria nova para os novos tempos". Mas hoje os novos tempos já estão velhos, com cinquenta anos de idade, e os tempos novos de hoje já não acreditam na velha sabedoria que se torna incapaz de dinamizar o real.

A lei dos rendimentos decrescentes, na ideologia neoclássica, encobre e obscurece a produtividade crescente do trabalho humano na indústria capitalista; na teoria keynesiana, além daquele obscurecimento, dificulta a determinação da contradição entre trabalho produtivo e trabalho improdutivo que as estruturas da produção, da ocupação e da demanda agregada desenvolvem na economia capitalista moderna

A adoção da lei dos rendimentos decrescentes como axioma fundamental e dogma de fé da ortodoxia marshalliana e keynesiana constitui uma *racionalização* das relações de classe. Graças a ela, o desejo do empresário de reduzir a unidade de salário real vigente é atribuído a uma pretensa "lei técnico-econômica, uma relação fundamental da tecnologia com a economia"[23]. Assim, a necessidade real sentida pelo capitalista de reduzir o salário real vigente converte-se em necessidade lógica, imposta por uma relação técnico-econômica. A redução da unidade de salário real vigente passa a ser vista não como o resultado do triunfo do capital sobre as pretensões do assalariado de participar dos incrementos de produtividade, mas de falsa *produtividade decrescente* que a indústria capitalista apresentaria no imaginário curto prazo marshalliano-keynesiano que se repete sempre, isto é, naquela situação hipotética que *não termina nunca*, de modo que o longo prazo é desimportante porque nele "estaremos todos mortos". Diz Carlos Campos:

> A necessidade lógica é uma necessidade real revestida de fórmula lógica, como o era nos tempos teogônicos a vontade invulnerável das divindades inspiradoras dos mandamentos e dos oráculos.[24]

Pela adoção acrítica da lei dos rendimentos decrescentes e sua irreal extensão à atividade industrial, o desejo da classe capitalista assume o caráter de necessidade lógica: passa a decorrer dos retornos decrescentes o impulso do empresário de reduzir a unidade

---

[23] Paul Samuelson, *L'Économique: techniques modernes de l'analyse économique*, cit., p. 53.

[24] Carlos Álvares da Silva Campos, *Hermenêutica tradicional e direito científico* (Belo Horizonte, Imprensa Nacional, 1970), p. 69.

de salário real vigente, qualquer que seja o volume de emprego. Apoiado em tal necessidade, o teórico diz ao capitalista o que sua consciência deseja ouvir: a redução do salário que ele quer impor é necessária e decorre da lei física dos rendimentos decrescentes...

Mas deve-se indagar se a redução keynesiana do salário por intermédio do governo capitalista e da autoridade monetária, obtida por meio de "uma pequena elevação do preço dos bens-salário", não corresponderia a uma nova etapa das relações sociais da produção, em que a luta de classes em torno da fixação do salário passa a ser mediada pela ação do Estado. A crise de 1929 evidenciou que o auge da economia capitalista corresponde a uma fase de substituição intensiva da força de trabalho por maquinaria e equipamento. A absorção da mão de obra dispensada pela tecnologia nova – *labour-saving* – realiza-se de forma desordenada e parcial devido à ampliação do capital produtivo durante a fase de prosperidade cíclica. Mas, à medida que, no auge, aumenta o *output* dos meios de consumo, a economia fechada tem de criar as fontes de renda e as oportunidades de emprego que viabilizem aquele nível de demanda de meios de consumo. No departamento de produção de meios de consumo, a cada emprego criado tem de corresponder maior produto físico produzido: o processo acumulativo exige que a relação salário/produto diminua, de tal forma que o total de salários do departamento de produção de meios de consumo seja responsável pela demanda de uma parcela cada vez menor de seu produto final. Se o departamento de produção de meios de produção não é capaz de compensar esta deficiência, aumentando o volume de emprego continuamente (produzindo máquinas por meio de um sistema que não incorpora técnicas *labour-saving*, por exemplo), a lei de Say não funciona, isto é, a insuficiência da demanda global de uma sociedade polarizada não é superada. Ora, o número de novos empregos criados no departamento de produção de meios de produção tem de ser igual ao desemprego líquido gerado no departamento de produção de meios de consumo, mais o necessário para que o produto físico deste último, adicionado pelo acréscimo de produtividade, seja demandado. Situação realmente precária, difícil e só alcançada no nível da aparência em que a teoria ortodoxa se detém. O sistema movido pelo lucro (eficiência marginal do capital), poupador de mão de obra, não pode reabsorver o desemprego que ele gera.

Na prática, mesmo o auge fornece um contingente de desemprego adicional de trabalho, dispensado dos departamentos I e II e que engrossa as fileiras do desemprego normal e, em parte, é absorvido por um terceiro departamento. Este não aparece na análise da produção bissetorial composta dos departamentos de produção de meios de produção e de produção de meios de consumo, apenas. O terceiro departamento, que não consta da estrutura produtiva, mas que é central na estrutura do consumo, da formação da renda dos consumidores e na estrutura ocupacional do sistema, é o terciário, composto com todos os trabalhadores improdutivos e os que produzem para o governo os produtos bélicos, espaciais etc. (não-mercadorias).

Quando a crise se instaura e, ao lado do desemprego tecnológico, a redução da produção nos departamentos I e II impõe a dispensa de trabalhadores produtivos, só os setores improdutivos e destrutivos (governamentais) podem reabsorver o desemprego. A essa reabsorção de mão de obra no setor terciário (burocracia civil e militar) e no de produção de não-mercadorias – que não são nem meios de produção (a cargo do departamento I), nem meios de consumo (a cargo do departamento II) – não corresponde qualquer acréscimo do volume de meios de consumo produzidos, embora a renda disponível para o consumo seja tanto maior quanto maior for o volume de mão de obra reabsorvido pelo departamento III (e a diferença entre o seguro-desemprego antes recebido e o salário pago)*. Ao aumento do volume de emprego tem de corresponder a redução do salário real: os trabalhadores e os acrescidos ao rol das pensões de desemprego passam a demandar dado produto disponível para o consumo, concorrendo com os trabalhadores dos departamentos I e II e impondo a redução do salário real, via elevação de preços dos bens-salário.

Por isso, a "lei dos rendimentos decrescentes" que afirma a necessidade de redução do salário real quando aumenta o volume de emprego, a curto prazo, oculta o caráter contraditório do consumo coletivo, quando o volume de renda, de emprego e o nível de demanda efetiva se elevam no departamento III, improdutivo-destrutivo, de prestação de serviços e de produtos inadequados ao consumo e à reprodução (não-meios de consumo e não-meios de produção), impondo ao trabalhador produtivo a redução de seu salário real. À renda disponível para o consumo gerada nos departamentos I, II e III (este último, em franca expansão) tem de corresponder um nível superior de demanda monetária e de preços dos bens-salário e uma redução da unidade de salário real.

Essa é a nova estrutura contraditória da produção, do emprego, da renda e do consumo que a economia keynesiana dinamiza e a teoria de Keynes oculta graças à adoção da lei dos rendimentos decrescentes generalizados em relação à atividade industrial.

As relações do *laissez-faire*, obscurecidas pela dita lei, não são as mesmas do capitalismo dirigista, keynesiano. Sob o *laissez-faire*, a lei dos retornos não proporcionais, tal como na economia keynesiana, afirma a necessidade lógica da redução do salário quando o volume de emprego aumenta. No nível da aparência, Marshall e Keynes concordam. Mas o suposto de *pleno emprego* obriga-nos a considerar que o aumento do investimento no departamento I só pode ser feito se se deslocarem trabalhadores do departamento II. Se há pleno emprego, só se pode produzir

* A determinação da forma não-mercadoria, que é o objeto da produção e da atividade do departamento III, foi devidamente realizada por este autor em trabalhos anteriores que datam dos anos 1960, 1970 e 1980. As determinações das não-mercadorias estão postas em Lauro Álvares da Silva Campos, *A crise completa: a economia política do não* (São Paulo, Boitempo, 2001). (N. E.)

capital adicional no departamento I reduzindo-se o volume de emprego no departamento II e a produção correspondente de meios de consumo[25]. Se cai a produção do departamento II, o consumo coletivo deve diminuir, e se a classe capitalista não reduz seu consumo, o assalariado tem de fazê-lo. Assim, se há pleno emprego, ao aumento da produção do departamento I deveria corresponder a redução do volume de produção de meios de consumo, sem se alterar o total dos salários *disponíveis* para o consumo, em decorrência da transferência de trabalhadores do departamento II para o departamento I. A redução do consumo do assalariado, devido ao cadente volume de produção e de emprego no departamento II, mostra que, ao investimento adicional, deve corresponder uma poupança anterior, entendida como não consumo, abstinência, redução do consumo. No nível da aparência, a redução não é do consumo do assalariado, mas do consumo do capitalista. Mas, em realidade, como a poupança significa não consumo do assalariado, a abstinência do capitalista reduz a demanda efetiva e "impede o crescimento da riqueza", como Keynes chega a reconhecer:

> Portanto, nossa argumentação leva à conclusão de que, nas condições atuais, o crescimento da riqueza, longe de depender da abstinência dos ricos, como é aceito comumente, é mais frequentemente obstaculizado por ela.[26]

A hipótese de pleno emprego obscurecia outro aspecto das relações reais: se a produção e a ocupação no departamento I aumentam, eleva-se o volume de produção e de oferta do setor. Logo, o departamento II deveria, no longo prazo, adquirir as máquinas e, talvez, elevar o emprego (dependendo da natureza *labour-saving* da nova maquinaria), mas elevar sempre a produção final. Se no departamento II verifica-se aumento líquido do volume de emprego, trabalhadores devem ser deslocados do departamento I, na presunção do pleno emprego. Este movimento exige o pressuposto da fluidez da mão de obra; dificilmente as oscilações assimétricas do volume de emprego e da produção nos departamentos I e II poderiam compatibilizar-se com a maximização da produtividade e da eficiência que o sistema capitalista se atribui por intermédio de seus ideólogos.

De qualquer forma, ainda que voltem ao departamento II, os trabalhadores não serão empregados na produção de bens-salário porque, ao se deslocarem do departamento II para o departamento I, criaram capacidade ociosa no setor de produção de bens-salário. Assim, a demanda de novas máquinas do departamento II será feita pelos seus compartimentos mais dinâmicos, aqueles que produzem bens de luxo, cuja demanda não se contraiu no movimento anterior, mas, ao contrário,

[25] Ver, a respeito, Joan Robinson, *An Essay on Marxian Economics* (Londres, Macmillan, 1976), p. 65.

[26] John Maynard Keynes, *The General Theory of Employment, Interest and Money*, cit., p. 373.

pode ter aumentado devido ao aumento do lucro que se verificou com a redução do salário real.

O não aprofundamento da análise das relações reais que ocorreriam sob a hipótese de pleno emprego é alcançado graças à adoção da lei ideal dos rendimentos decrescentes. Esta, uma vez aceita, justifica integralmente a redução do salário real que ganha uma unidade de trabalho, dispensando o aprofundamento da análise da estrutura da produção que, se realizada, evidenciaria o caráter antagônico, desequilibrado e limitado da estrutura do consumo produzida pela estrutura da produção capitalista.

As relações anteriormente descritas mostram que as contradições ocultas acabaram por manifestar-se na estrutura da produção ao concentrar forças produtivas nos compartimentos que produzem bens de luxo da economia do *laissez-faire*. Da mesma forma, a teoria keynesiana oculta que as relações sociais da produção mediadas pelo governo capitalista acabaram por desviar recursos dos departamentos produtivos (I e II) para o departamento improdutivo-destrutivo (terciário, produção bélica, espacial, casas, esgotos, estradas, antipoluição, pesquisas improdutivas, comunicação). Ambas as argumentações ocultam que as contradições que surgem no nível das classes polarizadas se manifestam no processo produtivo-consuntivo como contradições desse processo, e encontram uma solução provisória que se instaura na própria estrutura da produção: a ampliação do departamento de produção de bens de luxo sob o *laissez-faire*; e de produção de não-meios de consumo e de não-meios de produção, produtos imprestáveis, inadequados à reprodução, as não-mercadorias, na economia keynesiana.

Ambas as tendências – a clássica e a keynesiana – justificam a redução do salário real na prática e, por isso, são adequadas à preservação do capitalismo, dentro de certos limites. A keynesiana é mais drástica, porque tenta resolver as contradições criadas pela própria estrutura do *laissez-faire*; apela para o desvio sistemático de forças produtivas para o setor ligado "à grande dissipação" e instaura na estrutura da produção e da ocupação a nova forma da contradição entre forças produtivas e relações de produção: à contradição entre as classes sociais sobrepõem-se as contradições entre os trabalhadores produtivos, que participam diretamente do processo de trabalho dos departamentos I e II, e os improdutivos. Estes últimos participam do processo de trabalho improdutivo, que não é visualizado na análise da produção, o que está de acordo com seu caráter de consumidor improdutivo. Sua atividade, por ser mantida nos moldes das relações da produção capitalista a que pertence, produz lucro para o proprietário da empresa de serviço, ou fornece um serviço imaterial cuja utilidade marginal seria igual à desutilidade marginal do serviço do funcionário; sob a óptica do capitalista, ele é trabalho produtivo porque produz lucro; sob a óptica do administrador público, o servidor é produtivo porque seu serviço é "ofélimo" e tem preço, o vencimento do funcionário.

Ao permitir à análise manter-se à tona da estrutura da produção, do emprego etc., a lei dos rendimentos decrescentes evita que se perceba, entre os clássicos, a natureza autoconcentradora do *laissez-faire* e a necessidade de justificar a redução do salário; e, na ideologia de Keynes, o caráter improdutivo e destrutivo do capitalismo keynesiano. Torna opaca a instabilidade estrutural de ambos e sua ampliação com o agravamento da distorção na estrutura da produção da economia keynesiana decorrente do fato de que as atividades improdutivo-destrutivas são necessárias para o sistema equilibrar-se no nível da aparência.

Quem duvidar de que esse é o processo descrito por Keynes e trilhado pelo capitalismo moderno deverá reler *Teoria geral*, porque em certas passagens o autor reconhece expressamente as relações que aqui se enfatizam. Quando se verifica um aumento do volume de ocupação no setor de produção de bens de capital, o acréscimo de renda disponível para o consumo, de início, depara com dado produto disponível para o consumo. O efeito do aumento inicial do volume de emprego é o mesmo que se verifica quando este se dá no departamento de produção de não-mercadorias, ou seja, o aumento dos preços dos bens de consumo em consequência do *aumento relativo de sua demanda*:

> Neste caso, os esforços daqueles que tiverem sido empregados recentemente nas indústrias de bens de capital para consumir parte do aumento de suas rendas farão subir os preços dos bens de consumo até que se chegue a um equilíbrio temporal entre a oferta e a demanda – com a consequência, em parte, da redistribuição da renda em favor das classes que poupam (concentração da renda nacional), devido ao aumento dos lucros em consequência da elevação de preços e, em parte, porque a alta de preços provoca uma redução dos estoques.[27]

Keynes esquece-se de elucidar que o aumento do volume de emprego, na crise, não pode ter início nas indústrias que produzem bens de capital, porque a elevada taxa de ociosidade reinante impede que a demanda de bens de capital se eleve. O aumento do emprego e da renda nas atividades improdutivo-destrutivas provoca o mesmo efeito da elevação da demanda de bens de capital, já que este último não pode ocorrer a partir de determinado momento da recuperação. Entretanto, o aumento no departamento III, de não-mercadorias, por não resultar na produção de máquinas que, no futuro, serão utilizadas na produção de bens de consumo, tem um período de maturação infinito e, por isso, não engendra qualquer equilíbrio futuro. Como vimos, Keynes descreve o processo tal como o descrevemos, sem, no entanto, esclarecer que as pirâmides, os buracos, a defesa e todas as *Agenda* não reprodutivas constituem as atividades em que o desemprego tem, de início, de encontrar solução.

---

[27] John Maynard Keynes, *Teoría general de la ocupación e interés y el dinero*, cit., p. 124.

A nova forma da contradição fundamental não significa divisão e conflito entre os trabalhadores dos setores produtivos e os dos improdutivos devido à redução do salário real vigente que a ampliação destes últimos impõe por vários motivos:

1. porque não ficam transparentes a nova estrutura e as novas formas de relações;
2. porque o assalariado não tem culpa de que o capitalismo keynesiano amplie, para sobreviver, as atividades improdutivas em detrimento das produtivas;
3. porque grande parte do trabalho torna-se improdutivo *ex post* – quando o produto é congelado ou destruído (produtos bélicos, espaciais etc.), é o caráter produtivo do trabalho que é destruído;
4. o ponto de vista do capitalista, segundo o qual é produtivo qualquer trabalho desde que produza lucro, é frequentemente difundido e imposto ao próprio trabalhador;
5. à nova forma da contradição correspondem relações econômicas e políticas internacionais em que as contradições internas do capitalismo integrado (Estados Unidos, Alemanha, Japão) encontram suas soluções aparentes, limitadas e conflitivas.

A crise do capitalismo keynesiano, quando se instaurar, tornará evidente o que foi dito até aqui: a prova das proposições só se realiza na prática, e a prática do capitalismo keynesiano se desnudará na crise que sua prática está gestando. Sob esse aspecto, aquela será a crise produzida pela desproporção do setor improdutivo (bélico, espacial) e do terciário improdutivo (departamento III, das não-mercadorias).

4

A demanda global e o diagnóstico dos defeitos do sistema: antagonismo básico entre Keynes e Marx. O papel da função consumo

Uma das mais importantes contribuições de Keynes foi, sem dúvida, sua análise do problema da demanda efetiva. O diagnóstico dos defeitos do sistema deriva diretamente dessa análise, de tal forma que, se aceitamos sua validez, somos atraídos a filiar-nos à corrente keynesiana; sua rejeição, por outro lado, significa a condenação do que há de essencial na explicação keynesiana quanto aos males do sistema e aos mecanismos de correção de seus defeitos, mostrando os limites e as contradições contidas em suas soluções.

Keynes definiu o preço da oferta (Z) de determinado volume de produção como o rendimento que os empresários esperam obter e que lhes torna pagável conceder a ocupação referida (isto é, a necessária para obtenção daquele volume de produção), e o preço da demanda global (D) como o montante que os empresários esperam obter da venda de seus produtos, obtidos com dado volume de ocupação (N).

A fim de maximizar seus lucros, os empresários deverão procurar igualar Z a D. O rendimento máximo é obtido quando o volume de mão de obra empregada (e da produção) se eleva até o ponto de igualação entre o preço da oferta global e o preço da demanda global.

A demanda efetiva é determinada pelo encontro da curva da oferta com a da demanda global, sendo $Z = f(N)$ e $D = f(N)$.

A função da oferta global e a função da demanda global relacionam, respectivamente, Z e D a N, o volume de ocupação.

Em qualquer volume de ocupação, se $Z = D$ não há interesse por parte dos empresários em aumentar sua produção e sua ocupação: o volume de ocupação encontra-se em equilíbrio e é mantido pela demanda global, desde que a igualdade se verifique. Este equilíbrio pode ser de subemprego.

Nada indica que esta igualdade se verifique no nível de plena ocupação, isto é, que quando $Z = D$ não exista mão de obra "disponível, pronta a empregar-se ao salário nominal vigente ainda que se verifique uma pequena elevação dos preços das mercadorias para assalariados"[1], coexistindo com uma demanda de mão de obra por parte dos empresários. A demanda efetiva correspondente ao pleno emprego de mão de obra é, em outras palavras, um caso especial e dificilmente alcançado.

Para que o volume de ocupação atinja o máximo, a partir de uma situação de equilíbrio em subemprego, é necessário que Z e D assumam maior grandeza, de forma tal que a demanda efetiva, correspondente a este maior volume de ambas, mantenha a ocupação em seu nível máximo.

A contribuição gigantesca de Keynes vem logo a seguir. Aqui sua teoria se articula para se opor frontalmente à de Marx, como veremos.

A demanda global (D) compõe-se da demanda de bens de consumo D_1 e da demanda de bens de produção D_2, assim ($D = D_1 + D_2$). Logo, quando Z aumenta, para atingir a grandeza compatível com a plena ocupação, D_1, a demanda de bens de consumo, cresce menos do que Z, porque o acréscimo de Z é igual ao acréscimo de D_1 mais o acréscimo de D_2. Quando aumenta a renda total (Y), o consumo cresce, porém menos do que o aumento da renda. Para que D cresça tanto quanto Z é necessário que D_2 aumente o suficiente para cobrir a diferença entre o aumento de Z e o aumento de D_1. Isto é, $Z - D_1 = D_2$.

Em relação ao acréscimo de D_1, o objetivo de Keynes é despreocupar o leitor: D_1 depende da propensão a consumir da coletividade, que é função bastante estável da renda. Os seis fatores objetivos e os oito subjetivos que determinariam a propensão a consumir são analisados no plano individual por Keynes e o levam à conclusão de que a função consumo é bastante estável.

A propensão média e marginal a consumir está correlacionada com a possível insuficiência da demanda global de bens de consumo, pois, se a renda cresce, o consumo faz o mesmo, embora não tão intensamente.

Para Marx, as verdadeiras crises capitalistas resultam sempre da "pobreza e da insuficiência do consumo da massa em relação à capacidade de produção" do sistema. Sustentava que repartição de renda própria do modo de produção capitalista determina, por um lado, a apropriação do mais-valor por parte dos proprietários dos meios de produção que, movidos pela sede de lucros e pela necessidade de investir a fim de assegurar ou melhorar sua situação, dotam o sistema de uma elevada taxa de investimento. Logo, o problema da demanda global de bens de capital (D_2, na simbologia de Keynes) é, normalmente, elevado e não baixo. A óptica marxista aponta, ainda, outro aspecto da contradição do sistema capitalista no fato de que a insuficiência relativa da demanda global de bens de consumo (D_1, em Keynes) torna a demanda global incapaz de absorver

[1] John Maynard Keynes, *Teoria geral do emprego, do juro e da moeda* (Rio de Janeiro/Lisboa, Fundo de Cultura Brasil-Portugal, 1970), p. 36.

a capacidade de produção do sistema, que se desenvolve como se "a capacidade absoluta de consumo fosse seu limite". É novamente a repartição da renda inerente ao capitalismo que responde pela insuficiência da procura de bens de consumo, por meio do pagamento de salários a um valor que tende a igualar-se ao "custo de produção da força de trabalho". Logo, no diagnóstico de Marx, a baixa propensão média a consumir (em termos de Keynes) em relação à capacidade de produção do sistema, isto é, em relação ao elevado coeficiente de novos investimentos e da grandeza de D_2 (da oferta de meios de consumo resultante do emprego dos bens de capital, em termos keynesianos), é que responderá pelos desajustes e antagonismos que se manifestarão nas crises capitalistas.

Portanto, o diagnóstico de Marx aponta a insuficiência da demanda de bens de consumo em relação à grandeza da demanda de bens de capital e do estoque produtivo acumulado como responsáveis pelos desequilíbrios da economia capitalista, enquanto Keynes localiza a possibilidade de equilíbrio em subemprego não na insuficiência da demanda de bens de consumo (que considera função bastante estável da renda), mas, ao contrário, na insuficiência da demanda de bens de capital. A aparente concordância entre os dois grandes economistas (insuficiência da demanda global), se analisada um pouco mais detidamente, mostra o antagonismo básico e fundamental entre seus diagnósticos.

Para Marx, a insuficiência de demanda efetiva é a manifestação de uma contradição interna, real e latente. A demanda efetiva é deficiente porque é capitalista: o valor da produção (W) corresponde aos pagamentos feitos pelos capitalistas ao adquirirem o capital constante (C), ao remunerarem o capital variável (V) e ao lucro líquido – o mais-valor (S). Chamemos de D_1 o dinheiro que é lançado em circulação como pagamento de C. Chamemos de D_2 o que corresponde à remuneração de V. Os capitalistas lançam $D_1 + D_2$ em circulação e para desta retirarem $D_1 + D_2 + D_3$, sendo D_3 o dinheiro correspondente ao lucro. A forma dinheiro do valor S (a mais-valia) não foi lançada em circulação. De onde vem o dinheiro D_3 necessário numa economia capitalista para realizar em dinheiro o valor do mais-valor? O que falta não é a demanda de bens de produção, como Keynes afirma, o que falta à demanda efetiva capitalista é D_3, o dinheiro necessário para que o valor W das mercadorias ($C + V + S$) encontre sua forma dinheiro. Falta o dinheiro para realizar o lucro porque o lucro não corresponde a qualquer pagamento, a nenhum lançamento de dinheiro na circulação. Keynes responde obliquamente, sabendo que esta é a verdade inconfessável: o dinheiro que falta, o componente de demanda que falta para efetivar o lucro só pode vir dos gastos do governo que superem a receita pública, do endividamento das empresas e famílias e/ou dos investimentos em fase de maturação.

A posição ideológica de cada um deles permitiu a divergência fundamental e a construção de dois diagnósticos opostos, ambos formulados com uma aparente coerência lógica.

Qual das duas posições possui maior coeficiente de objetividade? A resposta não é fácil. Para resolvermos o problema, que é o mais crucial da análise econômica de hoje e do futuro, faremos uma breve incursão na teoria do valor de Marx e na teoria do valor implícita na abordagem keynesiana. Em suas raízes, o problema está localizado na teoria do valor, que só aparentemente foi excluída da análise de Keynes, da análise macroeconômica moderna.

A teoria do valor de Marx, a teoria do valor implícita em Keynes e a objetividade de seus diagnósticos

A teoria do valor-trabalho esposada por Marx permitiu que seu diagnóstico, nos termos anteriormente expostos, fosse realizado de forma coerente com seu sistema teórico de análise.

Realmente, a consequência imediata para quem adota a posição de que valor é trabalho humano cristalizado, incorporado ao produto, é que o universo econômico compõe-se de uma rede de relações sociais em que duas categorias principais se destacam: a produção e o consumo. É no âmbito das próprias relações sociais da produção que se situa, depois de excluída a possibilidade de o mais-valor nascer na circulação, o fulcro dos antagonismos do sistema capitalista.

Estabelecidos esses princípios, Marx pôde comparar a capacidade de produção (vista como criação de valor, cristalização de trabalho humano e valorização) com a capacidade de consumo do sistema; aqui, o consumo e a produção excluem a existência, por exemplo, do setor de serviços – o terciário –, que não se objetiva em cristalizações de trabalho humano. O trabalho que os clássicos chamavam de improdutivo, e que constitui a principal parcela do terciário, não entra na análise marxista nem no setor de bens de produção nem no setor de bens de consumo.

A relação entre o fluxo físico de oferta de bens de consumo e de bens de produção, por um lado, e o fluxo de demanda mantida e determinada pelo processo de repartição da renda, por outro, é que constitui o essencial do universo de análise de Marx. De início, a análise realiza-se em elevado grau de abstração, na hipótese de inexistência de investimento líquido (reprodução simples); depois, em um sistema em que há poupança e investimento líquido positivo; posteriormente, é colocada em termos monetários e não em termos de valor. Finalmente, no Livro III de *O capital*, a reprodução é colocada no movimento cíclico, no todo em movimento.

O diagnóstico realizado por Marx, sem dúvida o mesmo que encontramos em Malthus explicitamente, está absolutamente certo e alcançou um grau de precisão superior ao de seus antecessores. O desajuste do sistema capitalista situa-se no processo de distribuição de renda inerente ao sistema; e é a insuficiência da procura de bens de consumo que propicia, em última análise, suas crises verdadeiras.

O desenvolvimento ulterior a Marx veio não apenas confirmar a validez de seu diagnóstico, mas, conhecidos os males, possibilitar sua correção dentro de certos limites, sem profundas alterações no sistema global.

Malthus apontara o primeiro mecanismo de suplementação da procura de bens de consumo: segundo ele, quanto mais desenvolvida for a capacidade de produção de uma economia, maior deverá ser o número de trabalhadores improdutivos (militares, advogados, padres, funcionários, isto é, o que Colin Clark definiu como o setor terciário), consumidores que não contribuem para o aumento do fluxo físico de oferta, nem de bens de produção, nem de bens de consumo. É de se observar que Keynes, ao defender a necessidade de incremento do trabalho improdutivo, uma vez mais revela-se malthusiano.

O processo de produção produz até mesmo o homem, na acepção marxista; logo, o processo de produção produz, também, as formas e as dimensões do consumo. Esta conclusão Marx não tirou de sua assertiva – e combateu com veemência a visão de Malthus, porque as relações entre produção e consumo são dialéticas e não equilibradas mecanicamente.

Keynes abandona a análise em termos de valor e analisa o problema da demanda global e da oferta global em termos monetários: ambas são medidas em unidades de salário, isto é, salário nominal de uma unidade de trabalho.

O problema, muito a propósito, é analisado quando no modelo ainda não tinham sido incluídas as variáveis capazes de suplementar a demanda global de bens de consumo, isto é, a demanda do governo por serviços e por produtos que não são produzidos nem no departamento de produção de bens de consumo, nem no de bens de produção; exclui ainda em sua análise da demanda de bens de consumo o setor terciário e sua influência, as alterações da estrutura da repartição da renda, as relações internacionais de troca, as técnicas de promoção de vendas, a propaganda, a publicidade, a dimensão das unidades familiares de consumo, a atividade oligopsônia do governo e de suas agências, e a transformação, verificada em nosso século, que erigiu o consumo num valor social e condenou a poupança, a virtude clássica; eliminou, ainda, a influência da elevação do nível de preços, da inflação, que estimula o consumo ao aumentar o "custo de armazenagem do dinheiro", isto é, ao reduzir o poder de compra, no tempo, da unidade monetária.

Estes são alguns dos grandes ausentes da análise keynesiana e que permitiriam ao excepcional lorde diagnosticar a insuficiência da demanda de bens de capital (e não de consumo) como principal responsável pela estagnação da economia, pela existência de desemprego involuntário e pela crise do sistema.

Keynes apelou para a análise, no plano individual, dos fatores responsáveis pela elevada propensão média e marginal a consumir, explicação totalmente falha para quem sabia que, em termos globais, os fenômenos adquirem outra configuração: o global não é a mera soma dos individuais, devido às *falácias de agregação* e ao fato de que os gastos inúteis do governo nas *Agenda* poderiam elevar a propensão a consumir, ou melhor, a capacidade relativa de consumo da coletividade.

Todos os fatores até aqui apontados, afastados da análise de Keynes, são os responsáveis pelos elevados níveis relativos de consumo que a sociedade capitalista desenvolvida conhece. Nas economias em estágio de desenvolvimento, além daqueles, existem outros, como o pagamento *in natura* de determinadas rendas (muito frequentemente, por exemplo, no setor agrícola e pastoril, parcialmente amonetário), a baixa renda *per capita*, a grande dimensão dos grupos familiares de consumo etc.

Além disso, em sua notável formulação, a preferência pela liquidez não atua como redutora da demanda de bens de consumo, mas apenas como redutora da demanda de bens de capital: de forma direta pela conservação em forma líquida, e indiretamente por sua influência sobre a taxa de juros corrente. Assim, não haveria redutor institucional do consumo coletivo, mas apenas do investimento, no modelo que considera dados os fatores que determinam a repartição da renda.

Ao afastar da análise todos os fatores realmente responsáveis pela elevada propensão média e marginal das sociedades capitalistas desenvolvidas, Keynes pôde apontar como causa exclusiva ou principal dos defeitos do sistema a insuficiente demanda de bens de capital. O coeficiente de novos investimentos pode não ser suficiente para manter a demanda efetiva em um nível compatível com a plena ocupação; como o coeficiente de novos investimentos depende das relações entre a eficiência marginal do capital e a taxa de juros corrente, as causas finais são projetadas sobre o comportamento dessas duas variáveis, responsáveis pela grandeza de D_2.

A colocação especial de Keynes da função consumo – considerando o consumo como função bastante estável da renda – permitiu-lhe tal afirmação. Uma pseudolei psicológica coletiva segundo a qual a psicologia da coletividade é tal que a um aumento da renda corresponde um aumento do consumo, menor, no entanto, do que o da renda, e a análise de inaceitáveis fatores individuais, objetivos e subjetivos, permitiu-lhe verdadeira mágica: enunciar um princípio bastante exato, dados os fatores estruturais, psicossociais, políticos e econômicos que antes alinhamos, partindo de uma explicação total e propositadamente falsa.

No sistema analítico de Marx está explícita sua teoria do valor. Ao adquirir a mercadoria força de trabalho, o capitalista paga pelo seu preço, que é igual ao seu valor de troca. O valor da força de trabalho é igual à soma de alimentos, habitação etc., suficientes para reproduzir a mercadoria força de trabalho, isto é, "os músculos, os nervos, o cérebro" gastos no processo de produção, transferidos e incorporados às mercadorias produzidas.

O capitalista adquire a força de trabalho por seu valor de troca, e esta mercadoria especial, ao ser usada, repõe não apenas seu (preço) valor de troca, mas cria um excedente que não é pago e não pode ser pago porque se o fosse excederia o preço normal: o mais-valor.

Assim, os assalariados só podem adquirir uma parcela do valor que produziram, parcela esta igual ao valor da força de trabalho. A repartição do mais-valor pela classe capitalista faz com que ela assuma diversas formas: lucro dos empresários, dos comerciantes, juro, aluguel, imposto etc. Ainda que a totalidade da renda monetária fosse gasta, a demanda capitalista seria insuficiente: o valor das mercadorias é $C + V + S$, e só $C + V$ foram remunerados, geraram renda. Falta D_3 para que a demanda total possa comprar as mercadorias por seu valor ($C + V + S$). A demanda é insuficiente porque é capitalista: o lucro é valor sem custo, sem preço, sem pagamento de qualquer renda, logo, a ele não corresponde demanda.

A necessidade de conservar sua posição obriga os capitalistas a manter elevada a taxa de investimento (acumulação). Proporcionalmente, o capital constante aumenta mais do que o capital variável, isto é, a parte do capital empregada em máquinas, equipamentos e matérias-primas cresce mais do que a dedicada ao pagamento da força de trabalho. As inovações tecnológicas poupam trabalho, seu uso aumenta o exército do proletariado de reserva e faz com que a oferta de mão de obra se eleve, mantendo baixo seu preço, o salário. Se, do ponto de vista do capitalista individual, o aumento da composição orgânica do capital (a substituição do trabalhador pela máquina) aumenta o lucro que move seu comportamento, do ponto de vista da economia como um todo, do qual o capitalista individual é parte, isto é, no *plano global*, o fenômeno *não tem a mesma configuração*. Ao reduzir o capital variável em relação ao capital constante, a economia capitalista está reduzindo a fonte do valor, de valorização do capital e de lucro: a força de trabalho, a massa de mais-valor que, dada a taxa de exploração, aumenta e diminui de acordo com o volume de ocupação. Assim, ao reduzir o volume de emprego, o capital está se destruindo, fenômeno visível apenas no *plano global* de análise. A queda da taxa de lucro resulta do aumento da composição orgânica do capital da sociedade e pode ser contrastada por alguns fatores. Portanto, ao contrário do que afirma Keynes, não se pode falar em baixo coeficiente de novos investimentos, de insuficiência da demanda de bens de produção. Para Marx, a poupança e o investimento não exigem sacrifício nem abstinência; ao contrário, o capitalista mantém um elevado padrão de consumo necessário até mesmo para aumentar seu crédito. O luxo de seu consumo não impede que o excedente seja reinvestido.

A contabilidade social dos países capitalistas está vinculada implicitamente à teoria marginalista do valor. Somente a partir de uma aceitação da teoria marginalista, subjetiva, seria possível homogeneizar *bens e serviços*, somando-os como se fossem homogêneos em sua natureza. Quando se considera que bem econômico é tudo que possui ofelimidade ou que tem utilidade para o consumidor, trabalho produtivo e serviço improdutivo passam a ser homogêneos para tornarem-se bens econômicos, desde que a avaliação final do consumidor os erijam àquela categoria.

Esta homogeneização realizada pela contabilidade social não seria admissível em nenhuma análise feita nos moldes clássicos ou nos pressupostos da teoria do valor--trabalho: só a concepção marginalista veio permitir sua montagem.

Ao considerar o Produto Nacional Bruto (PNB) como o total de *bens e serviços* obtidos por uma economia nacional em determinado período, a visão do fenômeno básico apontado por Marx passou a ser muito difícil. Se se computassem apenas os bens (excluindo-se os serviços), viria à tona que o fluxo físico de oferta de bens não encontraria o correspondente poder de compra por parte dos agentes diretamente ligados ao processo de produção[2]. Assim, verificar-se-ia que o setor terciário representa um subproduto dos setores primário e secundário que funciona como um mecanismo de correção da demanda global em relação ao fluxo físico de oferta dos setores industriais de produção. Os investimentos públicos em setores não reprodutivos (fora de I e de II) permitem o aumento da capacidade de consumo da coletividade e a realização do correspondente *output* de bens de consumo, dentro de certos limites.

Logo, mesmo a contabilidade social moderna afastou, apenas aparentemente, a teoria do valor, que permanece encoberta, determinando seu *aparatus* conceitual e conduzindo seus resultados.

O poder emissor e os mecanismos fiscais acabaram por manifestar suas características definitivas no capitalismo avançado: visam canalizar para setores não reprodutivos (as *Agenda*) a parte da renda que se apresentava como investimento em potencial. Isto é, ao incidir mais fortemente sobre as faixas de renda mais elevadas, a carga tributária reduz o coeficiente de novos investimentos nos setores produtivos, cuja capacidade de produção tenderia, se deixada sujeita à livre decisão dos agentes econômicos privados, a ultrapassar a capacidade de consumo da coletividade.

Ao se realizarem os investimentos nas *Agenda*, o volume de ocupação nelas e no terciário ampliaria a capacidade de consumo da coletividade em relação à capacidade de produção de bens de consumo. O dinheiro estatal da economia keynesiana, dirigista, compõe-se da *receita tributária*, que reduz o coeficiente de novos investimentos produtivos (no setor de produção de bens de consumo ou no de equipamentos que os produzem); de novas emissões aplicadas na correção do déficit orçamentário produzido pela demanda de não-meios de produção e de

---

[2] Ao se observar duas economias idênticas, exceto na estrutura da ocupação, se uma ocupa 80% da população ativa no setor terciário e no de produção da não-mercadoria e apenas 10% nos setores de produção de bens de consumo, enquanto a segunda emprega 20% nas atividades improdutivas e 40% nos setores de produção de meios de consumo, em igual nível técnico, a capacidade relativa de consumo da primeira é, obviamente, superior à da segunda.

não-meios de consumo – estradas, guerras, funcionários públicos etc.–; e de empréstimos (dívida pública).

Assim, os investimentos inúteis do capitalismo keynesiano, patrocinados pelo governo, modificam a estrutura da produção, fazendo ampliar não os departamentos de produção de bens de consumo ou de bens de produção, mas um terceiro departamento cujos produtos são inadequados ao consumo individual e ao consumo produtivo: produtos bélicos, espaciais etc.

Este desvio sistemático e estrutural de forças produtivas permite que o capital mantenha sua elevada rentabilidade por um período bem superior ao de *uma só geração*. Os fatores, segundo Keynes, fornecem renda porque são escassos. O capital produtivo poderia deixar de ser escasso no curso de uma só geração, tornando zero ou negativa sua eficiência marginal. O governo deve impedir a queda da taxa de lucro, evitando a "abundância de capital produtor", preservando a escassez necessária à rentabilidade. Assim, o governo keynesiano promove a redução relativa das forças produtivas de bens de consumo, via aumento do volume de emprego (no setor improdutivo), elevando a renda monetária da coletividade disponível para o consumo de bens e serviços sem contribuir diretamente para o incremento da produção e da oferta dos bens de consumo.

Além disso, na *Teoria geral* é esposada a teoria da escassez, segundo a qual tanto o dinheiro como o capital ou qualquer *outro fator de produção*, isolado, produz renda porque é escasso; Keynes afirma que, *no espaço de uma única geração*, o sistema industrial moderno poderia produzir os meios de produção suficientes para reduzir sua escassez e fazer cair a eficiência marginal do capital a zero ou a "um nível de equilíbrio próximo de zero"[3].

Essa lei da queda tendencial da taxa de lucro keynesiana é enunciada de forma muito mais drástica, direta e mecânica do que a que se encontra no Livro III de *O capital*. Para evitar a escassez, o governo deve desviar recursos produtivos – capital que acabaria aumentando a capacidade de produção de bens de consumo – para as *Agenda* (defesa, espaço, infraestrutura etc.), em que os recursos são congelados, não reprodutíveis. Assim, ao aumento do volume de emprego, de produção e da demanda de bens de consumo não corresponderia qualquer aumento de sua produção e oferta porque o setor em expansão não é o que produz bens de consumo. A demanda de bens de consumo cresce em relação à sua produção, sem necessidade de redistribuir a renda, impondo a elevação dos preços dos bens-salário e a correspondente redução da unidade de salário real vigente.

Dessa forma, o diagnóstico de Keynes aponta a insuficiência da demanda de bens de produção, mas seus remédios visam ao aumento relativo da demanda de bens de consumo.

---

[3] John Maynard Keynes, *Teoria geral do emprego, do juro e da moeda*, cit., p. 122.

Ele não acreditava em seu diagnóstico inicial e sabia que sua lei psicológica fundamental nada demonstrava, porque seu oposto é igualmente congruente ou igualmente inconsistente, sendo válido dizer: a psicologia da coletividade é tal que quando a renda cresce o investimento cresce, mas não tanto quanto a renda, devendo o consumo (D_1) crescer o suficiente para preencher a diferença ampliada entre Z e D_2, ao contrário do que afirma a "lei psicológica fundamental" da ideologia de Keynes.

Ao apontar o baixo coeficiente de novos investimentos, a insuficiência da demanda de bens de capital, como responsável pelo desemprego, Keynes comporta-se como o ideólogo que vê na acumulação o objeto, o fim e a salvação do sistema, capaz de justificar a ação direta e indireta do governo capitalista no sentido de estimular os novos investimentos. Ele sabia que na crise, no subemprego, era impossível que os empresários elevassem a demanda de bens de capital, e que não havia estímulo capaz de induzir os empresários a adquirir máquinas novas para instalá-las ao lado das máquinas ociosas em 80% ou 40%, conforme o setor.

Keynes sabia que só a destruição do capital excedente criaria as condições de sua reacumulação, como ocorreu em todas as crises verdadeiras do capitalismo. Afirmou expressamente que, para evitar nova crise, em que se verificaria a queda da eficiência marginal do capital a zero ou abaixo de zero, o governo deveria evitar o "crescimento do capital produtor", destruindo-o antecipada e continuamente por meio de desvio das forças reprodutivas para os compartimentos improdutivos das pirâmides, das estradas, dos buracos, da guerra, do terciário do governo, em suma, das *Agenda* de Bentham.

Keynes sabia que, após a Grande Guerra, a economia capitalista – em especial a estadunidense – tinha elevado a taxa de investimento a um nível que acabou por determinar que a capacidade de produção de bens de consumo superaria a capacidade de consumo do próprio sistema[4]:

> As experiências da Grã-Bretanha e dos Estados Unidos no pós-guerra são, na verdade, exemplos reais de uma acumulação de riqueza tão grande que sua eficiência marginal do capital caiu mais rapidamente do que a taxa de juros pôde cair [...] interferindo, em condições de *laissez-faire*, com um nível razoável de emprego e com o padrão de vida que as condições técnicas de produção seriam capazes de fornecer.[5]

Logo, ele sabia que foi a acumulação de riqueza, resultante de uma elevada demanda de bens de capital, que provocou o colapso da eficiência marginal do capital:

---

[4] Keynes tinha conhecimento de que a sobreacumulação se instalara nos setores produtores de artigos de luxo, principalmente no setor automobilístico.

[5] John Maynard Keynes, *The General Theory of Employment, Interest and Money* (Londres, The Royal Economic Society, 1976), p. 219.

como a elevação da eficiência marginal do capital, necessária à retomada, poderia conciliar-se com o aumento de D_2, que provocou seu colapso? Keynes não podia acreditar e confessou que não considerava que o aumento da acumulação, da demanda de bens de capital, poderia ser a alavanca da recuperação.

Do ponto de vista do capital, a grande contradição do sistema capitalista apresenta-se na impossibilidade de aumentar a produção e a produtividade, como sua missão histórica, e preservar a escassez, a fim de manter a taxa de lucro positiva. Keynes oferecia a grande e contraditória solução para aquele problema real: se o aumento da produção de bens de capital deixa "relativamente fácil torná-los tão abundantes que sua eficiência marginal seja zero"[6], a ação do Estado, desviando capital e recursos para atividades "completamente dissipadoras", preserva a escassez de capital por um período mais longo, "cem anos" se possível. A mesma ação desviadora de recursos e de capital produtor para a improdução provoca um aumento relativo da demanda de meios de consumo, inflaciona o sistema, reduzindo o salário real vigente e aumentando o lucro, tal como ocorre na estrutura de uma economia de guerra.

No entanto, como ideólogo do capitalismo – para não ter o destino obscuro de Malthus, que expressou com demasiada clareza o diagnóstico subconsumista –, preferiu atribuir a insuficiência da demanda efetiva a uma deficiência da demanda de bens de capital, diagnóstico que foi recebido de braços abertos pelos capitalistas que deveriam ser estimulados e protegidos pelo governo.

Keynes acha que é tempo de parar de fingir:

> Parece que é politicamente impossível para uma democracia capitalista organizar o dispêndio na escala necessária para fazer a grande experiência que provaria minha tese, exceto em condições de guerra. Se os Estados Unidos tomassem a sério o aspecto material e econômico da defesa da civilização e se insensibilizassem com uma grande dissipação de recursos na preparação das armas, aprenderiam a conhecer sua força e o aprenderiam de uma forma como nunca poderão aprender em outra ocasião; aprenderão uma lição que logo poderá servir para *reconstruir um mundo* que compreenderá os principais princípios que governam a produção da riqueza. *As preparações de guerra*, longe de requererem um sacrifício, serão um estímulo que nem a vitória nem a derrota do *New Deal* puderam oferecer para um maior consumo individual e um melhor nível de vida.[7]

Keynes sabia que só o aumento de D_3, da demanda de meios de dissipação (não-mercadorias), poderia aumentar a capacidade relativa de consumo da coletividade no sistema capitalista. A superestrutura política não poderia ser democrática, sob

---

[6] Ibidem, p. 221.

[7] Idem, "Laissez-faire and Communism", em *Essays in Persuasion* (Nova York, Norton, 1963); grifos nossos.

pena de não poder realizar "a grande experiência que provaria minha tese"; tal experiência não democrática só poderia ser feita na oportunidade que a guerra mundial oferecia aos Estados Unidos; a grande dissipação de recursos mostra a força latente do capitalismo e revela os "principais princípios que governam a produção da riqueza" capitalista, interligados com a destruição, tal como Malthus, cem anos antes, escrevera sobre os efeitos da Guerra da Independência.

Uma vez mais, "o maior economista de Cambridge", Malthus, antecedeu Keynes:

> A Inglaterra e a América [...] sofreram o mínimo por causa da *guerra, ou antes, se enriqueceram por meio dela e agora estão sofrendo o máximo por causa da paz*. É, certamente, uma circunstância muito infeliz a de que em nenhum outro período *a paz tenha parecido estar de tão marcada forma relacionada com a crise* [*disease*].[8]

A dialética da demanda global

Em diversas passagens da *Teoria geral* é expressamente a insuficiência de D_2, da demanda de bens de produção, o fator desequilibrante do sistema:

> Depreende-se, portanto, que, dado o que chamaremos a propensão da comunidade a consumir, o nível de equilíbrio da ocupação, isto é, o nível que não induz os empresários a ampliarem ou a contraírem a ocupação, dependerá da *grandeza da inversão corrente*.[9]

> Portanto, se não ocorrem mudanças na propensão a consumir, a ocupação não pode aumentar, a menos que, ao mesmo tempo, D_2 cresça de tal forma que preencha a diferença ampliada entre Z e D_1[10]. [...] Em outras palavras, quanto maior for a reserva financeira que se considere necessário manter antes de considerar a renda líquida, tanto menos favorável será para o consumo e, portanto, para a ocupação, um nível determinado de investimento.[11]

Era essencial para Keynes persuadir de algo que ele mesmo não acreditava: o problema da crise reside na insuficiência da demanda de bens de produção (D_2) e não da demanda de bens de consumo. Isso ele consegue quando enuncia sua falsa lei psicológica fundamental.

Para a mente formada nos moldes racionalistas, não dialéticos, como a de Keynes, as relações entre D_1 e D_2 são relações de mera complementaridade: $D = D_1 + D_2$.

---

[8] Thomas Malthus, citado em Jacob Oser, *The Evolution of Economic Thought* (Nova York, Harcourt, Brace & World, 1970), p. 104; grifos nossos.

[9] John Maynard Keynes, *Teoría general de la ocupación e interés y el dinero* (Cidade do México, Fondo de Cultura Económica, 1951), p. 39, grifos nossos.

[10] Ibidem, p. 41.

[11] Ibidem, p. 101.

Logo, se D_1 aumenta, mas não tanto quanto Z (devendo $Z = D$ para que os lucros sejam máximos), é necessário que D_2 cresça para, somado a D_1, complementar a diferença e manter a igualdade. Para a mente dialética, as relações entre D_1 e D_2 não são complementares. D_2 se realiza em D_1 porque o "consumo é, para repetir o evidente, o objeto e o fim da produção". Quando D_2, a demanda de bens de capital, movida por estímulos desrealizados que caracterizam o *boom*, traduz-se em capital produtor instalado, cuja capacidade de produção ultrapassa o mais elevado nível de D_1 possível (nas condições concretas em que se move a capacidade de consumo da coletividade), então, foi o crescimento de D_2 que provocou a crise por excesso de investimento. Nessas condições, D_2 não pode elevar-se para preencher a diferença entre D_1 e Z.

A insuficiência relativa de D_1 em relação a D_2 mostra que as relações entre as demandas não são complementares ($D_1 + D_2 = D$), mas dialéticas. A dialética da demanda global não foi determinada pela mente de Keynes e de seus continuadores. Por isso, jamais incomodou a eles o fato de que a *destruição de capital* – imposta, obviamente, por um excesso de D_2 e não por um insuficiente coeficiente de novos investimentos – é necessária e imanente às crises verdadeiras. Para Marx, a destruição de capital é necessária para reduzir a composição orgânica do capital e, graças à diminuição do capital constante em relação ao variável, recuperar a taxa de lucro.

Para Schumpeter, o processo capitalista de produção é caracterizado pela criação destruidora: as inovações tecnológicas impõem a destruição do capital anterior, o capital inovado não se superpõe à capacidade produtiva preexistente, mas a elimina pela obsolescência. Caso a produção não destrua parte da capacidade produtiva, a crise o fará.

Keynes aconselha a própria redução do capital produtor, promovida pelo governo capitalista, para manter o capital escasso e elevada a sua eficiência marginal. Caso o governo não evite o crescimento desmesurado do capital produtor, sua eficiência marginal cairá a "zero ou abaixo de zero, no curso de uma só geração"[12]. É óbvio que, se a eficiência marginal cair a zero ou abaixo de zero, a economia estará em crise.

Logo, falar-se de aumento de capital real, de elevação de D_2, de incremento "do coeficiente de novos investimentos" como forma de retirar a economia do subemprego e encaminhá-la para o *quase auge* do pleno emprego, é supor a inexistência de subemprego e de crise, na qual, ao invés de aumento do coeficiente de novos investimentos, deverá efetivar-se a destruição do capital constante, do capital produtor, sobreacumulado no auge anterior.

[12] A teoria de que a escassez é a causa da renda dos fatores é adotada por Keynes e se aplica a todos os fatores. "O capital pode obter juros porque é escasso, tal qual o proprietário de terra pode obter renda porque esta é escassa"; John Maynard Keynes, *The General Theory of Employment, Interest and Money*, cit., p. 376.

Se D_1 significa demanda global de bens de consumo, realizada, na maior parte, pelos assalariados, e D_2 a demanda de bens de produção realizada pelos capitalistas, ao aumento desta deve corresponder à redução do salário real individual e do consumo operário que constitui a grande parcela de D_1. Supor que o aumento de ambos ($D_1 + D_2$) seja sempre possível é obscurecer o antagonismo existente, a diversidade dos componentes na aparente unidade da demanda agregada.

Keynes confessa, duzentas páginas depois de ter feito seu falso diagnóstico, que foi um prolongado aumento de D_2 o responsável pela crise de 1929. O trecho seguinte evidencia que Keynes tinha consciência da impossibilidade de elevar a eficiência marginal do capital, reduzida pelo próprio processo acumulativo do capitalismo do *laissez-faire*, e de usar a acumulação, o aumento do coeficiente de novos investimentos – que provocara, segundo ele, a crise e o colapso da eficiência marginal do capital – como instrumento anticíclico, remédio para superar a depressão:

> As experiências da Grã-Bretanha e dos Estados Unidos no pós-guerra são, deveras, exemplos reais de como uma acumulação de riqueza tão grande que sua eficiência marginal do capital caiu mais rapidamente do que a taxa de juros diante dos fatores institucionais e psicológicos dominantes pode interferir em condições de *laissez-faire*, com o nível razoável de emprego e com o padrão de vida que as condições técnicas de produção seriam capazes de fornecer.[13]

Keynes confessa novamente que ele – discípulo e continuador do subconsumista Malthus – não podia acreditar que o aumento de D_2 (compra de máquinas novas para ser instaladas ao lado das paradas) fosse o remédio para a crise do *laissez-faire*. O trecho que se segue é o único em que deslinda sua afinidade com o subconsumismo:

> Pode ser conveniente, neste ponto, dizer algumas palavras sobre a importante escola de pensamento que afirma, de vários pontos de vista, que a tendência crônica das sociedades contemporâneas para o subemprego deve ser atribuída ao subconsumo; isto é, a práticas sociais e à distribuição da riqueza que resultam em uma propensão a consumir que é indevidamente baixa.
>
> Nas condições existentes – ou, pelo menos, na condição que existiu até recentemente –, em que o volume de investimento é não planejado e descontrolado, sujeito às variações da eficiência marginal do capital determinada pelos julgamentos particulares de indivíduos ignorantes ou especuladores e, a longo prazo, pela taxa de juros que raramente ou nunca desce abaixo de um nível convencional, estas escolas de pensamento estão, como guias para a política prática, indubitavelmente com razão... Eu estou impressionado pelas grandes vantagens sociais de aumentar o estoque de capital até que ele deixe de ser escasso.[14]

---

[13] Ibidem, p. 219.

[14] Ibidem, p. 324-5.

Se "o investimento não é uma entidade que subsista por si mesma independentemente do consumo", segundo a feliz determinação de Keynes[15]; se a lei de Say jamais funciona, então nada indica que, se fosse possível, na crise, aumentar-se o coeficiente de novos investimentos, eles subsistiriam pela criação de um correspondente e simétrico aumento da demanda total.

A necessidade de investir: os novos investimentos são necessários para gerar o complemento da demanda efetiva, mas criam a sobreacumulação que os bloqueia

O que Keynes não pode mostrar é que os investimentos em maturação são necessários para ampliar a capacidade relativa de consumo. Os "capitalistas lançam dinheiro em circulação" ao realizar seus investimentos. Pagam construtores, compram máquinas e equipamentos, ampliam a renda monetária disponível. Enquanto as indústrias estão sendo montadas, os capitalistas "lançam dinheiro em circulação e não retiram dinheiro delas"; não têm, ainda, mercadorias para vender. O valor das mercadorias corresponde ao preço de custo ($C + V$) que o capitalista paga com $D_1 + D_2$. O valor da mercadoria corresponde ao preço de custo ($C + V$) acrescentado do mais-valor (S), ao qual não corresponde qualquer pagamento. A demanda agregada é, no máximo, igual a $D_1 + D_2$, enquanto o preço da oferta corresponde a $D_1 + D_2 + D_3$, isto é, ao valor $C + V + S$. À demanda efetiva capitalista falta o dinheiro D_3 que não foi pago, não foi lançado na circulação e tem de sair dela.

Parte de D_3 é suprida pelos investimentos em maturação. São eles que injetam dinheiro ($D_1 + D_2$) durante o período de maturação do investimento. Essas rendas adquirirão parte do valor S, do mais-valor, valor que existe nas mercadorias, mas não existe qualquer correspondente no dinheiro, na renda, porque é valor não pago. Assim, o capitalismo precisa manter investimentos crescentes em maturação para garantir o nível de demanda efetiva, para garantir a realização do valor das mercadorias. Essa necessidade de reprodução do valor leva a uma crise de sobreacumulação que impede a manutenção de investimentos em maturação.

A crise de sobreacumulação – como a de 1929 – gera uma crise de realização decorrente da impossibilidade de criação de D_3, gerada pela falta de investimentos em maturação. Neste sentido, e apenas neste, é possível falar que a crise de sobreacumulação de 1929 poderia ser resolvida se houvesse novos investimentos em maturação.

[15] O investimento capitalista subsiste independentemente do consumo individual, desde que o governo compre a produção (as não-mercadorias), garantindo o lucro. Este, sim, é o objeto e o fim da produção capitalista.

Porque eles são irrealizáveis, o governo passa a gerar D_3 por meio de seus investimentos improdutivos, de tempo infinito de maturação.

Otávio Gouveia de Bulhões foi o único que conheço, de qualquer matiz ideológico, a perceber que os investimentos exercem dois efeitos opostos. De início, na fase de maturação, ampliam as compras, geram emprego, renda e demanda adicional, sem a ocorrência, todavia, de elevação da oferta de mercadorias, pois nada produziram. Quando a indústria começa a produzir mercadorias, retira-se dinheiro da circulação (receitas) em maior volume do que as quantias nela lançadas em pagamento aos fatores (custo de produção). Bulhões escreveu que esta percepção revolucionária se deve a lorde Hicks. Ele não sabe que Hicks aprendeu com Marx, que, mais de cinquenta anos antes, tinha realizado essa determinação. Bulhões incorporou a "descoberta" notável pensando que ela fosse obra do inofensivo lorde inglês e não do "terrível" alemão.

A produção de armas, os gastos com a "guerra nas estrelas", a construção de esgotos, de estradas, de casas de habitação, saneamento, pesquisa, contratação de funcionários civis e militares, a construção de pirâmides têm um período infinito de maturação: criam demanda sem jamais aumentar a oferta de mercadorias. Os investimentos industriais geram demanda sem oferta durante a instalação da indústria, mas, iniciada a produção, passam a gerar oferta ($C + V + S$) sem demanda (igual apenas a $D_1 + D_2$). "De onde vem D_3?" "De onde vem o dinheiro necessário para que a demanda efetiva [efetiva!] compre o valor total da produção?" – pergunta Marx. Sem muita clareza, Keynes formula a mesma indagação. Keynes defende os "investimentos" em guerra, na contratação de serviços improdutivos de servidores públicos, empreiteiras que contratam trabalhadores para enterrar e depois desenterrar garrafas com dinheiro dentro...

A percepção de que a reprodução do capital exige a presença de "investimentos" de maturação longa ou infinita é o traço de união entre Keynes e Marx. Este acordo entre eles revela a semelhança de seus diagnósticos, que apontam a insuficiência da demanda total como uma importante contradição do capitalismo.

Marx mostra que parte de D_3 pode vir da construção de edifícios públicos, dos gastos em drenagem e saneamento de terras, da construção de grandes navios... Quando o sistema monetário é ouro, a descoberta de minas pode suprir parte de D_3, criando "demanda sem oferta".

5

Inflação: a estratégia da palavra

O homem perdeu, em sua caminhada ascensional no sentido da cultura, aquele respeito pelas palavras característico do animismo primitivo. Com o arrefecimento da crença no "todo poder das ideias", míngua e se recolhe ao âmbito das crenças e ao domínio sagrado da religião a existência dos termos *intocáveis*, das expressões revestidas de caráter de tabu. Em sua magnífica obra *The golden bough* (*O ramo de ouro*), James Frazer estuda uma série de palavras tabus, de termos sagrados, cujo emprego e utilização não poderiam ser feitos por todos impunemente. Mas, em certo sentido para infelicidade nossa, os homens perderam o respeito para com as palavras e não há sanção para seu emprego, mesmo em sentido completamente falso; elas se transformaram, nas mãos dos homens civilizados e cultos, em poderoso instrumento no sentido de realizar confusão e desorientação proveitosa sempre para aqueles que as fazem. A tal ponto se chegou que o pensamento que Goethe colocou nos lábios de Mefistófeles, no *Fausto*, encerra um doloroso sentido de verdade: "as palavras criam e destroem ideias".

Uma das mais importantes análises feitas no sentido de mostrar a extensão e o conteúdo desta perigosa arma – a palavra – é a executada por Charles Kay Ogden e Ivor Armstrong Richards, em *El significado del significado*. Não podemos deixar de reproduzir a seguinte passagem desta obra, que é uma advertência, um sinal de perigo, no caminho da análise da realidade social e, principalmente, das construções teóricas que pretendem explicá-la:

> Talvez seja difícil imaginar o quão difundido está o hábito de utilizar o poder das palavras, não apenas para comunicações *bona fide*, mas também como método de desorientação; e, em um mundo como o de hoje, é provável que o intérprete desprevenido se extravie seriamente em muitas ocasiões, se se descuidar da existência deste desagradável aspecto – que prevalece igualmente entre as classes e as massas, sem distinção de raça, credo, sexo ou cor.[1]

---

[1] Charles Kay Ogden e Ivor Armstrong Richards, *El significado del significado* (Barcelona, Paidós, 1984), p. 44.

Nas ciências sociais, a utilização da mesma expressão para designar fenômenos distintos acarreta grandes dificuldades e tropeços, não apenas devido às variações no conteúdo ou significado dos símbolos, mas, e principalmente, porque estes se prestam a manipulações, a utilizações mais ou menos indevidas, embora sempre hábeis, para realizar os fins aparentes ou encobertos que o "cientista" deseja alcançar. Este fato é estudado por Ogden e Richards, que a ele se referem da seguinte forma:

> Em um capítulo posterior, em que se discute amplamente a função da linguagem como meio de simbolizar referências, veremos como a intenção do locutor pode complicar a situação. [E, logo em seguida:] Outra variedade da habilidade verbal que se acha estreitamente vinculada a esta consiste no uso deliberado de símbolos para desorientar o ouvinte.[2]

A palavra "inflação" é um desses símbolos que assumem, nos dias em que vivemos, um sentido de importância fundamental, sendo, ao mesmo tempo, e talvez por isso, sujeita a uma série de usos indevidos e distorções deliberadas. O sentido dramático de que se reveste o fenômeno inflacionário, na atualidade, foi salientado por Samuelson nos seguintes termos:

> Para os países democráticos, o ciclo é como um desafio, quase um ultimato. O dilema é o seguinte: ou aprendemos a controlar melhor as depressões e as inflações do que as controlamos antes da Segunda Guerra Mundial ou a estrutura política da sociedade democrática estará seriamente ameaçada.[3]

A primeira preocupação dos economistas deveria ser a de encontrar uma definição tranquila de inflação, a fim de que se pudesse analisá-la, mensurá-la e controlá-la. O que se nota, contudo, é o oposto: um sem-número de definições contraditórias e, o que é mais grave, de diferentes conceituações em um mesmo autor, segundo os objetivos a que visa, ou seja, "a promoção de finalidades". Esta paradoxal e triste realidade é expressa por Alain Barrère nos seguintes termos:

> A explicação da inflação é um compartimento da teoria econômica a respeito do qual as incertezas permanecem, ainda hoje, as maiores. Nota-se mesmo uma grande dificuldade sobre a definição do fenômeno.[4]

O emprego da palavra inflação, segundo Maurice Flamant, é recente:

---

[2] Ibidem, p. 41-2.

[3] Paul Samuelson, *Introdução à análise econômica* (Rio de Janeiro, Agir, 1952), p. 163.

[4] Alain Barrère, *Théorie économique et impulsion keynésienne* (Paris, Dalloz, 1952), p. 452.

É curioso constatar, por exemplo, que nem o dicionário de Coquelin Guillaumim (edição de 1853) nem o de Léon Say (edição de 1894) mencionam este termo, e que o de Palgrave (edição de 1926) não o define, mas dá apenas exemplos históricos.[5]

O termo adquire *status* e prestígio rapidamente não só entre os especialistas como também passa a integrar a linguagem popular.

Algumas definições serão suficientes para demonstrar que o seu prestígio não cresceu menos do que a confusão em torno de seu significado: para Gaëtan Pirou, há inflação toda vez que aumentam as disponibilidades dos indivíduos sem que paralelamente aumente o estoque de mercadorias[6]; Max Clouseaux, no *Traité d'économie politique*, publicado sob a direção de Louis Baudin, reserva o termo para "os movimentos gerais de elevação de preços em cuja origem o fator monetário detém um papel motor"[7]; em seu livro *Inflation*, Paul Einzig afirma que a "inflação é uma tendência expansionista do poder de compra que tende a causar ou a ser o efeito de uma elevação do nível de preços"[8]; Samuelson assim define o fenômeno: "entendemos por inflação um período caracterizado por um movimento geral de preços"[9].

Para Mrs. Robinson, Clouseaux *et alii*, "inflação é uma grande alta desordenada de preços"[10]; Pigou inicia o estudo sobre inflação, deflação e reflação salientando a falta de precisão do termo "inflação" por parte dos escritores que o empregam: a ideia geral que sugerem é a de ser a inflação "um incremento excessivamente rápido no volume de moeda em circulação, ou do dinheiro bancário", "um excesso de moeda", "um excesso de dinheiro bancário" etc.[11]

A confusão em torno do problema é tão grande que se pode projetar a culpa pela inflação no assalariado que a sofre, nas manchas solares, no consumo ostentatório, no adversário político etc. Galbraith, que no fundo defende a estreita tese da inflação salarial, não deixa de reconhecer a controvérsia política e emocionalmente conduzida, nesse campo em que os economistas nem sempre conseguem conservar sua aparência fria e neutra:

---

5 Maurice Flamant, *Théorie de l'inflation et politiques anti-inflationnistes. Essais d'application de concepts keynésiens* (Paris, Dalloz, 1952), p. 16.

6 Cf. Gaëtan Pirou, *Les Doctrines économiques en France depuis 1870* (Paris, Armand Colin, 1925).

7 Max Clouseaux, "Mouvements généraux de hausse des prix à l'origine desquels le facteur monétaire se trouve avoir joué le rôle moteur", em Louis Baudin et al. (orgs.), *Traité d'économie politique* (Paris, Dalloz, 1953).

8 Paul Einzig, *Inflation* (Londres, Chatto & Windus, 1952).

9 Paul Samuelson, *Introdução à análise econômica* (Rio de Janeiro, Agir, 1952).

10 Em Louis Baudin et al. (orgs.), *Traité d'économie politique*, cit.

11 Arthur Cecil Pigou, *Teoria y realidad económica* (Cidade do México, Fondo de Cultura Económica, 1942), p. 81.

Na década de [19]50, a discussão econômica não era apenas dominada pelo problema da inflação, mas também pelos esforços para transferir sua culpa. As grandes companhias culpavam as excessivas exigências salariais dos sindicatos. Os democratas responsabilizavam a administração republicana, e os republicanos, as administrações democratas anteriores e o Congresso. Alguns viram a espiral como um complô comunista para desmoralizar a moeda, e o reverendo Gerald L. K. Smith, após muita reflexão, culpou os judeus.[12]

A questão torna-se ainda mais complexa e divergente quando, ao pretender uma precisão maior, os economistas introduzem termos como "inflação verdadeira", "inflação de custos", "hiperinflação", "inflação declarada ou aberta", "inflação contida", "inflação cíclica", "*mark-up inflation*" etc. Essas e outras expressões pouco contribuem para a precisão da análise e, ao mesmo tempo, apresentam-se como instrumentos eficazes para alcançar certos fins sub-reptícios. Foi o emprego dessas expressões que permitiu, em diversos momentos de grande elevação de preços, afirmações paradoxais de que não havia inflação verdadeira ou de que não se tratava de inflação. Diz Paul Einzig:

> Com raras exceções, todos os economistas e banqueiros alemães proeminentes estavam convencidos, durante e depois da Primeira Guerra Mundial, de que não havia inflação na Alemanha.[13]

Também na Rússia tal fato ocorreu. Quando, no período posterior à tomada do poder pelos bolcheviques, a inflação galopava, galope que persistiu durante uma existência, e os economistas e políticos do novo regime assoalhavam e propagandeavam que ela não existia... E seu argumento era o mesmo utilizado diversas vezes por seus colegas capitalistas: não havia inflação porque "no curso do período considerado a produção aumentou muito, assim como o número dos trabalhadores e empregados"[14].

Quantas vezes tais confusões têm sido utilizadas pelo governo, pelos economistas e por todos que delas auferem proveito, seria difícil constatar. Este é um dos motivos pelos quais "atrás do emprego hoje generalizado da palavra *inflação* escondem-se muitos mal-entendidos e ambiguidades"[15].

---

[12] John Kenneth Galbraith, *O novo estado industrial* (Rio de Janeiro, Civilização Brasileira, 1968), p. 279.

[13] Paul Einzig, *Inflation*, cit., p. 15.

[14] Charles Bettelheim, *L'Économie soviétique* (Paris, Recueil Sirey, 1950), p. 333.

[15] Maurice Flamant, *Théorie de l'inflation et politiques anti-inflationnistes*, cit., p. 15. Do ponto de vista em que nos colocamos, pretendemos alcançar o maior grau de neutralidade. A melhor definição é a mais simples, a que se mostra mais impermeável à intromissão de conteúdo político: a inflação é um fenômeno social total que pode expressar-se em aumento do índice de preços. Um exemplo de inflação que não se expressa e não é captada pelo índice de preços é o da inflação subterrânea ou de subsolo: quando as inovações tecnológicas e a organização mais eficiente reduzem o custo de produção, mas

Autores eminentes não têm fugido a uma atitude marcadamente cerebrina, trabalhando nesse domínio com hipóteses ausentes da realidade. Deixam de considerar o fenômeno inflacionário em seu processo histórico e desprezam o conteúdo político e os efeitos inevitáveis dessa técnica moderna, afirmando a possibilidade da existência de certo tipo de inflação moderada, cujos efeitos sobre o nível de preços são anulados ou reduzidos em virtude de uma diminuição da velocidade de circulação da moeda ou do aumento da propensão à liquidez. Poder-se-ia admitir, no início do processo inflacionário, o efeito de contenção ou retardamento provocado pelo aumento da propensão à conservação em forma líquida ou pela diminuição da velocidade de circulação da moeda sobre o aumento do nível geral de preços. Mas este raciocínio só seria válido para a fase inicial do processo inflacionário, que é, inegavelmente, cumulativo. Kenneth Boulding, por exemplo, detém-se na primeira etapa da análise quando afirma que, se

> o dinheiro novo que vai às mãos do público é entesourado e as primeiras pessoas que o recebem não o gastam, o efeito será muito pequeno, porque o aumento na quantidade de dinheiro será compensado com a redução em sua velocidade de circulação.[16]

Primeiro, a hipótese é heroica: nada nos autoriza afirmar que, em qualquer tempo e lugar, os primeiros recebedores do *dinheiro novo*, que devem pertencer a determinados grupos ativos da população, entesourem-no em sua totalidade; em segundo lugar, tudo indica que não existem, na economia em que vivemos, mecanismos automáticos capazes de paralisar o processo de elevação de preços, uma vez iniciado, mas, ao contrário, que esse processo é cumulativo e irreversível.

O termo "inflação verdadeira" e seu manejo na *Teoria geral*

Para nossas finalidades, no presente trabalho basta analisarmos o emprego da palavra "inflação" na obra de Keynes. A conclusão a que se chega depois de uma leitura acurada de *Teoria geral* é que o eminente lorde desejava afastar a palavra "inflação" de

---

não fazem baixar o preço dos bens finais. Este tipo de inflação é frequente nos Estados Unidos e em outros países nos quais as inovações tecnológicas reduzem consideravelmente os custos de produção. Se, em dado período, as inovações reduziram, em média, nos vários setores, os custos médios de produção em 20% e o nível de preços permanece constante, houve inflação subterrânea (que não se expressa em aumento do nível de preços) naquele percentual (20%). O mesmo ocorre quando a economia cêntrica provoca, por meio da demanda feita por empresas transnacionais de máquinas, material elétrico, de transporte, comunicação, químicos, uma elevação da demanda mundial de dólares, enxugando o meio circulante dos Estados Unidos sem reduzir o nível da demanda agregada (interna e externa) e exportando a inflação cêntrica.

[16] Kenneth Ewart Boulding, "Análisis económico", *Revista de Occidente*, Madri, Fundación José Ortega y Gasset, 1947, p. 347.

seu esquema de análise. Inicialmente, repudiou o nível geral de preços e só empregou aquele termo comprometedor três ou quatro vezes em toda a *Teoria geral*.

Podemos dizer, sem cometer grande ofensa ao pensamento e às intenções de Keynes, que, para ele, a "inflação verdadeira" não existia. Ao construir um sistema teórico alicerçado em uma constante elevação no nível dos preços, ele foi obrigado a distinguir, de forma bastante precisa, a "inflação verdadeira" da elevação do nível de preços; caso contrário, ficaria patente que havia elaborado suas hipóteses dentro de um estado inflacionário. Para as finalidades particulares de Keynes, tal fato seria bastante inoportuno. Por isso, relaciona a "inflação verdadeira" ao estado de "plena ocupação". Assim se expressa ele na *Teoria geral*:

> Quando se alcança o pleno emprego, qualquer tentativa de aumentar ainda mais o investimento porá em movimento uma tendência de os preços subirem sem limite, independentemente da propensão marginal a consumir, isto é, encontramo-nos diante de um estado de pleno emprego. Contudo, nesta situação a elevação dos preços não será acompanhada de um aumento da renda real.[17]

De forma idêntica:

> Quando um novo crescimento no volume da demanda efetiva não produz desde logo um aumento na produção, e se traduz apenas em alteração da unidade de custo, em proporção exata ao crescimento da demanda efetiva, alcançamos o estado que se poderia designar como de inflação autêntica.[18]

Como Keynes subordina a existência da "inflação verdadeira" ao "pleno emprego", sendo este, em certo sentido, um paraíso dificilmente encontrado, raramente poderemos conhecer a inflação verdadeira[19]. Se o próprio Keynes duvida das possibilidades de alcançarmos o "pleno emprego de mão de obra", *ipso facto*, duvida de que possamos encontrar a inflação. Ele próprio declarou que, "exceto durante a guerra, duvido que tenhamos alguma experiência recente de um auge tão poderoso que levasse ao pleno emprego"[20]. Podemos, sem causar a menor distorção, afirmar que Keynes duvidava que tivéssemos conhecido a inflação verdadeira, exceto durante a Primeira Guerra Mundial... Fica demonstrado, dessa forma, que o lorde inglês sabiamente manipulou o significado do termo, como

---

[17] John Maynard Keynes, *Teoría general de la ocupación e interés y el dinero*, cit., p. 119.

[18] Ibidem, p. 291.

[19] Paraíso em certo sentido, do ponto de vista capitalista; o mesmo não se pode dizer se o ponto de vista é o do assalariado e dos que ganham renda fixa.

[20] John Maynard Keynes, *Teoría general de la ocupación e interés y el dinero* (Cidade do México, Fondo de Cultura Económica, 1951), p. 309.

fez com tantos outros, adaptando-o às finalidades latentes que procurava alcançar. Como o espécime raro que ele batizou com o nome de "inflação verdadeira" só poderia ocorrer depois do "pleno emprego", o nível de preços, antes de ser atingido aquele estado, tinha elevada margem para subir, e mesmo sua elevação vertiginosa não poderia ser considerada inflação verdadeira. Como a *Teoria geral* é uma análise das inter-relações das grandezas econômicas quando o sistema caminha do subemprego para o *pleno emprego*, quando se verifica a elevação do nível de preços, que é uma consequência necessária e imediata das políticas preconizadas por Keynes, ela não é considerada, por definição, inflação verdadeira.

Eis aí um exemplo de como o uso deliberado do termo *inflação* é empregado em *Teoria geral* para desorientar o leitor, a fim de que este não perceba o conteúdo inflacionário que nela se apresenta. Ora, o trabalho final do economista, segundo a opinião de lorde Keynes,

> poderia consistir em selecionar aquelas variáveis que a autoridade central pode controlar ou dirigir deliberadamente no sistema particular em que realmente vivemos;[21]

das três variáveis independentes finais que ele apresenta, pelo menos duas – a quantidade de dinheiro, fixada pela ação do banco central, e a unidade de salários (*salário nominal* de uma unidade de trabalho), tal como se determina pelos contratos celebrados entre empregados e empregadores – são de natureza monetária e sujeitas à ação da autoridade central. Para que o *pleno emprego* seja atingido, é necessária uma redução no nível de salários reais[22], que se obtém graças a uma elevação dos preços das mercadorias para assalariados[23]. Dessa forma, fica visível que o aumento do emprego só pode ser alcançado pela autoridade central devido a uma ação no sentido de aumentar o meio circulante e reduzir a unidade de salário real mediante elevação de preços, que não é considerada inflação graças ao uso específico que Keynes faz do termo.

As unidades que ele elegeu são, inicialmente, duas: unidade de trabalho e moeda[24] – ou unidade de trabalho e unidade de salário –, servindo a primeira para medir o volume de emprego. Mas a ocupação passa a ser medida, dentro da *Teoria geral*, de forma indireta, deduzida de uma variação da renda nacional, medida em unidade de salário. Tendo anteriormente suprimido o nível geral de preços por considerá-lo noção imprecisa[25], Keynes conseguiu construir um sistema baseado em variáveis e

---

21 Ibidem, p. 237.

22 Ibidem, p. 30.

23 Ibidem, p. 22.

24 Ibidem, p. 51 e 53.

25 "O uso de conceitos vagos, tais como a quantidade do produto total, a quantidade de bens de capital produtor como um todo e o *nível geral de preços*, em tentativas de se fazer algumas comparações

unidades monetárias, no qual dificilmente se encontra um ponto de referência que permita ao leitor distinguir as variações nominais das variações reais. No seu mundo não euclidiano em que as paralelas se encontram, os preços elevam-se sem constituir inflação, os salários reais e as rendas fixas são reduzidas sem que isso, contudo, constitua um macroprocesso de exploração...

A *Teoria geral* e a universalização do processo de elevação do nível de preços

John Maynard Keynes possuía forte convicção de que a *Teoria geral* constituiria um poderoso ingrediente que seria aceito por uma escola, na acepção sociológica do termo, e que atuaria fortemente no sentido de modificar as formas de pensamento e de ação em grande parte do mundo. Em 1935, assim se expressava em carta dirigida a Bernard Shaw:

> Para compreender minha postura mental, deves saber que creio estar escrevendo um livro de teoria econômica que revolucionará amplamente o modo de pensar das pessoas em matéria de problemas econômicos, não imediatamente, afirmo, mas no curso dos próximos dez anos. Quando minha teoria for devidamente assimilada, mesclando-se com os interesses e as paixões, não posso prever qual será o resultado de seus efeitos sobre a atividade econômica. Mas haverá uma grande mudança, e especialmente os fundamentos ricardianos do marxismo serão desmantelados.[26]

O batismo de fogo da teoria e das políticas keynesianas, logo após a publicação da *Teoria geral*, demonstrou sua eficácia também em economia de guerra. Mais tarde, outro ramo – o da economia do desenvolvimento – cresceria, estendendo para outro hemisfério a influência de seu pensamento. Com ele iria também se espalhar a inflação, a elevação controlada e provocada pela autoridade central do nível geral de preços. Em 1947, Jacques Rueff já afirmava:

> É provável que o próximo período de depressão provoque a aplicação globalizada das políticas sugeridas por lorde Keynes. Não penso estar enganado ao afirmar que essas políticas não reduzirão o desemprego senão em fraca medida, mas terão consequências profundas nos países em que forem aplicadas. Pelas desordens econômicas que elas provocarão, por reinstalarem no mundo um regime de planificação generalizada análogo ao regime de guerra e fundado sobre a supressão de todas as liberdades individuais.[27]

---

históricas que são, dentro de certos limites, imprecisas e aproximadas". John Maynard Keynes, *The General Theory of Employment, Interest and Money*, cit. p. 43; tradução e grifo nossos.

[26] John Maynard Keynes, apud John Strachey, *Il capitalismo contemporáneo*, cit., p. 269.

[27] Jacques Rueff apud Alfred Marshall, *Principles of Economics*, cit., p. 449.

Em trabalho anterior[28], analisamos o verdadeiro sentido da generalização do keynesianismo. Desejamos, agora, salientar apenas que o processo inflacionário, na maior parte do mundo moderno, deve alguma coisa, em maior ou menor escala, à *Teoria geral* e ao movimento que desencadeou.

1940: tempos novos, novo conceito de inflação adotado por John Maynard Keynes

Verdadeira ou não, a inflação moderna foi o fruto prematuro da aplicação das políticas econômicas preconizadas por lorde Keynes. Quando, em 1940, publicou seu "How to Pay for the War", a elevação de preços, como não poderia deixar de ser, era um processo em andamento rápido na Inglaterra. Keynes adotou, então, nova definição, abraçando novo conceito de inflação. Aqui não o vemos mais lutando com as sutilezas da *Teoria geral*. Enquanto nesta última a inflação verdadeira seria o aumento da procura efetiva em situação de pleno emprego, em sua nova versão considerava-a como aumento do poder de compra ao qual não corresponde um aumento simultâneo da massa da produção. Esta sua colocação tem um sentido clássico acentuado, e a volta de Keynes a uma posição quase quantitativista foi recebida com satisfação pelos economistas conservadores. Diz Maurice Flamant:

> Coisa curiosa, "How to Pay for the War" foi uma das raras obras de Keynes que não suscitou discussões acirradas em sua aparição. Friedrich A. Hayek, por exemplo, registrou com satisfação [...] a volta de Keynes a posições próximas da ciência.[29]

Não há analista moderno dos movimentos cíclicos da atividade econômica digno desse nome que não aponte a correlação entre a fase de prosperidade econômica e a elevação do nível de preços, e entre depressão e crise e a baixa geral de preços.

Alguns economistas pretendem distinguir a inflação da elevação de preços que se verifica em períodos de prosperidade, atribuindo à inflação uma causa meramente monetária. A última definição de inflação proposta por Keynes – e aceita de braços abertos pelos economistas formados nos moldes clássicos – é, em grande parte, caudatária desta tendência. O aumento do poder de compra sem o correspondente aumento da produção indica o aspecto meramente monetário da inflação, que fez crescer as rendas monetárias e a demanda global sem que a esse crescimento correspondesse um aumento do volume de bens produzidos e da oferta global.

---

[28] Lauro Álvares da Silva Campos, *Controle econômico e controle social* (Roma, Universidade Pro DEQ, 1958; tese de doutorado em economia do desenvolvimento).

[29] Maurice Flamant, *Théorie de l'inflation et politiques anti-inflationnistes. Essais d'application de concepts keynésiens*, cit.

Para eles, a elevação de preços provocada por causas monetárias, sem a correspondência no incremento da atividade econômica produtiva, seria inflacionária. Mas a alta de preços decorrente do aumento da produção, da prosperidade econômica geral, não poderia receber, em economia, tal denominação. A realidade econômica foi, por esse motivo, como que seccionada em dois domínios, no que se refere à elevação de preços: um, nocivo, em que o espectro da inflação verdadeira e a corte de males por ela acarretada campeavam como "o cavalo de Átila" devastador e mortífero. Outro, benfazejo, puro e benquisto, onde a elevação de preços seria apenas o indício de um metabolismo ótimo, barômetro que indicaria a prosperidade e vitalidade da economia.

Análise da natureza e das causas da inflação

Se os economistas tivessem levado suas distinções além do aspecto periférico – de expressão aparente da realidade –, teriam verificado que a elevação de preços tem origem em causas mais profundas. As causas monetárias da elevação geral de preços não têm, em realidade, natureza causal. A elevação de preços puramente monetária é apenas expressão, forma de manifestação perceptível, consequência de uma constelação de fatores atuantes na estrutura econômica, na ocupacional, na estrutura da renda, na social, na técnica e na estrutura política.

Basta indagarmos como e por que é aumentada a quantidade de moedas em circulação, como pode haver "aumento do poder de compra ao qual não corresponda aumento simultâneo da massa da produção", para demonstrar a exatidão dessa afirmativa. As emissões de papel-moeda ou a expansão do crédito, no sistema em que vivemos, decorrem principalmente de políticas adotadas pelos governos e pelas autoridades monetárias, cuja finalidade declarada é atuar na economia a fim de aumentar o volume da produção e da demanda globais, fazer face aos déficits orçamentários e/ou reduzir a taxa de juros corrente. Elas decorrem principalmente da atitude do governo diante das contingências reais da economia. Os déficits orçamentários podem ser decorrência da ampliação das funções "do Estado em período de guerra", por exemplo, ou da ampliação normal, decorrente das tendências intervencionistas, que surgem quando se amplia a produção para as *Agenda*. Como veremos, o Estado quase sempre se valeu das emissões e de outras técnicas inflacionárias em períodos de guerra, ou de crescimento de suas funções administrativas, burocráticas, industriais e desenvolvimentistas, e utilizou a política de gastos em obras públicas para reabsorver o desemprego cíclico desde o século XIX: na França a partir de 1847 e na Inglaterra desde 1864.

Não se tem notícia de um governo, de tantos insanos que o mundo conheceu, que se dedicasse ao trabalho de emitir, recunhar ou reduzir o lastro metálico por capricho ou mera fantasia. Mais ou menos neste sentido é o pensamento de Einzig, quando afirma que "não é um dos instintos básicos do homem inflacionar deliberadamente"[30]. É, portanto, um conjunto de mudanças que se opera na realidade social, mudanças de ordem política, tecnológica, econômica, ocupacional, do comportamento coletivo diante da moeda etc., sobre as quais o governo e a autoridade monetária atuam de acordo com instrumentos fornecidos pela política e ideologia elaboradas, o que exige do governo uma tomada de posição. Os investimentos públicos, a manipulação da taxa de juros, a política de redução do salário real vigente, ou outra política que aumente o meio circulante, recebem essa série de motivações. Essa constelação de fatores, da qual o governo participa e sobre a qual atua, pode ter seus reflexos na elevação geral de preços. Não podemos, contudo, dizer, sem ferir a realidade dos fatos, que essa elevação de preços, ou esse "aumento do poder de compra ao qual não corresponde aumento simultâneo da massa da produção", tenha uma causa única, determinável ou mensurável. Seria o mesmo que considerar tal elevação como meramente monetária, desconhecendo os fatores que uma análise etiológica do fenômeno esclarecesse. Ignorar-se-ia, igualmente, que instrumentos não monetários podem ser utilizados pelo governo capitalista para influir sobre o salário real, a eficiência marginal do capital etc., exercendo as mesmas pressões e distorções nas relações sociais da produção, sem ser captados pelo índice de preços pelo simples fato de serem instrumentos não monetários.

Conclui-se, deste perfunctório exame, que a elevação geral de preços é uma expressão globalizadora, eis que nela influem fatores de todas as naturezas anteriormente relacionadas. Tanto as macroimpulsões, decorrentes da política do governo, quanto mudanças de ordem econômica, resultantes da própria prosperidade keynesiana, que altera a estrutura da produção, estimulando os setores que produzem para a defesa, o espaço, o transporte, a infraestrutura, em detrimento dos que produzem bens de consumo e de produção, bem como as mudanças de ordem ocupacional, tecnológica, psicológica etc., podem provocar elevação geral de preços, contribuir para a inflação, apresentando todas elas uma expressão comum visível, que é monetária. De modo que a expressão monetária que os economistas chamam de "inflação", elevação de preços, é também expressão da manifestação de todos esses fatores, que, embora influindo no processo altista, erroneamente não são considerados causas da inflação. Mas, por terem esse modo de ser ou essa expressão comum, são globalizados infalivelmente e enquadrados na mesma expressão.

Carlos Campos já mostrou, em outros domínios do conhecimento, falhas idênticas que se verificam principalmente quando o simbolismo numérico, matemático, considerando apenas o modo de ser quantitativo de fenômenos diversos, termina por

---

[30] Paul Einzig, *Inflation*, cit.

elidir os aspectos individualizantes de cada fenômeno. Aqui, este processo é evidente. No cálculo do hiato inflacionário são eliminados todos aqueles fatores individuais cuja expressão direta ou indireta é a elevação geral de preços[31], expressão globalizadora em que os fatores individuais (mudança ocupacional, mudança na estrutura da produção e, portanto, na da demanda, mudança tecnológica, prosperidade econômica, desenvolvimento econômico, poupança forçada via redução do salário real vigente, ação estatal) perdem suas características para serem reunidos sob o rótulo comum: elevação de preço.

A principal dificuldade com que deparam os que pretendem medir o hiato decorre justamente da impossibilidade de distinguir, na grandeza monetária, numérica, global, comum a diversos fenômenos, o *quantum* daqueles elementos individuais que compõem o hiato. Talvez por isso mesmo, nos países mais desenvolvidos em matéria de contabilidade nacional, os erros nas tentativas de aferir o hiato sejam desastrosos:

> Como acentua Woytinsky, se as medidas antideflacionistas propostas pelos neokeynesianos aos Estados Unidos tivessem sido adotadas pelo Congresso, teriam resultado num verdadeiro desastre. Felizmente isso não ocorreu e a reconversão foi feita de forma empírica.[32]

Bertrand Nogaro, em *La méthode de l'économie politique*, faz uma advertência que reputamos da maior importância para a análise dos fenômenos monetários e que pode ser expressa na recomendação para que se tenha sempre presente no espírito que os fenômenos monetários são, afinal, humanos, e que o pesquisador deve procurar encontrar o homem, as relações e o conteúdo humano que se escondem atrás deles. Todos os fenômenos sociais, incluindo aqueles concernentes à moeda e ao crédito, são fenômenos humanos, e a realidade de fundo, individual ou do grupo, costuma ser desprezada porque os homens projetam na moeda, no crédito ou em qualquer elemento externo as causas e origens dos fenômenos individuais ou dos grupos.

A inflação é um fato social, humano, expressão de uma série de motivações, atitudes, lutas, mudanças nas relações sociais da produção e do consumo que se operam

---

[31] Não é preciso ser economista para reconhecer que fatores de ordem extraeconômica atuam constantemente em fenômenos, ou variáveis econômicas, modificando-os fundamentalmente. Já em *O mercador de Veneza*, Shakespeare coloca nos lábios do perspicaz Lancelote, em um diálogo com Jessica, a linda filha do judeu, a seguinte observação: "[...] cristãos temos nós que fartem, e até já há demais para viverem como bons vizinhos. Essa mania de fazer cristãos elevará o preço dos porcos. Se todos se põem a comer carne de porco, só por uma quantia a que mal se poderá chegar é que se obterá um pedaço de lombo assado"; William Shakespeare, *O mercador de Veneza* (2. ed., Porto, Lello e Irmão, s/d), p. 126.

[32] Maurice Flamant, *Théorie de l'inflation et politiques anti-inflationnistes* (Paris, Dalloz, 1952), p. 147.

constantemente nas sociedades capitalistas contemporâneas. A compreensão exaustiva do fenômeno inflacionário deverá levar em consideração a constelação destes fatores que se situam na base de sua etiologia, devendo, portanto, ser considerada como fenômeno de sociologia total. Dessa forma, as delimitações metodológicas da ciência econômica não poderão impedir ou dificultar a compreensão de um fenômeno que, embora apresentando aspectos de natureza econômica, é também um fenômeno político, de psicologia coletiva, jurídico, sociológico, ocupacional. Além disso, os gastos do governo comprador de não-mercadorias elevam o nível da demanda efetiva. A alta dos preços, a inflação decorrente deles é amortizada pela venda de títulos da dívida pública que reduzem a renda disponível para o consumo, enxugam a base monetária. A dívida pública cresce no lugar da inflação, para que esta não cresça tanto. Vejamos alguns aspectos que conformam o fenômeno inflação:

a. *O aspecto político do fenômeno de elevação de preços* – A inflação apresenta diversas conotações que lhe emprestam o caráter político. Inicialmente, a inflação ou elevação do nível geral de preços expressa uma atitude do grupo ou da classe que detém o poder político e econômico em relação a outros grupos e classes que são minoritários na composição do poder. Sob o pretexto teórico de ajustar a realidade econômica ao plano do governo, até a década de 1950 na Rússia a elevação de preços foi essencialmente um instrumento de exploração do proletariado em proveito do grupo econômico, militar e político que detinha o poder. Em grande parte graças a este fenômeno, parcela notável da força de trabalho existente destinou-se a manter um setor técnica e economicamente privilegiado, aquele relacionado às questões bélicas.

   No mundo capitalista, a elevação de preços – técnica que encontrou na *Teoria geral* a cobertura ideológica mais perfeita – aparece como um dos instrumentos mais eficazes no sentido da continuidade no poder dos grupos dominantes. Além de outras consequências, o processo de exploração que representa impede que as classes desfavorecidas por este instrumento participem do poder político com uma parcela que, naturalmente, teriam em virtude de sua força eleitoral, pois lhes dificulta a ascensão ao poder político pelos canais econômicos. Foi, sem dúvida, por esses motivos que a *Teoria geral*, que representa e contém os mais elaborados ingredientes em favor desse instrumento político, foi considerada como tábua de salvação do sistema vigente no tempo em que foi publicada.

   Por outro lado, a elevação do nível geral de preços é a expressão monetária da luta dos grupos de interesse e das classes em torno de uma maior participação no produto nacional. Como no estágio atual os instrumentos de realização do processo altista, isto é, as agências e autoridades monetárias, bem como sua política, são condicionadas e determinadas pela orientação ditada pelos interesses dominantes, capitalistas, todo esforço dos assalariados no sentido de obter maior parcela do produto nacional é, fatalmente, anulado ou invertido em sua finalidade pelas políticas indiretas aplicadas por intermédio das agências do poder.

Em vez da inflação, o governo capitalista pode abolir os sindicatos e impedir a representação política do assalariado, mantendo a estrutura antagônica por meio de instrumentos não monetários, policiais, por exemplo.

A mais importante conotação política do fenômeno inflacionário decorre do fato de ser ele, em grande parte, o resultado de déficits orçamentários cobertos por novas emissões; a hipertrofia do setor público (*Agenda*) em relação aos setores privados indica modificações na estrutura do sistema que são mantidas pela inflação ou pela carga tributária.

b. Influência dos fenômenos de psicologia coletiva no processo inflacionário – A elevação de preços pode ser considerada, em parte, como fenômeno de psicologia coletiva. Tal aspecto torna-se, às vezes, dominante. Em um dos momentos críticos da história monetária francesa foi, segundo atesta Gaëtan Pirou, a confiança coletiva na personalidade de Poincaré que salvou o franco de uma queda quase total. Normalmente, contudo, não são apenas os fenômenos de pavor, pânico coletivo ou confiança que se propagam como fenômeno de massa que indicam o caráter de fenômeno de psicologia coletiva que se expressa na inflação.

A psicologia do grupo ou da classe prejudicada pelo processo de elevação de preços, seu "ponto psicológico de resignação", sua capacidade de compreensão do fenômeno e as formas e os instrumentos de reação de que dispõem são outros fatores importantes na etiologia do processo inflacionário e na intensidade deste. Por outro lado, a indústria e principalmente o comércio – em que o fenômeno da anomia, segundo Émile Durkheim, apresenta-se como decorrência da liberdade, da ausência de regulamentações institucionais rígidas de sua atividade em nosso sistema – não apenas antecipam a elevação de preços, decorrente, por exemplo, de uma prevista revisão de salários, como aproveitam certa atitude de complacência do consumidor diante do processo crônico de elevação de preços e, em período de forte elevação de preços, de clara incerteza do consumidor em relação ao real poder aquisitivo do dinheiro, para aumentar extraordinariamente os lucros da empresa.

c. O consumo em função do status *e o consumo em função do papel desempenhado* – Devemos considerar, ainda, a propagação do consumo nos diversos grupos de consumidores. O consumo ostentatório tem sido analisado por diversos economistas, principalmente como fenômeno característico de países subdesenvolvidos. O fenômeno da imitação como veículo de propagação e difusão do consumo, bem como as técnicas da propaganda no sentido de criar necessidades novas de consumo, constituem estímulos constantes e poderosos no sentido do aumento da demanda global. Consideramos que a eficácia de todos estes instrumentos subordina-se à sua atuação dentro de duas categorias de consumo: consumo em função do *status* social ocupado pelo consumidor; consumo em função do papel desempenhado pelo consumidor na sociedade competitiva em que vive. Os grupos de *status* em determinada sociedade se expressam e exteriorizam por meio de certo tipo ou padrão de consumo: desde a aliança de casamento, o anel de grau, o perfume e as joias das senhoras da *high society* à roupa do presidiário, ao terno azul do homem da classe média dos Estados Unidos e ao hábito do monge, aos tipos de residência, de transporte, de alimentação e de diversão, correspondem, cada qual, a determinados grupos de *status*, e é dentro desses grupos que se estabelece certo tipo de concorrência, expressão da luta pela aquisição e conservação do *status* social.

Por outro lado, o papel (*rôle*) desempenhado pelos indivíduos exige certo tipo ou padrão de consumo, desde a máquina de escrever e o computador do escritor, do jornalista ou do professor, ao instrumental profissional do pedreiro; este tipo de consumo expressa, de certa forma, a eficiência individual em cada grupo de papéis. Em grande parte, o consumo ostentatório e o efeito de demonstração são reputados como o resultado de uma circulação social em sentido vertical (Sorokin) intensa, quando, devido à passagem do estado comunitário predominante para o estado societário ou de sociedade de massa (no qual cada membro não conhece mais o *status* e o papel dos demais componentes), o consumo adquire maior importância como exteriorizador de ambos, e mesmo como exteriorizador de papel e de *status* a que não pertence, realmente, o *parvenu* – esse arrivista potencial. A pressão sobre a procura, em nossa sociedade, dar-se-ia por intermédio dessas duas categorias de consumo, sociologicamente determinadas.

No entanto, a propaganda e a luta pela aquisição de *status* não se realizam *in abstrato*. A propaganda é produzida pela produção; ela não é um fenômeno externo das condições normais da concorrência. A propaganda é produzida pela produção capitalista e constitui uma das técnicas utilizadas pela produção para gerar o consumo e o consumidor. Como tantas outras atividades, a propaganda impõe-se como necessidade técnica apenas no modo capitalista de produção. Ela utiliza o caráter competitivo do sistema que está presente no consumidor e o faz competir por objetos, mercadorias – símbolos. No fundo, os símbolos consumidos são símbolos capazes de identificar, pelo consumo, os funcionários de cúpula, os profissionais liberais de alta renda e os assalariados técnicos da direção das firmas dos capitalistas que, supostamente, consomem aqueles produtos definidos. Enquanto os capitalistas consumiriam certos produtos como decorrência "natural" de sua renda e seu *status*, os não capitalistas de alta renda os consomem como símbolo de relações sociais em que não se encontram, mas que invejam e simulam ter alcançado.

A propaganda é parte inerente à produção e, no modo capitalista de produção, em vez de informar o consumidor das características e propriedades dos produtos, provoca a preferência de certas faixas de indivíduos por características imaginárias, fictícias, misturadas a atributos reais, transformando uma necessidade socialmente produzida de consumo num imperativo "natural", numa necessidade que se iguala biopsicologicamente às necessidades básicas do ser humano. A tentativa desesperada de manter o nível de receita faturada no auge faz com que a publicidade aumente alucinadamente na crise.

Essa produção social do consumidor realiza-se e tem seus limites impostos pela distribuição social dos meios de produção, pela estrutura de distribuição da renda, pelos canais de captação de poupança, pela estrutura ocupacional na qual o aumento relativo do terciário é de grande importância, pelo poder estatal de predeterminar a parte exportável do total de bens de consumo produzidos, pela ação do Estado no controle das importações de bens de consumo e, por último, mas não menos importante, pelo papel do governo na alocação de recursos nos departamentos de produção de bens de produção, de bens de consumo e de bens para as *Agenda* (produtos que não são nem meios de produção nem bens de consumo).

As economias semi-integradas e subdesenvolvidas – nas quais o departamento de produção de bens de produção inexiste ou é limitado pela divisão internacional da produção que as localiza fora, nas economias avançadas e integradas – evidenciam como a produção gera o consumo também entre os subdesenvolvidos. Como o departamento de produção de meios de produção não é necessário à reprodução subdesenvolvida, isto é, como a venda de máquinas produzidas internamente aos empresários do departamento de produção de bens de consumo se faz em escala reduzida, o nível da demanda efetiva mantém-se baixo (porque a compra de máquinas não é viabilizada por sua produção que, ao se expandir, iria criando um sistema de financiamento das máquinas e, ao mesmo tempo, permitiria que os trabalhadores empregados no departamento de produção de meios de produção demandassem e consumissem, relativamente, maior quantidade de bens de consumo). A renda concentrada na cúpula subdesenvolvida não se canaliza necessariamente para o departamento de produção de bens de produção, incipiente ou inexistente, mas, em parte, para o de produção de bens de capital localizado na economia avançada. Por isso, ou fica como dinheiro ocioso, capital-potencial, ou se dirige internamente à compra de bens de luxo, resultando, dessa estrutura produtiva semi-integrada, o consumo supérfluo.

A sociedade de consumo é gerada pela produção, e a Inglaterra de hoje, cuja produção perdeu o ímpeto acumulativo, a agressividade, e viu reduzir-se seu raio de ação, acomoda-se a padrões de consumo material sensivelmente menores e nivelados. À produção atual correspondem novos valores igualitários e humanos, menos propaganda e publicidade e menos tempo de trabalho social dedicado à obtenção da renda consumível de forma supérflua.

d. *A economia keynesiana como passarela entre a economia liberal e a economia de guerra: o papel da inflação* – Consideremos outro aspecto político e sociológico do problema que está ligado a certa função central do keynesianismo que foi por nós examinada em "Controle econômico e controle social"[33]. Quando se compara a ideologia democrática com a nazifascista, percebe-se claramente que a primeira é dotada de uma agressividade bem menor. A universalização da democracia nem sempre foi colocada em termos agressivos, mas apresentada como racional e pacificamente aceita pelo livre-arbítrio dos povos, enquanto o nazismo trouxe, desde o princípio, o caráter de regime universal, e a força foi considerada um dos veículos principais de sua implantação. Quanto à agressividade do nazifascismo, não é necessário recorrer a seus suportes hegeliano, nietzscheano ou às consequências das ideias de Gobineau para compreendê-la, pois a realidade prática suplantou a agressividade teórica e ideológica do regime[34]. Mesmo que esses sistemas econômicos não fossem dotados de agressividade, o conteúdo agressivo de suas filosofias políticas colocaria a economia a serviço da implantação desses regimes, moldando as feições do precioso instrumento. Nos países democráticos, ao contrário, o liberalismo individualista, tal como apresentado até as vésperas da Segunda Guerra Mundial, não fornecia àquela ideologia política mecanismos eficientes de defesa e ataque, embora o caráter despótico do governo capitalista se evidenciasse na luta imperialista[35]. Mas quando se considera a influência do

---

[33] Lauro Campos, *Controle econômico e controle social*, cit.

[34] Nossa conclusão é a de que o nazifascismo é o resultado, na esfera do poder, das contradições que o capitalismo retardatário e semi-integrado (Alemanha, Japão, Itália, Argentina, Chile etc.) deve superar em um mundo já ocupado pelas relações do capitalismo central.

[35] Sobre dados a esse respeito, ver John A. Hobson, *Imperialism: A Study* (Ann Arbor, University of Michigan Press, 1972), p. 23 e 65.

keynesianismo sobre a atitude e a função do Estado diante da realidade econômica, obrigando-o a trocar a posição mais ou menos contemplativa por uma posição ativa, intervencionista, dirigista, fascista, a fim de utilizar os instrumentos da política de pleno emprego, percebe-se que Keynes dotava as democracias de um sistema de defesa e ataque que jamais conheceram.

As semelhanças entre a economia de pleno emprego e a de guerra não dizem respeito apenas ao estado de pleno emprego que, conforme o próprio Keynes, conhecemos de forma mais ou menos duradoura somente durante os conflitos internacionais, ao aparecimento de marcada tendência de elevação de preços etc. Todos os instrumentos de realização da política de pleno emprego são instrumentos dotados de grande funcionalidade em uma economia de guerra. A hipertrofia do Estado e os recursos para o financiamento desta estão postos na *Teoria geral*, que representa, nesses aspectos, uma passarela entre a economia liberal, em princípio pacífica, e a economia de guerra. Ao se justificar a construção de pirâmides ou o trabalho de enterrar e desenterrar garrafas vazias, atividades essas financiadas pelo Estado para a obtenção do pleno emprego, e se a *Teoria geral* fornece os instrumentos necessários para essa política, com muito maior razão está justificado o esforço armamentista, e toda economia de guerra poderá realizar-se por meio dos mesmos instrumentos keynesianos. A mudança ocupacional, que se expressa no aumento do funcionalismo público por causa da hipertrofia dos órgãos estatais encarregados da realização do pleno emprego, apenas se amplia na militarização da população civil em caso de guerra. A elevação de preços, que aparece como instrumento indireto e de certa forma encoberto na *Teoria geral*, converte-se em inflação declarada no período bélico. O aumento da procura global é obtido porque o Estado se converte em grande comprador e financiador do imenso mercado da guerra, cujo produto é logo definitivamente consumido pela destruição: o pleno emprego aparece como resultado seguro deste tipo de economia.

Tanto esses produtos bélicos quanto a quase totalidade dos produtos empregados na infraestrutura técnica (estradas, portos, hospitais, universidades, colégios, parques etc.) não são "bens econômicos", pois não são disponíveis; sua produção ocupa mão de obra e insumos crescentes e a renda distribuída aos fatores sustenta o consumo dos bens oferecidos pelo sistema industrial. O pleno emprego é o resultado da estrutura produtiva consuntiva de uma economia de guerra. "Exceto durante a guerra, duvido que tenhamos alguma experiência recente de um auge tão poderoso que levasse ao pleno emprego".[36]

[36] John Maynard Keynes, *The General Theory of Employment, Interest and Money*, cit., p. 322.

Desde os nossos primeiros estudos sobre a teoria keynesiana tivemos a impressão, que jamais abandonou nosso espírito, de que o genial lorde, ao estruturar seu sistema, consciente ou inconscientemente seguira um modelo: o da economia de guerra, tal como a conhecera durante a primeira conflagração mundial. Há muito mais afinidade entre a economia liberal e a de paz e entre a economia de pleno emprego e a de guerra do que comumente se pensa[37]. Em 1940, em artigo publicado na *New Republic*, Keynes confessa:

> Penso ser politicamente incompatível com a democracia capitalista organizar o dispêndio na escala necessária para fazer a grande experiência que comprovaria minha tese, exceto em condições de guerra.

Raras vezes, mas sempre com simpatia, Keynes referiu-se, antes da *Teoria geral* e mesmo no âmbito desta, à economia de guerra. Mas, sem dúvida, ele foi um dos que ansiosamente esperaram experimentar, em condições de paz, "a organização da produção socializada" tal como surgiu no período bélico. Esta declaração de Keynes parece ter algo de confissão:

> A experiência de guerra na organização da produção socializada deixou muitos observadores ansiosos por repeti-la em condições de paz. O socialismo de guerra elevou inquestionavelmente a produção da riqueza em escala muito maior do que jamais conhecemos na paz; apesar de os bens e serviços produzidos serem destinados a imediata e infrutífera destruição, assim mesmo constituíam riqueza.[38]

A crise do *laissez-faire* tornou evidente a incompatibilidade entre as contradições do capitalismo e a superestrutura política democraticamente organizada: o fascismo é a organização política do capitalismo em crise e as não-mercadorias são a fonte tanatológica de reativação do sistema.

e. *O fator monetário: o sistema ametálico, de papel-moeda, é o mais inflacionável dos sistemas monetários* – Em outro capítulo, examinaremos os efeitos da introdução de novas técnicas sobre o nível de preços. Desejamos, no momento, determinar a influência do papel da moeda na etiologia do processo inflacionário moderno, embora retornemos adiante a este mesmo ponto. É

---

[37] Devemos registrar aqui duas valiosas opiniões a respeito das influências do keynesianismo e da contabilidade nacional no último conflito mundial. John Strachey, em seu citado *O capitalismo contemporâneo*, considera que a contabilidade social apresentou uma contribuição mais eficaz para a vitória dos aliados do que conquistas no campo da energia nuclear; já Paul A. Baran, em *A economia política do desenvolvimento econômico* (São Paulo, Abril Cultural, 1984), observa que "foi a Alemanha fascista que, até hoje, usou mais extensamente a visão penetrante do keynesianismo, ao construir a máquina econômica que lhe permitiu desencadear a Segunda Guerra Mundial" (p. 19).

[38] John Maynard Keynes, "Laissez-faire and Communism", cit., p. 48-9.

nossa opinião que a moeda só pode ser considerada como um dos fatores determinantes da elevação de preços em um aspecto. Quando consideramos o sistema de papel-moeda inconversível, dominante em todos os países do mundo, em relação aos que o precederam, mono ou bimetálicos, observa-se que nesses havia uma delimitação real à expansão do meio circulante, representada pelo estoque nacional e mundial do metal padrão. A moeda escritural aparece como forma de expansão, processo de contornar as rígidas delimitações do meio circulante, como aquelas impostas pelo Ato Peel, por exemplo. Quando se trata de moeda inconversível, as delimitações são apenas de ordem legal, mais simplesmente contornáveis, de forma que esse sistema é mais facilmente inflacionável do que os anteriores. Ele pode, portanto, responder mais prontamente àquelas solicitações emanadas da realidade econômica, política e social ou de interesse dos grupos que controlam as agências monetárias, pelos diversos motivos já indicados e por outros que analisaremos mais adiante. O sistema de papel-moeda inconversível dotou a economia de maior plasticidade e elasticidade, no sentido de poder responder mais prontamente aos estímulos e às pressões da expansão do meio circulante, quaisquer que sejam os fatores básicos motivadores. Isso não significa que ele seja inflaciogênico em si, por si. É, certamente, mais inflacionável do que os precedentes, estando, portanto, em condições melhores para responder àquelas motivações, principalmente quando as agências monetárias e creditícias do governo identificam seus interesses com os daqueles grupos aos quais a elevação de preços favorece especialmente. Em um sistema de forças equilibradas, se admitimos o estágio de uma "economia que chegou a seu termo" (Stuart Mill), nada nos leva a supor que a simples presença de um sistema monetário inconversível conduziria à inflação.

Como o fenômeno da elevação do nível de preços exterioriza-se e se expressa em termos monetários, afirmou-se, errônea e superficialmente, que a inflação é fenômeno monetário. Quer a elevação de preços decorra principalmente da fase de ascensão da economia, quer se apresente como decorrência do emprego de técnicas inspiradas na teoria keynesiana – em tempo de paz ou em período bélico –, quer o fator preponderante seja de ordem psicológica, política, ocupacional etc., sendo difícil discernir a influência de cada um desses componentes no processo altista, ele sempre terá a mesma expressão visível, que é monetária. A moeda estatal e sua produção aparentemente ilimitada alteraram a estrutura da produção e da ocupação com predominância crescente das atividades improdutivas. Mudou-se a forma da contradição entre as condições da produção e as do consumo capitalista, sem solucioná-la.

f. Estímulos e fatores internacionais da inflação – Não se deve desprezar, quando se analisa uma economia aberta, a influência das relações dessa economia nacional com o resto do mundo. A elevação de preços pode surgir como técnica de transferência para determinados grupos internos das perdas experimentadas pelo setor exportador decorrentes das baixas cíclicas ou da superprodução[39]. A oferta inelástica e a demanda insatisfeita de certos produtos de importação, que torna altamente vantajosa sua produção interna, realizam forte pressão sobre o nível de preços, sendo este um fato recorrente nos países subdesenvolvidos.

A transferência de riqueza real das economias dominadas, periféricas, para as centrais, dominantes, constitui fato presente nas relações econômicas internacionais desde os tempos coloniais. As economias exploradas apresentam saldos permanentes em suas balanças comerciais que expressam a perda líquida de riqueza real. Ora, se elas têm saldos de exportação, deveriam ser credoras e não devedoras crônicas das economias dominantes: aquele que vende valores superiores aos que compra deve ser credor e não devedor crônico.

As relações de dupla exploração fazem criar fantásticos preços de serviços-seguro, transporte, fretes, *spreads*, juros, além do subfaturamento das exportações e do sobrefaturamento das importações, que chegam a transformar os países superavitários na balança comercial em deficitários nas contas de transações correntes e devedores.

Cria-se um permanente "esforço de exportações" que visa maximizar o saldo de exportações a fim de solver a dívida externa insolúvel. Ora, o aumento de exportações reduz a oferta interna de mercadorias e serviços, criando uma pressão inflacionária permanente nos contextos dominados. A renda dos exportadores, transformada em dinheiro nacional (real), na medida em que seja gasta no mercado interno já dilapidado pelas exportações, produz uma pressão inflacionária (compras sem vendas, como dizia Marx). A estrutura da produção para exportações reduz a produção destinada ao mercado interno – menos feijão para o consumo doméstico e mais lagosta e camarão para exportação –, aumentando os preços internos devido à redução da oferta.

Na tentativa de drenar a base monetária alagada por conta do aumento líquido da renda dos exportadores, o governo vende papéis, títulos da dívida pública, aumentando a renda dos banqueiros, reduzindo os investimentos produtivos potenciais e elevando a taxa de juros, elementos que atuam a favor

---

[39] Cf. Celso Furtado, *Formação econômica do Brasil* (São Paulo, Editora Nacional, 1976), p. 260.

do estrangulamento e do encarecimento da produção e da oferta. Assim, os saldos de exportações criam três pressões inflacionárias que atuam sobre os contextos periféricos. A "luta contra a inflação" é realizada por meio da redução de salários reais que, ao contrair o nível de demanda efetiva, estrangulam o volume da produção e do emprego.

g. *O autoestímulo do processo de elevação de preços pelas agências do governo como característico das inflações modernas* – Consideramos que a *Teoria geral*, fornecendo, aparentemente, os instrumentos para a realização da política de pleno emprego, na verdade forjou e aprimorou as técnicas capazes de manter uma constante elevação do nível de preços, técnicas que foram adotadas por diversos países e que respondem, em grande parte, pela continuidade do processo inflacionário. Ao condicionar o comportamento das diversas agências dos governos encarregadas de influir sobre a atividade econômica, a teoria keynesiana fez com que a elevação do nível de preços se tornasse um fenômeno normal nesses países; foi de tal forma incorporada ao Estado moderno e se mesclou com os interesses dos grupos dominantes que adquiriu o caráter de insubstituível instrumento de ação e controle. Por outro lado, se o fenômeno de elevação do nível de preços apresenta-se como decorrência dos estímulos emanados da realidade econômica aos quais as agências do governo podem responder com medidas mais ou menos inflacionárias, estas próprias agências, como decorre, por exemplo, da política keynesiana de investimentos públicos, estão habilitadas a estimular autonomamente suas próprias respostas inflaciogênicas. Dessa forma, as autoridades monetárias e as demais agências do governo podem, na economia moderna, estimular o fenômeno de elevação do nível geral de preços ainda que dos setores privados da economia não surjam estímulos ou pressões no sentido de produzi-lo.

Os gastos do governo têm duas fontes seguras: a receita tributária e as novas emissões. Esses gastos seguem *pari passu* a hipertrofia das agências do governo nas *Agenda* e foram acoplados ao sistema como mecanismo de ampliação do consumo coletivo na forma de investimento no departamento III (infraestrutura, pesquisa, "defesa" etc.), que não produz nem bens de produção nem bens de consumo.

As relações entre o setor público e o privado da economia capitalista alteram-se, com predominância do primeiro. Se o governo se vale do poder emissor para financiar a expansão do setor público, o efeito sobre o nível de preços repercute direta e intensamente. No entanto a hipertrofia do setor público pode ser obtida por meio de uma nova sistemática tributária, de tal forma que aquela relação e a mesma proporção entre os setores sejam alcançadas sem inflação.

h. O hiato inflacionário – Estamos agora em condições de abordar a análise do hiato inflacionário na simplicidade com que é apresentada por Keynes em seu "How to Pay for the War"[40]. Devemos lembrar que, quando Keynes apresentou o método de cálculo do hiato, a Inglaterra já havia conhecido as consequências práticas derivadas da *Teoria geral*. A elevação do nível de preços era um processo em rápida ascensão, e as despesas de guerra e de mobilização haviam causado tremenda pressão sobre a procura global.

O cálculo do hiato inflacionário nada mais é do que a avaliação, *ex ante*, do excedente da procura monetária sobre a oferta real; o hiato inflacionário de um dado período

> é igual à diferença entre a renda disponível durante este período (incluídas as compras feitas pelos poderes públicos) e o total previsto dos bens que serão oferecidos, durante este período, contabilizados aos preços do fim do período precedente.[41]

Observemos a abordagem do problema empregada por Keynes. Considerando: R (a renda disponível para o consumo); O (a oferta global dos bens de consumo); S (a poupança global); Ig (o hiato inflacionário). Temos, então: $Ig = R - (O + S)$.

Rendas percebidas	6,00	Produto total	6,00
Impostos	-1,40	Despesas do governo	-2,75
Rendas disponíveis	4,60	Produto disponível para o consumo do público	3,25
Poupança total estimada	0,70		

Em bilhões de £

Com esta fórmula, Keynes pretendeu determinar o hiato inflacionário na Inglaterra, em 1940, tendo chegado ao resultado seguinte: a diferença entre as rendas disponíveis e a soma do produto disponível com a poupança global nos fornece a grandeza do hiato inflacionário:

$$Ig = 4{,}60 - (3{,}25 + 0{,}70) = 0{,}65$$

De acordo com a nova versão apresentada por Keynes, deveria ser retirado, bombeado, neutralizado o excedente monetário de £ 650 milhões, a fim de que não se

[40] John Maynard Keynes, "How to Pay for the War", em *Essays in Persuasion* (Nova York, Norton, 1963).

[41] Maurice Flamant, *Théorie de l'inflation et politiques anti-inflationnistes*, cit., p. 80.

verificasse um processo de absorção do hiato por meio da elevação de preços, que se tornaria acumulativa. Como esse hiato representa um quinto do produto disponível para o consumo, verificar-se-ia um aumento de 20% no nível de preços.

Pode parecer surpreendente que John Maynard Keynes, depois de ter apresentado a *Teoria geral*, que é a mais sutil justificativa do processo crônico de elevação do nível de preços, em seu fascículo posterior, defenda a necessidade de drenagem do hiato inflacionário. É que, como lembra um expositor de sua obra, entre 1936 e 1939 o lorde transforma-se em homem de Estado. O nível de preços e outras expressões que condenara e alijara da *Teoria geral* são por ele utilizados tranquilamente em "How to Pay for the War". O que se percebe, em primeiro lugar, da abordagem de Keynes em sua nova interpretação dos fatos econômicos, é que se trata da aproximação feita por um homem de Estado. Se um cientista fosse examinar o problema monetário e o surto inflacionário da Inglaterra em 1940, deveria forçosamente reconhecer que o fator mais importante na etiologia do processo altista era o crescimento das despesas do governo em economia de guerra. Logo, a análise econômica deveria procurar, independentemente das consequências políticas, reconhecer e apontar esse fato. Keynes, no entanto, não procura drenar o hiato atacando o foco principal, o fator inflaciogênico mais importante, mas, pelo contrário, considera como dada a futura despesa do governo: £ 2,75 bilhões. Ora, como a composição do produto nacional naquela ocasião era, em grande parte, representada por produtos de guerra gerados não para o consumo, mas para a destruição, o produto realmente disponível para o consumo ficara reduzido. Assim, a disputa para obtenção desse produto diminuto só poderia acarretar uma elevação de preços que se somaria à provocada pelo aumento das despesas do governo. O aumento das rendas monetárias disponíveis para o consumo não poderia, portanto, ser isolado como fator inflaciogênico, a menos que se adotasse uma aproximação de homem de Estado e se considerassem, *a priori* e *ex ante*, intocáveis as despesas do governo. A desconsideração do conjunto de fatores inflaciogênicos na composição da grandeza do hiato inflacionário parece persistir nos aperfeiçoamentos ulteriores que experimentou o processo de cálculo do *inflationary gap*.

Como vimos anteriormente, fatores de ordem política, psicológica, sociológica, tecnológica, ocupacional e econômica influem no processo de elevação de preços. Podemos afirmar ainda que, entre os fatores de ordem econômica, alguns podem ser considerados autônomos, isto é, são capazes de influir no processo de elevação do nível de preços independentemente de solicitações ou estímulos emanados do setor privado da economia: são os instrumentos e as técnicas acionados pelas agências do governo. Por outro lado, os diversos setores privados da economia não se encontram, em dado momento, em igual situação diante do fenômeno altista: alguns setores, por motivos especiais, beneficiam-se mais da elevação de preços porque podem realizar maiores pressões no sentido da elevação dos preços de seus próprios produtos, enquanto outros, por razões diversas, talvez se encontrem em posição relativamente desfavorável.

O hiato inflacionário, que é a expressão monetária, global, de todos esses componentes individuais, calculada *ex ante*, não pode determinar a importância relativa desses fatores inflaciogênicos particulares, e muito menos prevê-los em um processo que ainda não se verificou (*ex ante*). Podemos, diante de um processo inflacionário a se manifestar em período próximo futuro, supor que ele será, principalmente, consequência do aumento das despesas do governo para realização de uma política de guerra, ou de pleno emprego, ou de desenvolvimento econômico, ou ainda de uma mudança ocupacional considerável, de uma modificação na psicologia e no comportamento coletivos diante da moeda, da renda e do consumo, ou da luta de grupos por uma maior participação no produto nacional, ou da introdução de inovações tecnológicas e do conjunto de modificações que acarretam nos setores em que são incorporadas, ou de uma situação especial das relações de troca de dada economia nacional com o resto do mundo etc. A todo momento tais fatores atuam com maior ou menor intensidade e pressionam a procura global, tendo a mesma expressão visível, que é monetária. O hiato inflacionário é resultante desta constelação de fatores e, mesmo que pudesse ser calculado *ex ante*, sua drenagem por parte das agências do governo poderia se processar em setores da economia ou sobre diversos fatores sem a observância de sua verdadeira influência no processo de elevação de preços.

A defesa nacional, em época de guerra, poderia autorizar que se comprimisse a procura monetária em diversos setores da economia quando o aumento das despesas do governo fosse o principal responsável pela formação do hiato inflacionário. Além disso, se o governo conseguisse drenar o hiato, impedindo uma elevação extraordinária do nível de preços sem compressão de suas despesas, é evidente que, no período seguinte, poderia continuar a hipertrofiar suas funções e a provocar novo hiato por meio do aumento de suas despesas... Em períodos normais, contudo, esse processo não se justifica pelos imperativos de sobrevivência nacional e os efeitos nefastos sobre a economia são produzidos sem contrapartida nitidamente compensadora.

A falta de compreensão e as distorções verificadas no estudo do fenômeno inflacionário ensejam os erros na avaliação do hiato e os verdadeiros desastres ocorridos quando o governo pretende drená-lo. Por outro lado, as políticas deflacionistas encontram sérias resistências sociais organizadas na sociedade em que vivemos e que atuam, como veremos, no sentido de anular ou reduzir os seus efeitos, permitindo que a elevação do nível de preços seja um fenômeno crônico e normal, inerente ao funcionamento do Estado moderno e da economia contemporânea.

Uma vez que a estrutura da produção se diversificou nitidamente, e ao lado do departamento I, de produção de bens de consumo, surgiu, nas primeiras décadas do século XIX, o departamento II, de produção de bens de produção, ao lado do consumidor final, dos produtos do departamento I, teve de surgir o capitalista, comprador de máquinas, as mercadorias produzidas pelo departamento II. Quando, na estrutura produtiva, afirma-se o departamento III, de produção de não-mercadorias, aquela produção "cria o sujeito para o objeto", no caso, o governo. Os meios de compra dos produtos do departamento III têm de afluir às mãos do comprador mono ou oligopsonista, o governo, para que se reproduza e amplie aquele setor. Como esse departamento passou a se expandir a uma taxa superior à dos outros dois, a massa monetária nas mãos do governo teve de ser ampliada constantemente, transbordando os limites do equilíbrio orçamentário e reforçando a tendência inflacionista do capitalismo dirigido. O crédito público e a dívida pública modernos são produzidos pela produção de não-mercadorias: para comprar cada vez maior quantidade de não-mercadorias, o governo emite moeda estatal. A pressão inflacionária resultante é em parte neutralizada pela venda de *bonds*, obrigações do tesouro, *treasury notes*, letras. A dívida pública se eleva no lugar da inflação.

A teoria de Keynes justifica as mudanças estruturais representadas pela expansão do departamento III e seu reflexo no plano monetário: a inflação. No cálculo do hiato, o componente – não-mercadorias – do produto nacional é considerado intocável, e assim também os gastos do governo na compra daqueles produtos.

Inflação: o fetiche global

A redução da taxa de crescimento das forças produtivas decorre da estrutura da produção em que o setor não reprodutivo se amplia. O aumento do departamento III, de produção para as *Agenda*, é importante para manter o volume de ocupação e a massa de mais-valor necessária para que a taxa de lucro se mantenha positiva. Mas a própria estrutura produtiva em que o departamento improdutivo/destrutivo se afirma sobre os produtivos (I e II) é contraditória e contém os limites de sua capacidade de dinamização do capitalismo. A crise da economia keynesiana será, nesse aspecto, a crise do departamento III, e evidenciará o caráter fictício da moeda estatal que é o meio de pagamento de D_3, a demanda de não-mercadorias e de serviços improdutivos. A crise evidenciará que o governo capitalista é parte da diversidade antagônica – a sociedade capitalista – e órgão que procura viabilizar a reprodução daquela sociedade.

A inflação cria, aos olhos dos que não percebem sua origem nas relações sociais da produção, vida e movimento próprios. A inflação, por expressar as modificações e atuar sobre as principais relações da produção capitalista moderna, é o fetiche global por excelência[42]. É a unidade das soluções da economia keynesiana que ela dinamiza, dentro de certos limites. Mas o remédio keynesiano – a inflação – é um remédio perverso em alguns aspectos. Ele reduz o salário real, perdoa as dívidas do capitalista, reduz o poder de compra do consumidor, ameaça a "ordem econômica, internacional" etc. Por isso, dado seu lado odioso e perverso, o governo moralista, que é a grande central inflacionista, finge combatê-la, como se ela tivesse vida própria. Ao fingir combatê-la e, na prática, reduzir suas taxas dentro de limites estreitos, o governo moralista inconscientemente quer aliviar sua consciência e anular os efeitos perversos do fenômeno: no entanto, não é possível combater os efeitos perversos, as qualidades e os adjetivos da inflação e manter a inflação, o substantivo necessário à dinâmica da economia e do Estado capitalista. Portanto, o combate é aparente e as relações sociais da produção e do consumo são mantidas tensas e conflitivas por meio da inflação, o remédio heroico do mundo keynesiano.

Marx precedeu Freud na compreensão de que o aparente dos fenômenos é muito diferente de seu núcleo latente e interno. A consciência desarmada de seus métodos capta, quase exclusivamente, uma representação que mascara e protege o "núcleo especial e interno, porém oculto", que para Marx é constituído essencialmente das relações sociais da produção que dão origem ao mais-valor[43]; para Freud, o núcleo interno, latente, oculto, é o "núcleo da neurose", que chega à consciência individual de forma mistificada, simbolizada, mascarada. Para ambos, não pode haver ciência do aparente porque o procedimento científico consiste essencialmente na determinação do núcleo oculto.

Para Freud, o recalcado e oculto obedece ao princípio do prazer; portanto, o mascaramento do núcleo interno e sua eliminação da consciência individual estão a serviço de Eros, da sobrevivência ou da reprodução da vida do indivíduo. Para Marx, o pensamento que se detém na aparência, do ponto de vista exclusivo do capital, é ideológico, e a ideologia está a serviço da reprodução das relações sociais da produção capitalista. Os produtos ideológicos e "as fantasias do cérebro humano também são sublimações necessárias do processo de vida dos homens".

Para Freud, as repressões sexuais são importantes numa sociedade que reprime o sexo, que cria socialmente os tabus e as proibições; mas, ao criar as repressões, estas assumem um caráter civilizador, através da sublimação. O quadro em que a repressão individual se realiza é, hoje, a família patriarcal. Para Marx, a repressão se processa na sociedade dividida em classes, e o resultado da luta repressora é a acumulação; o

---

[42] Relações entre capitalistas e assalariados, entre credores e devedores, relações entre funcionários públicos e governo, entre proprietários e não proprietários, entre produtores e consumidores.

[43] Karl Marx, *O capital: crítica da economia política*, Livro III: *O processo global da produção capitalista* (São Paulo, Boitempo, no prelo).

modo de produção capitalista, ao contrário dos anteriores, transforma todo produto em mercadoria – incluindo o trabalho humano – e desenvolve a acumulação. Porém "os homens, ao desenvolverem sua produção e seu intercâmbio materiais, transformam também, com esta sua realidade, seu pensar e os produtos de seu pensar"[44], logo a acumulação se desenvolve sob o capitalismo e, com ele, as contradições que contém. O capitalismo é, para Marx, uma etapa histórica necessária ao desenvolvimento da civilização, à libertação do homem.

Enquanto Marx realiza uma psicanálise do capitalismo, o desmascaramento de sua ideologia e a determinação dos "núcleos internos e ocultos", Freud não conseguiu determinar o conteúdo econômico do reprimido, do latente; a repressão e a repressão sexual não são consideradas por ele como parte das condições necessárias à reprodução da sociedade capitalista.

Tanto em Freud como em Marx, o desenvolvimento do processo fundamental – naquele, o da libido individual, neste, o trabalho social – realiza-se por meio de contradições, de crises e de regressões a níveis anteriores de desenvolvimento.

Finalmente, em ambos, é o oculto, o latente – num, o inconsciente dinâmico, noutro, o valor-trabalho –, que, por trás, determinam e detêm o segredo das leis que se manifestam de forma confusa[45] no nível da consciência desarmada do método.

A inflação é um dos instrumentos de repressão da classe assalariada e dos que têm renda fixa de que dispõe o moderno governo capitalista. A repressão do assalariado, via redução do salário real vigente, corresponde, dentro de certos limites, à libertação do processo acumulativo, à acumulação mais livre e ampla de capital. Na economia capitalista avançada, de consumo, a inflação provoca um aumento relativo das atividades improdutivas – terciárias e de produção de não-mercadorias – em detrimento do trabalho produtivo e da expansão do capital produtor ou das forças realmente produtivas.

Nas economias retardatárias, a acumulação intensiva de capital mostra o caráter repressor do governo (Alemanha desde Bismarck, Japão desde Meiji, Brasil, Argentina etc.), que se vale não só da inflação, mas da repressão sindical, cultural, sexual, ideológica, da repressão do consumo interno, da repressão tributária via sistema fiscal concentrador, da repressão policial e da política. Tal conjunto repressor acaba distanciando tanto a massa assalariada, de eleitores, do governo despótico, que a democracia eleitoral se torna inviável: a massa de eleitores identifica no governo o

---

[44] Karl Marx e Friedrich Engels, *A ideologia alemã* (trad. Rubens Enderle, Nélio Schneider e Luciano Cavini Martorano, São Paulo, Boitempo, 2007), p. 94.

[45] "Em geral, é apenas de uma maneira muito intricada e aproximada, como uma média de perpétuas oscilações que não se devem jamais fixar, que a lei geral se impõe como a tendência dominante em toda a produção capitalista"; Karl Marx, *O capital*, Livro III, cit.

centro das repressões e não o apoia. A democracia torna-se cada vez mais instável e incompatível com as relações sociais sob pressão em seu imenso esforço de integração e acumulação nas economias retardatárias e semi-integradas.

Se o governo despótico centraliza e aumenta a carga tributária, a repercussão do aumento de seu dispêndio sobre o índice de preço pode ser menor do que ocorreria se aquele aumento fosse financiado por novas emissões[46]. Reduz-se a inflação, mas não se reduz a hipertrofia estatal em marcha.

A taxa de inflação pode ser contida por meio do aumento da dívida pública: ao vender seus títulos, o governo retira parte do poder de compra que ele instilara ao realizar despesas superiores às suas receitas.

Se o governo repressor usa de força para eliminar a ação sindical, a inflação pode ser contida juntamente com os salários reais, e estes, reduzidos ainda mais do que eram às antigas e elevadas taxas de inflação. Contém-se o caráter repressor da inflação ao se reduzir sua taxa, mas usa-se outro compressor, policial e político, para reprimir a relação social básica da produção moderna.

Se o governo repressor, rudimentar, substitui parcialmente a inflação por outros instrumentos despóticos, pode corrigir as dívidas de certa classe de devedores indexando-as e deixar outras sem correção monetária, permitindo que os últimos, capitalistas industriais, por exemplo, se beneficiem exclusivamente do perdão de dívidas que vem com o resíduo inflacionário, da inflação com taxa menor.

Se o governo passa a subsidiar setores da produção de mercadorias, os preços delas podem estabilizar-se: os capitalistas passam a receber duas receitas, uma das vendas realizadas no mercado e outra dos subsídios pagos pelo governo. Também neste caso, a inflação (elevação de preços) é substituída pelos gastos do governo, que farão aumentar a dívida pública. O aumento da inflação muda de forma e assume a forma de dívida pública.

O despotismo político, o nacionalismo, a inflação, que coexistiram e impulsionaram o processo de acumulação de capital sob o mercantilismo, renascem com outras aparências no capitalismo retardatário e explicam por que o neomercantilismo keynesiano é tão eficiente na fase de acumulação intensiva por que passam as economias semi-integradas, subdesenvolvidas[47].

---

[46] Porque apenas os industriais, os comerciantes e os banqueiros podem repassar para os preços o aumento da carga tributária, ao contrário dos trabalhadores assalariados e funcionários públicos, que não podem fazê-lo.

[47] Os keynesianos – e pós-keynesianos – merecem o apodo de neomercantilistas por vários motivos: i) por serem instrumentadores do "déspota esclarecido", do governo despótico; ii) porque partilham com a velha escola o "horror às mercadorias", naqueles, traduzido pelo impulso exportador, nos últimos, pela contenção das forças produtoras de mercadorias por meio do aumento da produção de não-mercadorias; iii) pela semelhança na consideração do juro como fenômeno monetário.

Para Keynes, a inflação é um poderoso mecanismo acumulativo que se encontra na origem do processo de acumulação de capital que inaugura a Idade Moderna. É em 1930, ao escrever *Economic Possibilities for our Grandchildren*, que ele revela a importância que a inflação tem na acumulação capitalista:

> A Idade Moderna se inicia, penso eu, com a acumulação de capital que começou no século XVI. Eu acredito – por razões que deixo de expor para não confundir a exposição – que isto se deveu inicialmente à alta de preços e de lucros dela decorrentes, e que resultaram do tesouro em ouro e prata trazido do Novo Mundo para o Velho.[48]

A rearticulação do processo acumulativo interrompido na crise de 1929 utiliza a inflação que se incorpora à estrutura da produção e da ocupação devido às oportunidades de investimento nas *Agenda* que a moeda estatal confere ao Executivo despótico.

Se Joan Robinson não se tivesse deixado hipnotizar por um keynesianismo romântico, apaixonado, talvez tivesse legado aos ideólogos da Comissão Econômica para a América Latina (Cepal) uma explicação menos ingênua e mecanicista da inflação, a única que os que se consideram os estruturalistas da América Latina conhecem. Como musa inspiradora dos cepalinos, diz:

> A análise da *Teoria geral* mostra que, no fundo, a inflação não é um fenômeno monetário, mas sim real... É um aumento na procura efetiva indo ao encontro de um fornecimento inelástico de bens. Isto aumenta os preços. Quando o alimento é fornecido por uma agricultura camponesa, o aumento dos preços dos comestíveis é um aumento direto da receita monetária dos vendedores e acarreta aumento de seus gastos.[49]

Joan Robinson presenteou Keynes com a rigidez da oferta de produtos agrícolas, que não se encontra na *Teoria geral.* A rigidez da oferta de meios de consumo em geral, e não de produtos agrícolas em especial, produz a inflação da economia keynesiana, porque ela é a nova forma que assume a contradição entre o aumento das forças produtivas de meios de consumo e a capacidade limitada do consumo correspondente à distribuição capitalista da renda. O aumento da demanda efetiva, decorrendo dos gastos do governo no departamento produtor de não-mercadorias, em trabalho improdutivo, atividades *wholly wasteful*, eleva as rendas disponíveis para o consumo coletivo, diante da capacidade de produção e da oferta dos ditos meios. Como os setores improdutivos/destrutivos (terciário e produtor de não-mercadorias) expandem-se como resultado dos gastos do governo na economia keynesiana; como não há retorno possível no sentido de remodelar a estrutura produtiva e a ocupacional, de vez que sua distorção é o resultado da ação das políticas econômica,

---

[48] John Maynard Keynes, *Essays in Persuasion*, cit., p. 361.

[49] Joan Robinson, *Filosofia econômica* (Rio de Janeiro, Zahar, 1979), p. 115-6.

monetária, financeira, ocupacional, que permitiram ao capitalismo sobreviver à crise de 1929, constituindo a solução capitalista do ponto de vista da estrutura produtiva e ocupacional; como a rigidez da produção e da oferta de bens de consumo resulta do crescimento dos setores improdutivos que absorveram definitivamente os recursos que poderiam, em outras circunstâncias, ter sido alocados na produção de meios de consumo, a inflação é um fenômeno real e resulta da estrutura da economia keynesiana e não do atraso e do caráter pré-capitalista da "agricultura camponesa". Quando o capital industrial e financeiro penetra na agricultura, o excedente agrícola (como ocorreu nos Estados Unidos) mostra que a capacidade de produção da agricultura capitalista ultrapassa rapidamente a capacidade de consumo da massa de norte-americanos, deixando o excedente exportável como prova da alta elasticidade da produção agrícola capitalista. Na agricultura, o padrão de acumulação capitalista é diferente do da indústria. O capital na agricultura acumula-se na terra, na economia nacional, e produz o excedente dentro da fronteira geopolítica do Estado nacional.

Na indústria, o processo de acumulação é simultâneo ao de desconcentração (movimentos centrífugo e centrípeto, segundo Marx e Engels) e, cedo ou tarde, o capital ultrapassa as fronteiras e se desconcentra, por meio do transplante de indústrias. O transplante de fazendas e explorações agrícolas é impossível. A indústria transplantada produz fora o excedente; a agricultura capitalista só pode produzir o excedente internamente, exportando o produto agrícola. Essa diferença nos padrões acumulativos é que dá a falsa impressão de que a economia estadunidense, que exporta aproximadamente apenas 4% do produto nacional, é autossuficiente. Ela já exportou o resto do excedente e o produz fora, nas indústrias transplantadas, de propriedade dos capitais norte-americanos. O excedente agrícola, integralmente produzido na economia nacional, ao ser exportado corresponde a cerca de 90% do valor das exportações. Ora, isso se deve apenas aos diferentes padrões de acumulação. O maior país industrial do mundo exporta principalmente produtos agrícolas, porque o capital industrial da Ford, General Motors, General Electric etc., não está produzindo e acumulando – como acontece com a agricultura capitalista – dentro da fronteira e exportando seu excedente na forma de meios de consumo, de produtos finais. Se a indústria tivesse o mesmo padrão fechado de acumulação e de concentração, em vez de 10% do valor das exportações, os produtos industriais representariam 95%, e os agrícolas atuais, só uns modestos 5% do enorme valor total das exportações.

Todos esses obscurecimentos ajudam a circular a ideologia da rigidez da oferta dos produtos agrícolas e a idiotice de que é possível combater a inflação através de um aumento da produção agrícola subdesenvolvida. Assim, a ideologia keynesiana da Cepal, via Joan Robinson, acaba por servir, como ideologia capitalista, a estruturalistas e não estruturalistas no poder. A árvore keynesiana não é tão tenra quanto supôs Schumpeter, e sempre produz frutos para o capital. Mas é o capital que, como produto de contradições, opõe os limites à sua reprodução e, ao se expandir, faz desenvolver suas contradições internas.

A moeda estatal e as contradições da economia keynesiana

A moeda estatal, cuja produção se encontrava limitada pelo ideal clássico expresso na ideologia do equilíbrio (orçamentário, da balança de pagamentos, dos três poderes etc.), desvencilha-se dos herdados limites, de forma concebida como atípica, apenas em períodos bélicos ou em outras situações anômalas. Os ideais clássicos do equilíbrio e da estabilidade monetária passam a ser vistos como preconceitos irracionais e obsoletos, na medida em que a crise de 1929 desmoraliza a racionalidade da explicação clássica e Keynes apresenta os padrões de uma racionalidade não euclidiana.

À medida que se desenvolvem as contradições do capitalismo, o caráter despótico de seu governo revela-se não apenas na esfera internacional (imperialismo), como no controle das relações sociais da produção nacional:

> Nem sequer o desvio mais notável para a ação social centralizada em grande escala – a conduta da última guerra – encorajou os reformadores ou desfez preconceitos antiquados. [...] A experiência da guerra na organização da produção socializada deixou alguns observadores mais próximos com um otimismo ansioso de reproduzi-la em condições de paz. O socialismo de guerra sem dúvida alcançou uma produção de riqueza numa escala muito maior do que a já conhecida em período de paz, pois, embora os bens e serviços produzidos se destinassem à extinção imediata e inútil, eles não deixavam de representar uma riqueza.[50]

Em condições de guerra, apenas quando a democracia capitalista se avizinha do nazismo a economia de Keynes pode realizar-se.

Tanto o *laissez-faire* como o equilíbrio se desacreditam na crise de 1929, de tal forma que a nova ideologia necessita não apenas de padrões distintos de racionalidade como de novas agências do poder, novas formas de organização da força, nova estrutura da produção, do emprego e renovadas formas de exploração interna e internacional. A moeda ouro, rígida e avaliada como autoequilibrante das relações econômicas internacionais, apresenta-se como relíquia bárbara, incompatível com as novas soluções que o governo capitalista deverá fornecer para "controlar a economia através da moeda".

Na *Teoria geral*, ao contrário do que se afirma correntemente, a moeda estatal não penetra na atividade econômica apenas por seu efeito sobre a taxa de juros monetária, o que já estava em Quesnay, Locke e principalmente em Wicksell. Em Keynes, a

[50] John Maynard Keynes, "O fim do *laissez-faire*", em Tamás Szmrecsányi (org.), *Keynes* (São Paulo, Ática, 1984), p. 118.

moeda estatal é considerada capaz de revolucionar totalmente a atividade produtiva, de governar a economia por meio de sua influência simultânea sobre o aumento do dispêndio público, do aumento da demanda efetiva por meio dos gastos do governo e da consequente alteração da estrutura da produção e da ocupação que se acumulam nas atividades relacionadas com o Estado; a moeda converte-se em instrumento de controle e de redução do salário real, devendo, para isso, provocar uma "pequena elevação do preço das mercadorias para assalariados"; o aumento da quantidade de moeda estatal acarreta um perdão de dívida dos capitalistas investidores que adquiriram a prazo o seu equipamento e de todos que têm acesso ao grande crédito; a moeda estatal pode ser usada como instrumento de elevação do custo de conservação do dinheiro, reduzindo a escala de preferência pela liquidez; o aumento de preços dos bens produzidos nessas condições favoráveis e o aumento do "montante que os empresários esperam receber quando decidem conceder determinado volume de ocupação" traduzem-se numa elevação da eficiência marginal do capital; a moeda estatal, assim, é considerada instrumento capaz de determinar significativamente as decisões dos empresários, realizadas em terreno movediço, incerto, imprevisível "como uma expedição ao Polo Sul", a não ser em relação aos parâmetros influenciáveis pela moeda estatal. Ao aumentar o volume de ocupação e reduzidos os salários reais, perdoada parte do custo do investimento realizado por meio do crédito, aumentam, em termos do valor-trabalho, a taxa e a massa de mais-valor, isto é, não apenas o lucro imaginário, esperado, mas o lucro real que move o sistema: o "dinheiro é o elixir que estimula o sistema para a atividade"[51], dentro de certos limites.

Keynes percebeu toda a realidade contida na determinação de Marx:

> As distintas formas de dinheiro podem corresponder melhor à produção social em diferentes etapas, uma elimina inconvenientes contra os quais a outra não está à altura; mas nenhuma delas, enquanto permanecerem formas do dinheiro e enquanto o dinheiro permanecer uma relação social essencial, pode abolir as contradições inerentes à relação do dinheiro, podendo tão somente representá-las em uma ou outra forma.[52]

Ao estágio da produção social posterior a 1929 corresponde melhor a moeda estatal, inconversível, que é, do ponto de vista do trabalho humano cristalizado, fictícia, imaginária, irreal, e por isso capaz de permitir ao governo que a produz despoticamente aumentar a demanda global, tornada relativamente deficiente pela prática capitalista anterior. A ideologia de Keynes justifica essa nova forma da moeda "que corresponde melhor" ao estágio do capitalismo revelado na crise de 1929 e, por meio

---

[51] John Maynard Keynes, *The General Theory of Employment, Interest and Money*, cit., p. 173.

[52] Karl Marx, *Grundrisse: manuscritos econômicos de 1857-1858 – Esboços da crítica da economia política* (trad. Mario Duayer e Nélio Schneider, São Paulo, Boitempo, 2011), p. 75.

dela, tenta superar aquelas contradições. Mas a solução – a nova forma de dinheiro – apenas muda a "forma das contradições", não as supera. Ao longo dos últimos sessenta anos, vêm-se desenvolvendo as novas formas de contradições invisíveis aos olhos do neokeynesianismo equilibrista. A inflação e sua opacidade atestam a presença das contradições e das dificuldades de determinar sua realidade. A inflação, enquanto unidade das soluções que têm no dinheiro estatal seu instrumento de realização, é cada vez mais problemática e menos capaz de dinamizar a atividade capitalista mundial; a solução é cada vez mais contraditória e limitada, de tal forma que, brevemente, em vez de aumentar o volume de ocupação e de produção, como veio fazendo desde a década de 1930, vai constituir apenas mais um problema, porque não produzirá mais aqueles resultados inicialmente tão brilhantes.

O dinheiro estatal penetra na economia como meio de compra de trabalho improdutivo (pagamento a funcionários civis e militares) e de não-mercadorias (produtos bélicos, espaciais, parques, esgotos)[53]. A estrutura da produção e a da ocupação são alteradas pela moeda estatal, mas tais alterações levam para aquelas estruturas as contradições essenciais do sistema, em nova forma. É preciso descobrir quais são as novas formas das contradições e elucidar os limites em que o processo contraditório deverá esbarrar. É a esta missão principal da economia que os economistas vêm dedicando menor atenção.

Marx não percebeu a potencialidade do governo burguês, de sua autoridade monetária, do dinheiro estatal de mudar a forma da contradição fundamental do modo de produção e de distribuição capitalista. Ele não percebeu, ou preferiu não desenvolver, o germe de uma solução, que se encontra em Adam Smith e principalmente em Malthus, capaz de reduzir o crescimento das forças produtivas e aumentar a capacidade relativa de consumo da coletividade sem alterar a repartição da renda, e até mesmo vindo acompanhada de uma redução do salário real individual. Diz Marx: "se estivesse ao alcance dos produtores capitalistas fazer subir os preços de suas mercadorias como bem o desejassem, eles poderiam fazê-lo, e o fariam, sem provocar a alta dos salários". Para Marx, o aumento dos preços dos meios de consumo do assalariado, a inflação, era medida limitada e local de aumento de lucros:

> A classe capitalista jamais se oporia aos *trade unions* [sindicatos], já que poderia, então, fazer sempre e em todas as circunstâncias aquilo que, por ora, ela faz apenas

[53] Keynes promete esclarecer como a moeda penetra na atividade econômica, mas não o faz jamais: "Introduzimos agora pela primeira vez a moeda em nosso nexo causal e estamos aptos a olharmos um pouco como as mudanças na quantidade de moeda influem no sistema econômico"; John Maynard Keynes, *The General Theory of Employment, Interest and Money*, cit., p. 173. Keynes não esclareceu que a moeda estatal penetra na economia apenas como meio de compra de trabalho improdutivo (funcionários públicos) e de não-mercadorias (armas, espaço, estradas).

> excepcionalmente, sob circunstâncias determinadas, particulares, por assim dizer, locais – a saber: aproveitar todo e qualquer aumento do salário para aumentar os preços das mercadorias num grau muito maior e, assim, embolsar lucros maiores.[54]

Numa carta a Engels, Marx afirma que estava "pensando numa bobagem": a inflação – elevação do preço de todas as mercadorias menos da força de trabalho – aumenta a taxa e a massa de mais-valor.

Keynes tomou o excepcional ao tempo e do ponto de vista de Marx e, colocando o governo como mediador no mecanismo de formação de salários (e preços) e de sua elevação, por meio da influência do governo sobre a própria estrutura produtiva, ocupacional e sobre a estrutura da demanda agregada, transformou em eterno o excepcional. A inflação estrutural retira da oferta e da demanda individuais de trabalho o poder de determinar o salário real, e coloca este poder nas mãos do governo.

O governo capitalista, keynesiano, não poderá ocultar o caráter despótico da moeda estatal, inconversível, com que ele compra os produtos bélicos, espaciais etc., e os serviços improdutivos da burocracia, provocando a inflação estrutural, normal e imanente às suas relações. No entanto, a inflação dinamiza o real somente dentro de certos limites. As distorções na estrutura da produção, da ocupação e da repartição que ela provoca não podem aumentar indefinidamente. Na crise da economia keynesiana, a unidade das soluções – a inflação – passará a ser um problema real porque ela não conseguirá mais dinamizar a atividade capitalista. Ela – a inflação – não reabsorverá mais o desemprego, não elevará a curva de eficiência marginal do capital, não reduzirá a taxa de juros, não estimulará o consumo coletivo, não reduzirá a unidade de salários real vigente: a solução de Keynes ter-se-á transformado em problema, exigindo "uma nova sabedoria para os novos dias" ou uma nova estrutura para uma nova sociedade.

Na tentativa de limitar a taxa de inflação, a dívida pública eleva-se continuamente. Ela cresce no lugar da inflação: a venda de papéis, *bonds*, *treasury notes* retira de circulação parte do *State money*, do dinheiro de papel lançado para pagar suas despesas improdutivas e/ou destrutivas.

---

[54] Karl Marx, *O capital: crítica da economia política*, Livro II: *O processo de circulação do capital* (trad. Rubens Enderle, São Paulo, Boitempo, 2014), p. 436.

6

O desemprego involuntário: uma visão ideológica do desemprego

O conceito keynesiano de desemprego involuntário[1] visa fundamentar uma política econômica de redução do salário real que elida a ação sindical, ao se realizar através da "elevação de preços dos bens de consumo operário". Por isso é necessário supor que

> qualquer sindicato oporá certa resistência, embora pequena, a uma redução dos salários nominais; mas como nenhum pensaria em desencadear uma greve cada vez que aumenta o custo de vida, eles não representam obstáculos, como pretende a escola clássica, a um aumento do volume total do emprego.[2]

O axioma clássico que finalmente diz criticar é a "hipótese da igualdade entre o preço da procura global e o preço da oferta global"[3] e não a lei dos rendimentos

---

[1] Don Patinkin não percebe parte do significado da definição quando afirma: "Desemprego involuntário, por definição, somente poderá existir se houver rigidez de salários"; Don Patinkin, "Price Flexibility and Full Employment", *American Economic Review*, Chicago, v. 38, set. 1948. Do ponto de vista equilibrista de Patinkin, se não houver rigidez de salário, verifica-se o pleno emprego automaticamente. O autor não esclareceu que essa rigidez do salário, essencial à definição, deve-se à redução do salário real vigente, decorrente da "elevação dos preços das mercadorias para assalariados"; que esta elevação não se detém quando o curto prazo marshalliano que a justifica se encerra devido a uma mudança na técnica, na organização ou no equipamento, e que, no plano global, no âmbito da economia nacional, verificam-se a todo instante aquelas mudanças. Mais perspicazes são Lener e Klein, e este afirma: "Keynes pensou que era necessário desenvolver uma nova definição do desemprego de modo a explicar a presença de um equilíbrio em subemprego. Definiu o desemprego involuntário como aquele desemprego que poderia ser suprimido mediante reduções nos salários reais"; Lawrence R. Klein, *La revolución keynesiana* (Madri, Editorial Revista de Derecho Privado, 1952), p. 100. A maioria dos ideólogos pós-keynesianos prefere afirmar que Keynes supunha que os salários eram rígidos, o que ele próprio disse ser um erro de lógica e de prática.

[2] John Maynard Keynes, *Teoria geral do emprego, do juro e da moeda*, cit., p. 24.

[3] Ibidem, p. 33.

decrescentes, da qual os "dois postulados fundamentais" são corolários, que Keynes não critica e não discute, considerando-a verdadeira[4].

Finalmente, vai transparecer na *Teoria geral* que a redução do salário real é, para Keynes, uma necessidade lógica que não se limita às relações de produção e ao modo de produção capitalista. Desde *os tempos de Sólon*, a ausência de um mecanismo monetário de redução do salário real através do aumento do estoque monetário faz com que a tendência dos salários à elevação só encontre sua solução no "declínio e dissolução das sociedades econômicas", como declara:

> A experiência, que remonta pelo menos ao tempo de Sólon, e que decerto poderíamos recuar ainda de muitos séculos se tivéssemos estatísticas[5], indica o que o conhecimento da natureza humana nos levaria a esperar, ou seja, que há uma *tendência constante da unidade de salários para a alta*, através de longos períodos, que somente pode ser reduzida em pleno declínio e dissolução das sociedades econômicas. Por *motivos inteiramente independentes do processo técnico e do aumento da população*, é, portanto, indispensável que o *estoque monetário aumente* gradualmente.[6]

Portanto, a redução do salário real que Keynes justifica apenas na armação do curto prazo marshalliano, graças à aceitação da lei dos rendimentos decrescentes, através da elevação dos preços das mercadorias de consumo operário, invade o longo prazo (no qual não está nem ao menos logicamente fundamentada) e passa a ser uma exigência histórica, universal, constatável, *pelo menos*, até os tempos de Sólon!...

O ovo de Colombo keynesiano, que consiste no aumento do estoque monetário a fim de reduzir a renda contratual fundamental – o salário – não foi descoberto por Keynes.

> "O acentuado aumento da população que ocorreu em quase todos os Estados europeus durante os últimos cinquenta ou sessenta anos", escreveu John Barton em 1817, "talvez haja precedido o aumento de produtividade das minas americanas. Uma crescente abundância de metais preciosos eleva o preço das mercadorias proporcionalmente mais do que o preço do trabalho; ela deprime as condições dos trabalhadores e, ao mesmo tempo, aumenta o lucro do empregador, que é induzido a elevar ao máximo o capital

---

[4] Ibidem, p. 29.

[5] Se Keynes conhecesse história ou se, conhecendo-a, a respeitasse, não recuaria a existência do assalariado a tantos milênios.

[6] Essa observação de Keynes serve, evidentemente, para reduzir a tendência à alta da unidade de salários antes do pleno declínio e da dissolução da sociedade econômica. Cf. John Maynard Keynes, *Teoria geral do emprego, do juro e da moeda*, cit., p. 323, nota 137; grifos nossos.

circulante a fim de empregar o maior número de trabalhadores que ele possa pagar – e foi visto que esta é a melhor situação para o aumento da população..." O senhor Malthus observa que "a descoberta de minas na América fez elevar o preço dos cereais em três ou quatro vezes e, durante o mesmo período, apenas dobrou o preço do trabalho.[7]

Assim [comenta e completa Marx o trecho acima], de acordo com Barton, na segunda metade do século XVIII houve uma repetição do mesmo fenômeno que, no último terço do século XVI e no século XVII, deu o impulso ao sistema mercantil.[8]

Ao admirar o sistema mercantil, Keynes enfatiza apenas o caráter redutor da taxa de juros que o aumento do estoque monetário provoca e que o "grande Locke" havia determinado. Esquece-se de esclarecer que o efeito principal se realizava sobre os salários reais, cuja redução o lorde inglês defende porque considera que sua elevação levaria a uma "crise e dissolução da sociedade econômica".

Malthus e Barton, entre outros, já tinham, quase que nos termos keynesianos, justificado a elevação do preço dos bens-salário como mecanismos de aumento do lucro e do volume de emprego.

Os neoclássicos cometem um atentado contra a teoria de Keynes quando supõem a estabilidade da unidade de salário. O *pressuposto provisório* de que mesmo o salário nominal é constante por unidade de trabalho empregada será abandonado na *Teoria geral*, conforme se verifica no seguinte trecho:

Passaremos a supor neste resumo que o salário nominal e os outros elementos do custo permanecem constantes por unidade de trabalho empregada. Esta simplificação, de que mais tarde prescindiremos, é introduzida apenas para facilitar a exposição.[9]

Na verdade, nem o salário nominal nem o real que ganha uma unidade de trabalho são constantes: "Atribuir aos salários reais uma estabilidade relativa é não apenas cometer um erro de fato e de experiência, mas também um erro de lógica".[10]

Os *neoclassizadores* de Keynes pretenderam dar maior "precisão fictícia" ao pensamento de Keynes e ocultar a defesa dos interesses da classe capitalista que o lorde faz, mas não conseguem. De Pigou em diante todos concordam, porque todos são *keynesianos*, que "salário zero ou negativo assegurará o pleno emprego".

Do ponto de vista do capital global da sociedade e de suas necessidades de reprodução ampliada, que é o ponto de vista de Keynes e de todos os pós-keynesianos,

---

[7] Karl Marx, *Theories of Surplus Value* (Londres, Lawrence and Wishart, 1969), p. 154.

[8] Ibidem, p. 155.

[9] John Maynard Keynes, *Teoria geral do emprego, do juro e da moeda*, cit., p. 38.

[10] Ibidem, p. 230.

o desemprego não consiste na separação entre o assalariado e os instrumentos de trabalho. Esse desemprego real é "precisado e qualificado" pela lente burguesa que recorre à "liberdade de decisão" do proletariado e à sua pretensa racionalidade, que lhe permite distinguir entre o desemprego voluntário, o involuntário e o friccional.

O desemprego involuntário, o que passa a interessar, *ab definitio*, à "ciência" macroeconômica, é aquele que pode ser abolido, e sua extinção significa, por definição, pleno emprego, através da "elevação do preço dos bens-salário". Quando, ao diminuto e cadente salário real vigente, não há mão de obra disponível que queira *livremente* se oferecer, caracterizando-se a rigidez de sua oferta, estamos no *pleno emprego* keynesiano. Voltaremos a esse tema no capítulo que tratará do pleno emprego, bastando agora repetir a recolocação do conceito em que seu conteúdo ideológico é transparente:

> Mostramos que, quando a demanda efetiva é deficiente, há subemprego de trabalho no sentido que há homens desempregados que gostariam de trabalhar *por menos do que o salário real.*[11]

Para Marx, a redução da unidade de salário real vigente provocada pela autoridade monetária significa um aumento da taxa de mais-valor. Esse incremento do tempo de trabalho excedente sobre o trabalho necessário gratuitamente apropriado pelo capital impele o empresário a aumentar o número de trabalhadores que assalaria. A este aumento do volume de ocupação e da soma total de capital variável corresponde, obviamente, o aumento da massa de mais-valor[12].

Malthus, Barton, Marx e Keynes souberam pelo menos compreender esse transparente papel desempenhado pela inflação, pela "pequena elevação dos bens-salário" ou por qualquer nome que se dê a esse mecanismo de exploração. A inflação é o principal instrumento keynesiano de obtenção do pleno emprego que a crise de 1929 evidenciou. Quando a inflação e o desemprego se defrontarem com taxas crescentes, o limite final da dinâmica keynesiana terá sido ultrapassado e a crise não se reativará com o instrumental keynesiano, que também entrou em crise.

O fluxo real da produção de mercadorias produzidas pelo trabalho do assalariado não será redinamizado pelo fluxo antagônico da moeda produzida sem trabalho, pelas agências da classe capitalista. O fluxo real e o monetário se cindirão, evidenciando que o primeiro parte do polo do trabalho real, produtivo, e o outro, do polo do não trabalho e do trabalho improdutivo-destrutivo.

---

11 Idem, *The General Theory of Employment, Interest and Money*, cit., p. 289, grifos nossos.

12 $S = \frac{P \times a'}{a \times n}$, em que S é a massa de mais-valor, P, o valor de uma força de trabalho média, a' é o trabalho excedente, a é o trabalho necessário e n, o número de trabalhadores empregados.

7

As estratégias das variáveis

O processo de seleção das unidades e a escolha das variáveis mais importantes que compõem os modelos teóricos são, sem dúvida, umas das mais árduas tarefas do cientista social, principalmente do economista. As ciências sociais ortodoxas não pretendem alcançar o conhecimento e a expressão exata e precisa da realidade dos fenômenos, mas unicamente aproximações, mapas da realidade. Nesses mapas, apenas elementos mais característicos, constantes, seriam tomados da fisionomia complexa, muitas vezes desconcertante, dos fenômenos sociais. Por isso mesmo, maior importância assume o problema da escolha das variáveis, tarefa básica, fundamental para o cientista social. Se, por um lado, o próprio pensamento científico exige a escolha de um número bastante reduzido de variáveis, por outro, esta eleição poderá encerrar determinados propósitos pouco recomendáveis. Hegel afirma, em sua *Filosofia da história*, que

> no processo do pensamento científico é importante que o essencial seja separado e posto em destaque em oposição ao considerado não essencial, mas, para que isto seja possível, devemos saber o que é essencial.[1]

Consideramos uma técnica pouco recomendável de seleção das variáveis fundamentais aquela que erige como critério a manipulação de elementos capazes de supervalorizar certos aspectos da realidade com o intuito final de dar aparência lógica à construção que se pretende fazer.

Segundo Schumpeter, Keynes se utilizou, na *Teoria geral*, de um expediente desta natureza, que é por aquele denunciado nos seguintes termos:

> Conscientemente, Keynes recusou-se a ir além dos fatores que constituem os determinantes *imediatos* da renda (e do emprego). Reconheceu francamente que tais determinantes,

---

1 G. W. F. Hegel, citado em Paul Sweezy, *La teoria dello sviluppo capitalistico* (Turim, Einaudi, 1951), p. 33.

> que se podem *ocasionalmente* considerar como variáveis independentes finais [...] seriam acessíveis à análise ulterior e não constituem, por assim dizer, os elementos atômicos independentes finais.
>
> Esse torneio dado à frase não sugere que os agregados econômicos derivam o significado dos átomos componentes. Mas há mais do que isso. Podemos, naturalmente, simplificar muito a descrição e chegar a proposições muito simples se nos contentarmos com argumentos do tipo: dados *A*, *B*, *C*... então *D* dependerá de *E*. Se *A*, *B*, *C*... são fatores externos ao campo em estudo[2], nada mais há a dizer. Se, contudo, fazem parte de fenômenos que devem ser explicados, as proposições resultantes sobre o que determina certo resultado podem ser tornadas facilmente irrefutáveis e adquirem o aspecto de novidade sem significar lá muita coisa. Foi justamente a isso que o professor Leontiev denominou teorização implícita. Para Keynes, como para Ricardo, argumentos desse tipo serviram apenas de meios para destacar certos fatos: para isolar e, ao fazê-lo, pôr em relevo determinada relação.[3]

As críticas formuladas à *Teoria geral*, principalmente as que procuram apontar certos exageros e alguns lapsos de Keynes, têm, em grande parte, procedência. Elas se apresentam, no entanto, como peças soltas, incapazes de apontar a interconexão que une as lacunas da *Teoria geral*, explicando-as como técnicas aplicadas no sentido de colimar determinados fins[4].

Somente o estudo com o auxílio dos instrumentos fornecidos pela sociologia do conhecimento pode evidenciar os motivos e a função de cada distorção particular dentro da estrutura teórica da genial distorção keynesiana.

Segundo o pensamento do professor Carlos Campos, a elaboração inconsciente da ideologia, ou melhor, a deformação ideológica do objeto de estudo, longe de ser uma atividade exclusivamente negativa, deve ser considerada como mecanismo e técnica de adaptação do homem, dentro da realidade histórica e social em que vive, aos quadros mais ou menos rígidos nos quais se processa a coexistência humana. Por isso, tal elaboração, predominantemente inconsciente, tem seu sentido criador, transformativo-adaptativo da realidade e, ao mesmo tempo, normativo e transformativo da própria realidade: é um "produto necessário do processo de vida dos homens".

Para exemplificar, podemos considerar as distorções do keynesianismo como técnicas de adaptação de certos grupos sociais e de todo o mundo capitalista às transformações estruturais demandadas pela economia moderna e, ao mesmo tempo, como

---

2 Note-se que Schumpeter determina aqui um seccionamento indevido do fenômeno, segundo nossa terminologia.

3 Joseph A. Schumpeter, *Teorias econômicas: de Marx a Keynes* (Rio de Janeiro, Zahar, 1970), p. 270-1; grifos do original.

4 A esse respeito, é muito expressiva a seguinte passagem de Schumpeter: "O que mais admiro neste e noutros arranjos conceituais é sua adequação"; ibidem, p. 274.

técnica capaz de ditar normas transformadoras da própria realidade socioeconômica. A função exercida pela *Teoria geral* e pelas modificações que provocou nos países capitalistas, independentemente de seu conteúdo de verdade científica, foi altamente proveitosa para a Inglaterra e os Estados Unidos, inigualável instrumento de guerra na segunda conflagração mundial[5].

Ao acender a chama do lucro, ou melhor, da eficiência marginal fictícia do capital, o capitalismo keynesiano abre o espaço de desenvolvimento das forças destrutivas e improdutivas.

A natureza monetária das variáveis keynesianas

Em relação ao aspecto predominantemente monetário das variáveis keynesianas e à eleição delas, diz Schumpeter:

> A primeira condição da simplicidade de um modelo é, naturalmente, a simplicidade da visão que ele deve implementar. A simplicidade constitui, em parte, questão de gênio e, até certo ponto, uma questão da disposição de pagar o preço em termos dos fatores que forçosamente serão excluídos do quadro. Mas, se nos colocarmos do ponto de vista da ortodoxia keynesiana e decidirmos aceitar-lhe a visão do processo econômico de nossa época como dádiva do gênio cuja vista penetrou no charco dos fenômenos superficiais e foi buscar os simples elementos essenciais que jaziam no fundo, então pouca objeção se poderá fazer à análise agregativa que produziu tais resultados.
>
> Uma vez que os agregados considerados como variáveis são, com exceção do nível de emprego, quantidades ou expressões monetárias, podemos falar também de análise monetária e, uma vez que a renda nacional é a variável básica, também de análise de renda.[6]

A consideração de todos os agregados, talvez com exceção da ocupação, em suas expressões monetárias, parece-nos fato de relevante significação para a compreensão dos processos utilizados por Keynes a fim de tornar menos aparentes determinadas consequências e implicações de suas proposições. Quando se realiza esta análise monetária, certas variações reais dificilmente podem ser determinadas e um enganoso véu de grandezas monetárias pode encobrir eficazmente a realidade.

Este problema foi, declaradamente, um dos que mais embaraçaram lorde Keynes em sua elaboração teórica:

---

[5] Esse aspecto importante foi salientado no já citado Lauro Álvares da Silva Campos, "Controle econômico e controle social", cit.

[6] Joseph A. Schumpeter, *Teorias econômicas: de Marx a Keynes*, cit., p. 268-9. No mesmo sentido, enfatizando o papel da quantidade de moeda, ver, do mesmo autor, *História da análise econômica*, v. 3 (Rio de Janeiro/Lisboa, Fundo de Cultura Brasil-Portugal, 1964), p. 499.

> As três confusões que mais me atrapalharam ao escrever este livro e me impediram de expressar-me conscientemente até que encontrasse alguma solução para elas foram: em primeiro lugar, a escolha das unidades quantitativas em seu conjunto; segundo, o papel desempenhado pelas previsões na análise econômica; e terceiro, a definição de renda.[7]

A aversão de Keynes pela consideração das grandezas reais manifesta-se nas primeiras páginas de *Teoria geral*, quando ele critica a definição de Marshall e Pigou do produto nacional, real:

> Para tratar da teoria do emprego propomo-nos, portanto, usar apenas duas unidades de quantidade fundamentais, quantidade de valor monetário e quantidade de emprego.[8]

Parece-nos que esta eleição permite a Keynes raciocinar por meio de toda a sua *Teoria geral* sem que se apresentem a cada instante determinadas relações e, especialmente, a oposição entre a variação do salário real e a do salário nominal. Estas relações permanecem, em sua maior parte, implícitas no raciocínio por ele desenvolvido. É realmente significativo, neste particular, o fato de que o genial economista considera a primeira das unidades como "estritamente homogênea". Esta homogeneidade a que ele se refere em relação à unidade de quantidade de valor em dinheiro como que se insere no tempo, eis que

> poderia evitar-se muita confusão se nos limitássemos estritamente às duas unidades, dinheiro e trabalho, quando nos ocupamos do comportamento do sistema econômico em seu conjunto; reservando o uso de unidades de determinadas produções e equipamentos para as ocasiões em que analisamos a produção das empresas ou indústrias concretas isoladas, e o uso de conceitos vagos, tais como o valor da produção total, o conjunto do equipamento de produção e o nível geral de preços para quando estejamos fazendo alguma comparação histórica que seja, dentro de certos limites (talvez bastante amplos), declaradamente imprecisa e aproximada.[9]

A segunda unidade – a unidade de trabalho –, que mede o volume de ocupação, foi escolhida de forma preciosa por Keynes. Ele toma uma hora de trabalho comum como unidade, sendo que uma hora de trabalho especializado, remunerada em dobro, corresponderá a duas unidades.[10]

---

[7] John Maynard Keynes, *Teoría general de la ocupación e interés y el dinero* (Cidade do México, Fondo de Cultura Económica, 1951), p. 47.

[8] Idem, *Teoria geral do emprego, do juro e da moeda* (Rio de Janeiro/Lisboa, Fundo de Cultura Brasil-Portugal, 1970), p. 50.

[9] John Maynard Keynes, *Teoría general de la ocupación e interés y el dinero*, cit., p. 50.

[10] Cf. ibidem, p. 51.

Mas aparece aqui uma terceira unidade, a unidade de salário, que é o salário nominal de uma unidade de trabalho. É esta unidade de salário que mede, constantemente, na *Teoria geral*, a renda ou o dividendo nacional[11]. Keynes considera que,

> dentro do quadro econômico que damos por conhecido, a renda nacional depende do volume de emprego, isto é, da quantidade de esforço real dedicado à produção, no sentido de que existe uma correlação unívoca entre os dois.[12]

A aversão de Keynes pela economia matemática, um dos sintomas de seu espírito prático, é expressa nos seguintes termos:

> Uma parte muito grande da economia matemática recente é uma simples mistura tão imprecisa quanto os supostos que a sustentam, que permite ao autor perder de vista as complexidades e interdependências do mundo real, em um labirinto de símbolos pretensiosos e inúteis.[13]

A função do economista no mundo social e político de que participa, que lorde Keynes estabelece no trecho que se segue, é outro atestado de seu pragmatismo:

> Nosso trabalho final poderia consistir em selecionar aquelas variáveis que a autoridade central pode controlar ou dirigir deliberadamente no sistema particular em que realmente vivemos.[14]

Critério de escolha das variáveis dependentes e independentes

Quando o economista realiza a seleção das variáveis em dado sistema, determina quais os fatores considerados mais ou menos fixos ou estáticos e aqueles sujeitos a uma mudança. Gunnar Myrdal oferece, com mais precisão do que Keynes, a distinção entre "as regulamentações institucionais fixas e as variáveis". "A vida econômica está organizada, de uma ou de outra forma, institucionalmente"; e logo a seguir coloca a posição que pensa que se deve tomar diante de dada organização institucional[15]:

> Na primeira categoria das regulamentações institucionais fixas, contamos correntemente, em primeiro lugar, as normas legais etc., que regem as condições dos direitos de propriedade e os contratos, e com eles a estrutura fundamental da vida econômica privada. À segunda categoria de variações institucionais (variáveis) pertencem, ao

---

[11] Ibidem, p. 235.

[12] Ibidem, p. 236.

[13] Ibidem, p. 286.

[14] Ibidem, p. 237.

[15] Gunnar Myrdal, *Los efectos económicos de la política fiscal* (Madri, Aguilar, 1948), p. 3-4.

contrário, as regulamentações que são objeto da política financeira, monetária e creditícia, comercial e social etc.[16]

Ao determinar as variáveis dependentes e independentes, Keynes não adota um critério seguro e superior. Dentro da complexidade do quadro em que se desenvolve a atividade social e econômica, escolhe determinados fatores e os considera dados, outros variáveis dependentes e outros ainda variáveis independentes.

Damos por conhecidas a habilidade existente e a quantidade de mão de obra disponível, a qualidade e a quantidade de equipamento utilizável, o estado da técnica, o grau de consciência, os gostos e hábitos dos consumidores, as desutilidades das diferentes intensidades de trabalho e das atividades de vigilância e de organização, assim como a distribuição da renda nacional, não compreendidos em nossas variáveis que citamos mais adiante. Isto não quer dizer que supomos constantes esses fatores, mas que, simplesmente para este propósito e neste momento, não consideramos ou levamos em conta as mudanças que ocorrem neles.[17]

Salientou Schumpeter que, embora o modelo de Keynes seja de curto período, considerando, portanto, estática a organização existente, a qualidade da técnica e o equipamento, seu raciocínio abrange, muitas vezes, o longo período. Mais precisamente, seu conceito de curto prazo não é marshalliano: a diferença essencial é a introdução da variação da quantidade de moeda no curto prazo keynesiano.

A divisão dos determinantes do sistema econômico nos dois grupos de elementos conhecidos e as variáveis independentes são, sem dúvida, completamente arbitrárias de um ponto de vista absoluto. A divisão deve basear-se completamente na experiência, de maneira que corresponda, por um lado, aos fatores em que as modificações pareçam ser tão lentas ou tão pouco importantes que só tenham influência pequena e comportamento desdenhável, no curto prazo, em nosso *quæsitum*; e, por outro lado, aos fatores cujas modificações exercem, na prática, uma influência dominante em nosso *quæsitum*.[18]

Terá Keynes seguido pelo menos este vago critério? Parece-nos que não. As variáveis independentes, apresentadas apenas na parte final de sua obra, são as seguintes: propensão ao consumo, curva da eficiência marginal do capital e taxa de juros. Contudo, declara:

Algumas vezes podemos considerar que nossas variáveis independentes finais consistem em:

---

16 Ibidem, p. 4.

17 John Maynard Keynes, *Teoría general de la ocupación e interés y el dinero*, cit., p. 235.

18 Idem.

1. os três fatores psicológicos fundamentais, isto é, a propensão psicológica a consumir, a atitude psicológica em relação à liquidez e a esperança psicológica de rendimentos futuros dos bens de capital;

2. a unidade de salários, tal como se determina pelos contratos celebrados entre patrões e trabalhadores; e

3. a quantidade de dinheiro, segundo se fixa pela ação do banco central.[19]

Esta segunda apresentação difere da primeira. Destaca agora dois elementos importantes, implícitos na anterior, e que são o segundo e o terceiro. Quem, como Keynes, sempre considerou o comportamento, as propensões e as atitudes psicológicas como invariáveis, ou fatores que "mudam lentamente", não poderia adotar o critério da mudança para a eleição destes fatores subjetivos que ele tem como estáveis. Assim, analisando os fatores subjetivos que influem na propensão a consumir, que aparecem como variáveis independentes (número 1), diz Keynes:

> Portanto, já que as bases dos ingredientes subjetivos e sociais mudam lentamente, enquanto as influências a curto prazo das alterações na taxa de juros e os demais fatores subjetivos são, frequentemente, de importância secundária, chegamos à conclusão de que as mudanças a curto prazo no consumo dependem em grande parte das modificações do ritmo em que se recebem as rendas (medidas em unidades de salário) *e não das mudanças na propensão a consumir* uma parte delas.[20]

No mesmo sentido é nesta passagem que Keynes analisa os fatores objetivos da propensão a consumir:

> Chegamos, pois, à conclusão de que em dada situação, pode considerar-se a propensão a consumir como função *relativamente estável desde que tenhamos eliminado as mudanças na unidade de salário* [...] admitido, pois, que a propensão a consumir é função bastante estável [...].[21]

A estabilidade dos fatores psicológicos não impediu Keynes de elegê-los para variáveis independentes. O critério que indicou não foi, evidentemente, o que ele seguiu, pelo menos no que refere ao número 1. Mas, na realidade, embora tenha afirmado – ora de forma implícita, ora de forma explícita, com apenas uma página de diferença na *Teoria geral* – que a propensão psicológica a consumir, a atitude psicológica em relação à liquidez e a expectativa psicológica de rendimento futuro

---

19 Ibidem, p. 236-7.

20 John Maynard Keynes, *Teoria geral do emprego, do juro e da moeda*, cit. p. 111, tradução ligeiramente modificada por nós; grifos nossos.

21 Ibidem, p. 99, tradução ligeiramente modificada por nós; grifos nossos.

dos bens de capital fossem variáveis independentes, não as considerou como tais. Na realidade, a única variável independente é a "quantidade de moeda tal como é fixada pela autoridade monetária", de acordo com o dispêndio do governo e a política de *open market*. É ela que influi nas demais variáveis independentes, e estas determinam a renda nacional e o volume de ocupação, porque a atitude psicológica em relação à liquidez, conforme demonstraremos, depende, em última análise, da elasticidade de produção da moeda. Sua função, como peça do complexo analítico keynesiano, é de redutor da procura global. É a preferência pela liquidez que explica o fato de a taxa de juros (que é o preço pago pela renúncia à conservação em forma líquida) ser excessivamente elevada. O aumento da "quantidade de moeda tal como é fixada pela autoridade monetária" justifica-se, dentro da armação keynesiana, como instrumento de redução da taxa de juros, através de sua ação sobre a atitude psicológica em relação à liquidez. A quantidade de moeda, tal como fixada pela autoridade monetária, é, sem dúvida, a variável subjacente e final que, quando aumentada, age sobre a elasticidade de produção da moeda e, além disso, supriria a redução da demanda global provocada pela conservação em forma líquida. A nebulosa keynesiana (capítulos 15 a 17 da *Teoria geral*) não consegue, apesar da cortina de fumaça que aí se encontra, ocultar tal fato.

A propensão psicológica a consumir também não é, dentro do próprio sistema teórico keynesiano, variável independente final. Conforme mostraremos, ainda é a "quantidade de moeda" que, reduzindo os salários reais individuais por sua ação sobre os preços, provoca profunda alteração na propensão a consumir quando o volume de ocupação aumenta. A elevação de preços distorce a repartição da renda e altera a propensão ao consumo, ocasionando, no limite, a fuga do dinheiro inerente ao *hot money*; quando a moeda se desvaloriza, seus detentores passam a desejar livrar-se dela, aumentando ou antecipando suas compras, ou emprestando-a a juros mais baixos.

Além disso, a variável independente final, verdadeira, a quantidade de moeda determina a "expectativa psicológica de rendimento futuro dos bens de capital", porque seu aumento reduz o preço dos fatores de produção, juro e salário real da unidade de trabalho e, simultaneamente, faz elevar o preço de venda dos bens produzidos a custo constante ou decrescente, assim como importa perdão de dívidas para todo investimento realizado através de financiamento (a desvalorização monetária provoca um perdão parcial de dívidas a prazo).

Todavia, isso não se aplica às outras duas variáveis independentes: a unidade de salários, tal como se determina nos contratos entre patrões e empregados, e a quantidade de dinheiro, segundo se fixa pela ação do banco central. Isso porque seu critério foi eminentemente político, e o trabalho final que realizou foi o de "selecionar aquelas variáveis que a autoridade central pode controlar ou dirigir deliberadamente no sistema particular em que realmente vivemos". Como, segundo Keynes, a unidade de salários é o salário nominal de uma unidade de trabalho e o salário nominal independe apenas aparentemente "da quantidade de dinheiro conforme se fixa pela ação do banco central", esta é a variável independente real, sujeita a um controle por parte da autoridade central. Ora, as variáveis dependentes são o volume de emprego e a renda (ou o dividendo) nacional medidos em unidades de salário[22].

Este é o processo pelo qual, por meio de um aparente rigor lógico, utilizando habilmente a técnica do *ceteris paribus*, Keynes consegue armar seu quadro de inter-relações de tal forma que o fator monetário[23] seja a alavanca que conduz ao aumento do volume de ocupação e da renda nacional.

O aumento da "quantidade de moeda" provocado pela autoridade monetária elevará o nível de preços, reduzirá a unidade de salário real, a taxa de juros, perdoará parcialmente as dívidas com vencimentos futuros e elevará os preços de venda dos bens produzidos; logo, aumentará a expectativa psicológica de lucros futuros. O resultado fatal será o aumento das variáveis dependentes: renda nacional (medida em unidade de salário, que é o salário nominal de uma unidade de trabalho) e volume de ocupação (medido, de início, em unidades de trabalho, mas, dentro da própria *Teoria geral*, de forma indireta, pela variação da renda nacional, logo, em termos nominais de salário).

Ao introduzir o tempo em sua conceituação de eficiência marginal do capital, Keynes possibilitou que a ação da variável macroeconômica final, real, quantidade de moeda, atuasse sobre ela. E é evidente que o aumento da quantidade de moeda, a elevação dos preços, a desvalorização da moeda não constituem estímulo à eficiência marginal do capital apenas pelas consequências declaradas por ele. A redução da unidade de salário real está presente como elemento importante, redutor do custo

---

22 Cf. John Maynard Keynes, *Teoría general de la ocupación e interés y el dinero*, cit., p. 235.

23 Essa variável externa afeta até mesmo o custo de uso. Keynes afirma: "Talvez seja conveniente indicar que um empresário não emprega em primeiro lugar seu equipamento pior e mais velho pelo fato de que seu custo seja menor; porque este pode estar contra-arrestado por sua relativa ineficácia, quer dizer, por seu alto custo de fatores. Devido a ele, um empresário aproveita de preferência a parte de seu equipamento em que o custo de uso mais o custo dos fatores é mínimo por unidade de produto"; ibidem, p. 76. E, em nota de rodapé: "Desde o momento em que o custo de uso depende parcialmente das previsões relativas ao futuro nível dos salários, uma redução na unidade de salário, que se espera seja de curta duração, fará com que o custo dos fatores e o custo de uso se desloquem em proporções diferentes, influindo deste modo sobre o equipamento que use e, possivelmente, sobre o nível da demanda efetiva, já que o custo de fatores pode formar parte da demanda efetiva de forma diferente da do custo de uso. [...] o custo de uso pode ser afetado em toda a sua extensão quando muda o volume total da produção". Afinal, como "o que determina a magnitude do custo de uso é o sacrifício previsto de futuros lucros incrustado no uso atual", a conclusão a que chega é a de que "desta maneira, o custo do juro e o custo suplementar corrente nos cálculos do custo de uso; [...] a variável macroeconômica externa (aumento da quantidade de moeda e do nível de preços) afeta, assim, o custo de uso"; ibidem, p. 76-7.

de produção dos bens produzidos com o equipamento atual. E, se o equipamento foi adquirido a prazo, a desvalorização da moeda representa uma redução proporcional no próprio custo do equipamento. Em relação à taxa de juros, que a esta altura da *Teoria geral* (à página 137) ainda não havia sido analisada, o efeito seria o mesmo: *ceteris paribus*, o "aumento da quantidade de moeda" reduziria a taxa de juros.

Sua concepção não estática da eficiência marginal do capital abre a porta da análise à intromissão da variável macroeconômica independente final: "a quantidade de moeda" cujo aumento estimulará a eficiência marginal do capital; o sistema em seu conjunto deve ser visto como sendo uma função de função na qual a quantidade de dinheiro é a variável independente que determina a renda nacional e o volume de ocupação através de sua ação sobre as demais variáveis.

Ora, no conceito marshalliano, estático, em que a produtividade marginal do capital se refere à produção presente, no curto prazo de Marshall, em que a impossibilidade de inovações da técnica, da organização, e a estática do equipamento aparecem como definidores, a produtividade marginal do capital só pode ser decrescente. Marshall isolou todos os elementos dinâmicos capazes de aumentar a produtividade marginal do capital, aprisionando as inovações tecnológicas, as mudanças da organização e do equipamento no poço que furou: o curto prazo.

Keynes, ao contrário, abre o caminho para uma variável independente, a quantidade de moeda, cuja variação permite, mesmo dentro do seu curto prazo especial, a redução do custo médio e do custo marginal (pela redução da taxa de juros, do salário real e até do equipamento adquirido a prazo) e a elevação da eficiência marginal do capital.

Seria fácil agora demonstrar que Keynes rompeu com os conceitos clássicos de curto prazo e de eficiência marginal do capital. Ele realizou novo arranjo conceitual a fim de permitir que sobre seus conceitos atuasse a variável independente final – aumento da quantidade de moeda –, elemento dinâmico, incompatível com os conceitos neoclássicos de produtividade marginal, custo marginal e de curto prazo.

Como geralmente se estuda nas universidades a teoria marginalista e neomarginalista e, depois, a teoria macroeconômica keynesiana e pós-keynesiana, a mente se acostuma aos conceitos neoliberais e comumente o estudante, e mesmo o especialista, leva-os no espírito ao estudar a *Teoria geral*.

Para dar aparente rigor lógico a seu raciocínio, Keynes habilmente se utiliza da técnica do *ceteris paribus* que, segundo Marshall, é o poço em que os economistas aprisionam os elementos incômodos, perturbadores da análise e das conclusões a que desejam chegar.

Ora, em análise econômica o curto prazo nada mais é do que outro nome dado à mesma técnica de isolar algumas variáveis incômodas: as variações da organização, da técnica e do equipamento. Keynes, estrategicamente, situa sua análise no curto prazo, em que o custo aparece infalivelmente como crescente (isoladas as possibilidades de sua diminuição que só poderiam ocorrer em virtude de melhoras na organização, na técnica ou no equipamento, hipóteses excluídas pela definição de curto prazo), mas apenas enquanto a armação artificial do curto prazo lhe permite demonstrar certos resultados, em especial a redução do salário real que recebe uma unidade de trabalho.

Porém, no curto prazo keynesiano, sai do poço uma variável dinâmica, que não é a mudança da organização, nem da técnica ou do equipamento, e que pode reduzir o custo: a elevação de preços (aumento da quantidade de moeda); realmente, a redução da unidade de salário real, da taxa de juros e do próprio custo do equipamento atual, quando comprado a prazo, permite a redução do custo, isto é, que haja custo médio e marginal decrescente, com aumento da produção, até o ponto de equilíbrio que, na *Teoria geral*, corresponde ao impreciso quase-auge do pleno emprego.

A ideia de que a tendência seja sempre a de elevação de custo quando aumenta a produção no curto prazo está implícita na "lei dos rendimentos não proporcionais". A generalização da lei dos rendimentos decrescentes da agricultura – onde a circunscrevera Ricardo – à indústria foi feita graças a uma série de adaptações, arranjos e distorções. A hipótese relevante é a da fase de custos crescentes, convertida em verdade eterna e incontestável, ainda que os salários reais e a taxa de juros sejam decrescentes, bem como o custo do equipamento, quando financiado (porque a elevação de preços, como Keynes reconhece, importa um perdão de dívidas de vencimentos futuros).

Mostramos a incongruência de se supor a existência de custos crescentes ainda que os principais elementos do custo (salário, juro e custo fixo do equipamento, *non-wage costs*) possam ser decrescentes, em virtude do compressor externo: a elevação de preços.

Ao romper com a "verdade" de Ricardo, Marshall e todos os marginalistas, de que a eficácia ou produtividade marginal do capital entra fatalmente em fase cadente, Keynes rompe com o corolário dessa lei, a saber, que os custos são crescentes; embora não declaradamente, a "verdade" keynesiana é a de custos monetários constantes ou decrescentes, até a plena ocupação. Seu esforço concentra-se na demonstração de que a crise do capitalismo e o subemprego não tinham anulado a taxa de lucro, mas, ao contrário, a eficiência marginal do capital, a esperança de lucros futuros, poderia recuperar-se uma vez que o governo burguês se comportasse keynesianamente. Os empresários poderiam "alucinar-se" com os lucros futuros da economia redinamizada e "elevar o nível da produção além daquele que tornaria máximos seus lucros".

Mas Keynes não esclarece que seu curto prazo não é o marshalliano, que ele abriu a porta a uma variável capaz de reduzir os custos, médio e marginal; assim, a existência de custos decrescentes se oculta por sua incompatibilidade com o curto prazo marshalliano.

Em resumo: no curto prazo keynesiano aparece uma variável macroeconômica, a quantidade de moeda (ausente do conceito de curto prazo em Marshall)[24], cujo aumento poderá ensejar a redução do custo médio e do custo marginal, quando novas unidades de trabalho são empregadas.

Até hoje não se apontou a diferença entre os prazos keynesianos e os marshallianos; igualmente não se percebeu que a variável independente final é, na verdade, *a quantidade de moeda*, verdadeira alavanca de comando que conduz ao aumento do volume de ocupação e da renda nacional da economia keynesiana; fica também obscuro que a moeda estatal adicional só penetra na circulação como meio de pagamento das não-mercadorias.

A escolha dos elementos dados e dos grupos das variáveis independentes e dependentes é uma operação "arbitrária", segundo confissão de Keynes. A escolha fica "arbitrária" ou indeterminada quando não se sabe a ordem de determinação dos fenômenos, quais os realmente determinantes e quais os determinados. O que não fica claro é que, para a mente a-histórica dos ideólogos, é dada a estrutura atômica do capitalismo, as relações capitalistas e as instituições fundamentais do sistema. Para Marx, são as relações sociais da produção que determinam as relações de distribuição, o processo de circulação e o de consumo, "de modo que a produção produz não apenas um objeto para o sujeito, mas um sujeito para o objeto"[25], e uma necessidade do objeto no sujeito. E mais, entre muitos outros trechos no mesmo sentido, "a organização da distribuição acha-se completamente *determinada* pela organização da produção"[26].

As propensões a consumir das classes sociais antagônicas; a preferência pela liquidez e outros fenômenos da circulação; a taxa de juros, a massa de lucro, a eficiência marginal do capital são determinados todos na produção. É a produção capitalista, suas relações sociais, o processo de valorização que se encontram associados ao processo de produção, às estruturas da produção e da ocupação que

---

[24] Keynes, habilmente, não esclarece que seu curto prazo não é o de Marshall, não diz que no seu há possibilidade de redução do custo médio e marginal quando aumenta o volume da ocupação. Mas não foi seu próprio mestre que lhe ensinou que não é necessário que "o uso dos termos seja rígido"? Cf. Alfred Marshall, *Principles of Economics*, cit., p. 44. No capítulo 2 da *Teoria geral*, o curto prazo é, sem dúvida, o marshalliano: "Em certo estado da técnica, da organização e do equipamento, os salários reais e o volume de produção estão correlacionados numa forma determinada de tal forma que, em termos gerais, um aumento do volume de ocupação só pode ocorrer simultaneamente com um decréscimo da taxa de salário"; John Maynard Keynes, *Teoría general de la ocupación e interés y el dinero*, cit., p. 29. O aumento de preços das mercadorias para assalariados encontra sua justificativa, como mecanismo de redução do salário real, no curto prazo marshalliano. A alta de preços das mercadorias, logicamente justificada no curto prazo, continua pelo tempo afora, não se detém no curto prazo, embora a justificativa se limite ao curto prazo marshalliano.

[25] Karl Marx, *Contribuição à crítica da economia política* (São Paulo, Flama, 1946), p. 211.

[26] Ibidem, p. 214.

determinam, dialeticamente, o consumo produtivo e o consumo individual; o comportamento do governo é determinado pelas relações de produção e está a serviço da reprodução do capital e da acumulação privada; a propensão a consumir é determinada na produção, em que a repartição da renda se efetiva e se cria o objeto restrito sobre o qual recai o consumo do assalariado; é também na produção que é produzido o objeto sobre o qual recai o consumo produtivo de máquinas e equipamentos, e as não-mercadorias que constituem o objeto sobre o qual recai o consumo improdutivo do governo, bem como os objetos de luxo, que serão consumidos pela cúpula capitalista.

8

Diferença fundamental entre os conceitos keynesiano e marshalliano de produtividade marginal do capital

Devemos tratar, de imediato, dos problemas relacionados à eficiência marginal do capital, a fim de que se desfaçam as dúvidas que possam ter surgido no capítulo anterior.

Ao erigir a desvalorização da moeda, através do aumento de sua quantidade pelas autoridades monetárias, em variável macroeconômica independente final, embora não o declarasse, Keynes foi obrigado a adaptar vários conceitos marshallianos – *clássicos* – à sua abordagem. Assim, para que sua variável independente final, real – a quantidade de moeda –, pudesse influir sobre as previsões, a taxa de juros e a produtividade marginal do capital a curto prazo, teve o lorde de redefinir todos esses conceitos, embora não de forma declarada. Até mesmo o conceito de curto prazo de Marshall não servia, tal como se apresentava, aos objetivos da análise keynesiana e, por isso, foi profundamente alterado.

Se alguma dúvida pairar sobre os arranjos e as adaptações feitas, temos a esperança de que ela desaparecerá quando se verificar, então, que o genial lorde transformou a produtividade marginal do capital de Marshall, *presente e estática*, em sua eficiência marginal do capital, *dinâmica*, tal como fez com os conceitos de curto prazo e de custo.

Keynes critica todas as definições anteriores de produtividade marginal do capital.

> A produtividade, o rendimento, a eficácia ou a utilidade marginal do capital são termos que todos usamos frequentemente; porém, não é fácil descobrir na literatura econômica uma exposição clara do que os economistas quiseram habitualmente dizer com estes termos.[1]

A exceção é feita à conceituação de Irving Fisher:

---

1 John Maynard Keynes, *Teoría general de la ocupación e interés y el dinero* (Cidade do México, Fondo de Cultura Económica, 1951), p. 137.

Ainda que não a chame eficácia marginal do capital, o professor Irving Fisher deu, em sua *Theory of Interest* (1930), uma definição do que ele denomina "taxa de rendimento sobre custo" que é idêntica à minha.[2]

Keynes afirma que a "teoria usual da distribuição, que supõe que o capital dá no presente sua produtividade marginal (em um ou outro sentido), só é válida em uma situação estacionária"[3]. Assim, formula um conceito previsional da eficácia marginal, em que não considera apenas Q_1, mas Q_1, Q_2, ... Q_n, que constituem uma série de anualidades, que convém chamar de rendimento provável de investimentos.

A relação entre o rendimento provável de um bem de capital e seu preço de oferta ou de reposição, isto é, a que existe entre o rendimento provável de uma unidade a mais desta classe de capital e o custo de produzi-la, nos dá a eficiência marginal do capital.[4]

De início, nota-se que nesse capítulo o prazo é o da duração do equipamento (dez, quinze, vinte anos) e não o curto prazo marshalliano que alguns ideólogos afirmam ser o universo temporal da *Teoria geral*.

Mas o que nos interessa ressaltar é que a *hipótese relevante*, no que se refere à eficiência marginal do capital, Keynes a coloca neste trecho pouco explorado de *Teoria geral*:

O erro está em supor que as variações prováveis do valor da moeda reajam diretamente sobre a taxa de juros, ao invés de fazê-lo sobre a *eficiência marginal de um dado volume de capital*.[5]

E, em seguida, esclarece – e aqui se percebe que temos razão em afirmar que é o aumento da quantidade de moeda a sua variável independente final:

O efeito estimulante de esperança de preços mais elevados não se deve a uma elevação da taxa de juros (o que seria um meio paradoxal de estimular a produção – na medida em que a taxa de juros sobe, o incentivo fica neutralizado na mesma extensão), mas à elevação da *eficiência marginal* de um volume *dado* de capital. Se a taxa de juros se elevasse *pari passu* com a eficiência marginal do capital, a previsão da alta de preços *não* teria efeitos estimulantes; porque o incentivo para a produção depende de que a eficiência marginal de um volume dado de capital aumente *relativamente* à taxa de juros.[6]

---

2 Idem.

3 John Maynard Keynes, *Teoria geral do emprego, do juro e da moeda* (Rio de Janeiro/Lisboa, Fundo de Cultura Brasil-Portugal, 1970), p. 138.

4 Ibidem, p. 135.

5 John Maynard Keynes, *Teoría general de la ocupación e interés y el dinero*, cit., p. 141; grifo nosso.

6 Ibidem, p. 142; grifo nosso.

Com a introdução do tempo no conceito de eficiência marginal do capital, Keynes fez penetrar nele, simultaneamente, a variável macroeconômica independente final: a quantidade de moeda tal como se fixa pela autoridade monetária, processo idêntico ao utilizado por ele em relação ao *curto prazo* marshalliano.

Os economistas que não percebem isso devem reler a seguinte passagem da *Teoria geral*, logo posterior àquela em que o enfant terrible afirma que a maior confusão em torno do significado da eficiência marginal do capital deve-se a que os clássicos não percebem que ela depende do rendimento provável do capital e não somente de seu rendimento corrente. É evidente que, em relação ao "rendimento corrente", a elevação de preços não teria efeito. Mas, introduzindo o tempo, o rendimento provável, Q_1, Q_2, ... Q_n^1, pôde fazer a eficiência marginal depender da "quantidade de moeda", como ele mesmo demonstra:

> Isto pode ser esclarecido melhor assinalando-se o efeito que tem a esperança de modificações no custo provável de produção sobre a eficiência marginal do capital, quer se esperem estas modificações como resultado de alterações no *custo do trabalho*, isto é, na *unidade de salários*, ou de invenções e nova técnica. A produção resultante do equipamento produzido na atualidade terá de competir, enquanto dure, com o resultante do equipamento produzido depois, talvez a um custo menor *em trabalho*, talvez por uma técnica aperfeiçoada que se conforme em vender sua produção mais barato e que a aumentará até que o preço da mesma tenha descido ao nível desejado. E, ainda mais, *os lucros do empresário* (medidos em dinheiro) procedentes do equipamento, velho ou novo, *reduzirão se toda a produção se torna mais barata*. Na medida em que tais acontecimentos sejam previstos como prováveis, ou ainda como *possíveis, diminui, proporcionalmente, a eficiência marginal do capital* produzido na atualidade.[7]

Qual o remédio para que a eficiência marginal do capital produzido na atualidade não diminua, mas, ao contrário, se eleve? É a ação sobre a variável externa, macroeconômica, o aumento da quantidade de moeda, que surge como solução final do problema, logo a seguir:

> Este é o fator através do qual a esperança de modificações no valor da moeda influi sobre o volume de produção presente. *A previsão de uma redução do valor da moeda* estimula o investimento e, em consequência, o emprego em geral, porque *eleva a curva da eficiência marginal do capital*, isto é, a curva da procura de investimentos; e a previsão de uma elevação do valor da moeda é deprimente, porque faz baixar a curva da eficiência marginal do capital.[8]

---

7 Ibidem, p. 140-1; grifo nosso.

8 Ibidem, p. 141; grifo nosso.

Não há dúvida, portanto, de que a alavanca que faz elevar a eficiência marginal do capital é o "aumento da quantidade de moeda tal como se fixa pela autoridade monetária", que desvalorizará a moeda, elevará o preço dos bens produzidos, reduzirá a unidade de salário real, bem como aumentará o lucro esperado dos empresários (medido em moeda).

Se "a elevação do custo dos bens de capital diminui sua eficiência marginal para o particular que investe", como o lorde reconhece explicitamente, uma redução do custo de tais bens elevará a eficiência marginal do capital[9].

O "aumento da quantidade de moeda", a "desvalorização da moeda" significam uma redução do custo fixo do equipamento comprado a prazo, do nível de salários e talvez da taxa de juros.

> O método de aumentar a quantidade de dinheiro, em unidades de salário, mediante a redução da unidade dos mesmos, eleva proporcionalmente a carga dos débitos; ao passo que o mesmo resultado pelo *aumento da quantidade de moeda*, sem mudar a unidade de salários, leva ao efeito oposto. Considerando a carga excessiva de muitos tipos de débitos, somente uma pessoa sem experiência pode preferir o primeiro [...]. Se para conseguir que a taxa de juros desça é preciso reduzir o nível de salários, existe, pelas razões expostas antes, um duplo estorvo à eficiência marginal do capital e *duplo motivo para reduzir os investimentos, retardando assim a recuperação.*[10]

Talvez por isso, e pelas "herdadas predileções ideológicas", não se tenha percebido até hoje, claramente, que John Maynard Keynes rompeu com todos os conceitos *clássicos* básicos e que um oceano intransponível foi aberto entre a micro e a macroeconomia. Com a desculpa, tantas vezes usada por seu mestre Marshall, de que sua intenção era esclarecer ou simplificar a análise, o genial Keynes solapou, arranjou, adaptou todos os conceitos clássicos, sem declarar expressamente que a mudança do significado de todos os conceitos seria consequência inevitável de sua teoria[11]. E os arranjos conceituais introduzidos foram feitos na medida exata em que deles precisava para dar aparência lógica ao seu sistema e permitir que seus objetivos finais, teleológicos, não aflorassem claramente à tona da análise.

No entanto, para que a *Teoria geral* pudesse "mesclar-se com os interesses e as paixões", influindo nas "mentes dos homens e por meio delas nos acontecimentos

---

[9] Ibidem, p. 121.

[10] Ibidem, p. 257; grifo nosso.

[11] Hobson, por ter declarado expressamente – inspirado nas discussões com o alpinista Albert F. Mummery – que o "consumo limita a produção e não a produção o consumo" (ibidem, p. 353), por ter-se lançado contra o conceito marshalliano de produtividade marginal do capital e contra "a bondade da frugalidade ilimitada" (ibidem, p. 351), foi impedido de lecionar em Londres. Keynes não invejava sua sorte e, portanto, agiu com redobrada cautela...

da história", deveria preservar os tabus da economia ortodoxa e as instituições capitalistas essenciais: o *equilíbrio* (em pleno emprego, agora, como um processo que se verifica através de desequilíbrios ou de reequilíbrio a partir do subemprego), a escassez, a eficiência, os rendimentos decrescentes, a escolha individual livre – pontos intocáveis, sagrados e consagrados pela ortodoxia – e o lucro, o juro e a acumulação, com significados distintos daqueles que tiveram na economia do *laissez-faire*.

Mais uma vez, Keynes declara expressamente que o "aumento da quantidade de moeda" por meio do aumento de preços (inflação) que provoca constitui a solução para a redinamização da economia capitalista. Como a inflação é um instrumento despótico a serviço da classe dominante, um mecanismo de opressão do assalariado e dos que percebem rendas fixas, o lado perverso do fenômeno produz problemas de consciência naqueles que dele se utilizam. O combate constante, mais aparente do que real, ao remédio da economia keynesiana, à unidade das soluções do capitalismo moderno, alivia a consciência do governo e dos grupos interessados na perpetuação do fenômeno.

Como a inflação é a *unidade das soluções*, remédio perverso e, por isso, constantemente combatido infrutiferamente, esta inversão do real (considerar problema a inflação quando ela é a unidade das soluções) só terminará quando, no fim do período keynesiano, a inflação não puder mais dinamizar o real, reabsorver o desemprego, aumentar a eficiência marginal do capital etc. Então, o remédio terá se transformado em problema, também neste aspecto.

Keynes reconhece os limites a que está sujeita a elevação da eficiência marginal do capital nos marcos da dinâmica da indústria capitalista. Se, de acordo com ele, todo bem fornece um rendimento ao seu proprietário porque é escasso, o rendimento esperado do capital investido decai à medida que a produção de máquinas por meio de máquinas tenda a abolir a escassez de capital produtor. No "curso de uma só geração", a eficiência marginal do capital poderá cair "a zero ou próximo de zero" se o governo não evitar o crescimento do capital produtor. Este crescimento é evitado quando as forças produtivas objetivadas no capital produtor são dissipadas, desviadas da produção, produzindo a inflação estrutural que se justifica pelo aumento que provoca na eficiência marginal do capital, fechando o círculo. Quando a elevação de preços não provocar mais o aumento da taxa de lucro, o aumento do capital não produtor não poderá impedir a queda da eficiência marginal do capital e sua expansão será completamente inútil.

A queda da taxa de lucro, isto é, da forma dinheiro que assume a mais-valor, o excedente extraído do trabalho humano em ação verificou-se arrasadoramente na crise de sobreacumulação a partir de 1929.

A crise do lucro real cria as condições para o surgimento e o desenvolvimento do lucro fictício, a eficiência marginal (fictícia) do capital que é engendrado pelo Estado produtor de moeda estatal. Ao adquirir não-mercadorias e pagá-las em papel-moeda, o Estado capitalista revela que ele é capital, gera capital; se "capital é poder sobre coisas e pessoas" (Bentham, citado por Marx e por Keynes), as relações sociais, políticas, que compõem o poder do Estado são capital.

Ao comprar não-mercadorias, o Estado capitalista eleva o nível combalido da demanda efetiva, aumenta a eficiência (fictícia) marginal do capital, eleva preços dos bens-salário (*wage goods*), reduzindo os salários e elevando a taxa de lucro (real).

9

O método global utilizado por Keynes como processo de distorção ideológica

Vejamos como, no âmbito da *Teoria geral*, foi possível menosprezar certos aspectos importantes da realidade econômica graças à utilização do método global e da escolha de certas unidades, bem como do realce de determinadas relações das variáveis.

> As flutuações na renda real consideradas neste livro[1] são as que resultam da aplicação de diferentes quantidades de ocupação (quer dizer, de unidades de trabalho) a um equipamento dado de produção, de tal forma que a renda real aumenta ou diminui com o número de unidades de trabalho empregadas.[2]

Como a unidade de salário é o salário nominal de uma unidade de trabalho, aquela unidade varia de acordo com a variação do salário nominal.

Para os objetivos de Keynes, é do maior interesse identificar a renda real com a renda nominal; isto ele consegue quando, depois de aparente perplexidade, chega à seguinte conclusão:

> Assim, como não se pode medir numericamente com precisão a renda real, estimada em produtos, convirá, com frequência, considerar a renda em unidades de salário (Y_s) como índice adequado das modificações da renda real [embora reconheça que] em certos casos não devemos passar por cima do fato de que, em geral, Y_s aumenta ou diminui em maior proporção que a renda real Y, mas em outros, a circunstância de que *estes sempre se elevam e descem juntos os faz virtualmente intercambiáveis*.[3]

---

1 Keynes não esclareceu que o livro a que se refere não é a teoria geral, mas o livro III da *Teoria geral*, no qual trata do multiplicador de investimento e, como se vê, considera dado o equipamento de produção. Não há aumento de *capital equipment*, no referido livro.

2 John Maynard Keynes, *Teoria geral do emprego, do juro e da moeda* (Rio de Janeiro/Lisboa, Fundo de Cultura Brasil-Portugal, 1970), p. 116.

3 Idem; grifos do autor.

Dois fatos importantes vão possibilitar ocultar e distorcer certas relações fundamentais:

1. A afirmativa de que a renda real *sempre se eleva e desce junto à elevação ou redução da renda em unidades de salário.*
2. A identificação entre ambas, que são consideradas *intercambiáveis*, fungíveis.

Este raciocínio é feito para a análise da propensão global ao consumo, em termos de renda e consumo medidos em unidades de salário (Y_s e C_s).

Ora, à página 95 ele havia declarado que: "O consumo (C) é evidentemente muito mais uma função da renda real (em certo sentido) do que da renda monetária".

Por que a predileção de Keynes pela consideração da renda monetária?

Para um esclarecimento, contudo, devemos analisar a função do método global na *Teoria geral.* Para nós, o método de análise global utilizado por Keynes conduziu-o a certos falseamentos da realidade, embora aparentemente sua construção teórica apresente-se isenta de falhas.

A consideração, no plano global, da demanda, do emprego, da poupança, do investimento, do consumo etc. não constitui *a determinação dos fenômenos do ponto de vista da totalidade em movimento*, mas mera generalização dos fenômenos como são vistos de uma perspectiva individual, capitalista.

A resposta à questão aqui proposta nos mostrará o conteúdo político e as distorções que se inserem no método global de Keynes.

A consideração da renda em unidades de salário (Y_s) como adequada para medir a renda real se faz, como vimos, por meio de uma afirmação indevida: "a circunstância de que estas sempre se elevem ou desçam juntas as faz virtualmente fungíveis", com o intuito de aplicar a variação da renda *nominal* à análise da propensão global ao consumo. Ora, Keynes havia colocado a questão em termos reais, quando afirmou:

> As grandes linhas de nossa teoria podem ser expressas da seguinte forma: quando aumenta o emprego, aumenta também a renda real da comunidade; a psicologia desta é tal que, quando a renda real aumenta, o consumo total cresce, mas não tanto quanto a renda.[4]

Quando examina a propensão ao consumo (à página 116), considera as grandezas renda e consumo não mais em termos reais, mas em termos monetários (Y_s e C_s), e assim se expressa:

[4] Idem, *Teoría general de la ocupación e interés y el dinero* (Cidade do México, Fondo de Cultura Económica, 1951), p 38. Essa ousada pretensão de estabelecer uma lei psicológica válida para a economia como um todo, para todas as espécies de renda, auferida por todos os agentes econômicos, encerra a mais notável distorção de sua obra, globalização inaceitável numa economia heterogênea de uma sociedade estratificada em classes.

> A nossa lei psicológica normal de que, no caso de variações da renda real da comunidade, o consumo varia mas não tão depressa, pode portanto traduzir-se [...] pelas proposições de que ΔC_s e ΔY_s têm o mesmo sinal, mas $\Delta Y_s > \Delta C_s$, em que C_s representa o consumo medido em unidade de salários.[5]

Aqui ele trocou, por considerá-las idênticas, a renda real pela renda nominal (ou renda real medida em unidade de salário) (Y_s), passando tranquilamente do plano real para o monetário.

Como Keynes já havia desprezado o "nível geral de preços"[6] quando identificou a renda real com a renda monetária, eliminou da análise as modificações na renda real da comunidade quando se verifica uma alteração no nível geral de preços.

Se o aumento da renda nominal, por si, puder acarretar uma retração da renda real, a identificação das duas não permitirá que se perceba este fato. Neste caso, nem mesmo a propensão ao consumo em termos reais $\left(\frac{\Delta C_S}{\Delta Y_S}\right)$ será igual à propensão ao consumo em termos monetários $\left(\frac{\Delta C}{\Delta Y}\right)$.

Aqui fica esclarecido, em parte, o motivo da preferência de Keynes pela renda monetária. Terá importância este fato? Ele é de significação básica para a inteligência das distorções praticadas por Keynes. Na verdade, quando se considera a "renda real da comunidade", globalmente, pode ser de pouca importância a variação entre a renda nominal e a real. Mas quando se considera a renda real individual, percebe-se que ela pode ser de significação elevada; o método global, contudo, é uma técnica que dificulta a análise destas variações individuais ou de grupos.

Sobretudo as variações ocorridas em determinadas espécies de rendas – salário e rendas fixas – ficam ocultas por aquela identificação e pelo método de análise global, da maneira pela qual foi utilizado por Keynes.

Suponhamos que se verifique um aumento na renda da comunidade, medido em unidade de salários (Y_s). Isso significa que houve um aumento no volume de ocupação, medido em unidade de trabalho. Ora, quando a ocupação aumenta, a soma que se espera que a comunidade gastará em consumo D_1 seguirá a mesma tendência, mas não tanto quanto D, sendo D a demanda global que é igual a $D_1 + D_2$[7].

[5] John Maynard Keynes, *Teoria geral do emprego, do juro e da moeda*, cit., p. 116.

[6] Ibidem, p. 53.

[7] D1 + D2 = Ø(N), sendo N o volume de ocupação ou da renda global (John Maynard Keynes, *Teoría general de la ocupación e interés y el dinero*, cit., p. 40). Quando Keynes raciocina, o faz da seguinte forma: "quando N aumenta, D1 fará o mesmo, mas não tanto quanto D, já que quando a renda aumenta o consumo o fará também, porém menos". Ora, D = D1 + D2, e o aumento de D1 não é igual ao de D porque D = D1 + D2, e não por causa da influência de um terceiro elemento (propensão a consumir). Para que D1 aumentasse tanto quanto D, seria necessário que D não aumentasse com o aumento de N.

Assim, quando D_2 cresce significa que houve uma modificação positiva no incentivo para investir, que só é possível com o aumento da eficiência marginal do capital e/ou baixa na taxa de juros[8] que depende da preferência pela liquidez, do aumento da "quantidade de dinheiro, tal como fixada pela ação do banco central"[9].

Keynes abandona, à página 40, a "suposição provisória de que os salários nominais são constantes". Identifica, posteriormente, a renda real com a renda monetária, sendo esta aquela que mede realmente o volume de ocupação, de vez que se relaciona com a renda real medida em unidade de salário. Assim, não fica clara a relação existente entre o aumento de ocupação e o aumento de preços que fará aumentar o volume de inversão.

Em termos globais, a renda da comunidade pode aumentar sempre que aumente a ocupação, como afirma Keynes. Mas o aumento de ocupação (em unidades de trabalho) só poderia ocorrer quando se verificasse um aumento em D_2; na crise, tal aumento é impossível, dada a taxa elevada de ociosidade dos bens de capital.

Existe em todo o raciocínio de Keynes um pressuposto implícito que permitirá, no nível da aparência, ambos os fenômenos ao mesmo tempo. Hansen afirma:

> Era essencial para a teoria de Keynes *negar que os trabalhadores se recusariam a trabalhar pelo salário monetário corrente sempre que ocorresse uma pequena elevação nos preços de bens de consumo*. Na visão de Keynes, o salário vigente não é sempre igual à desutilidade marginal do trabalho e, por isso, o trabalhador deve estar preparado para aceitar emprego adicional ao salário nominal vigente ainda que isso signifique salários reais mais baixos.[10]

A elevação de preços dos bens de consumo e a diminuição do salário real por ela acarretada são os elementos implícitos finais mais importantes na *Teoria geral*. É o efeito do aumento de preços dos bens de consumo que possibilita – ao lado dos

---

[8] Keynes, em *Teoría general de la ocupación e interés y el dinero*, cit., refere-se inúmeras vezes a esta correlação, por exemplo, à página 136: "Disto, torna-se evidente que a taxa real de inversão corrente chegará até o ponto em que não haja capital cuja eficiência marginal exceda a taxa corrente de juros. Em outras palavras, a taxa de inversão se moverá até o ponto da curva de demanda de investimento em que a eficiência marginal do capital em geral seja a taxa de juros do mercado. [...] Resulta evidente que a taxa real de inversão corrente chegará até o ponto em que não haja nenhuma classe de capital cuja eficiência marginal exceda a taxa corrente de juros. Em outras palavras, a taxa de inversão se moverá até aquele ponto da curva de demanda de inversão em que a eficiência marginal do capital em geral é a taxa de juros de mercado". E, à página 137, no mesmo sentido: "Se deduz que o incentivo para investir depende da curva de demanda de investimento e, em parte, da taxa de juros". Na explicação da crise, Keynes atribui maior importância à eficiência marginal do capital, como se percebe às páginas 302 e seguintes.

[9] Ibidem, p. 236.

[10] Alvin Harvey Hansen, *A Guide to Keynes* (Londres, McGraw-Hill, 1953), p. 22-3.

investimentos públicos – o aumento do volume de investimento quando, dada a propensão ao consumo, eleva-se a renda nominal, ou a renda real global.

Podemos colocar o raciocínio nos seguintes termos: para que haja aumento da ocupação, é necessário que se verifique aumento do volume de investimento. Para que haja aumento no volume que se dedicará a novas inversões, é necessário que se modifiquem as previsões dos empresários quanto (1) ao preço de venda dos produtos ou (2) a uma baixa de custo dos mesmos, ou seja, (2*a*) a uma baixa na taxa de juros ou (2*b*) à elevação na eficiência marginal do capital, ou a ambas simultaneamente[11], salvo no caso de investimentos públicos. Isso se conseguiria unicamente por meio de uma política monetária que, fazendo baixar a taxa de juros, faria diminuir o salário real individual, pelo aumento da quantidade de dinheiro (variável independente)[12]; como o empresário, na crise, não adquirirá máquinas novas, aumentando D_2, para instalar ao lado das paradas, o aumento do volume de emprego só será possível no setor improdutivo, nas *Agenda* ligadas ao governo. O aumento da quantidade de moeda implica o aumento da renda nacional, porque a "moeda penetra na economia como renda de

[11] Cf. John Maynard Keynes, *Teoría general de la ocupación e interés y el dinero*, cit., p. 19.

[12] O que foi dito anteriormente pode ser expresso da seguinte forma: para que haja um aumento de D2 (soma que se espera que a comunidade dedique a novas inversões) e, logo, de N, é necessário que se modifique a eficiência marginal do capital, ou seja, "a relação entre o rendimento provável de um bem de capital e seu preço de oferta ou de reposição" (ibidem, p. 135), ou se verifique uma redução da taxa de juros do mercado. Ora, o rendimento provável de um bem de capital aumenta quando se espera que a elevação do preço de venda dos bens produzidos por ele durante sua vida útil seja superior à elevação prevista do preço de oferta ou de reposição do bem de capital. É interessante notar que todas as técnicas keynesianas de elevação da eficiência marginal do capital e de redução da taxa de juros do mercado, que têm por finalidade modificar as previsões, de forma a aumentar *D2*, acarretam imediata elevação do nível de preços. Quer se trate de uma política de investimentos públicos com propensão a aumentar a ocupação e a demanda agregada, quer se trate de uma política de redução da taxa de juros provocada pelo aumento do meio circulante (no sentido de satisfazer a procura de moeda para os diversos fins), a elevação do nível de preços é o resultado inevitável. Desta forma, *D2* poderá aumentar "até o ponto em que não haja classe alguma de capital cuja eficácia marginal exceda a taxa de juros corrente" (ibidem, p. 136) e, realmente, a demanda de bens de capital terá margem para aumentar quando, em consequência das políticas altistas, elevar-se a eficiência marginal do capital e baixar a taxa de juros. Além disso, o empresário individual e o conjunto dos empresários sabem que a elevação de preços que se espera para o futuro provocará uma redução do custo de produção, de vez que a elevação de salários nominais que acaso ocorrer será mais do que compensada pela elevação de preços de seus produtos finais. O próprio custo fixo, representado por máquinas, equipamentos, instalações, reduz-se no decurso do tempo, por unidade de produto, quando adquirido a prazo: a inflação provoca o perdão de dívidas. Assim, o aumento da quantidade de moeda e a elevação do nível de preços são as variáveis (latentes e finais) que atuam para motivar os empresários no sentido de modificar suas previsões quanto ao "rendimento futuro dos bens de capital", quanto à taxa de juros do mercado e ao salário real que vigerá no período futuro considerado.

alguém". Na economia capitalista, este alguém é sempre um funcionário público, uma firma vendedora de serviço improdutivo ou de não-mercadoria.

Ao considerar em termos globais e adotar, para medir o volume de ocupação e da renda real, o salário nominal, estas grandezas globais podem aumentar, enquanto diminui o salário real individual ou a unidade de salário real.

Ao considerar a renda real dos assalariados (Y_s) e as unidades de trabalho (U_t), pode ocorrer a hipótese de que o aumento das unidades de trabalho (homem-hora) seja menor do que o aumento da renda real dos assalariados; neste caso, mesmo que a renda global dos assalariados cresça, sua renda real individual diminuirá, devido a um aumento do volume de ocupação em unidade de trabalho (homem-hora), ou:

$$\frac{Y_s}{U_{t'}} = S > \frac{Y_{t'}}{U_t} = S$$

sendo S' o salário real individual antes do aumento do volume de ocupação, e S o salário individual depois deste.

Este fato não transparece na análise keynesiana devido à utilização do método global, que coloca sob o mesmo símbolo ($Y_{s'}$) – renda nacional em unidade de salário – diferentes tipos de renda, que reagem diversamente a uma elevação da renda nacional[13]. Também porque se despreocupa do exame dos salários reais quando novas unidades de trabalho são empregadas, ignorando o plano individual, do ponto de vista do assalariado, para fixar-se no plano global de uma sociedade supostamente homogênea.

O aumento da ocupação, que ocorreria de acordo com a hipótese 1 enunciada, isto é, deduzida de um aumento da renda nacional medida em unidades de salário, acarreta, irretorquivelmente, uma diminuição dos salários reais individuais. Isso porque a elevação do salário nominal de uma unidade de trabalho é antecedida pela elevação de preços dos bens de consumo para assalariados, que significa uma redução do salário real desta, em qualquer nível de ocupação.

No início da *Teoria geral*, Keynes refere-se à importante relação existente entre o aumento do volume de ocupação e os salários reais:

---

[13] Jan Tinbergen, "Keynes y la econometria", em "La nueva ciência económica: la influencia de Keynes en la teoria y en la economia", *Revista de Occidente*, Madri, Fundación José Ortega y Gasset, 1968, p. 189. Jan Tinbergen percebeu as dificuldades do método macroeconômico e assim se expressa a respeito: "Esse método macroeconômico está, com efeito, cheio de perigos. Nossas teorias exatas estão feitas para um só preço, uma só demanda ou uma só oferta. A aplicação das mesmas teorias aos conceitos macroeconômicos que têm pelo menos os nomes comuns dos conceitos microeconômicos, é perfeitamente legítima às vezes, outras, só aproximadamente exata e, outras, finalmente, errôneas ou inúteis". Tinbergen não percebeu que todo o aparato conceitual da macroeconomia teve de ser alterado por Keynes ao elaborar a teoria macroeconômica. Os nomes comuns encobrem as alterações do significado e seu emprego teleologicamente orientado.

> Quer dizer que, com uma determinada organização, equipamento e técnica, os salários reais e o volume de produção (e, por conseguinte, de emprego) estão relacionados em uma só forma, de tal maneira que, em termos gerais, um aumento da ocupação só pode verificar-se simultaneamente à baixa dos salários reais vigentes. Assim, pois, não discuto este fato vital que os economistas clássicos consideram (com razão) como irrevogável. Em dado estado de organização, equipamento e técnica, o salário real que percebe uma unidade de trabalho tem uma relação única (inversa) com o volume de ocupação.[14]

No mesmo sentido, temos o depoimento de Klein, em sua *Revolución keynesiana*, sobre o ponto de vista de Lerner que "seguia Keynes, com sua proposição de que, enquanto os salários reais não caírem, não pode subir o nível de emprego"[15]. Lerner, no que se refere ao aumento do volume de emprego, está em harmonia com Keynes. Para ambos, não é possível aumentar o volume de ocupação sem baixa do salário real. Dito de outra forma, são os trabalhadores a sofrer redução em seus salários reais que "pagarão" os salários do contingente adicional de mão de obra.

A propensão ao consumo

Depois de examinadas as relações realmente existentes entre o aumento do volume de ocupação e os salários reais individuais, considerados constantes a habilidade ou a especialização existente, a quantidade e a qualidade do equipamento, o estado da técnica, o grau de concorrência, os gostos e hábitos dos consumidores etc., poderemos retornar ao exame da propensão ao consumo e de sua função na *Teoria geral*.

Já vimos que Keynes não apresenta uniformidade na abordagem do problema da propensão ao consumo, considerando ora os efeitos de uma elevação da renda real, ora da renda monetária sobre o consumo. Essas variações apresentam-se, por exemplo, na colocação do problema[16].

Recordemos, agora, as passagens de Keynes sobre a propensão ao consumo, que são bastante significativas. Quando ele se refere à propensão, considera-a no plano real:

> Quando aumenta o emprego, também aumenta a renda real da comunidade; a psicologia desta é tal que, quando a renda aumenta, o consumo total cresce, mas não tanto quanto a renda.[17]

Da mesma forma:

---

[14] John Maynard Keynes, *Teoría general de la ocupación e interés y el dinero*, cit., p. 30.

[15] Lawrence R. Klein, *La revolución keynesiana* (Madri, Editorial Revista de Derecho Privado, 1952), p. 116.

[16] John Maynard Keynes, *Teoría general de la ocupación e interés y el dinero*, cit, p. 38, 40, 94, 115.

[17] Ibidem, p. 38.

> A relação entre a renda da sociedade e o que se pode esperar que gaste em consumo, designada por D_1, dependerá das características psicológicas da comunidade, que chamaremos sua propensão a consumir.[18]

Porém sua lógica (que talvez seja teleológica, política) o autoriza a considerar a propensão ao consumo em relação à renda, medida em unidade de salário (salário nominal de uma unidade de trabalho), assim se expressando:

> Por conseguinte, definiremos o que temos chamado de *propensão a consumir* como a relação funcional entre Y_s, num dado nível de renda, medido em unidades de salário, e C, o gasto que se tira desse nível de renda para o consumo.[19]

A mesma coisa pratica reiteradas vezes, pois é esta nova versão da propensão ao consumo que Keynes adota. Por exemplo:

> Nossa lei psicológica normal de que, quando a renda real da comunidade aumentar ou diminuir, seu consumo aumentará ou diminuirá, mas não tão depressa, pode, portanto, traduzir-se – claro que não com absoluta precisão, mas sujeita a correções óbvias e que podem demonstrar-se facilmente e de modo formal completo – pelas proposições de que ΔC_s e ΔY_s têm o mesmo sinal, mas $\Delta Y_s > \Delta C_s$, em que C_s representa o consumo medido em unidades de salário.[20]

E, finalmente, acrescenta: "Isto é simplesmente repetir a proposição já estabelecida na página 40". Será realmente? Qual o interesse de Keynes em confundir as duas coisas, torná-las fungíveis para adotar uma propensão ao consumo em termos nominais de renda e consumo, quando, à página 95, havia declarado: "O consumo (C) é evidentemente muito mais uma função da renda *real* (em certo sentido) que da renda monetária"? Vejamos se há algo oculto nesta estranha predileção.

Quando se considera a propensão ao consumo como relação entre a renda e o consumo, medidos em unidade de salário (salário nominal) de uma unidade de trabalho, ergue-se um especioso véu monetário entre o observador e a realidade, ensejando uma espécie de *espelhamento*. A verdadeira visão dos fenômenos econômicos e de suas relações torna-se ainda mais difícil quando, ao véu monetário e às ilusões que propicia, aplica-se o método global que permite ocultar a realidade básica, individual. Mas nem tudo que se pode afirmar em termos globais pode ser afirmado em termos individuais ou parciais. Assim, consideremos:

Y a renda real global ou renda real medida em unidade de produto.

Y_s a renda real dos assalariados.

---

[18] Ibidem, p. 40.

[19] Ibidem, p. 94.

[20] Ibidem, p. 115.

Y_r a renda real dos demais agentes econômicos, sendo $Y_s + Y_r = Y$.
C o consumo global.
C_s o consumo dos assalariados.
C_r o consumo dos demais agentes econômicos, sendo $C_s + C_r = C$.

Poderá ocorrer um aumento em Y e em C enquanto Y_s e C_s diminuem, bastando para isso que Y_r e C_r cresça m mais do que a redução em Y_s e C_s. Mesmo nessa hipótese, o princípio de Keynes estará exato em termos reais globais, embora os fenômenos internos e divergentes fiquem latentes, sub-reptícios, expressos nos mesmos símbolos (Y e C). E ainda há mais: "quando aumenta a ocupação, aumenta também a renda real da comunidade", mas isso não significa que tenha havido aumento no salário real individual, mesmo que tenha havido aumento no salário real dos assalariados em conjunto; *isso porque o aumento da ocupação ou do número de unidades de trabalho empregadas pode ter sido maior do que o aumento no salário real global.* Também esta relação interna se anula com a aplicação do método global. A propensão ao consumo é, para Keynes, uma relação funcional entre a renda (real ou em unidade de salário) e o consumo (real ou em unidade de salário).

Esta expressão do comportamento psicológico em relação ao aumento da renda só se aplica à hipótese de um *aumento* independente de Y (e não à hipótese de sua diminuição, que é excluída da proposição geral por um artifício).

Segundo Keynes, o aumento da ocupação e, portanto, da renda real só pode ocorrer simultaneamente com um decréscimo dos salários reais[21].

Consideremos, na função consumo:
$C = x(Y)$.
$C_s = x(Y_s)$.
C_s consumo dos assalariados.
Y_s renda real dos assalariados (valor agregado).

Ora, sendo c_s função de Y_s, devemos observar o que ocorre com esta função quando aumenta a renda global real, ou o volume de ocupação.

Se Y_s crescer, por causa de um aumento do volume de ocupação, sem dúvida o consumo por parte dos assalariados aumentará, e cairemos na hipótese de Keynes, que a um aumento da renda real corresponde um aumento do consumo, *mesmo que tenha havido redução dos salários reais individuais*.

Chegamos, portanto, à conclusão de que o aumento da ocupação e da renda real dos assalariados (Y_s) (que acarreta a diminuição do salário real individual) fará

[21] Idem, *Teoria geral do emprego, do juro e da moeda*, cit., p. 29.

aumentar o consumo dos assalariados (C_s). Em outros termos, podemos dizer que basta um aumento no volume da ocupação para que o consumo dos assalariados, em conjunto, cresça (C_s).

Um aumento de C_s ou de Y_s só se dará mediante diminuição dos salários reais individuais, relação *excluída* da proposição de Keynes, em termos globais.

Ora, mesmo que os salários reais individuais diminuam, basta que a renda global dos assalariados (Y_s) cresça para que o consumo dos assalariados faça o mesmo. A hipótese de uma redução da renda na função $C = x(Y)$ só foi afastada, neste ponto do raciocínio de Keynes, para a renda global e a renda nominal dos assalariados em conjunto. Não foi para uma redução do salário real individual porque, quando este se reduz, o consumo c_s aumenta, em virtude de um aumento de y_s.

Na verdade, uma *redução* do salário real individual corresponde a um aumento do consumo dos assalariados em conjunto, desde que permaneça estável ou aumente a renda global dos assalariados em virtude do aumento do volume da ocupação.

Este efeito interno fica implícito no raciocínio de Keynes e, quando o evidenciamos, fica patente a importância da redução do nível de salários reais vigentes, até mesmo pela repercussão na propensão ao consumo dos assalariados em seu conjunto. De modo que, enquanto uma modificação na política fiscal poderá fazer aumentar a propensão ao consumo se ela, política fiscal, realizar "uma maior igualdade na distribuição de rendas". Por outro lado, e está implícito na *Teoria geral*, *uma baixa nos salários reais vigentes provocará uma elevação na propensão ao consumo dos assalariados*, sempre que se eleva a ocupação, em unidade de trabalho, com repercussão positiva sobre a grandeza do multiplicador[22].

Esta nossa apresentação do problema está de pleno acordo com a colocação inicial de Keynes, em termos reais. Chegamos ao mesmo resultado da escola clássica com a qual Keynes concorda nos seguintes termos:

> Quer dizer que, com uma determinada organização, equipamento e técnica, os salários reais e o volume de produção (e, portanto, de emprego) estão relacionados de uma só forma, de tal maneira que, em termos reais, um aumento da ocupação só pode ocorrer simultaneamente a uma redução da taxa de salários reais.[23]

Keynes formulou sua lei do consumo, segundo a qual, quando aumenta a renda, o consumo cresce, mas não tanto quanto a renda, partindo do comportamento da coletividade. Sua observação fez-se, no entanto, sobre o comportamento de indivíduos pertencentes aos grupos e às classes de que participou, dos capitalistas ingleses, dos comerciantes e lordes com quem conviveu. Ela só é realmente válida para as rendas

---

[22] Cf. idem, *Teoría general de la ocupación e interés y el dinero*, cit., p. 95.

[23] Ibidem, p. 30.

não contratuais, e sua aplicação à economia, como um todo, representa um falseamento da realidade, totalmente injustificável, a não ser como técnica de persuasão.

A compreensão dessas formas de generalização indevidas explica por que, com a utilização do método global, chegou-se ao impasse do problema do *no bridge*, da impossibilidade de passagem da microeconomia para a macroeconomia.

Depreende-se facilmente que o método global, da forma pela qual foi empregado por Keynes – também no que se refere ao problema da propensão ao consumo –, é uma técnica de distorção da realidade, um artifício do pensamento. No bojo do global, do macrokeynesiano, realidades distintas e contraditórias entram em conflito, não transparecendo, todavia, na expressão obscurecedora, nos símbolos e nas grandezas globais.

É totalmente falsa a aplicação da lei do consumo de Keynes a todos os tipos de renda[24], especialmente os salários e as rendas fixas, considerados em termos monetários. Ela é, no entanto, aparentemente válida para a economia como um todo; daí seu êxito duradouro como instrumento de análise e de explicação do consumo coletivo diante do aumento da renda, explicação cômoda e unilateral.

A respeito destes problemas aparentemente metodológicos, diz André Marchal:

> A dificuldade consiste em que muitas de nossas observações improvisadas e a maioria de nossas melhores informações estatísticas referem-se a grupos e não a indivíduos, o que nos leva fatalmente a construir uma teoria cujo objeto é o comportamento global. Por isso, os distintos modelos macroeconômicos nascidos da teoria de Keynes incluem magnitudes que não se podem relacionar com o comportamento de um indivíduo.[25]

Já Kenneth Arrow afirma:

> Se pudéssemos encontrar definições adequadas das variáveis coletivas em forma de variáveis individuais, isso bastaria para que pudéssemos harmonizar os modelos macroeconômicos com uma teoria individualista. Aqui está todo o problema da passagem da microeconomia para a macroeconomia: encontrar as definições adequadas.[26]

Pelo contrário, o problema está na impossibilidade prática decorrente dos antagonismos da sociedade capitalista. É bastante ingênua a assertiva de Arrow. O problema não consiste em encontrarem-se "definições adequadas". Nascendo de observações individuais do comportamento de determinados grupos "seletos", o método global

---

[24] Lei formulada, inicialmente, à p. 39 da citada edição em português da *Teoria geral*.

[25] André Marchal, *Metodología de la ciencia económica* (Buenos Aires, El Ateneo, 1958), p. 62.

[26] Kenneth Arrow, *Social Choice and Individual Values* (Nova York/Londres, Chapman & Hall, Limited, 1951). Uma das maiores dificuldades do problema surge do fato de Keynes ter alterado o sentido de todos os conceitos microeconômicos, mesmo quando não o declara e usa o termo clássico.

de Keynes mostra-se muitas vezes inaplicável à realidade total; sua aplicação, como no caso da lei que preside ao consumo, exige distorções e artifícios que fornecem uma imagem especiosa da realidade própria de outros grupos, sujeitos a outras *leis* e tipos de comportamento, que Keynes desconheceu consciente ou inconscientemente. Seu método global é uma técnica de se explicar e compreender o todo, heterogêneo e variável, no qual coexistem comportamentos distintos e mesmo antagônicos, como se fosse uma realidade única e homogênea. A aparência de validez é dada, neste particular, pela genial consideração dos fenômenos nos planos monetário e global como se neles fossem válidas as determinações feitas nos planos individual e real.

Malthus, mais uma vez, foi o precursor de Keynes: ele via com bons olhos o aumento da quantidade consumida pelo assalariado em conjunto. Isso, para ele, indicava aumento do lucro; como o assalariado sempre recebe e consome menos do que produz, o excedente não pago aumenta com o volume de ocupação. Por outro lado, a rigidez do fundo de salários – hoje dedutível da inelasticidade da produção dos bens-salário – indica que o consumo assalariado aumenta menos do que o volume de ocupação. Para Malthus, se se verifica um aumento do consumo dos assalariados, isso significa que o volume de ocupação aumentou, e também o excedente, a uma taxa superior.

Nos países retardatários, onde o keynesianismo de guerra assume a forma de despotismo militar, a economia justifica a redução do consumo assalariado como forma de aumento do coeficiente de novos investimentos (D_2). O aumento do excedente, que decorre da redução do salário real individual, vem acompanhado do aumento do consumo dos assalariados em conjunto (devido ao aumento do volume de ocupação), da expansão do consumo dos ricos, em termos de Malthus, e do consumo improdutivo por parte do governo.

O aumento da produção que decorre da elevada taxa de formação de capital mostrará, cedo ou tarde, que o capital cria seus próprios limites: o endividamento externo, a dívida pública e o subconsumo interno dos assalariados e desempregados transformarão as contradições do capitalismo retardatário em crise.

A ideia de que a renda da comunidade é homogênea – pressuposto implícito na lei que preside o comportamento coletivo em face de qualquer aumento da renda – lança suas raízes na filosofia utilitarista inglesa e, por meio dela, na filosofia da lei natural[27]. Para Keynes, como para os clássicos ingleses ou do continente, a possibilidade de que o aumento do prazer, da felicidade, do consumo ou da renda de certa parte da sociedade implicasse a redução ou se fizesse às expensas de outros grupos

---

[27] Em *Aspectos políticos da teoria econômica* (Rio de Janeiro, Zahar, 1962), principalmente no capítulo referente ao "Fundo de cena ideológico", Gunnar Myrdal descreve de forma excelente a influência do pensamento filosófico e político na teoria econômica clássica e neoclássica.

foi afastada totalmente. Para emprestar aparente validez lógica e universal à lei do consumo, Keynes foi obrigado a enunciá-la nos planos global e monetário. Assim procedendo, dificultou a percepção de que sua lei representa um estratagema aplicável até mesmo à redução, em termos reais, do consumo e das rendas fixas individuais, quando aumenta a ocupação. A consecução do bem comum, o possível aumento da propensão "coletiva a consumir", é própria de todas as ideologias modernas.

A harmonia de interesses, outra herança recebida por Keynes dos utilitaristas ingleses, foi conservada e por ele envolvida no véu das grandezas monetárias e globais. A realidade das partes e as grandezas reais passaram a segundo plano; os símbolos tomaram o lugar da realidade, possibilitando a construção de um quadro lógico propício às suas inferências políticas finais, em que os conflitos internos não transparecem.

Desenvolvimento das contradições internas da propensão a consumir

Relações funcionais meramente ideais, desrealizadas e tão inexistentes como uma derivada cor-de-rosa de primeiro grau ocultam as relações sociais da sociedade polarizada.

Quando não se parte da análise da produção, determinando-se as relações sociais da produção, a estrutura da produção, o modo de produção e a maneira pela qual o modo de repartição do produto e de seu consumo é determinado na esfera da produção (isto é, quando se começa do consumo individual como se ele tivesse autonomia e poder de produzir a estrutura da produção, suas condições e seus limites), tudo pode ser afirmado e nada é passível de demonstração.

Ao enunciar a "lei psicológica fundamental", Keynes o faz *in abstracto*, afirma que ela pode ser deduzida *a priori* ou a partir de dados empíricos, sem esclarecer em quais condições históricas e sociais e em que condições da produção sua proposição é válida. Quer persuadir o leitor de que ela é universalmente válida, funda-se no conhecimento da *natureza humana*, imutável e geral.

No entanto, a famosa lei que afirma que a "psicologia da coletividade é tal que, quando a renda real aumenta, o consumo da coletividade cresce, mas não tanto quanto a renda" não só não é válida universalmente como sua hipótese é falsa. E isso exatamente nas condições para as quais Keynes a formula, isto é, para uma situação de crise ou de subemprego da economia capitalista.

Com aparente ingenuidade, Keynes enumera a proposição de que "quando a renda aumenta, o consumo coletivo cresce". Ora, o problema da crise e do subemprego é justamente este: *o da impossibilidade de aumento da renda*. Para que a renda ou o dividendo nacional aumentasse seria ainda necessário que o volume de ocupação estivesse em expansão e, nessas condições, não haveria problema a ser resolvido nem motivo para Keynes escrever a *Teoria geral*. Ao supor resolvido o problema da crise, "quando a renda aumenta", Keynes fez seu diagnóstico "*demonstrando*" que a insuficiência da demanda global não se relacionava à demanda de bens de consumo (D_1) porque esta cresce com o aumento da renda, embora não tanto quanto ela.

Mas a questão é: *quando* cresce a renda dentro da crise, Mr. Keynes? O problema da crise e do subemprego era justamente aumentar a renda. Se em relação a D_1 (demanda de bens de consumo) não houvesse problema, porque a propensão marginal a consumir é próxima da unidade, Keynes só poderia encontrar problema de insuficiência da demanda global em D_2 (demanda de bens de capital). Para a felicidade dos capitalistas, Keynes diz-lhes que, se eles aumentarem o coeficiente de novos investimentos, adquirirem maquinaria nova, estimulados pela autoridade monetária que reduz a taxa de juros corrente em relação à eficiência marginal do capital, a economia estará salva, a caminho do pleno emprego. Mas como, no subemprego de maquinaria próprio da crise, poderá o capitalista adquirir novas máquinas para instalar ao lado das máquinas paradas a fim de "preencher a diferença ampliada entre Z e D_1"? Impossível. Logo, nem a renda, nem a demanda de bens de consumo, nem a demanda de bens de capital podiam aumentar no subemprego provocado pela crise do *laissez-faire*. A *função consumo* de Keynes, tal como foi enunciada, é totalmente falsa porque não é parte das condições totais da crise e do subemprego. Supõe que a economia já se encontre com a renda total em ascensão e já esteja resolvido o falso problema da demanda agregada; atribui o equilíbrio em subemprego não à insuficiência relativa do consumo, mas a um baixo coeficiente de novos investimentos. No entanto, se no subemprego da crise do *laissez-faire* a renda não sobe, a demanda de bens de consumo não pode elevar-se para, depois de aumentada a escala da produção de bens de consumo, reduzida a taxa de ociosidade do equipamento a próximo de zero, permitir o aumento da demanda de bens de produção. Se, na crise do *laissez-faire*, nem D_1 nem D_2 podem aumentar, o consumo coletivo só poderá crescer graças à demanda do governo (D_3), que pode produzir autônoma e discricionariamente o aumento de sua receita ou de sua renda valendo-se de empréstimos compulsórios, de novas emissões de dinheiro estatal ou de aumento da receita tributária.

Se o governo é o único agente que pode aumentar a demanda global, a teoria econômica de uma economia sem governo – o *laissez-faire* – está no fim.

Ao deslocar fatores desocupados para o setor que produz para o governo, acumula-se capital nos compartimentos que os clássicos chamam de *Agenda* em branco: serviços públicos, defesa, estradas, esgotos etc. À estrutura produtiva alterada corresponde nova estrutura do consumo: os setores improdutivos e não reprodutivos (defesa, estradas, esgotos, pirâmides, habitações etc., em suma, as não-mercadorias) expandem-se, aumentando agora a renda disponível para o consumo coletivo em relação à capacidade de produção de bens de consumo que só aumenta depois que o preço dos bens de consumo se eleva.

Se grande parte dos *fatores disponíveis* é empregada nos setores improdutivos, que têm no governo o único comprador (de armas, estradas, esgotos etc.), o departamento de bens de consumo contará com menor número de fatores disponíveis, reduzindo-se o aumento potencial da produção daqueles bens. Se foi o crescimento desmesurado da produção de bens de consumo que eliminou sua escassez e levou a economia do *laissez-faire* à crise de 1929, o desvio de recursos para os setores improdutivos evitará aquele excesso de produção. Por outro lado, *a capacidade relativa de consumo da coletividade*, isto é, em relação à capacidade de produção e oferta de bens de consumo, terá de aumentar. A propensão a consumir da coletividade, nesta estrutura da produção com a contribuição do governo – único consumidor realmente soberano – será bastante elevada, e a marginal será próxima da unidade, como é próprio de uma sociedade de consumo.

Ao desviar recursos potenciais dos setores de produção de bens de consumo e de bens de produção (de bens de consumo, obviamente) para o departamento improdutivo, o governo evita que o capital produtivo se torne abundante, estimulando o setor improdutivo-destrutivo. Na estrutura ocupacional, além dos empregados nessas empresas, o governo transforma parte dos trabalhadores desempregados da produção em terciários improdutivos na *Agenda* da burocracia civil e militar.

Esta nova estrutura produtiva, dinamizada pelo obscurecimento das relações sociais reais, expande-se alimentada pelo dinheiro estatal, despótico e fictício. Inicia, aqui, a história de uma nova contradição, ou melhor, de nova forma assumida pela contradição entre a produção capitalista movida pelo lucro e o consumo coletivo limitado pelo salário. Agora os consumidores improdutivos avolumam-se no polo mistificado do não trabalho, ajudando a realização. Tornam-se tecnicamente necessários aos seus próprios olhos, inventam ocupações desocupadas, parasitam o capital que ajudam a realizar, e transformam a crise dos anos 1930 numa crise da estrutura da produção, da ocupação e do consumo. Consomem sem produzir, reduzindo o produto disponível para o consumidor produtivo, o trabalhador produtivo real. No fim da economia keynesiana, em sua crise, o desemprego não poderá ser mais reabsorvido nos setores e ocupações improdutivos por dois motivos principais: o custo de reemprego de uma unidade de trabalho improdutivo será tão elevado que o dispêndio do governo, necessário à redução da taxa de desemprego real, elevará o índice de preços a níveis perturbadores da reprodução interna e da ordem monetária internacional. Para tentar conter a taxa de inflação decorrente de seus gastos necessários para garantir a reprodução do departamento III, despesas que levam a demanda efetiva a ultrapassar o nível de pleno emprego, o governo é obrigado a recolher o dinheiro estatal excedente. A dívida pública necessariamente se eleva. Em segundo lugar, a estrutura da *produção* estará tão dominada pelo departamento III, produtor de não-mercadorias – do qual o governo é o único comprador –, que o aumento necessário para reabsorver parte do desemprego evidenciará o conflito entre a produção e a dissipação, quando o setor de produção de bens de consumo estiver desfalcado de *fatores potenciais* limitando a capacidade de produção de bens de consumo. A sociedade de consumo, cuja estrutura da produção e do consumo encontrou em Keynes seu ideólogo, desenvolve os valores do consumo no consumidor e acaba por reduzir, na estrutura da produção, o setor que produz os bens consumíveis. A nova forma da contradição se instaura na estrutura da produção.

Nestas condições finais, o aumento da renda monetária que o governo fez acrescer nas mãos do consumidor improdutivo se deparará com a inelasticidade da produção e da oferta de bens de consumo. Na sua aparência, a crise da economia keynesiana não será uma crise por excesso relativo de investimento e de produção de bens de consumo, mas de insuficiência da oferta destes. A mudança da forma da contradição principal, entre as condições da produção capitalista e as de seu consumo, terá sido completa, exigindo um grande esforço de determinação do conteúdo real e latente oposto à forma aparente. Os Estados Unidos, que centralizam o mercado para o excedente mundial, apresentarão um déficit permanente em sua balança comercial. O governo federal dos Estados Unidos será obrigado a criar, a lançar na circulação um volume de D_3 capaz de permitir a realização de S, da mais-valia doméstica, e do déficit comercial, isto é, do valor das importações maior do que o das exportações. O aumento do dispêndio público (D_3) ultrapassará o nível da demanda de pleno emprego. A venda de títulos do governo, o aumento da dívida pública e de seu serviço é a forma final que assume a crise de realização.

É, portanto, a crise de realização que, ao ser "controlada", "administrada", assume a forma final de crise da dívida pública cêntrica.

10

Considerações sobre o multiplicador de ocupação de Kahn e o de investimento de Keynes

Se considerarmos o multiplicador de ocupação de Kahn, perceberemos que um aumento inicial de ocupação (*increment of primary employment*) acarretará um aumento da ocupação total (inicial e derivada, ou primária e secundária), ou seja, de unidades de trabalho empregadas.

Isto é, $N_2 \times k' = N$, sendo N o volume da ocupação total. Logo, o aumento da ocupação secundária é igual ao total menos a ocupação anterior ao aumento, isto é, $N - N_2 = N'$, sendo N' o aumento líquido da ocupação (homem-hora).

Ora, a um nível N_2 de ocupação existia um volume Y_s de salário real (Y_s), igual ao antigo volume de salário real Y_s' mais o aumento proveniente do acréscimo da quantidade de ocupação (N').

Chamemos ao acréscimo líquido do salário real, devido a um aumento de N', de Y'. Para que houvesse um acréscimo no nível do salário real, seria necessário que $\frac{Y_s'}{N'} > \frac{Y_s}{N_2}$, isto é, que as novas unidades de trabalho obtivessem um salário real superior ao salário real vigente ao antigo nível de ocupação, porque se $\frac{Y_s'}{N'} > \frac{Y_s}{N_2}$ a relação $\frac{Y_s}{N}$ permaneceria a mesma.

> Para que $\frac{Y_s'}{N'} > \frac{Y_s}{N_2}$ é evidentemente necessário que a desutilidade marginal da ocupação seja maior para N' do que para N_2 e que o salário real o seja igualmente, o que é absurdo, mesmo dentro da abordagem clássica.[1]

Isto é, o novo contingente de ocupação (N') estaria, anteriormente, desocupado, não de forma involuntária, mas voluntária, e teria aceitado emprego graças a um aumento do salário real. Mas o aumento da unidade de salário real só é possível depois

[1] John Maynard Keynes, *Teoría general de la ocupación e interés y el dinero* (Cidade do México, Fondo de Cultura Económica, 1951), p. 134.

de atingida a plena ocupação ou, conforme Klein, "Keynes considera que a oferta de trabalho é perfeitamente elástica até o nível de pleno emprego"[2].

Também aqui se percebe claramente que a proposição inicial de Keynes está em vigor, isto é, que

> com uma determinada organização, equipamento e técnica, os salários reais e o volume de ocupação (e, por conseguinte, de emprego) estão relacionados em uma só forma, de tal maneira que, em termos gerais, um aumento da ocupação só pode ocorrer simultaneamente à diminuição da taxa de salários reais.[3]

Se considerarmos Y a renda real global, Y_s os salários reais globais, Y_r a renda real dos demais agentes econômicos, vê-se claramente que a um aumento N' do volume de ocupação corresponderá um aumento menos que proporcional em Y_s. Portanto, para que Y cresça tanto quanto N_2 é necessário que Y_r cresça mais do que proporcionalmente ao crescimento de N_2. De modo que, para que Y (renda real medida em unidade de produto) cresça tanto quanto a ocupação N_2 (medida em unidade de trabalho), é necessário que a renda real dos demais agentes econômicos (Y_r) cresça mais do que o aumento dos salários reais (Y_s).

Ora, Keynes argumenta que o volume de ocupação N_2 "aumenta mais do que proporcionalmente ao aumento da renda real medida [se tal coisa é possível] em unidade de produto"[4].

Já vimos que, de acordo com o próprio Keynes, N_2 só pode aumentar mais do que proporcionalmente a Y_s; logo, o crescimento de Y_r teria de ser mais do que proporcional ao crescimento de N_2 para que Y aumentasse proporcionalmente a N_2.

Como "existe um *rendimento decrescente* na margem à medida que as unidades de trabalho empregadas no equipamento de produção são maiores"[5], Keynes atribui a este fato *apenas* o aumento mais do que proporcional da ocupação em relação à renda real, medida em unidades de produto. Ora, um "rendimento decrescente na margem à medida em que o número de unidades de trabalho empregadas aumenta" não é suficiente para explicar o fato.

Como examinaremos posteriormente, Keynes considera que o rendimento decrescente que se verifica quando aumenta a ocupação, conservando o mesmo equipamento de produção, pode ser "compensado", e esta compensação só pode ser em relação a Y_r, isso devido à elevação do nível de preços. Mas, à página 115, quando

---

[2] Lawrence R. Klein, *La revolución keynesiana* (Madri, Editorial Revista de Derecho Privado, 1952), p. 93.

[3] John Maynard Keynes, *Teoría general de la ocupación e interés y el dinero*, cit., p. 30.

[4] Ibidem, p. 115.

[5] Idem.

arranja seus símbolos e suas variáveis com a intenção de chegar ao multiplicador de investimento, Keynes oculta ou se esquece de referir-se a este fato interveniente (elevação do nível de preços), capaz de responder pela redução de Y_s. Se a redução de Y_s fosse devida apenas à produtividade decrescente, quando aumenta a ocupação, como se poderia compensar Y_r quando aumentam as unidades de trabalho empregadas? Não há explicação aqui; para isso, precisamos recorrer a outra passagem da *Teoria geral*: neste ponto, a explicação fica por conta da redução dos salários reais individuais que a elevação de preços acarreta. Porque, até o momento em que se atinge a plena ocupação,

> o rendimento decrescente, ocasionado pelo fato de aplicar mais trabalho a um equipamento dado de produção, tem sido *neutralizado pela aquiescência da mão de obra a ver reduzido o seu salário real.*[6]

É o aumento de preços latente, nesta passagem de Keynes, que pode, finalmente, explicar – como acabamos de consignar – o motivo pelo qual "a renda em unidades de salário aumentará" em proporção muito superior ao "aumento da renda real medido [se tal coisa é possível] em unidades de produto"[7].

De modo que o aumento mais do que proporcional de N_2 em relação a Y não pode ser atribuído, como faz Keynes, a um "rendimento decrescente na margem" à medida em que o número de unidades de trabalho empregadas no equipamento de produção é maior porque tal fato se deve também, e fundamentalmente, a um aumento menos que proporcional de Y_s quando N_2 aumenta.

Talvez se possa compreender agora por que Keynes preferiu o multiplicador de investimentos ao multiplicador de ocupação de Kahn, embora tenha, dentro da *Teoria geral*, considerado "conveniente operar com o caso simplificado, em que $k = k'$"[8], isto é, considerou o multiplicador de ocupação igual ao seu, de investimentos, embora, à página anterior, reconhecesse que "não há razão, em termos gerais, para supor que $k = k'$"[9].

Parece-nos que o multiplicador (k') de ocupação que, conforme Keynes, "mede a relação do aumento de ocupação total derivado de um aumento determinado de ocupação nas indústrias de inversão"[10], não permite certo "teorizar implícito" que se encontra no multiplicador de investimentos. Se considerasse o multiplicador de ocupação (k') que nos fornece a ocupação total (ΔN), produzida por um aumento

---

6 John Maynard Keynes, *Teoría general de la ocupación e interés y el dinero*, cit., p. 278; grifo nosso.

7 Ibidem, p. 115.

8 Ibidem, p. 118.

9 Ibidem, p. 117.

10 Idem.

da ocupação inicial (ΔN_2) devido a um aumento de investimento (ΔI_s), ficaria bem claro que a ocupação total $N = k' \cdot N_2$ só seria alcançada mediante redução dos salários reais individuais ou do nível dos salários, conforme vimos anteriormente.

Como bem lembra Hansen[11], quando Kahn apresentou seu multiplicador, esclareceu por que as reações em cadeia (*chain-reaction*) não levam, infalivelmente, ao pleno emprego, apontando a existência de escoadouros (*leakages*) que enfraquecem a intensidade do processo.

> Entre os mais importantes desses vazamentos estão os seguintes: 1. parte do aumento da renda é usada para quitar débitos; 2. parte é poupada na forma de depósitos bancários; 3. parte é investida em títulos obtidos de terceiros, que em contrapartida deixam de gastar suas receitas; 4. parte é suprida com estoques excedentes de bens de consumo que não podem ser substituídos.[12]

A exposição de Keynes na *Teoria geral* parece-nos mais completa, mas, ao mesmo tempo, torna mais difícil a constatação dos pressupostos implícitos que utiliza. Ele parte da propensão marginal a consumir $\frac{\partial C_s}{\partial Y_s}$ e afirma:

> Esta quantidade é de considerável importância, porque nos diz como se dividirá o seguinte incremento da produção entre consumo e inversão, porque $\Delta Y_s = \Delta C_s + \Delta I_s$, onde ΔC_s e ΔI_s são os incrementos do consumo e da inversão; de forma que podemos escrever $\Delta Y_s = k \Delta I_s$, onde $1 - \frac{1}{k}$ é igual à propensão marginal a consumir" e [...] k o *multiplicador de investimento*.[13]

Em seguida, Keynes mostra como a variação da propensão ao consumo afeta o multiplicador. O aumento de ocupação se reduziria à ocupação inicial provocada por novos *investimentos públicos* se, por exemplo, o consumo da comunidade não se modificasse com o aumento da ocupação, portanto, da renda real. "Se, por outro lado, decide consumir o total de qualquer aumento da renda, não haverá ponto de estabilidade e os preços subirão sem limite"[14].

Por outro lado, não pode haver aumento de investimento medido em unidades de salário, a não ser que o público esteja disposto a aumentar suas poupanças. Além disso,

> qualquer esforço para consumir uma parte do acréscimo de renda estimulará a produção até que o novo nível (e a distribuição) das rendas propicie uma margem de poupança

---

[11] Alvin Harvey Hansen, *A Guide to Keynes* (Londres, McGraw-Hill, 1953), p. 89.

[12] Ibidem, p. 88-9.

[13] John Maynard Keynes, *Teoría general de la ocupación e interés y el dinero*, cit., p. 115-6.

[14] Ibidem, p. 117. É por isso que é necessário que a dívida pública aumente: a venda de títulos do governo reduz a renda disponível para consumo e impede que os "preços subam sem limite". A dívida pública cresce para que a taxa de inflação não se eleve exponencialmente.

suficiente que acarrete o acréscimo de investimento. O multiplicador nos diz em que proporção o emprego deverá elevar-se para provocar um aumento da renda real suficiente para induzir o público a realizar poupanças extras, e isso em função de suas inclinações psicológicas. Se a poupança é o remédio e o consumo é a geleia, a geleia extra tem de ser proporcional ao remédio adicional.[15]

Interessa-nos especialmente, neste trabalho, considerar o efeito dos investimentos nas indústrias de bens de capital, sua influência no volume de emprego, na renda e no aumento da procura por bens de consumo. Keynes aborda o problema[16]. Quando o aumento de investimento inicial é realizado pelo Estado (obras públicas) ou quando se realiza predominantemente nas indústrias de bens de capital, o aumento da procura de bens de consumo que provocará poderá gerar uma notável elevação dos preços dos bens de consumo. Assim se expressa Keynes a respeito:

> Neste caso, os esforços daqueles que foram empregados recentemente nas indústrias de bens de capital para consumir uma parte de seus incrementos de renda farão subir os preços de bens de consumo até que se chegue a um equilíbrio temporal entre a oferta e a demanda, como consequência do adiamento do consumo, em parte devido a uma redistribuição de rendas em favor das classes que poupam devido ao aumento de seus lucros decorrentes dos preços mais altos, e em parte porque os preços em elevação provocam uma redução dos estoques.[17]

Ora, a flexibilidade dos salários reais é um pressuposto de Keynes que aparece principalmente quando o efeito do multiplicador se faz sentir na economia.

> Quando existe desemprego involuntário, a desutilidade marginal do trabalho é necessariamente menor do que a utilidade do produto marginal. Na verdade pode ser muito menor, porque certa quantidade de trabalho, para um homem que esteve sem emprego há muito tempo, em vez de desutilidade pode ter uma utilidade positiva.[18]

De modo que o multiplicador de ocupação só aparece quando os assalariados estejam dispostos a se empregar, mesmo que a utilidade do produto marginal seja muito menor do que a desutilidade marginal do trabalho. Porque, segundo o lorde, para quem está desempregado, pode representar um prazer "ter uma utilidade positiva", e o assalariado se contentará com uma remuneração mínima... Este é um dos fundamentos ora explícitos, ora implícitos da *Teoria geral*, produto autêntico de suas *predileções ideológicas* e que fornece os instrumentos que conduzirão a economia a um *pleno*

---

[15] Ibidem, p. 118.

[16] Ibidem, p. 124.

[17] Idem.

[18] Ibidem, p. 115.

emprego, paraíso de duas faces em que o nível dos salários reais é necessariamente o mínimo para um nível de ocupação plena, *ab definitio*.

Quanto maior for o multiplicador de investimentos, ceteris paribus, tanto maior terá sido a capacidade dos assalariados de consentir em uma redução de seus salários reais.

Como o consumo dos assalariados em seu conjunto cresce com o aumento da ocupação, a propensão ao consumo aumentará mesmo que os salários reais diminuam. Este fato tem um efeito "favorável" na grandeza do multiplicador e também grande significação no aumento de preços dos bens de consumo. No entanto, o obscurecimento da estrutura da produção e da ocupação dificulta a compreensão das relações reais, e principalmente o fato de que o investimento se origina da poupança, da redução do consumo, mas não do consumo dos capitalistas, e sim do consumo do trabalhador individual.

Ao supor dados o equipamento, a organização e a técnica – como Keynes geralmente o faz –, o multiplicador de investimento perde o sentido. Só a *longo prazo*, supondo-se variações no equipamento, poder-se-ia falar, com propriedade, em multiplicador de investimento. Ao nos limitar ao período de análise de predileção de Keynes, o multiplicador de investimento só pode ser, na realidade, multiplicador de ocupação. Aqui, mais uma vez, o raciocínio de Keynes transborda para o longo prazo: no curto prazo não pode haver, por definição, aumento de capital empregado, mas apenas de mão de obra. Ao adotar, no livro III, o conceito clássico de investimento[19], ele desvia o enfoque da análise para o volume de investimento, definido àquela altura como aumento do volume de ocupação! Se a ênfase fosse mantida no multiplicador de ocupação, a redução dos salários reais transpareceria claramente como condição da existência do multiplicador. Portanto, o principal *leakage* (filtração, escoadouro) talvez seja a rigidez da unidade de salário real, e a ela Keynes não se refere graças à curva que fez em sua análise: a adoção do multiplicador de investimentos como substituto do multiplicador de emprego.

Há alguns aspectos da teoria do multiplicador de Keynes que, embora importantíssimos, não foram devidamente analisados. Vamos observá-los.

I

No livro III, em que trata do problema, o termo investimento tem um significado especial que, tanto quanto nós sabemos, os pós-keynesianos não levaram em

---

[19] Para os clássicos – isto é, os adeptos da teoria do valor-trabalho –, o investimento não se determina no momento da compra de máquinas e equipamentos adicionais, mas quando o trabalho produtivo é empregado na produção de capital adicional.

consideração. Este sentido especial de *investimento* só é válido para a análise feita no referido livro III.

Quando Keynes afirma:

> As flutuações na renda que neste livro se consideram são as que resultam de *aplicar diferentes quantidades de ocupação* (isto é, de unidades de trabalho) a um equipamento determinado de produção, de tal maneira que a renda real aumenta e diminui com o número de unidades de trabalho empregadas,[20]

qual a categoria de investimento que, neste livro III, dentro do esquema e coerente com as hipóteses de Keynes, pode ser realizada para aumentar a renda nacional? Investimento em equipamento, acréscimos ao capital real da economia? Certamente não, pois eles foram declaradamente eliminados (*equipamento determinado de produção*).

Na exposição do multiplicador de investimento, a hipótese fundamental é, expressamente, a seguinte: os investimentos ou desinvestimentos que provocam o aumento ou a diminuição da renda nacional consistem apenas em oscilações nas "*unidades de trabalho empregadas*". Claramente, ele considerou apenas a possibilidade de investimento em mão de obra, expressão que não utiliza, mas que, por exclusão, é a única compatível com a limitação anteriormente transcrita. Adotou, sem o declarar, o conceito clássico, baseado na teoria do valor-trabalho, segundo o qual investimento é o aumento do trabalho humano produtivo, e o estendeu, ao contrário de Smith, ao trabalho humano improdutivo (terciário). Além disso, convém repetir:

> Nós estabelecemos no capítulo 8 que o emprego só pode aumentar *pari passu* com o investimento a menos que se verifique uma mudança na propensão a consumir.[21]

Se as variações da renda nacional resultam das oscilações do volume de ocupação e se esta última aumenta *pari passu* com o investimento e se o equipamento é dado, investimento é emprego de trabalho adicional.

O desemprego é essencial para que o multiplicador se concretize, o que evidencia que a crise é o mais adequado ambiente para sua atuação. Se, na crise, há ociosidade do capital produtor, o investimento não se dará no setor de produção de bens de produção nem no de bens de consumo (devido à elevada ociosidade), mas no setor governamental, no qual terá de assumir a forma de "aumento de unidades de trabalho... em dado equipamento produtor".

---

20 John Maynard Keynes, *Teoría general de la ocupación e interés y el dinero*, cit., p. 115.

21 Ibidem, p. 113.

II

Para que o multiplicador de Keynes seja igual ao de ocupação de Kahn, é necessário que o seu multiplicador seja, também, um *multiplicador de ocupação*, o que reforça a conclusão anterior. Verificado que o aumento de ocupação primária não representa, por si, o incremento ampliado da ocupação total, deve-se procurar as relações entre um e outro.

Apenas quando o aumento da ocupação primária provoca um incremento do consumo (devido ao aumento da renda paga à ocupação acrescida) é que se estabelece o vínculo entre um e outro. Logo, a propensão ao consumo é o canal que nos permite estabelecer a relação entre o incremento da ocupação primária e da ocupação $\frac{\partial C_s}{\partial Y_s}$ total. Keynes afirma que a propensão marginal a consumir "é de considerável importância, porque nos diz como se dividirá o próximo incremento da produção entre consumo e investimento"[22]. O consumo perde sua conotação medieval de pecado para, na sociedade de consumo, adquirir o poder de multiplicar a renda nacional. "Quanto maior a propensão marginal a consumir, maior será o multiplicador"[23].

III

Para completar a simplificação mecanicista, o problema da elasticidade de ocupação da demanda é afastado para o capítulo 20 de *Teoria geral*. Realmente, este é um problema crucial da análise do incremento da ocupação e, neste particular, mais importante do que a questão da densidade de mão de obra. No referido capítulo, Keynes coloca o problema nos seguintes termos:

> Disto se deduz que o pressuposto em que nos baseamos até aqui, de que as mudanças na ocupação só dependem de modificações na demanda global efetiva (em unidades de salário), é apenas uma primeira aproximação. Se admitimos que há mais de uma maneira pela qual supomos que se distribua o crescimento da demanda global entre os diferentes bens, isto pode influir consideravelmente sobre o volume de ocupação. Se, por exemplo, o crescimento da demanda dirige-se principalmente para produtos que têm uma alta elasticidade de ocupação, o aumento global desta será maior do que se o aumento da procura se encaminhasse para produtos com pouca elasticidade de ocupação.[24]

Assim sendo, o aumento da demanda, provocado pelo investimento inicial, terá seu efeito sobre o incremento final da renda nacional e do volume de ocupação

[22] Ibidem, p. 115-6.

[23] Idem, *The General Theory of Employment, Interest and Money*, cit., p. 125.

[24] Idem, *Teoría general de la ocupación e interés y el dinero*, cit., p. 275.

condicionada à elasticidade de ocupação da demanda, qualificação do problema que, se apresentada no estudo do multiplicador, exigiria maiores cuidados e limitações no trato do problema. Os serviços constituem, de longe, o setor de maior elasticidade de ocupação, e seu desempenho não figura na análise do multiplicador.

IV

Ao transportar para o plano monetário a "lei psicológica fundamental" segundo a qual, "quando a *renda real* da comunidade sobe ou baixa, seu consumo crescerá ou diminuirá, porém não tão depressa"[25], até aqui enunciada no plano real, Keynes pode chegar ao seu multiplicador monetário.

Independentemente dos motivos objetivos e subjetivos que determinam a propensão a consumir, Keynes parece ter percebido que a fase do capitalismo que ele teorizava (e os novos instrumentos que procurava justificar) caracterizava-se por uma elevada propensão ao consumo que a crise tornara potencial. O sistema de crédito que permite antecipar o consumo à percepção da renda, a hipertrofia do setor terciário que, embora não colaborando diretamente para o incremento do fluxo físico da oferta, contribui para o consumo de grande parcela da demanda de bens finais (D_1), os gastos do governo em despesas bélicas e semelhantes (não-mercadorias) que não contribuem para a oferta física de bens de consumo, mas aumentam o volume de empregos e a renda que incrementa a demanda de bens finais (D_1), são os fatores que, independentemente da estrutura da repartição da renda[26], fazem com que as modernas sociedades capitalistas tenham uma elevada propensão média e marginal a consumir. Estes são os grandes ausentes da teoria keynesiana do consumo e do multiplicador. Se acrescentarmos a esses fatores a publicidade e os aspectos sociológicos do consumo (consumo em função do *status* e em função do papel), poderemos entender os verdadeiros motivos que determinam a grandeza do multiplicador e que a crise tornara potenciais.

Por fim, como o incremento da renda se traduz, em boa parte, em demanda de serviços, e sua prestação em aumento da renda nacional, quanto mais elevada for a propensão da coletividade a consumir serviços, maior será o multiplicador. Como o terciário, para o qual flui parte do acréscimo inicial da renda, demanda serviços de

---

[25] Ibidem, p. 115.

[26] Com seu aparente simplismo, Tinbergen não pode deixar de apontar alguns fatores que mantêm elevada propensão da coletividade a consumir e que Keynes desprezou: "A propensão ao consumo é, na essência, uma relação entre dois conceitos macroeconômicos: o gasto total em consumo e os gastos individuais em consumo, e cada um deles dependerá, geralmente, da renda do indivíduo de que se trate. Deve depender, além disso, de um certo número de preços e da dimensão da família de que se trata, podendo intervir outros fatores"; Jan Tinbergen, "Keynes y la econometria", *Revista de Occidente*, Madri, Fundación José Ortega y Gasset, 1968, p. 193; grifos nossos.

outros setores e bens de consumo, o fluxo de renda, enquanto transferência ao terciário, provoca um aumento contábil da renda nacional, isto é, que é captado apenas nos sistemas de contabilidade que equipararam bens e serviços no cômputo da renda e do produto. Por isso, parte do conteúdo e da grandeza do multiplicador keynesiano é meramente contábil e decorre da homogeneização entre bens e serviços no sistema de contas nacionais adotado nas economias capitalistas.

Podemos encontrar na *Teoria geral* uma pista para entender o multiplicador de investimento de outra maneira, também não ortodoxa.

> Se as tendências psicológicas do público são realmente as que supomos, estabelecemos aqui a lei de que *o incremento de emprego consagrado ao investimento estimula, necessariamente*, as indústrias que produzem para o consumo [porque o incremento de emprego consagrado ao investimento, no setor de produção de máquinas, produz, necessariamente, um aumento relativo da capacidade de consumo], determinando, assim, um aumento total do emprego que é um múltiplo do emprego primário exigido pelo próprio investimento".[27]

Se as máquinas produzidas pelo "incremento do emprego consagrado ao investimento" não produzirem jamais meios de consumo, sendo exportadas ou utilizadas na produção de não-mercadorias adquiridas pelo governo, haverá um incremento da renda disponível para o consumo de bens ou de serviços produzidos, sem acréscimo da produção de bens de consumo e de sua oferta. Esta é uma das formas de criação de "demanda sem oferta" a que Marx se refere.

Se o incremento produtivo no departamento de bens de produção resulta em acréscimo de máquinas que produzem bens de consumo, nada garante que o acréscimo da renda nos dois departamentos seja capaz de adquirir a produção de meios de consumo adicional. Se a lei de Say não funciona, o emprego não pode continuar a se multiplicar.

Logo, esta pista nos leva a crer que Keynes tinha em mente não apenas o acréscimo de emprego no setor terciário e em todo o departamento III, que produz não-mercadorias, como no próprio setor de produção de bens de capital, ao pretender mostrar que a elevada capacidade relativa de consumo da coletividade poderia fazer ampliar o emprego e a renda nacional[28].

Antes de Kahn, Tugan Baranowski afirmou que um aumento contínuo de emprego no setor que produz meios de produção é capaz de equilibrar o sistema e garantir a

---

27 John Maynard Keynes, *Teoria geral do emprego, do juro e da moeda*, cit., p. 119.

28 Aqui, o caráter malthusiano da *Teoria geral* vem à tona. O aumento do consumo via pirâmides, guerra, desenterro de garrafas com dinheiro etc. evidencia que a insuficiência da demanda efetiva encontra-se, tal como em Malthus, na limitação do consumo e não do investimento.

reprodução ligeiramente ampliada, desde que as máquinas produzidas não sejam usadas para incrementar a produção de meios de consumo. O exagero de Tugan Baranowski, sua suposição de investimentos separados e isolados da produção de meios de consumo, é apenas um exagero, mas a tendência apontada está de acordo com a da produção da economia keynesiana. O consumo individual deixa de ser o objeto e o fim único da produção quando parte das máquinas são produzidas para ser exportadas, gerando fora o *output* de meios de consumo, ou quando parte delas destina-se a produzir *não-meios de consumo* para o governo. Assim, no departamento de produção de bens de capital "o incremento do emprego consagrado ao investimento estimula necessariamente as indústrias que produzem para o consumo", conforme Keynes afirma, e o emprego primário, tanto nos setores improdutivos como no de produção de bens de capital para exportação ou para produção de não-mercadorias, poderá se expandir até determinar, depois de aumentar a demanda e os preços dos bens de consumo, o aumento da escala de produção e de emprego neste último departamento.

Nesse capítulo, Keynes declara-se favorável aos gastos completamente "*wasteful*" e não aos apenas parcialmente dissipadores porque, em relação aos primeiros, os padrões de racionalidade dos princípios dos negócios não poderiam vigorar, mostrando que o governo, ao reempregar mão de obra, não pode limitar-se e reger-se por padrões do tipo custo/benefício.

Esta estrutura ocupacional, em que se verifica o efeito multiplicador, modifica-se continuamente, não apenas quantitativa, mas qualitativamente, ampliando os empregos improdutivos no setor de produção de máquinas de produção de mercadorias, no setor de produção de não-mercadorias e no terciário improdutivo, que o governo contrata ou que o sistema cria (nas mil formas de empresas terciárias de penteados e cuidados com cachorros, propaganda, psicanalistas, saunas, fiscalização, massagens, institutos de beleza, defesa, emagrecimento etc.), e que garantem a elevada propensão a consumir serviços e meios de consumo (porque o terciário recebe parte da renda primária e a gasta em meios de consumo e em serviços). O limite histórico do multiplicador, *leakage* final, será dado pela impossibilidade de crescimento indefinido da improdução, utilizado pela economia keynesiana como mecanismo de correção da contradição entre as condições sociais da organização da produção e os limites do consumo privado característico do modo de produção capitalista. O crédito público, a dívida pública produzida e ampliada para garantir a realização das não-mercadorias ditará o limite da dinâmica keynesiana.

No capítulo 10, em que trata do multiplicador, Keynes mais uma vez aponta para a inflação como a solução das contradições do capitalismo moderno: os investimentos públicos e os gastos do governo, ainda que consistissem em

> encher velhas garrafas com notas de banco, enterrá-las a profundidade conveniente em minas de carvão abandonadas que logo se cobririam com detritos urbanos e deixar à

> iniciativa privada, de acordo com os bem experimentados princípios do *laissez-faire*, o cuidado de desenterrar novamente [...] o desemprego poderia desaparecer e, com a ajuda do multiplicador, é provável que a renda real da comunidade, bem como a sua riqueza em capital, fossem sensivelmente mais altas do que o são atualmente.[29]

Ao justificar qualquer tipo de dispêndio, principalmente os totalmente *wasteful*, o multiplicador presta seu serviço à ideologia de Keynes. A inflação provocada pelo dispêndio do governo e o aumento da quantidade de moeda fazem com que a "riqueza real cresça rapidamente", tal como ocorria quando o meio circulante se inflacionava porque o ouro era "obtenível em profundidade adequada"[30].

A dissipação pacífica ou a "grande dissipação decorrente da preparação das armas" constitui o "que deve ocorrer entre a produção e o consumo" para que a produção adicional possa encontrar mercado, na expressão de Malthus. A dissipação, que permite manter relativamente elevada a capacidade de consumo de meios de consumo, é a solução que se encontra sob a falsa noção do multiplicador de investimento. William Petty, em 1662, no seu *Treatise of taxes and contribution*, foi o precursor da defesa das obras públicas totalmente *wasteful*. A fome, os crimes, a miséria, as penas degradantes poderiam ser evitadas para os 10% de desempregados (taxa calculada por ele) desde que o governo aplicasse em obras públicas parte da receita tributária. Até mesmo "construir uma inútil pirâmide em Salisbury Plain" é, tal como em Keynes e Malthus, adequado para superar a crise e o subconsumo. Nenhum precursor de Keynes pensou, contudo, em atribuir ao consumo improdutivo-destrutivo a capacidade fantástica de multiplicar a renda nacional e nem em chamar de riqueza o objeto desse consumo.

A fluidez do conceito de renda nacional. Modificação do conteúdo do conceito de renda nacional em decorrência da mudança do ponto de vista da produção para o ponto de vista da circulação realizada por Keynes na *Teoria geral*

Keynes criticou a imprecisão do conceito anterior de renda nacional formulado por Pigou e acusou seus mestres de construir uma teoria quantitativa sobre conceitos não quantificáveis. Keynes acusou os neoclássicos de dar uma "precisão fictícia" justamente ao criticar o conceito de produto e de renda, mas, como veremos, ele muda o conceito que formula no capítulo 6, no qual define renda, poupança e consumo, isto é, não conserva o conteúdo do conceito ao longo da *Teoria geral* e não declara a modificação que pratica. Segue, mais uma vez, os ensinamentos de seu mestre Alfred Marshall, que

---

[29] John Maynard Keynes, *The General Theory of Employment, Interest and Money*, cit., p. 129.

[30] Ibidem, p. 130.

percebera que, na ideologia econômica do capitalismo, os conceitos devem ser claramente definidos, mas o conteúdo dos termos não pode ser rígido.

Keynes conceitua a renda nacional *do ponto de vista da produção* sem esclarecer que, de outro ponto de vista possível (do ponto de vista da circulação, por exemplo), outros ingredientes podem ser agregados ao conceito de renda nacional, constituindo estes ingredientes parcelas da renda que inexistem *do ponto de vista da produção*. Do ponto de vista da economia aberta, por exemplo, apresentam-se os ingredientes $X - M$ (exportação menos importação), não identificáveis no conceito formulado do ponto de vista da produção interna ou do ponto de vista da circulação interna. Mas, se os conceitos da ideologia keynesiana não são determinações do real, então não pode ser esclarecida a importante questão metodológica que considera imprescindível a determinação dos diversos pontos de vista possíveis e, depois, a determinação final do fenômeno como parte de uma totalidade em movimento. Como veremos, Keynes passa de um ponto de vista para outro – logo, de um conceito de renda para outro – sem esclarecer que o faz principalmente porque é esta diferença de conteúdo do conceito de renda que constitui seu multiplicador de investimento.

Vejamos o conceito de "renda nacional" tal como surge, de início, do ponto de vista da produção:

> Durante um certo período, um empresário terá vendido sua produção acabada para outros empresários ou para os consumidores finais por uma soma que designaremos por A. Terá gastado, também, uma certa soma, designada por A_1, na compra de produtos acabados de outros empresários. Ele terminará o período com um equipamento de capital (*capital equipment*) cujos termos incluem tanto seu estoque de bens inacabados, ou capital circulante (*working capital*), quanto seu estoque de produtos acabados, tendo um valor G. Alguma parcela, contudo, de $A + G - A_1$ será atribuível não às atividades do período em questão, mas ao equipamento de capital (*capital equipment*) que ele tinha no início do período. Devemos, portanto, para chegar ao que designamos por renda do período corrente, deduzir de $A + G - A_1$ certa soma para representar aquela parcela do valor que tenha sido (em algum sentido) contribuição do equipamento herdado do período anterior.[31]

Para tanto, Keynes define o custo de uso (U) e conclui:

> Então, desde que a renda do resto da comunidade seja igual ao custo de fatores dos empresários, a renda agregada é igual a $A - U$.[32]

Logo, a renda agregada é aqui conceituada estritamente do ponto de vista da produção.

---

31 John Maynard Keynes, *The General Theory of Employment, Interest and Money*, cit., p. 54.

32 Idem.

Do ponto de vista da moeda, no plano monetário, correspondendo à produção, teremos D_1 e D_2, a demanda dos dois produtos dos departamentos I e II.

Se a produção se compusesse de dois departamentos apenas, um que produz bens de consumo, outro que produz bens de capital, isto é, de um que produz o objeto do consumo individual e do outro que produz o objeto do consumo produtivo de máquinas, matérias-primas e outros insumos, teríamos: $Y = C + I$.

Do ponto de vista do consumo, em toda a coletividade nacional haveria apenas consumidores que compram bens de consumo e capitalistas que adquirem equipamentos e insumos para o consumo produtivo. Somente assim "a renda do resto da coletividade será igual ao custo de fatores dos empresários", isto é, não haveria a renda gerada e remunerada na órbita do governo nem as rendas indiretas dos membros dos terciários, que nada têm a ver com o custo de fatores. No entanto, na *Teoria geral* sempre esteve presente, por trás do pano, o terciário improdutivo (do governo, das empresas e as próprias empresas terciárias) e o próprio governo, munidos de renda disponível para o consumo; o departamento III, que produz não-mercadorias (não-meios de consumo e não-meios de produção) encontra-se ausente do universo explícito da produção.

O multiplicador como coeficiente que substitui os ingredientes e as parcelas ocultas no novo conceito de renda

Para que se continuasse a determinar a renda do ponto de vista da produção, o conceito de renda nacional deveria ter sido retificado, no sentido de se incluir na estrutura da produção capitalista, ao lado dos empresários dos departamentos I e II, os empresários do departamento III, que produzem não-mercadorias que o governo consome e, na estrutura ocupacional, o terciário, que produz serviços improdutivos e não-mercadorias. Ficaria claro que a estrutura ocupacional do capitalismo corresponde cada vez menos à estrutura da produção das ocupações diretamente relacionadas ao processo de produção. Isto é, que o capitalismo cria uma estrutura ocupacional excrescente – o terciário improdutivo e os trabalhadores empregados no setor destrutivo – e procura ocultá-la, igualando-a e confundindo-a com a estrutura ocupacional da produção. Esta estrutura ocupacional improdutivo-destrutiva relaciona-se à circulação e ao consumo, e não à produção, e presta serviços irreprodutíveis. Seus membros são consumidores improdutivos, embora não sejam sempre ociosos.

Mas não é só por isso que se obscureceu o conceito de renda agregada, passando-se a incluir nele, ao lado de $A - U$, $C + I$, de início sem tornar explícito (na *Teoria geral* tudo que não é $A - U$ ou $C + I$ está implícito e não tem sequer um símbolo para se expressar). O obscurecimento do conceito, *a mudança de conteúdo do conceito quando se passa para o ponto de vista do consumo permitiu que Keynes criasse a ilusão do multiplicador de investimento.*

Os pós-keynesianos explicitaram um componente de Y_s (renda nacional medida em unidade de salários), o componente G, gastos do governo, que não foi explicitado na *Teoria geral*. Se o conceito de renda fosse preciso, então, se

$Y = C + I$,

$C + I + G \neq Y$ *e só poderia ser igual a* $Y + X$.

Este componente X evidencia que algo faltou ao conceito de renda nacional, formulado do ponto de vista da produção, em relação ao conceito de renda nacional formulado do ponto de vista do consumo, em que surge G, o gasto do governo, e que é o conceito do livro III da *Teoria geral*, onde se expõe o multiplicador de investimento. Do ponto de vista da circulação e principalmente do consumo, a renda nacional não pode ser igual a $A - U$ porque "a renda do resto da comunidade" não pode ser "igual ao custo dos fatores dos empresários" na sociedade que iguala, no cômputo do produto, bens materiais produzidos na produção e serviços imateriais produzidos na circulação, como os da burocracia, da defesa e fiscalização etc.

Do ponto de vista da circulação e do consumo, teríamos

$Y_s = C_s + I_s + G_s + ST_s$,

sendo ST_s a renda monetária dos terciários do governo e privados e G os gastos irreprodutíveis e destrutivos do governo. Se desprezarmos as importações e exportações, teremos:

$\Delta Y_s = \Delta C_{s'} + \Delta I_s + \Delta G_{s'} + ST_s$

Para Keynes,

> $\Delta Y_s = \Delta C_s + \Delta I_s$, onde ΔC_s e ΔI_s são os incrementos do consumo e do investimento; assim, podemos escrever $\Delta Y_s = k\Delta I_s$, onde $1 - \frac{1}{k}$ é igual a propensão marginal a consumir. Chamaremos k de multiplicador de investimento.[33]

Ora, se eliminarmos alguns membros da igualdade

$\Delta Y_s = \Delta C_s + \Delta I_s + \Delta G_s + \Delta ST_s$

como Keynes fez no livro III, poderemos substituí-los por um coeficiente k. Como os grandes compartimentos em que se produzem C, I, G, ST não se alteram grandemente em curto ou médio prazo, então o coeficiente k pode substituir as parcelas que são escamoteadas na *Teoria geral*, $\Delta G_{s'}$ e $\Delta ST_{s'}$ principalmente.

Assim, "a grandeza do multiplicador" não passa da pequenez e do caráter excrescente e improdutivo da solução apresentada pelo capitalismo keynesiano para tentar

---

[33] Ibidem, p. 115; grifos do orginal.

solucionar suas contradições: o aumento do terciário improdutivo e o incremento do dispêndio do governo na compra de não-mercadorias, irreprodutíveis ou destrutivas.

Ainda há mais: no livro III, Keynes considera que

> as flutuações na renda real sob consideração neste livro são aquelas que resultam da aplicação de diferentes quantidades de emprego (i.e., de unidades de trabalho) em dado *equipamento de capital* (*capital equipment*), de tal forma que a renda real aumenta e diminui de acordo com o número de unidades de trabalho empregadas.[34]

Logo, não há investimento como vinha sendo definido antes, isto é, como aumento de *capital equipment*, no livro em que Keynes expõe o *multiplicador de investimento*! Como

> as unidades de trabalho empregadas em dado equipamento de capital (*capital equipment*) vão adquirir não apenas bens de consumo adicionais (ΔC_s), mas serviços adicionais ($\Delta ST_{s,}$), o acréscimo da renda agregada (ΔY_s) deverá ser maior do que (ΔI_s), isto é, do que o acréscimo inicial de remuneração às unidades de trabalho empregadas em *dado equipamento* de capital.[35]

Se estas unidades de trabalho são – e têm de ser nas condições de crise – unidades de trabalho improdutivo que produzem não-mercadorias pagas com dinheiro estatal, então teremos de computar na renda ΔG_s. Logo, o acréscimo da renda agregada ΔY_s parecerá ter sido o resultado ampliado, multiplicado, do acréscimo inicial da renda; aquele acréscimo seria tanto maior quanto maior fosse a propensão marginal a consumir da coletividade, quando aquele acréscimo é apenas o resultado do cômputo das rendas dos componentes improdutivos (ST e G), necessários à dinâmica do capitalismo keynesiano. Do ponto de vista da produção, o aumento da renda (ΔY) só pode resultar de $A - U$, aumento da produção de bens de produção ou de consumo. Qualquer incremento da produção não pode estimular maiores acréscimos da produção total, mas, no máximo, segundo Say, criar rendas capazes de adquirir o valor produzido. Supor que o aumento ampliado da renda se verifique via propensão marginal a consumir é voltar a Say, exageradamente.

O multiplicador keynesiano obscurece o processo real e justifica o dispêndio ilimitado do governo, até mesmo o bélico, capaz de "fazer a grande experiência que demonstraria minha tese", na expressão de Keynes.

Adam Smith, querendo provar a superioridade do comércio interno sobre o internacional em apoio de sua crítica ao mercantilismo, enuncia numa só frase o *multiplicador* de emprego e o da renda:

---

[34] Ibidem, p. 114; grifos nossos.

[35] Idem; grifos nossos.

> O comércio interior, que é o mais importante de todos, é o movimento em que o capital da mesma magnitude produz a maior renda e cria a ocupação mais ampla, era considerado apenas como subsidiário do comércio internacional.[36]

Keynes ataca também os economistas anteriores que, eliminando o governo, a moeda estatal, o déficit orçamentário etc., teriam ignorado que o dispêndio do governo nas *Agenda* poderia induzir "a maior renda e cria[r] a ocupação mais ampla".

Quando a estrutura improdutiva do capitalismo keynesiano e a estrutura improdutiva das ocupações tiverem sido levadas aos limites para *evitar o crescimento do capital produtor*, o dispêndio e as rendas indiretas de serviços improdutivos não mais *multiplicarão* os falsos pães da economia moderna: esta, então, conhecerá sua crise verdadeira e final.

Marx criticou o multiplicador mais de meio século antes de Kahn tê-lo enunciado. No Livro II de *O capital*, Marx mostra a ilusão monetária que consiste em acompanhar o dinheiro em seu distanciamento contínuo da produção. É o que fazem Kahn e Keynes. *B* recebe dinheiro de *A*, para quem vendeu dada mercadoria; compra de *C*, a quem paga com o dinheiro recebido de *A*; *C* compra de *D* e paga com o dinheiro que recebeu de *B*, e assim por diante. Essa forma de acompanhar as transações sucessivas gera a ilusão de que acréscimos à renda nacional foram induzidos pelo emprego do dinheiro nas operações subsequentes.

Marx faz voltar o dinheiro à produção: *D* é certo valor em dinheiro que abre o ciclo. Ele compra *C*, capital constante, e *V*, força de trabalho. Na fase da produção é que o produto é valorizado, o valor do capital inicial é acrescido; o acréscimo se verifica na forma de mercadoria cujo valor é igual a $C + V + S$, sendo $C + V$ o custo da produção e *S* o mais-valor, o valor não pago. Não é o dinheiro que multiplica ou induz qualquer efeito multiplicador. O acréscimo à renda nacional é, na verdade, acréscimo de valor ao capital. O dinheiro lançado na circulação é pagamento de *C* e de *V*. Esse dinheiro, $D_1 + D_2$, é a renda disponível insuficiente para comprar a mercadoria produzida cujo valor é $C + V + S$. Falta D_3, quantia em dinheiro igual ao valor de *S*, do mais-valor. Tem-se de acompanhar o dinheiro que inicia o ciclo, sua metamorfose em capital produtivo, sua metamorfose física em capital mercadoria, já valorizado pelo trabalho não pago, e, finalmente, a metamorfose deste, capital mercadoria, em capital dinheiro (*M'* em *D'*), quantia em dinheiro superior a *D*. O acréscimo à renda nacional é equivalente a $D' - D$. O acréscimo não foi realizado na circulação, como faz crer o multiplicador, mas na produção. O dinheiro lançado na circulação capitalista é inferior ao necessário para que a demanda efetiva se iguale ao preço da oferta, ao preço de

---

[36] Adam Smith, *La riqueza de las naciones* (Cidade do México, Fondo de Cultura Económica, 1958), p. 383.

produção mais o lucro; como um circuito cruza com o outro, Marx adverte, parece que um gerou o outro ou a demanda para o outro. Cada um dos circuitos carrega seu limite, a contradição entre a produção que gera $C + V + S$ em valor e as condições da circulação em que só existe o valor de $C + V$ na forma de $D_1 + D_2$. Não existe nenhum investimento produtivo que crie uma demanda igual ou superior ao valor da oferta. Só os investimentos improdutivos, em não-mercadorias, ou os investimentos em maturação, inexistentes na crise, podem fazê-lo. Os "investimentos" em não-mercadorias são, justamente, os componentes ΔG_s e ΔST_s.

Quando se acompanha a moeda que se distancia da produção, somos vítima da ilusão do multiplicador de Keynes. A moeda abre o circuito capitalista, valoriza-se por meio do mais-valor e volta à produção no circuito de Marx. Quando se acompanha a circulação da moeda, sua utilização como meio de compra pelos sucessivos vendedores de "bens ou de serviços", parece que a circulação engendra riqueza, produz acréscimo à renda nacional. É a ilusão mercantilista que Keynes reproduz.

Cada vendedor de "bem ou serviço" – funcionário público, vendedor de não-mercadoria para o governo etc. – acresce à renda nacional quando recebe sua remuneração. Ao usar sua renda (ou seu acréscimo) na compra de "serviços" e de "bens", a renda nacional experimenta novo acréscimo.

É assim na produção que a riqueza é produzida, e só na fase da produção verifica-se qualquer acréscimo ao produto nacional. Marx, por isso, acompanha o processo de produção, que é um processo de valorização. As mercadorias produzidas contêm a parcela paga e a não paga do valor (mais-valor), a que corresponde à reprodução do produto e a que corresponde ao aumento deste (reprodução ampliada). Depois de vendida a mercadoria já valorizada, o dinheiro correspondente à receita do capitalista é quantitativamente superior ao dinheiro investido no início do processo, transformado em capital produtivo. Não há multiplicador nem multiplicação, mas acréscimo à renda nacional produzido pelo trabalhador produtivo.

Quando se desvincula a renda da produção, parece que ela surge quando os "bens e serviços" são vendidos e não quando as mercadorias são produzidas. Uma mesma soma monetária ou uma mesma moeda pode servir diversas vezes como meio de compra de "bens e serviços" antes de voltar como investimento ao início do circuito. Para acrescer o produto social real, é necessário que a moeda seja usada como capital, que ela volte ao início do circuito, transforme-se em força de trabalho e em capital constante.

Keynes transforma o lucro real, minimizado pela crise, em eficiência marginal (fictícia) do capital produzido pelos gastos do governo, pelos subsídios e pela taxa de juros negativa paga sobre empréstimos oficiais, pela corrupção etc.

11

A preferência pela liquidez: sua importância e sua função na *Teoria geral*

A preferência pela liquidez é uma das peças centrais do grande mecanismo teórico de Keynes. Este fato tem sido apontado por numerosos discípulos e críticos de Keynes. Alguns afirmam que o eminente economista inglês atribuiu uma importância demasiado elevada à sua descoberta. Dilliard afirma:

> A preferência pela liquidez pode ser definida como propensão ao entesouramento. E a noção de entesouramento, exatamente compreendida, situa-se no centro da análise keynesiana da ocupação.[1]

A preferência pela liquidez e sua função real na economia são aspectos dos mais controvertidos da análise de Keynes. Sylos Labini, por exemplo, critica em termos um tanto mordazes a descoberta de Keynes:

> A preferência pela liquidez, que é personagem importante no drama keynesiano, só desempenha papel secundário no drama da vida econômica moderna; ela aparece em uma única cena, diz suas linhas e desaparece.[2]

Vejamos no que consiste a propensão à liquidez e qual o seu papel na vida e nas relações econômicas. A propensão ao consumo indica "qual parte da renda cada indivíduo consumirá e quanto guardará em alguma forma de poder aquisitivo para consumo futuro"[3]. Assim, ao considerar dado o volume da renda, determinar-se-á,

---

[1] Dudley Dillard, *A teoria econômica de John Maynard Keynes* (São Paulo, Pioneira, 1989), p. 166.

[2] Sylos Labini, "The Keynesians: A Letter from America to a Friend", *Quarterly Review*, Roma, Banca Nazionale del Lavoro, n. 2, out. 1949.

[3] John Maynard Keynes, *Teoría general de la ocupación e interés y el dinero* (Cidade do México, Fondo de Cultura Económica, 1951), p. 164.

de acordo com a função consumo ou a propensão a consumir, a parte remanescente da renda. Mas não sabemos como este poder aquisitivo residual será conservado pelo indivíduo. Aparece aqui outra opção: conservar o poder aquisitivo para despesas futuras em forma líquida, isto é, em "dinheiro ou seu equivalente"[4], ou renunciar à liquidez, isto é, renunciar por certo tempo à faculdade de gastar o poder aquisitivo de que se dispõe, adquirindo títulos, por exemplo. A análise de Keynes sobre a preferência pela liquidez dá importância sem precedente à função da moeda como instrumento de reserva de valor. Os economistas anteriores, com exceção dos mercantilistas, teriam menosprezado esta função da moeda. Somente em um mundo de avaros e de psicopatas poderia Keynes imaginar que os homens utilizassem a moeda como meio de reserva de valor, se não fosse o medo e a incerteza: "Por que alguém fora de um asilo de lunáticos desejaria usar dinheiro para armazenar riqueza?"[5] O medo e a incerteza em relação ao futuro são os motivos psicológicos responsáveis por este comportamento humano em relação à moeda.

> Nosso desejo de converter parte de nossos recursos em dinheiro é um barômetro do grau de nosso descrédito em nossos próprios cálculos e convenções relativos ao futuro.[6]

Existiriam, portanto, certas razões que explicam por que os agentes econômicos mantêm parte de sua renda em dinheiro líquido, em moeda ou seu equivalente. Fora dos hospícios e por razões compreensíveis e sadias, os homens produzidos pelas relações capitalistas, depois de destinarem parte de sua renda ao consumo, podem pretender não imobilizar logo o restante da renda, preferindo conservá-la em forma líquida.

Os motivos determinantes da preferência pela liquidez

Keynes apresenta quatro motivos pelos quais os agentes econômicos podem optar pela liquidez, isto é, os motivos determinantes pela procura de moeda.

a. *Despesas de consumo* – Há sempre um intervalo de tempo entre o movimento do recebimento das rendas e aquele em que as despesas são realizadas. A quantidade de dinheiro líquido que se deve reservar para atender a estas despesas depende do volume da renda e do intervalo de tempo entre o momento em que é percebido e aquele em que é gasto. "O conceito de velocidade-renda do dinheiro é estritamente pertinente apenas a este respeito".[7]

---

4 Idem.

5 John Maynard Keynes, citado em Alvin Harvey Hansen, *A Guide to Keynes* (Londres, McGraw-Hill, 1953). p. 126.

6 Idem.

7 John Maynard Keynes, *Teoría general de la ocupación e interés y el dinero*, cit., p. 217.

b. Negócios ou empresa – Como há um intervalo de tempo entre as despesas que os empresários e comerciantes devem forçosamente fazer e o momento em que receberão o produto das vendas, a conservação em forma líquida faz-se necessária. A procura de moeda para satisfazer este motivo depende principalmente do valor da produção e do número de intermediários pelos quais ela passa.

c. Precaução – A este motivo corresponde a liquidez que se destina

> a atender às contingências que requerem despesas repentinas e às oportunidades imprevistas de compras vantajosas, assim como a conservar um ativo cujo valor é fixo, em termos monetários, para fazer face a uma obrigação fixada em dinheiro.[8]

d. Especulação – Segundo a sintética e precisa expressão de Alvin Hansen, "diz respeito ao desejo de manter recursos próprios em forma líquida a fim de tirar vantagens dos movimentos do mercado".[9]

> [Segundo Keynes,] em circunstâncias normais, a quantidade necessária de dinheiro para satisfazer o motivo transação e o motivo precaução é, principalmente, resultado da atividade geral do sistema econômico e do nível das rendas monetárias.[10]

Assim, à direção monetária (ou, em sua ausência, às variações na quantidade de dinheiro que se possam dar por casualidade) não afetam os dois motivos anteriores (consumo e negócios considerados como motivo transação), e a autoridade monetária só poderá atuar sobre o motivo especulação. Na verdade,

> há uma curva contínua que relaciona as mudanças na procura de dinheiro para satisfazer o motivo especulação com as que ocorrem na taxa de juros, devidas a modificações nos preços dos títulos e dívidas de diversos vencimentos.[11]

Também aqui é no plano monetário, em que as elevações dos preços dos títulos e dívidas se verificam, que a taxa de juros se revela manipulável via aumento da quantidade de moeda decorrente do *open market* de compra.

Ao considerar M o total de dinheiro líquido necessário para satisfazer os três motivos de liquidez, M_1 o total necessário aos motivos de transação e precaução e M_2 o total de dinheiro líquido demandado para satisfazer o motivo especulação, temos as duas funções de liquidez: L_1 e L_2. Então:

$$M = M_1 + M_2 = L_1(Y) + L_2(r)$$

---

8 Idem, p. 190.

9 Alvin Harvey Hansen, *A Guide to Keynes*, cit. p. 128.

10 John Maynard Keynes, *Teoría general de la ocupación e interés y el dinero*, cit., p. 218.

11 Ibidem, p. 191.

onde L_1 é a função de liquidez correspondente a uma renda Y, que determina M_1; e L_2 é a função de liquidez da taxa de juros r, que determina M_2.[12]

Keynes declara que o aspecto mais importante de sua análise em torno da liquidez é o que se refere às relações entre r e M_2 ou, mais exatamente, entre a taxa de juros e a quantidade de moeda criada pela autoridade monetária. É esta a sua afirmação:

> Portanto, correspondendo à quantidade de dinheiro criada pela autoridade monetária, haverá, *ceteris paribus*, uma determinada taxa de juros ou, mais propriamente, um complexo de taxas de juros para as dívidas de diversos vencimentos. A mesma coisa, sem dúvida, seria certa para qualquer outro fator do sistema econômico tomado separadamente. Assim, *esta análise só será útil e importante na medida em que tenha alguma relação, especialmente direta ou teleológica, entre as alterações na quantidade de dinheiro e as que ocorram na taxa de juros*. A razão que nos faz supor a existência desta relação especial surge de que, em termos gerais, o sistema bancário e a autoridade monetária negociam em dinheiro e dívidas e não em ativos ou bens de consumo.[13]

No entanto, há uma razão mais geral que decorre da teoria da escassez abraçada por Keynes: como qualquer fator dá um rendimento (ao seu proprietário) porque é escasso, ao aumento da quantidade de moeda deve corresponder a redução da escassez do dinheiro e da taxa de juros. Além desse motivo que Keynes esquece de invocar, ele aponta outro, na própria *Teoria geral*, que não é aqui observado: o aumento do custo de conservação do dinheiro, decorrente de sua desvalorização imanente ao aumento do meio circulante, leva seus proprietários a se desfazer da liquidez, a empregar o dinheiro que se desvaloriza e a cobrar um preço mais baixo pela renúncia à liquidez, isto é, reduzir a taxa de juros que é o preço daquela renúncia, segundo o próprio Keynes.

O motivo especulação é, conforme Keynes, o móbil central, principal, de vez que os outros dois – transação e precaução – são bastante estáveis em curto período, eis que dependem da renda.

Ora, ao eliminar de sua análise esses motivos iniciais, Keynes pôde chegar a uma conclusão que lhe interessava particularmente, segundo a qual

> a incerteza em relação ao curso futuro da taxa de juros é a única explicação inteligente da preferência pela liquidez L_2, que conduz à conservação da liquidez M_2[14] [... e ainda:] existem duas razões para esperar que, em qualquer estado da previsão, uma baixa de r será acompanhada de um aumento em M_1.[15]

---

[12] Ibidem, p. 194.

[13] Ibidem, p. 191; grifo nosso.

[14] Ibidem, p. 195.

[15] Ibidem, p. 196.

Como a taxa de juros é um fenômeno convencional ou psicológico, se uma

política monetária que a opinião pública considere experimental ou sujeita facilmente a modificações pode não conseguir seu objetivo de reduzir consideravelmente a taxa de juros a longo prazo, porque M_2 pode tender a aumentar quase sem limite, em resposta a uma redução de r abaixo de certo nível [...], a mesma política poderá, por outro lado, ter êxito fácil se a opinião pública considerá-la razoável, praticável, orientada pelo interesse público, baseada em uma convicção forte e promovida por uma autoridade que não corra o risco de ser substituída.[16]

Efeito deflacionista da preferência pela liquidez e taxa de juros

O entesouramento, ou seja, a conservação em forma líquida, produz, de acordo com o pensamento de Keynes, "um efeito deflacionista destruidor"[17]. Por isso, procura combatê-la com todas as armas. De acordo com o pensamento de Keynes, em última instância, a elevada propensão à liquidez deve-se ao fato de que a procura de moeda não pode ser satisfeita pela aplicação do trabalho para a produção de unidades monetárias, isto é, "que o dinheiro não pode ser produzido facilmente"[18]. Por isso a taxa de juros é muito elevada no mundo em que vivemos, e isso explicaria por que os capitais acumulados ainda hoje são tão escassos.

O fato de que o mundo seja um lugar tão pobre em bens de capital acumulados após vários milênios de poupança individual sustentada explica-se, em minha opinião, não pela tendência à imprevisão da humanidade nem sequer pela destruição da guerra, mas pelos prêmios de liquidez que a propriedade da terra tinha antigamente e que agora tem o dinheiro.[19]

Parece-me que a explicação mais razoável "para a pobreza da humanidade em bens de capital acumulados após milênios de poupança individual" é a inexistência do departamento II, que produz os bens de capital. O fato de esse departamento ter-se erguido apenas nas primeiras décadas do século XIX na Inglaterra e até hoje não existir em tantos países é que impossibilitou a transformação da poupança em investimento. Por isso, o excedente extraído das classes exploradas não podia ser investido na produção de bens de capital. A "poupança" apropriada pela Igreja, pelos detentores do poder no modo de produção asiático etc., "morria na praia", isto é, era desviada para a

---

16 Ibidem, p. 197.

17 Alain Barrère, *Théorie économique et impulsion keynésienne* (Paris, Dalloz, 1952), p. 115.

18 Em concordância com toda a sua teoria da rentabilidade em geral, qualquer bem, durante sua vida útil, produz renda superior ao custo de reposição porque é escasso. Cf. John Maynard Keynes, *Teoría general de la ocupación e interés y el dinero*, cit., p. 221.

19 Ibidem, p. 232.

construção de igrejas, templos, pirâmides, grandes muralhas, gastos da corte, dissipação bélica e outros *potlaches*[20]. Só o capitalismo cria relações de dependência mútua e de exclusão recíproca entre os departamentos I e II e, finalmente, entre os três departamentos que compõem a estrutura completa da produção capitalista. Parte da "poupança" excedente gerada pelo não consumo dos trabalhadores deve necessariamente ser investida no departamento que produz bens de produção; caso contrário, paira o risco de não se reproduzir a estrutura da produção. Nem a simples reprodução se poderia verificar se parte da poupança – no caso, aquela correspondente ao desgaste dos meios de produção – deixasse de ser reinvestida. O capitalismo transforma em teoricamente compulsória a poupança e, como veremos, a existência de investimentos crescentes, em maturação; caso contrário, surge o cenário de colapso, toda a estrutura da produção. Esses investimentos necessários acabam gerando uma crise de sobreacumulação.

A quantidade de terra e a quantidade de dinheiro se assemelham, de vez que ambas têm

> suas elasticidades de produção e substituição muito baixas, [sendo] concebível que tenha havido ocasiões na história em que o desejo de conservar terra tenha desempenhado o mesmo papel que o dinheiro em tempos recentes, no sentido de manter a taxa de juros a um nível demasiado elevado.[21]

A necessidade de baixar a taxa de juros é uma consequência tranquila da *Teoria geral*, e o único caminho viável é o aumento da quantidade de moeda controlada pela autoridade central em poder do público. Combater o efeito deflacionário da conservação em forma líquida e, ao mesmo tempo, procurar manter a taxa de juros abaixo da eficiência marginal do capital a fim de elevar o volume de investimento a um nível compatível com o pleno emprego são os objetivos finais patentes que decorrem de sua análise.

Os estudos que se fizeram sobre a *Teoria geral* mostram que os capítulos 15 e 17 – "Os incentivos psicológicos e de negócios para a liquidez" e "As propriedades essenciais do juro e do dinheiro", respectivamente – são o núcleo da nebulosa keynesiana. Em relação ao capítulo 17, Hansen afirma o seguinte:

> As escavações nesta área cessaram cedo, logo que se percebeu que ela não continha minas de ouro. As discussões não são totalmente destituídas de mérito (uma vez que podem ser melhoradas) e algumas pepitas valiosas podem ser delas extraídas; ainda que, em geral, não se teria perdido muito se essas páginas jamais tivessem sido escritas.[22]

---

[20] Nome dado à queima de excedentes feita numa cerimônia, nas sociedades pré-letradas.

[21] John Maynard Keynes, *Teoría general de la ocupación e interés y el dinero*, cit., p. 231-2.

[22] Alvin Harvey Hansen, *A Guide to Keynes*, cit., p. 159.

Mais grave, contudo, é a confusão que, segundo Hansen, Keynes faz em relação aos fatores determinantes e aos fatores determinados no sistema:

> Que Keynes tenha se mostrado algumas vezes confuso a esse respeito é evidente, por exemplo, no capítulo que começa à página 183. Ali ele diz que poupança e investimento são determinados pelo sistema, não as determinantes. Ali isto não deixa de ser verdade. Mas, na sentença seguinte, ele inclui a propensão a consumir e a escala da eficiência marginal. É justamente isto que está errado. A taxa de juros é, de fato, junto com o nível de renda, determinado e não determinante do sistema.[23]

Em relação aos motivos precaução e transação, a quantidade de dinheiro líquido é função da renda $[M_1 = L_1 (Y)]$; a demanda de liquidez para satisfazer o motivo especulação depende da taxa de juros e do estado das previsões. Mas, em certo sentido, M_1 depende da taxa de juros, conforme Keynes. Dada a renda, a propensão ao consumo, uma variação da taxa de juros poderá modificar M_1. Uma modificação da taxa de juros poderá fazer alterar o total de liquidez (M_1) e, ao mesmo tempo, o volume de investimento devido à modificação da relação entre a eficiência marginal do capital e a taxa de juros. A renda depende, em parte, de r, como Keynes reconhece[24], e M_1 depende da renda (Y). Mas a renda (Y) é determinada pelo investimento (I), que depende, por sua vez, da eficiência marginal do capital e da taxa de juros. A taxa de juros depende da quantidade de moeda e da propensão à liquidez. Afinal, será a taxa de juros determinante ou determinada no sistema, ou melhor, será mais determinante ou mais determinada? Talvez seja este o problema a ser discutido: por que Keynes atribui e projeta na taxa de juros, fenômeno "meramente monetário", tal importância na determinação do nível da atividade global?

Os juros, vistos como renda, são parte do lucro e da renda nacional (Y) e, por isso, determinados; a taxa de juros, no entanto, seria determinada pela quantidade de moeda e pela preferência pela liquidez e, em relação à eficiência marginal do capital, determinaria o investimento (I).

O que se evidencia da análise de Keynes sobre a taxa de juros, de sua concepção monetária do fenômeno e de sua descoberta – a propensão à liquidez – é sua oposição ao pensamento clássico naquilo que ele poderia ter de indiferente à elevação da taxa de juros. Seu ataque – tanto à concepção do juro como ao preço pago pela abstinência ou como preço capaz de compensar o dano experimentado pela troca do consumo presente pelo futuro, ou da dependência entre a taxa de juros e a produtividade marginal do capital (Marshall) – servirá para fundamentar uma política de baixa da taxa de juros, realizada pela autoridade monetária. Todo ato de poupança

---

23 Ibidem, p. 148.

24 Cf. John Maynard Keynes, *Teoría general de la ocupación e interés y el dinero*, cit., p. 195.

produzirá, de acordo com os clássicos, uma baixa da taxa de juros[25] devido a um aumento da oferta de capitais, e esta baixa produzirá um incremento da procura para novos investimentos igual ao aumento da poupança. Para Keynes, *ceteris paribus*, uma diminuição nas despesas de consumo não fará aumentar os investimentos, mas, ao contrário, fará reduzir a ocupação[26]; para os clássicos, a redução do consumo far-se-ia quando a taxa de juros fosse bastante elevada para compensar a abstinência ou seu equivalente.

A redução do consumo[27] não significa aumento automático da oferta de capitais e do volume de investimento, *ceteris paribus*, porque a conservação líquida poderá converter em dinheiro ocioso parte da poupança. Além disso, uma elevação na taxa de juros pode não aumentar a oferta de capital porque a taxa de juros não influi sobre a primeira opção em relação à renda percebida – consumo ou poupança –, mas atua apenas em uma fase posterior, em que a propensão ao consumo já determinou a procura de bens de consumo. A taxa de juros só influi na opção posterior, isto é, na que se refere à forma de conservação da poupança: líquida ou imobilizada.

A taxa de juros, segundo Keynes[28], não é, como pensaram os clássicos, recompensa por não gastar, mas recompensa para não entesourar. Contudo as relações entre a quantidade de moeda, a renda e a taxa de juros corrente são mais complexas e indiretas do que à primeira vista pode parecer. Utilizamos, na exposição, o trabalho de Alain Barrère, que possui muito da clareza francesa de que se necessita neste capítulo keynesiano de complexidade alemã. Tanto se raciocinarmos em relação a moedas metálicas quanto à moeda fiduciária[29], o aumento em M relaciona-se primeiramente a um aumento na renda (Y) de alguém. Parte do aumento de M se destinará a satisfazer M_1, e parte se destinará à compra de títulos e valores. Ora, devido a esta procura adicional, o aumento do preço dos títulos na Bolsa fará elevar sua cotação e, portanto, baixar a taxa de juros em longo prazo. A baixa na taxa de juros em longo prazo acabará por influir na taxa em curto prazo e estimulará os investimentos, provocando um aumento na renda real (Y). Este aumento continuará até o momento em que a repartição entre M_1, e M_2, das novas unidades monetárias, ajuste-se ao novo nível de renda.

O elemento determinante da procura de moeda é o que se refere à liquidez destinada a satisfazer o motivo especulação. E esta procura de moeda depende da

[25] Ibidem, p. 174.

[26] Cf. ibidem, p. 180.

[27] A redução da produção de bens de consumo é indispensável para, na hipótese de pleno emprego, liberar mão de obra deste setor para o de produção de bens de capital.

[28] John Maynard Keynes, *Teoría general de la ocupación e interés y el dinero*, cit., p. 171.

[29] Ibidem, p. 194; Alain Barrère, *Théorie économique et impulsion keynésienne*, cit., p. 117.

incerteza quanto ao estado futuro das taxas de juros. "Ela não se relaciona" – e isto afirma Keynes[30] – "quantitativamente à dada taxa de juros (r), mas às possíveis variações futuras dessa taxa".

Se um indivíduo que conserva em forma líquida resolve adquirir determinado título na Bolsa, está sujeito a perder certa importância, caso tenha de vendê-lo para reaver a liquidez. Uma opinião dominante se forma em relação à cotação dos valores no mercado. Mas todos os indivíduos que têm opinião divergente da dominante aumentarão sua liquidez desfazendo-se dos títulos. Logo, as previsões relativas às taxas de juros agem de forma direta sobre a preferência pela liquidez e de maneira indireta sobre a procura de moeda e, em consequência, sobre a taxa atual de juros[31]. Em outras palavras, uma expectativa de elevação da cotação dos títulos fará aumentar a taxa de juros atual porque, de um lado, aumenta a procura de moeda e porque aumenta a preferência pela liquidez, uma vez que os indivíduos que possuem liquidez exigem uma taxa de juros capaz de indenizá-los do prejuízo que representa o fato de não comprarem títulos que, se espera, elevarão sua cotação. Uma taxa de juros baixa, por outro lado, pode provocar uma elevada propensão à liquidez, porque a expectativa geral é de que a taxa de juros se eleve; o risco de perda futura que corre o prestamista é, portanto, maior, e então sua preferência pela liquidez será grande. Todos estes fatores, em conjunto, determinam a preferência pela liquidez referente ao motivo especulação[32].

Uma política monetária no sentido de fazer variar a oferta de moeda pode ter êxito no sentido de impedir os movimentos considerados indesejáveis da taxa de juros. É a variável independente final – quantidade de moeda, como é fixada pela autoridade central – o único elemento capaz de atuar no sentido de aumentar a oferta de moeda a fim de satisfazer a preferência pela liquidez e, portanto, baixar a taxa de juros. Embora Keynes não acreditasse demasiado em sua eficácia – no sentido de satisfazer a procura de moeda provocada pelo motivo especulação e fazer baixar a taxa de juros, propiciando um aumento de investimento capaz de elevar o volume da ocupação e da renda –, reconhecia ser este o remédio disponível. Caso não desse resultado e a taxa de juros não se mantivesse abaixo da eficiência marginal do capital, o volume de investimento e de ocupação deveria, para elevar-se, recorrer aos investimentos públicos, de eficácia infalível. Como diz Keynes:

> Porém, demonstramos que o tamanho da poupança efetiva está determinado necessariamente pelo volume de investimento e que este é fomentado por meio da taxa de juros

---

30 John Maynard Keynes, *Teoría general de la ocupación e interés y el dinero*, cit., p. 195.

31 Alain Barrère, *Théorie économique et impulsion keynésienne*, cit., p. 121.

32 Alain Barrère percebeu um dos objetivos da teoria keynesiana do juro (e da liquidez) ao afirmar: "Keynes argumentava que há uma tendência inerente ao entesouramento e ao desentesouramento quando a desestabilização é sistemática"; ibidem, p. 173.

baixa, desde que não tentemos elevá-lo além do nível que corresponde ao pleno emprego. Assim, o que mais convém é reduzir a taxa de juros até aquele nível em que houver, proporcionalmente à curva de eficiência marginal do capital, pleno emprego.[33]

De acordo com o arranjo de Keynes, a ação da autoridade monetária capaz de baixar a taxa de juros – o aumento da quantidade de dinheiro em poder do público – não é inflacionária ou não provoca inflação verdadeira, sendo o remédio para o mal a solução para o problema da elevada taxa de juros que os clássicos ignoraram. As oscilações da taxa de juros, segundo os clássicos, dependiam das decisões individuais de consumir ou de poupar, nada podendo fazer o governo. Ao voltar à teoria monetária do juro, Keynes adota a teoria da escassez: quaisquer causas, dentre as quais a moeda e o capital real, produzem rendimento enquanto durarem, porque são escassas. Logo, se se aumentar a quantidade de moeda para cobrir o déficit orçamentário, o superávit na balança de pagamento, ou como resultado do *open market*, reduz-se a escassez da moeda e a taxa de seu rendimento (juro).

Mas, como a reprodução do sistema passa a ser garantida pelos gastos do governo no departamento III e como seu crescimento exige o aumento das despesas do governo, o dinheiro estatal entra na circulação cobrindo o déficit orçamentário que se eleva para sustentar o crescimento daquele departamento e não mais para alcançar um hipotético nível de equilíbrio da taxa de juros.

A preferência pela liquidez como redutora do volume de investimento

Em nosso ponto de vista, o que está implícito ou explícito na nebulosa keynesiana da propensão à liquidez é que ela representa, indiscutivelmente, uma redutora da demanda global. Keynes a apresenta com este efeito sobre o volume de investimento por meio de sua influência sobre a taxa de juros; a ação da autoridade monetária poderia ser entendida como se exercendo no sentido de satisfazer a procura por dinheiro líquido, reduzindo a propensão à liquidez ou suplementando a redução do dinheiro ativo decorrente da especulação e da precaução. Ao considerar que o aumento da quantidade de moeda provocada pela ação da autoridade monetária visa suplementar o vazio provocado pela existência de *idle money*, isto é, pela redução de dinheiro ativo que a conservação em forma líquida representa, poderemos chegar, embora sem o método indireto de Keynes, a um resultado mais claro dentro da própria *Teoria geral*. Podemos dizer que a propensão ao consumo determinará, dada a renda monetária, o *quantum* das despesas de consumo (D_l) que será realizado pela comunidade. Mas nem toda renda se destinará ao consumo. Um resíduo será poupado em forma líquida ou ilíquida, de acordo com a propensão à liquidez. A parte

[33] John Maynard Keynes, *Teoría general de la ocupación e interés y el dinero*, cit., p. 359.

que for conservada em forma líquida não será destinada a novas inversões (D_2). De modo que a liquidez é um redutor das quantias destinadas a novas inversões (D_2) e, portanto, da procura global D na função

$$D_1 + D_2 = D = ø(N)$$[34].

A conservação em forma líquida exerce, assim, na *Teoria geral*, a função de redutor. Este não age diretamente sobre D_1 porque o *quantum* das despesas de consumo é determinado pela renda monetária e pela propensão ao consumo; age, todavia, como redutor direto de D_2 (quantia destinada a novas inversões), não permitindo que todo resíduo da renda, retirada a parte destinada ao consumo, seja dedicado a novas inversões, conservando-se, assim, parcialmente inativo, estéril, ocioso, em forma líquida. Como redutor da procura efetiva, a liquidez agirá sobre a ocupação (N) no mesmo sentido e, em consequência, sobre a renda.

Este nos parece o sentido real que a conservação em forma líquida desempenha como peça importante do sistema teórico de lorde Keynes. Como redutora de D_2, a conservação em forma líquida justifica um aumento da quantidade de moeda, conforme se fixa pela autoridade monetária, ou um sopro inflacionário, ou uma *repressed inflation* ou qualquer nome que se queira dar ao aumento da quantidade de moeda em poder do público; e, em última instância, como remédio heroico, ação direta do Estado sobre D_2, por meio de investimentos públicos, que criam verdadeiro D_3, demanda governamental de não-mercadorias. Sua importância é, portanto, central na teoria keynesiana, apesar das "explicações sutis e muitas vezes obscuras de Keynes"[35], principalmente a este respeito. O obscurecimento é necessário para quem não pode mostrar que o aumento da base monetária é o resultado dos gastos do governo na compra de não-mercadorias cuja demanda aumenta necessariamente.

A preferência pela liquidez e mais-valor: semelhança funcional na organização dos sistemas teóricos de Keynes e Marx

Nosso ponto de vista difere do de Schumpeter em sua análise crítica da obra de Keynes.

> Segundo Marx, a evolução capitalista desemboca na catástrofe. Segundo J. S. Mill, desemboca num estado estacionário que funciona sem imprevistos. Segundo Keynes, desemboca num estado estacionário que constantemente ameaça se contrair. Embora

[34] Ibidem, p. 40.

[35] Alain Barrère, *Théorie économique et impulsion keynésienne*, cit., p. 119.

a teoria da catástrofe de Keynes seja completamente diferente daquela de Marx, há um traço em comum: em ambas as teorias a catástrofe é motivada por causas inerentes ao funcionamento da máquina econômica, não há ações de fatores externos. Esta modalidade, naturalmente, leva a teoria de Keynes a assumir o papel de racionalizadora das tensões anticapitalistas.[36]

É de real interesse comparar, no contexto global das duas teorias, o papel desempenhado pela propensão à liquidez e pela formação do mais-valor, fenômeno inerente ao próprio sistema capitalista de produção que, tendendo a ser acumulada nas mãos de um número cada vez mais reduzido de capitalistas, provocará a crise do sistema. Devemos notar que esta colocação leva-o a uma ilação nitidamente oposta à de Keynes. A óptica de Marx distingue-se da de Keynes no sentido de que o primeiro se despreocupa do volume de investimento e da quantia que se destinará aos novos investimentos ("coeficiente de novos investimentos") que, segundo ele, seriam mantidos em uma escala ascendente devido à acumulação crescente do mais-valor. Sua preocupação principal diz respeito ao problema do consumo – e as crises capitalistas se explicam, dentro do pensamento marxista, pela impossibilidade de colocação da produção total de bens de consumo:

> A razão última de todas as crise reais é sempre a pobreza e a restrição ao consumo das massas em contraste com o impulso da produção capitalista a desenvolver as forças produtivas como se estas tivessem seu limite apenas na capacidade absoluta de consumo da sociedade.[37]

Em Keynes, a ênfase é dada ao problema do volume de investimento e da quantia que será dedicada aos novos investimentos que condicionam o consumo através da renda. A insuficiência do volume global de investimento é que será considerada como determinante do insuficiente volume da demanda global e da ocupação.

A propensão à liquidez exerce, dentro do esquema keynesiano, o mesmo papel do mais-valor. Acontece que um encara e salienta os efeitos sobre determinadas variáveis, enquanto o outro procura valorizar suas consequências sobre outras grandezas do sistema, segundo as predileções e as finalidades ideológicas implícitas; mas, em ambos, estes fenômenos, por si, respondem pelos desequilíbrios e desajustes da economia.

Marx e Keynes concordam num ponto que é tão importante quanto obscurecido; segundo Marx ($C + V + S$), o valor da oferta das mercadorias é superior ao do dinheiro que a produção capitalista lança no circuito. D_1 (dinheiro que paga o capital constante) mais D_2 (dinheiro que paga a força de trabalho) são insuficientes para

[36] Joseph A. Schumpeter, *História da análise econômica*, cit., p. 547.

[37] Karl Marx, *O capital: crítica da economia política*, Livro III: *O processo de produção global do capital* (trad. Rubens Enderle, São Paulo, Boitempo, no prelo).

adquirir o valor das mercadorias oferecidas: $C + V + S$. Falta na circulação capitalista a quantia S. Investir na compra de máquinas e equipamentos para instalá-los ao lado das máquinas paradas (ociosidade de 70% na crise de 1929) é tão impossível quanto elevar a demanda de meios de consumo diante da queda da eficiência marginal do capital, da massa de salários e do volume de emprego. Só o aumento de D_3, compra de não-mercadorias pagas com o dinheiro estatal, poderia elevar o nível da demanda efetiva e salvar o capitalismo de sua crise bissetorial. Como o mais-valor (S) nada custou ao capitalista, falta D_3 na circulação. A demanda é insuficiente para permitir a realização de $C + V + S$: D_3 não entrou no circuito porque S não foi pago. O capitalismo gera uma oferta (S) sem demanda (D_3).

Conclui Marx que o sistema deve criar, para permitir a realização do valor íntegro das mercadorias, demanda sem oferta, investimentos de longo prazo de maturação; gastos do governo em estradas, drenagens de pântanos, em diques, em guerra, geradores de demanda sem oferta de mercadorias. O governo deve comprar não-mercadorias para criar demanda sem oferta; quando os capitalistas investem, lançam dinheiro em circulação, estão criando demanda enquanto não produzem mercadorias para ser oferecidas. Quanto maior o valor da produção – de mercadorias – maior deve ser o volume de investimentos em maturação. A crise de sobreacumulação de capital é o resultado do volume de investimentos necessários para garantir a reprodução ampliada do sistema.

Além dos "investimentos" estatais (compra de não-mercadorias) e de investimentos em maturação, o crédito ao consumo amplia, de início, a capacidade relativa de consumo, mas o pagamento das prestações vencidas reduz a renda disponível para o consumo, pondo fim à ampliação da demanda a crédito. O aumento do prazo de pagamento e a diminuição do valor das prestações fornecem um pouco de alento às compras a crédito.

Enquanto Marx considera o mais-valor como responsável pela insuficiência da procura global dos bens de consumo e por um volume elevado de investimento, Keynes foca a atenção nos efeitos que o *prélèvement*, realizado pela conservação em forma líquida, determina no volume de investimento, capaz de reduzi-lo a tal ponto que a plena ocupação fique impossibilitada de realizar-se. A conservação em forma líquida não age como redutor direto do consumo, como é o caso do mais-valor, uma vez que ela surge em um momento posterior àquele em que a opção referente ao consumo ou à poupança se realiza; percebida a renda, esta primeira opção se verifica: uma parte se destina ao consumo imediato, a outra é poupada. Em um momento posterior, portanto incapaz de influir diretamente sobre o volume da procura de bens de consumo, que se encontra determinado pela propensão ao consumo já definida, é que aparecerá a conservação em forma líquida, que nasce de uma segunda opção – conservar o resíduo da renda sobre o consumo em forma líquida ou imobilizá-la.

Desta forma, fica demonstrado que o efeito que Keynes pretendeu atribuir à propensão à liquidez refere-se apenas às suas consequências sobre a soma que se destinará aos novos investimentos (D_2), ênfase oposta à que Marx deu ao outro redutor – o mais-valor –, cuja ação direta se faz sentir, segundo ele, principalmente em relação ao consumo global do assalariado, e não ao volume de investimentos. Keynes esclarece definitivamente este aspecto de sua teoria quando afirma:

> A curva da eficiência marginal do capital rege os termos em que se demandam fundos disponíveis para novos investimentos, enquanto a taxa de juros rege as condições em que se oferecem correntemente os ditos fundos.[38]

A taxa de juros que é, para Keynes, "o prêmio que deve ser pago para induzir as pessoas a conservarem sua riqueza de alguma outra forma que não seja a de dinheiro entesourado"[39], depende de outra variável: a quantidade de moeda, como já vimos[40]. A propensão à conservação em forma líquida assume, como redutor da soma que se dedicará a novas inversões (D_2), uma importância ainda maior na *Teoria geral* quando se percebe que os desajustes que pode provocar são comuns a toda economia monetária. É ela que apresenta a objeção final à célebre "lei dos mercados" de Say, segundo a qual produtos se trocam por produtos, isto é, todo bem produzido cria o seu próprio mercado de colocação. Finalmente, para Keynes, é uma constante do comportamento humano – a propensão à liquidez – em qualquer economia monetária que responde pela persistente tendência ao desemprego, através da redução da soma que se dedicará a novas inversões e não um desequilíbrio inerente ao capitalismo e próprio dele. Quem não concorda com esta interpretação deve reler o seguinte trecho:

> Não nos poderíamos livrar do dinheiro ainda se abolíssemos o ouro e a prata e os instrumentos de moeda corrente. Enquanto existir algum bem durável, este poderá possuir os atributos monetários e, portanto, *dar origem aos problemas característicos de uma economia monetária.*[41]

Em Marx, o mais-valor é também um redutor da procura de bens de consumo, e é um fenômeno específico das relações de produção capitalista. É aqui que se coloca o antagonismo extremo dos dois redutores nos sistemas de Keynes e de Marx.

---

38 John Maynard Keynes, *The General Theory of Employment, Interest and Money*, cit., p. 161.

39 John Maynard Keynes citado em Alvin Harvey Hansen, *A Guide to Keynes* (Londres, The Royal Economic Society, 1976), p. 127.

40 A respeito desta relação, diz Barrère: "por esta teoria, Keynes diz que ele se une à teoria de Montesquieu que fazia igualmente depender a taxa de juros da quantidade de moeda"; cf. *Théorie économique et impulsion keynésienne*, cit., p. 123.

41 John Maynard Keynes, *Teoría general de la ocupación e interés y el dinero*, cit., p. 283; grifo nosso.

Considerada como redutora da soma que se dedicará a novas inversões (D_2) e, portanto, da demanda global (D), a conservação em forma líquida deve ser combatida por intermédio de injeções monetárias. Em Keynes, como vimos, a ação da política monetária, por meio do aumento de moeda, é exercida no sentido de baixar a taxa de juros a um nível inferior à eficiência marginal do capital a fim de conseguir um aumento de D_2. Que, dentro da *Teoria geral*, o aumento da quantidade de moeda, ou seja, as injeções monetárias são o único meio de reduzir a taxa de juros, fica visível em Keynes[42].

Elasticidade de produção da moeda no sistema ametálico e inconversível

O que parece impressionar o genial economista inglês (o mais inglês dos geniais economistas ingleses) é o fato de que, em sua análise da taxa de juros, havia

> suposto tacitamente que a classe de dinheiro a que estamos acostumados possui algumas características especiais que fazem com que a própria taxa de juros, medida em unidades de si mesma como padrão, seja mais resistente à baixa que as próprias taxas de juros de qualquer outro bem medido na mesma forma, quando a produção aumenta.[43]

Essa resistência à baixa da taxa de juros do dinheiro, como vimos, funda-se essencialmente no fato de a moeda apresentar, "tanto em curto como em longo prazo, uma elasticidade de produção zero, ou, pelo menos, muito pequena"[44], ou seja, as empresas particulares não poderiam dedicar trabalho para produzir moeda mesmo se tal atividade fosse lucrativa – isto é, "quando aumenta a quantidade de trabalho que se pode comprar com uma unidade da mesma moeda"[45]. Mesmo no caso de um sistema monetário de padrão-ouro, a quantidade adicional de trabalho que pode ser aplicada à produção de moeda é relativamente pequena, a não ser que a indústria principal seja a de mineração de ouro[46].

"O dinheiro não pode ser produzido facilmente"[47], se excetuarmos a atividade da autoridade monetária em qualquer coletividade; esta a principal razão da elevada taxa de juros de que goza o dinheiro, segundo Keynes:

> o proprietário de capital pode receber juros porque o capital é escasso, assim como o proprietário de terra pode receber renda porque a terra é escassa.[48]

---

42 Cf. ibidem, p. 221-2.

43 Ibidem, p. 223; tradução ligeiramente modificada por nós.

44 Idem; tradução ligeiramente modificada por nós.

45 Idem; tradução ligeiramente modificada por nós.

46 Cf. ibidem, p. 222.

47 Ibidem, p. 223.

48 Ibidem, p. 376.

Além disso, a utilidade do dinheiro deriva unicamente de seu valor de troca, de tal forma que os dois sobem e descem *pari passu*; em consequência, quando o valor de troca do dinheiro aumenta, não existe motivo ou tendência, como é o caso dos outros fatores da renda, de substituí-lo por outro fator[49].

Nossa tese a respeito da transformação dos sistemas monetários, que apresentaremos em nota posterior, opõe-se radicalmente à colocação de Keynes. No nosso entender, a transformação dos sistemas mono e bimetálicos, de moeda conversível e, finalmente, o sistema monetário inconversível fornecem um *trend* bastante tranquilo e claro. Para nós, os fatores motivadores e condutores das transformações dos sistemas monetários – desde a moeda mercadoria até o sistema de moeda fiduciária e bancária – atuam no sentido de fornecer maior funcionalidade aos sucessivos sistemas, principalmente no que se refere à inflação, ou melhor, ao aumento da quantidade de moeda. O sistema monometálico é menos inflacionável que o sistema bimetálico, e o sistema de papel-moeda inconversível e moeda bancária é o mais facilmente inflacionável de todos os sistemas que a história da economia conheceu.

Quando Keynes raciocina em termos de um sistema metálico de padrão-ouro[50] pode, sem dúvida, referir-se a uma elasticidade de produção zero ou, pelo menos, muito pequena e atribuir a elevada taxa de juros a esse caráter particular de um sistema metálico ou conversível. Esta afirmação é, contudo, menos válida quando se trata de um sistema bimetálico, porque a elasticidade absoluta de produção, neste caso, pode ser considerada bem maior. O Ato Peel, por exemplo, que vigorou na Inglaterra a partir de 1844 e que era extremamente rígido e limitativo da elasticidade de produção da moeda, ou seja, restritivo e aprisionador do meio circulante, provocou o incremento da moeda escritural, que reagiu contrariamente à baixa elasticidade de produção da moeda.

A afirmação de Keynes é descabida quando se refere ao sistema dominante em todo o mundo – de moeda fiduciária, inconversível, produzida mais ou menos discricionariamente pelo governo, ao lado da moeda escritural, cujo volume em todo mundo é superior ao do próprio papel-moeda. No *Treatise on Money*[51], Keynes divide o *current money* em *bank money* e *State money*, terminologia que desaparece na *Teoria geral*, que é justamente onde se encontra a teoria do "dinheiro estatal". Tanto o *State money* como o terciário improdutivo e o departamento III (produtor

[49] Cf. John Maynard Keynes, *Teoria geral do emprego, do juro e da moeda* (Rio de Janeiro/Lisboa, Fundo de Cultura Brasil-Portugal, 1970), p. 222.

[50] No capítulo 7 da *Teoria geral*, "Significado de poupança e investimento", o erro de Keynes expressa-se principalmente no seguinte: "mais ainda, se o sistema bancário é o que se desprende de um bem, alguém tem de renunciar a possuir efetivo"; John Maynard Keynes, *Teoría general de la ocupación e interés y el dinero*, cit., p. 88.

[51] John Maynard Keynes, *Treatise on Money: The Pure Theory of Money* (Londres, Macmillan, 1971). Volta-se, com isso, aos depósitos regulares pré-capitalistas.

de não-mercadorias, por onde a moeda estatal penetra na economia) estão ausentes do esquema explícito da *Teoria geral*.

Chegamos, desta forma, ao ponto em que podemos formular uma crítica à função do redutor keynesiano, ou seja, a propensão à conservação em forma líquida, crítica esta alicerçada em dois elementos: o primeiro se refere à natureza totalmente distinta do sistema monetário inconversível, no que diz respeito à elasticidade de produção da moeda, em relação aos sistemas metálicos e conversíveis, de um modo geral, e que se esclarecerá em nota posterior; o segundo elemento em que basearemos nossa crítica refere-se à relação entre a moeda bancária e a elasticidade de produção da moeda, e ao redutor de D_2 – a conservação em forma líquida.

Liquidez em moeda e liquidez em depósito à vista

Poderíamos perguntar se não existe, no sistema monetário e bancário em que vivemos, um mecanismo automático capaz de compensar – ou mais do que compensar – a redução da soma que a comunidade dedicará a novos investimentos produzidos pela liquidez, pelo dinheiro ocioso, pela conservação em "moeda ou seu equivalente".

Quando os bancos funcionavam como cofres, guardando a liquidez áurea, cobrando pelo serviço de custódia e devolvendo ao depositante as mesmas moedas depositadas, o volume total conservado em forma líquida, como depósitos bancários, consistia realmente um fundo ocioso. Dada a quantidade de moeda, quanto maiores os depósitos bancários em moeda metálica, menor a quantidade à disposição do público, ou melhor, menor a oferta de moeda para satisfazer a procura pelos motivos de preferência pela liquidez. Assim, a procura de moeda para diversos fins se faz sobre uma oferta reduzida, devido ao volume de depósitos; como na concepção keynesiana "o juro se torna o preço da escassez do dinheiro"[52], a conservação em forma líquida na forma de depósitos bancários faria aumentar, *ceteris paribus*, a taxa de juros, nesse mundo mercantilista, pré-capitalista. O raciocínio de Keynes permaneceria igualmente válido se considerássemos um sistema de moeda fiduciária em que houvesse a rede bancária particular ou em que toda conservação em forma líquida fosse feita diretamente com papel-moeda. É interessante notar que Keynes, sempre preocupado com o "mundo em que vivemos", tenha raciocinado, no que se refere à liquidez e à elasticidade de produção da moeda, em termos de moeda metálica, em um mundo em que, realmente, não vivemos, na era mercantilista do entesouramento imanente às limitações impostas pelas relações sociais que impediam a compra de força de trabalho e a transformação do dinheiro de comércio e do dinheiro em geral em capital produtivo.

[52] Alain Barrère, *Théorie économique et impulsion keynésienne*, cit., p. 436.

No mundo real, contudo, deve-se distinguir as duas formas de conservação em forma líquida, isto é, conservação em moeda e conservação em depósitos bancários. Porque a relação entre a conservação da liquidez monetária (em espécie) e a conservação da liquidez na forma de depósitos bancários pode alterar a relação entre a propensão à liquidez e a taxa de juros. No *Treatise on Money*, Keynes separa claramente, no meio circulante, o *State money* e o *bank money*, distinção que não aparece na *Teoria geral*, como já referido, em que o dinheiro estatal e o bancário adquirem importância crescente, mas oculta.

O mecanismo automático de suprimento da oferta de dinheiro líquido

Se Keynes considerasse os efeitos da conservação em forma líquida como redutor direto da soma a ser dedicada a novas inversões (D_2), a influência dos depósitos bancários sobre a oferta de moeda ficaria mais patente. Sabemos que os depósitos possibilitam empréstimos e que os empréstimos geram novos depósitos na rede bancária. Sabemos também que, dentro de certos limites, o fato de os bancos emprestarem parte dos depósitos não aumenta nem diminui o receio dos depositantes em relação ao futuro: não provoca corridas aos bancos por parte dos depositantes, no sentido de reaverem sua liquidez monetária (em espécie). De modo que os bancos exercem uma função peculiar no que se refere à conservação em forma líquida – oferecem grande parte do total do dinheiro conservado em forma líquida, pela coletividade, na forma de depósitos, sem alterar a preferência pela liquidez dos depositantes, que continua igualmente satisfeita (ou insatisfeita). Os bancos de depósitos oferecem, portanto, parte do dinheiro conservado em forma líquida, por seus depositantes, que continuam, contudo, gozando da mesma liquidez, tal como se não tivessem efetuado depósitos à vista.

Os depósitos bancários iniciais são constituídos pela soma de moeda que satisfaz, principalmente, os motivos precaução e transação, como também pela soma referente ao motivo indecisão, estudado por M. Gruson[53], isto é, aquelas somas que permanecem ociosas porque seus detentores não se decidem a aplicá-las de uma forma qualquer: nem em investimento, nem em consumo.

Podemos dizer que os depósitos bancários modernos, que se movimentam por meio de cheques, principalmente os depósitos bancários à vista, permitem que se empreste o dinheiro, conservando-se a liquidez imutável, o que não era possível na hipótese anteriormente examinada dos depósitos regulares. Se todos os agentes econômicos agissem com uma psicologia infalível, fossem dotados de poder divinatório, poderiam conservar em espécies monetárias, em dinheiro líquido, uma parte de sua renda, necessária e suficiente para fazer face às incertezas do futuro. Como os homens não são

[53] Cf. ibidem, p. 444.

dotados desse "radar temporal" capaz de prever as dimensões dos obstáculos ou das delícias que o amanhã pode encerrar, pode-se concluir que as diversas propensões ao consumo e à liquidez não são exatamente aquelas que deveriam ser, e que, portanto, em qualquer momento, existem indivíduos que gostariam de ter conservado mais dinheiro líquido ou menor quantidade de espécies monetárias do que aquela de que dispõem atualmente. Outros não ganharam o suficiente para manter riqueza líquida. Pode-se concluir que, baseados em experiências passadas e em cálculos futuros, existem, a qualquer momento, indivíduos dispostos a diminuir sua liquidez atual (embora não estejam necessariamente dispostos a aumentar seu consumo nem seu investimento atuais), e outros dispostos a pagar para obter mais dinheiro líquido do que a previsão enganosa os levou a ter atualmente. Em um sistema monetário metálico, em que os bancos guardassem e devolvessem as mesmas espécies depositadas aos respectivos donos, a procura atual de moeda dos últimos corresponderia a uma diminuição da liquidez dos primeiros; no sistema atual, contudo, os últimos podem recorrer a empréstimos bancários para satisfazer suas necessidades atuais de liquidez e os primeiros continuam gozando da mesma liquidez anterior. Em parte, os bancos de depósito, acalmando as incertezas do futuro, permitem que os agentes econômicos errem em relação à soma que devem conservar, a cada momento, em forma líquida, de vez que eles sabem que podem recorrer aos bancos e pagar pela liquidez. Neste sentido, o juro pago por particulares pelos empréstimos bancários em curto prazo é o preço pago para corrigir um erro, para menos, da previsão em relação ao volume adequado de liquidez atual. Trata-se, desse modo, do preço pago para dispor de liquidez, ou de mais liquidez no presente. No entanto, não se pode considerar a taxa paga pelos bancos aos depositantes como preço pago pela renúncia à liquidez – não há renúncia à liquidez sempre que for possível, pois, por simples emissão de cheque, pode-se revertê-la totalmente.

A qualquer momento, a preferência pela liquidez e as somas M_1 e M_2, conservadas para satisfazer os motivos diversos, não dependem apenas do nível de renda e da taxa de juros atual e do estado das previsões, mas também da soma líquida de que já dispunham os diversos agentes econômicos. Nada nos autoriza a afirmar que a soma de dinheiro líquido conservada pelos agentes econômicos aumenta quando sobe o nível da renda, e muito menos que aumenta uniformemente para todos os agentes econômicos. Com um aumento da renda, certos agentes poderão aumentar sua liquidez, ponderando, evidentemente, a liquidez anteriormente conservada. Outros considerarão, contudo, demasiado elevada sua preferência antiga pela liquidez, reduzindo-a quando houver elevação de suas rendas monetárias[54]. É por isso,

[54] Esta segunda hipótese é a que ocorre predominantemente quando o nível geral de preços se eleva. Os que reduziram demasiado a soma conservada em forma líquida serão os candidatos de amanhã a pagar pela liquidez, recorrendo à rede bancária.

principalmente, que a qualquer momento existe um certo número de pessoas depositando dinheiro nos bancos e outras tomando empréstimos a curto prazo.

O volume dos depósitos bancários depende, *ceteris paribus*, da preferência do público em conservar mais ou menos liquidez em papel-moeda ou em depósitos bancários à vista. Se aumenta a preferência da coletividade para conservar a liquidez em forma de depósitos, aumenta a "elasticidade de produção" particular da moeda escritural.

A preferência pela liquidez e os mecanismos derivados da *Teoria geral*

Percebe-se, desta ligeira análise, que a procura de moeda para satisfazer os motivos de liquidez pode ser, no mundo em que vivemos, satisfeita, em grande parte, embora não o pudesse na vigência de outros sistemas monetários, mediante a ação da rede bancária.

Os bancos satisfazem, em decorrência de uma remuneração relativamente baixa, a procura de liquidez realizada por uma faixa de agentes econômicos, sem reduzir a soma conservada em forma líquida de outra faixa, independentemente da emissão de moedas ou da política de mercado aberto.

O capítulo de Keynes sobre este assunto – o mais discutido e o mais discutível de *Teoria geral*, segundo a opinião de Barrère – assemelha-se ao centro de uma nebulosa. A consequência prática que dele deriva – e que se reforça em outros pontos de sua obra – é a de que o aumento da moeda em circulação, promovido pela autoridade monetária, é a solução apontada, mesmo em período de elevação das rendas monetárias, para satisfazer a propensão à liquidez e, portanto, baixar a taxa de juros. De acordo com nosso raciocínio, pode ser que ela esteja satisfeita, de certo modo, pelo mecanismo bancário atual, mas Keynes prefere raciocinar com "a relíquia bárbara", com o ouro e suas minas. Por outro lado, devemos notar que a procura por moedas ou por liquidez não pode ser satisfeita de modo absoluto. Caso o fosse, todos seríamos Midas e a taxa de juros poderia, então, ser real e desastrosamente baixa.

Mas o que importa realmente a Keynes é considerar a propensão à liquidez insatisfeita e justificar, assim, uma maior elasticidade de produção da moeda no mundo atual. A rede bancária moderna torna a moeda altamente elástica e, ao contrário de Keynes, para Wicksell, produzir moeda é mais fácil do que produzir mercadorias: daí a diferença entre as taxas de juros bancário (monetária) e real (produtividade marginal do capital).

Keynes precisava fazer crer na baixa elasticidade de produção da moeda, própria do mercantilismo, para justificar a existência de uma crônica insuficiência da demanda de bens de capital proveniente da ação desse redutor da demanda global.

Caso contrário, a redução da demanda global poderia decorrer da desigual distribuição da renda, redutora da demanda de bens de consumo, fenômeno que Keynes procurou obscurecer embora nele acreditasse; a prova disso está no fato de que a "abstinência do rico" limita o "crescimento da riqueza". Eis o trecho que revela sua outra face:

> Assim, nossa argumentação leva à conclusão de que, nas condições atuais, o crescimento da riqueza, longe de ser dependente da abstinência dos ricos, como se supõe comumente, é mais possível que seja impedido por ela.[55]

O que o aproxima novamente de Malthus e de seu conceito de "poupança excessiva".

Aquilo que se apresenta à primeira vista como fluxo (de renda e de produto) é, para Marx, uma rápida sucessão de paralisações. O processo de produção capitalista reduz as interrupções, a partir do próprio processo de trabalho, evitando as paralisações decorrentes, por exemplo, da mudança de um operário de uma etapa para outra, ao longo do processo produtivo. A *condensação* do trabalho e a reunião, sob um mesmo teto e sob o comando do capital, de operações produtivas que se realizavam isoladamente em diferentes atividades constituem uma importante aquisição da indústria capitalista.

Para Marx, a produção constitui uma interrupção da circulação. Esta interrupção separa o período de compra de matérias-primas, materiais auxiliares e de força de trabalho do período de venda do produto. No período de compra, como meio de compra, parte do capital total de dada indústria tem de assumir a forma de dinheiro, meio de compra de força de trabalho, de matérias-primas e de materiais auxiliares. Na fase da venda, o produto, que já percorreu a fase de produção, apresenta-se na forma de capital mercadoria. Esse capital mercadoria necessariamente transformar-se-á em capital dinheiro, porque a produção é de mercadorias, produção mercantil desenvolvida.

Na forma de capital produtivo é que o capital pode ser desmembrado em fixo e circulante; é o processo de valorização que mostra a parte constante e a variável do capital.

O fluxo é uma sucessão dessas três formas do capital – uma metamorfose sucessiva. O circuito pode ser analisado a partir de qualquer das formas, encerrando-se quando reassume o capital sua forma inicial, com o conteúdo renovado. Em qualquer ponto, o movimento pode ser interrompido por uma crise. Se se interrompe o circuito do capital individual na forma de capital mercadoria, acumula-se o estoque invendável, dilata-se o tempo de venda. Se o estoque aumenta, isto é, se uma maior parcela de dado capital individual assume a forma de capital mercadoria, reduz-se

[55] John Maynard Keynes, *Teoría general de la ocupación e interés y el dinero*, cit., p. 373.

a parcela que se encontra na forma de capital dinheiro ou aquela parcela do capital produtivo representado pelos meios de produção (capital circulante e capital variável), o que significa uma diminuição da escala de produção. À medida que se reduz o estoque, o capital mercadoria converte-se em dinheiro, mas estas vendas não se transformam em novas compras; cinde-se a venda de nova compra, o dinheiro se paralisa, há o entesouramento. O capitalista não preferiu esta liquidez – ela foi imposta. O dinheiro parado, entesourado, nega todas as funções do dinheiro no modo capitalista de produção. Escreveu Marx:

> É a formação involuntária de poupança. [E a seguir esclarece:] o próprio processo de reprodução não se expande pela formação de capital dinheiro latente. Ao contrário, o capital dinheiro latente é formado aqui porque o capitalista produtivo não pode expandir diretamente a escala da produção.[56]

Ao desenvolver a produção manufatureira, o período mercantilista teria necessariamente de evidenciar o caráter fantástico da confusão e identificação da riqueza com a moeda. O entesouramento é a esterilização do dinheiro como capital que se valoriza no processo de trabalho; o entesouramento teve de deixar de existir à medida que se afirmavam as relações capitalistas de produção e a forma de circulação correspondente.

Por isso, Keynes foi obrigado a recorrer ao mercantilismo para demonstrar a suposta importância do fenômeno entesouramento, que só naquele período e nas crises do capitalismo industrial desempenhou papel realmente relevante. Só assim, ao propor uma analogia do sistema monetário, bancário e creditício atual com a imagem mercantilista consolidada, pôde focar o conflito entre industriais e banqueiros em torno da taxa de juros – conflito que se situa na repartição do lucro –, caracterizando-o como capaz de bloquear o processo de acumulação, com a redução do coeficiente de novos investimentos. Keynes sabia disso, pois escreveu:

> a preferência pela liquidez, *exceto aquelas suas manifestações* que são associadas ao aumento das transações e à especulação, não aumenta a não ser depois do colapso da eficiência marginal do capital [isto é, na crise].[57]

No entanto, Keynes realmente sabia que só o aumento da massa de mais-valor (aumento do volume de ocupação) e da taxa de mais-valor (redução do salário real) seria capaz de aumentar a massa de lucros, satisfazendo os capitalistas do dinheiro e os da indústria, permitindo o aumento simultâneo do juro e do lucro (eficiência marginal do capital).

---

56 Karl Marx, *Capital*, Livro I, cit., p. 79-80.

57 John Maynard Keynes, *The General Theory of Employment, Interest and Money*, cit., p. 316; grifo do original.

A maior parte, ou mesmo a totalidade dos economistas pós-keynesianos, não deu a devida importância à influência direta da desvalorização do dinheiro sobre a eficiência marginal de um dado volume de capital. Preferiram considerar, quase todos, as relações entre variação da quantidade de moeda e a taxa de juros, unicamente. Keynes foi, em parte, o responsável pela continuidade desse erro, pela ênfase excessiva que sua original teoria da liquidez deu ao problema da taxa de juros.

Paradoxalmente, ele aponta esse *erro*, e nossa análise anterior se fortalece, sendo integralmente corroborada na seguinte passagem:

> O erro está em supor que as mudanças prováveis no valor do dinheiro reagem diretamente sobre a taxa de juros, em vez de fazê-lo sobre a eficiência marginal de um volume dado de capital. Os preços dos bens existentes sempre se ajustarão por si mesmos às mudanças nas previsões relativas ao valor provável do dinheiro. A importância de tais modificações reside nos efeitos sobre o desejo de produzir novos bens, por meio de sua influência sobre a eficiência marginal do capital. O efeito estimulante da esperança de preços mais elevados não se deve a que elevem a taxa de juros (*o que seria um meio paradoxal de estimular a produção – na medida em que a taxa de juros sobe, o incentivo fica neutralizado na mesma extensão), mas ao fato de que eleva a eficiência marginal de um volume dado de capital.*[58]

O âmago da questão não está na redução da taxa de juros, mas na elevação da eficiência marginal do capital que a desvalorização da moeda, a elevação dos preços dos bens produzidos e a redução de certos custos (mesmo fixos, como demonstramos) fatalmente trazem.

> Vale a pena notar que a esperança de uma baixa futura na taxa de juros terá por efeito fazer *abaixar* a curva da eficiência marginal do capital; pois significa que a produção resultante do equipamento feito atualmente terá de competir, durante parte de sua vida, com a proveniente do equipamento que se conforma com um rendimento menor.[59]

Marx talvez concordasse com tal perspectiva, mas por outras considerações: as esperanças de lucro futuro constituem o parâmetro da psicologia do empresário cujo processo de tomada de decisão é influenciado pelas medidas que partem da autoridade monetária e das que orientam a política de *deficit spending* do governo. A estas modificações provenientes do governo correspondem mudanças na forma de moeda (dominância da moeda estatal desvinculada do trabalho humano cristalizado no ouro) que faz com que a contradição entre as forças produtivas de meios de consumo e a estreiteza e a limitação da capacidade de consumo da coletividade,

---

[58] Idem, *Teoría general de la ocupación e interés y el dinero*, cit., p. 141-2; grifo nosso.

[59] Ibidem, p. 142; grifo do original.

submetidas às leis da repartição capitalista, mudem de forma. O governo, criador de meios de pagamento (moeda estatal), aumenta diretamente (via encomendas) ou indiretamente (via contratação de funcionários) a demanda global de não-mercadorias e de meios de consumo. A inflação decorrente da nova estrutura da produção (onde passa a ampliar o setor que produz para o governo) provoca a redução da unidade de salário – o aumento da taxa de mais-valor, em termos marxistas – e, com o perdão de dívidas que incide sobre os equipamentos comprados a prazo, junto ao estímulo adicional decorrente do aumento da receita monetária devido aos preços ascendentes, o empresário aumenta o volume de emprego – em termos marxistas: a massa de mais-valor. Assim, com o aumento da eficiência marginal do capital, aumentam o lucro do empresário e a taxa de juros que é uma divisão dela, segundo Marx. Mas a solução é contraditória e, por isso, cada vez menos eficiente. A crise do capitalismo keynesiano evidenciará o caráter fantástico da "riqueza", da *prosperidade* criada pela moeda estatal, fictícia; essa "riqueza" constituída de não-mercadorias e de serviços improdutivos, "destinados à imediata e infrutífera destruição", conforme Keynes, é a pobreza real do homem e se faz em detrimento da humanidade.

A fluidez do conceito de moeda

A fluidez dos conceitos[60], isto é, o emprego não rígido dos termos, surge mais uma vez na *Teoria geral* em relação à moeda: Keynes não define claramente moeda (não há por que mudar o lugar da palavra mesmo) no capítulo sobre a taxa de juros. Diz, por exemplo:

> Podemos considerar moeda qualquer domínio sobre um poder geral de compra de que o possuidor não se desprenderá por um período maior do que três meses, e dívidas o que só se pode recuperar em períodos maiores; ou podemos substituir os três meses por um mês ou três dias ou três horas ou qualquer outro período; ou poderíamos excluir da moeda qualquer coisa que não fosse moeda corrente à vista.[61]

[60] A fluidez conceitual é tão familiar a Keynes que ele se rejubila quando afirma encontrar certa fixidez: "Em meio à multiplicidade de divergentes usos de termos, é agradável descobrir um ponto em comum. Até onde sei, todos concordam que poupança significa o excesso de ganhos sobre gastos em consumo"; *The General Theory of Employment, Interest and Money*, cit., p. 161. Mas como ele lembra : "muitos definiram (inclusive eu, em meu *Treatise on Money*) poupança e investimento de tal forma que eles não são necessariamente iguais"; ibdem, p. 74. Aos alunos que não são claros, precisos, exatos em suas respostas às perguntas sobre conceitos tão imprecisos, fluidos, opacos, o professor sério, encarnando o ideal de aparente exatidão da burguesia, atribui insuficiente ou zero com a consciência (de classe) tranquila.

[61] John Maynard Keynes, *Teoría general de la ocupación e interés y el dinero*, cit., p. 164-5.

E, para terminar seu não conceito de moeda, parece esclarecer que "regra geral, admitirei, como em meu *Treatise on Money*, que a moeda é coextensiva aos depósitos bancários"[62].

Parece-nos que a deliberada falta de precisão do termo se explica na *Teoria geral* pela necessidade de atribuir ao sistema uma baixa elasticidade de produção da moeda. Assim, o aumento de M só pode surgir, por exemplo, em virtude da descoberta de novas minas de ouro ou de emissão por parte do governo para "atender a seus gastos correntes", sendo que, em qualquer situação, "aumenta as rendas de alguém"[63].

Ora, por não ter precisado o conceito de M, não se percebe que o aumento de qualquer das parcelas de M poderá provocar um incremento da moeda escritural ou de sua velocidade de circulação. O pressuposto implícito é o de que os bancos estariam, em qualquer fase, operando com os encaixes mínimos, isto é, impossibilitados de aumentar o volume de seus empréstimos. Tal pressuposto implícito é altamente irreal, mas foi incorporado à análise a fim de que a possibilidade de criação de moeda pelo próprio sistema bancário, de suprimento automático da oferta de moeda (escritural) não aparecesse. Assim, apenas a política de mercado aberto pode surgir como forma de aumentar M_2, provocando uma redução na taxa de juros. Isso é o mesmo que raciocinar como se apenas existissem depósitos regulares, dos velhos tempos em que os bancos não podiam criar moeda escritural, isto é, não podiam aumentar a liquidez de uns sem diminuir a liquidez de outros agentes econômicos, como no período mercantilista.

Keynes não suspeitou – ou não explicitou – sua suspeita de que a moeda representa as relações sociais da produção. A moeda não constitui um plasma homogêneo que irriga o organismo social de uma sociedade composta de seres associais, iguais, não estratificados.

Na moderna sociedade capitalista, a moeda constitui uma diversidade na unidade, assim como no mistério da Santíssima Trindade existem três diferentes espíritos em um só: a moeda salário, dinheiro que recebe o assalariado, só tem poder de compra sobre os bens-salário. Não pode comprar bens de capital, nem a própria força de trabalho. O capital dinheiro de comércio se mostra, no final da evolução capitalista, subordinado ao capital industrial que determina o movimento daquele, sua taxa de participação no lucro etc.; o dinheiro estatal que expressa o poder despótico do governo capitalista e só compra serviços improdutivos e não-mercadorias (produtos que não são, ao mesmo tempo, nem bens de consumo nem de produção; produtos bélicos, espaciais, estradas, parques etc.); o capital dinheiro que tem, na economia nacional, poder generalizado de compra, representando o poder do capitalista sobre o mundo

---

[62] Ibidem, p. 165.

[63] Ibidem, p. 164-5.

das mercadorias; o dinheiro mundial que representa as relações da economia avançada com as retardatárias, semi-integradas, e o poder conferido por sua estrutura diversificada e por sua força imperialista de investir em escala mundial nos setores mais variados etc. A existência de uma massa de dinheiro estatal que sustenta o dispêndio crescente dos governos das economias keynesianas é o produto das dificuldades crescentes de realização e altera a estrutura da produção, da ocupação, da renda e do consumo e, ainda, a forma da contradição básica da economia capitalista. Todas aquelas espécies monetárias, com sua circulação restrita e específica, apresentam-se obviamente sob a mesma forma aparente, necessária para a circulação, a mesma unidade monetária.

Por intermédio do *open market* de compra, o governo só pode adquirir parte dos títulos (LTN, OTN, *treasury notes*) que ele próprio vendera. Por intermédio do *open market* de venda, a autoridade monetária enxuga parte do meio circulante. Os acréscimos definitivos à base monetária só podem ser obtidos por meio das compras de não-mercadorias pagas com dinheiro estatal. Os gastos que aumentam a base monetária são os que cobrem o déficit orçamentário. Enquanto o orçamento se mostrar equilibrado ou superavitário, o governo estará simplesmente devolvendo parcelas da receita tributária, sem que acréscimos líquidos à circulação monetária possam ocorrer.

Considerações sobre a teoria "clássica" dos juros e do "dinheiro selado", de Sílvio Gesell

No *plano real*, poupança e investimento são sempre iguais, porque são a mesma coisa. Se se considera a moeda neutra, o não consumo, a abstinência do trabalhador alimenta automaticamente as inversões e se identificam, indivisivelmente, à poupança e ao investimento.

Keynes não poderia, mesmo na *Teoria geral*, criticar a poupança como entidade clássica, pois considerava que

> era a grande desigualdade na distribuição da renda que tornara possível aquela grande acumulação de riqueza fixa e de melhorias de capital que distinguiam aquela idade das demais. Aqui descansa, em realidade, *a principal justificação do sistema capitalista*.[64]

Embora criticando a abstinência, Keynes defende a acumulação de capitais por parte dos grupos que percebem lucros e a desigualdade repartitiva como condição de reprodução do sistema capitalista. Ora, no plano real, clássico, amonetário, abstinência e investimento (criação de riqueza fixa) são sinônimos.

---

[64] John Maynard Keynes citado em Jan Tinbergen, *La teoria economica de John Maynard Keynes* (Madri, Aguilar, 1960), p. 306-7; grifo nosso.

Mas, ao situar sua óptica em outro plano de análise, isto é, mudando do plano real para o plano monetário, pôde ele, com relativo êxito, vislumbrar uma forma de poupança simplesmente monetária, o que era impossível na óptica amonetária *clássica*.

Assim, criou a entidade da conservação em forma líquida e desfechou sobre ela sua crítica, convertendo-a no fulcro dos defeitos do sistema. Pôde, então, combater a frugalidade dos ricos, a virtude clássica, sem atacar a poupança[65]. Recompensar o não consumo do capitalista por meio da taxa de juros é algo incompatível com a necessidade de criação e amplificação do consumo coletivo, essencial ao desenvolvimento do sistema industrial. Afirmar, como os clássicos, que uma redução do consumo acarreta um aumento de investimento equivalente, em vez de afirmar que a redução do consumo dos ricos, *ceteris paribus*, reduz o emprego, é, no primeiro caso, justificar o não consumo.

> Veremos com outros olhos uma menor disposição para gastar se, em vez de a tomarmos como fator que, *ceteris paribus*, aumentará o investimento, a considerarmos um fator que, *ceteris paribus*, fará diminuir o emprego.[66]

A Keynes não convém esclarecer que, se a poupança é realizada pela abstinência do assalariado, o não consumo dos capitalistas só pode reduzir o nível da demanda efetiva.

Se a taxa de juros em elevação reduzisse o consumo em termos clássicos, a lei psicológica fundamental – segundo a qual, quando a renda da coletividade aumenta,

---

65 A mudança do plano de análise do real para o monetário permitiu a Keynes criticar os dois postulados clássicos referentes à ocupação e forjar a entidade do desemprego involuntário. Também naquela passagem, o desemprego involuntário surge, por definição, apenas no plano monetário (capítulo 2). Realmente, "a teoria clássica não admite a possibilidade da existência do desemprego involuntário [...]. Por definição, os homens encontram-se involuntariamente sem emprego quando, no caso de se produzir uma pequena elevação no preço dos artigos para assalariados em relação ao salário nominal, tanto a oferta de mão de obra disposta a trabalhar pelo salário nominal corrente como a demanda total da mesma ao dito salário são maiores que o volume de ocupação"; John Maynard Keynes, *Teoria geral do emprego, do juro e da moeda*, cit., p. 28. Ora, só no plano monetário, em que a elevação dos preços das mercadorias para assalariados existe e o salário real vigente pode ser menor que o salário real antigo, embora o salário nominal corrente seja o mesmo ou até superior ao antigo, assim só no plano monetário o desemprego involuntário é possível. E, tal como a conservação em forma líquida, é este desemprego involuntário convertido no único tipo de desemprego que realmente interessa à economia, o verdadeiro mal do sistema, que deve, portanto, ser combatido. A solução genial não está explícita na *Teoria geral*, embora possamos encontrar nela os elementos essenciais à explicação do mecanismo de eliminação automática da conservação em forma líquida, como resultado do aumento da "quantidade de moeda tal como é fixada pela autoridade monetária". Em outras palavras, a inflação é o remédio também para reduzir a preferência pela liquidez na medida em que aumenta o "custo de armazenagem do dinheiro" e para o desemprego involuntário, via redução do salário real. Assim, os dois conceitos são formulados e encontram sua solução no plano monetário.

66 John Maynard Keynes, *Teoria geral do emprego, do juro e da moeda*, cit., p. 197.

o consumo cresce, mas não tanto quanto a renda – só seria válida se a taxa de juros não estivesse em elevação de forma a provocar uma redução do consumo corrente. Assim, além de tudo, a transposição do juro para o plano monetário tornou possível o enunciado simples e dogmático da lei psicológica fundamental, sem qualificá-la com o nível em que se encontra a taxa de juros corrente.

O que os clássicos – principalmente Senior – consideravam como recompensa pelo sacrifício do não consumo (dos ricos) – a taxa de juros – transforma-se em preço do sacrifício correspondente à renúncia, à conservação em forma líquida, justificativa coerente com o espírito capitalista avançado e situada no plano monetário. Na moderna sociedade industrial, a necessidade de amplificação do consumo leva à nova conceituação, mais coerente com as necessidades fundamentais da sociedade de consumo e com a convicção não declarada de que, como a poupança já fora feita pelo não consumo do assalariado, os juros só podem representar o preço do dinheiro potencial em poder dos ricos.

Talvez a razão jamais declarada de Keynes considerar que a taxa de juros não exerce nenhuma influência direta nas decisões de consumir ou de não consumir resida na determinação inconfessável, no nível ideológico, de que os que poupam e se abstêm do consumo não são os ricos, mas os assalariados. Assim, a taxa de juros não poderia ser considerada por ele como preço pago pelo não consumo, pela abstinência, pois a classe assalariada que se abstém de consumir não ganha juros. Os ricos, ao renunciarem à liquidez que ultrapassou seus gastos correntes em consumo e em investimento, recebem os juros, parcela do lucro.

A entidade criada por Keynes em sua óptica monetária, a conservação em forma líquida, na qual projetou a causa dos males do sistema, é a negação do dinheiro capitalista e não se afirma no "mundo em que realmente vivemos" a não ser nas fases de depressão e crise cíclicas. Existindo ou não no sistema monetário moderno, dotado de grande elasticidade de produção de moeda, com a qual pensamos ser incompatível, esta peça fundamental da estrutura teórica de Keynes desempenha importantes papéis. Possibilitou-lhe:

a. Desfechar o ataque contra a abstinência dos ricos sem atingir a poupança: a responsabilidade pela redução do fluxo monetário (e da demanda efetiva) pôde recair sobre os ombros da conservação em forma líquida – como redutora direta da demanda global de bens de produção e redutora indireta, devido à elevação da taxa de juros.

   Quanto mais elevada a propensão marginal a consumir, maior o multiplicador: se o consumo adquire o poder de multiplicar a renda, não há por que o capitalista se abster de consumir.

b. O diagnóstico dos males do sistema, afirmando que, em sua etiologia, eles não são de natureza estrutural nem cumulativa, mas simplesmente monetária. Não apenas o sistema capitalista, mas qualquer sistema em que exista moeda, seria passível de perturbações e crises.
c. A conservação em forma líquida, determinada em seu diagnóstico realizado no plano monetário, tende a desaparecer quando, graças à elevação do nível geral de preços, a economia se encaminha para o pleno emprego; aqui está o traço da genialidade da visão keynesiana. Seu grande esforço consistiu na tentativa de demonstrar que a expansão do sistema, graças aos investimentos públicos, autônomos, ou o aumento da quantidade de moeda, com o objetivo declarado de reduzir a taxa de juros, trazia consigo um autocorretivo para o mal original: a conservação em forma líquida, e que a taxa de juros poderia ser manipulada pelo governo capitalista.

É que a elevação do nível geral de preços[67] e a desvalorização da moeda inerente ao processo de eliminação do "desemprego involuntário" fazem com que a moeda perca sua função de reserva de valores, e esta perda é proporcional à intensidade do processo de elevação de preços. Em outras palavras, podemos considerar que a desvalorização da moeda representa um forte estímulo no sentido de reduzir o montante do dinheiro conservado em forma líquida e o período médio em que a liquidez é conservada. A desvalorização dos montantes líquidos leva a coletividade a reduzir seus encaixes ociosos, retornando-os mais rapidamente ao fluxo monetário ativo do que se a moeda conservasse seu valor constante. Mesmo que os encaixes monetários em forma líquida não se reduzam, sua importância relativa diminui automaticamente quando, de qualquer forma, aumenta o meio circulante.

Conclui-se, pois, que a preferência pela liquidez e o montante conservado em forma líquida, que podem ser significativos em época de crise e de "desemprego involuntário", tendem a ser minimizados quando a economia se dinamiza, encaminhando-se para o "pleno emprego". O capital dinheiro passa a retornar mais rapidamente para o circuito, metamorfoseando-se em capital produtivo.

Mas, na teoria keynesiana, embora a liquidez possa ter desaparecido ou sido minimizada como realidade pela ação da elevação do nível geral de preços (aumento da quantidade de moeda), ela persiste como justificativa de medidas políticas, até o

---

[67] "O método de financiar aquela política, bem como o aumento da circulação exigido pelo emprego adicional e a alta de preço que o acompanha" (ibidem, p. 121) dentro de certos limites, tal como a curva de Phillips, expressa que o nível de atividade está respondendo ao instrumental monetário de Keynes. Na crise da economia keynesiana, aquele instrumental terá perdido sua capacidade de ativação.

fim da análise (justificando o aumento da quantidade de moeda). Um aumento da preferência do público pela liquidez poderá sempre secar a

> bebida que estimula o sistema para a atividade, isto é, reduzir a quantidade de dinheiro ou impedir o seu aumento. [...] Se, contudo, formos induzidos a aceitar que o dinheiro é a bebida que estimula o sistema para a ação, devemos nos lembrar que pode haver muitos obstáculos entre os lábios e a taça. Porque, enquanto for esperado que o aumento da quantidade de dinheiro, *ceteris paribus*, reduza a taxa de juros, isto não ocorrerá se a preferência pela liquidez do público estiver aumentando mais do que a quantidade de dinheiro.[68]

Decorre portanto de nossa análise crítica que a conservação em forma líquida não tenha a natureza causal que Keynes lhe atribui. Ela é o efeito de um ciclo depressivo em que a queda dos preços torna vantajoso (porque o custo de armazenamento da moeda se torna negativo) conservar em forma líquida.

Keynes percebeu, embora os pós-keynesianos não tenham enxergado, a existência deste importante fenômeno e de suas consequências. Não pôde, contudo, expô-lo no capítulo referente à liquidez porque, se o fizesse, ficaria patente que o fenômeno que considera como um dos principais responsáveis pelos males do sistema e como principal justificador das políticas derivadas de sua teoria possui um mecanismo automático de desaparecimento dos montantes conservados em forma líquida, provocado pela desvalorização monetária, e isso abalaria profundamente a confiança em seu sistema teórico e não se justificariam, a partir de determinado momento, as medidas que visam corrigir o fenômeno.

É incontestável que a desvalorização do poder aquisitivo das reservas líquidas representa verdadeira "criação de custos artificiais para o armazenamento do dinheiro"[69]. Se o dinheiro se desvaloriza, digamos, em 10% em um ano, o custo de armazenamento aumenta, *ceteris paribus*, em 10% no período.

A desvalorização monetária é um substituto automático dos remédios propostos "por aqueles reformadores que merecem ser tomados em consideração"[70], e que têm por objetivo

> a criação de custos artificiais para o armazenamento do dinheiro, mediante o expediente de fazer com que a circulação legal tenha de ser selada periodicamente a determinado custo para que o dinheiro retenha sua qualidade".[71]

---

[68] Idem, *The General Theory of Employment, Interest and Money*, cit., p. 173.

[69] Idem, *Teoría general de la ocupación e interés y el dinero*, cit., p. 225.

[70] Idem.

[71] Idem.

Aqueles reformadores estariam "no bom caminho" ao sugerir esse e "outros procedimentos"[72].

Keynes percebeu que a solução já estava implícita no processo altista: a desvalorização da moeda é o substituto keynesiano da "selvageria do dinheiro", remédio para a conservação em forma líquida, além de curativo para outros males, segundo seu particular diagnóstico. Assim, também em relação aos efeitos perversos da preferência pela liquidez sobre a taxa de juros e a atividade econômica global, a inflação é o remédio que Keynes fornece ao capitalismo estatal moderno, a unidade das soluções de seus graves e crescentes problemas: ao aumentar o custo de conservação do dinheiro, a inflação reduz a preferência pela liquidez e o preço que se cobra para renunciar à liquidez, a taxa de juros.

No entanto, como em qualquer crise verdadeira, a paralisação do processo de circulação acarretará o entesouramento na próxima crise da economia keynesiana. Como a inflação crescente tornará a moeda um meio precário de reserva de valores, a preferência pelo ouro e por objetos de arte se afirmará na crise. O governo keynesiano que gasta para elevar o nível da demanda efetiva é obrigado a aumentar a dívida pública com a outra mão a fim de conter a taxa de inflação.

Se os juros representam uma renda que parece originar-se da circulação, dos empréstimos em dinheiro; se, ao voltar o dinheiro emprestado acrescido de juros ao seu proprietário, parece que ele adquiriu o poder fetichista de procriar, contrariando o princípio de Santo Tomás de que "dinheiro não pode parir dinheiro" (*pecunia pecuniam parere non potest*); se Keynes, empregando o método escolástico, pretende ter determinado, numa *differentia* própria do dinheiro e apenas dele, a liquidez, a faculdade de produzir juros; se, na realidade, os juros não são preço pago por "renúncia à liquidez", abstinência, espera etc., mas a porcentagem que o capitalista do dinheiro reclama e "faz jus" pelo empréstimo que permitiu ao capitalista industrial explorar maior massa de trabalhadores e obter maior valorização, então o conflito entre os dois grupos de capitalistas não pode ter o poder de alterar ou impedir a reprodução ampliada do capital. Quando o capitalista do dinheiro (banqueiro), o capitalista industrial e o capitalista comerciante finalmente se unem numa só empresa (*corporation*, *keiretsu*, *Konzern*), o conflito desaparece porque as três parcelas do lucro são apropriadas por um só grupo. O capital financeiro resolve o conflito surgido pela disputa em torno de taxas de lucro industrial, de juros do dinheiro e de comercialização das mercadorias, mas, ao fazê-lo, mostra uma nova contradição: se, agora, a *corporation*, o *keiretsu*, o capital financeiro não pagam juros, por outro lado, justamente porque não tomam empréstimos, não se beneficiam do perdão de dívidas que a desvalorização monetária – a inflação – provoca e que dinamizou o capital produtivo antes da centralização.

---

[72] Idem.

Agora, a inflação perde seu efeito dinâmico sobre a atividade capitalista oligopólica, deixando de reduzir o custo fixo do equipamento comprado a prazo, como ocorria durante o período da divisão tripartite do lucro, antes de o capital financeiro ter dominado a atividade total.

Não tendo percebido a existência de diversos planos de análise na *Teoria geral*, os pós-keynesianos passaram, como vimos, a afirmar a possibilidade de diferir a poupança do investimento. Keynes conceitua renda, poupança, investimento e consumo de tal forma que, *ab definitio*, poupança é igual a investimento. Poupança poderia diferir de investimento, diz ele,

> creio que por uma ilusão de óptica devida à consideração das relações entre o depositante e seu banco como sendo uma transação unilateral, em vez de vê-la como a relação bilateral que é realmente.[73]

Poupança e investimento são "diferentes aspectos da mesma coisa", tendo sido definidos, no capítulo anterior, de tal forma que são necessariamente iguais em quantidade. A igualdade entre poupança e investimento é, portanto, de definibilidade, e não, como afirmam Joan Robinson e outros, condição de equilíbrio da renda.

A igualdade entre poupança e investimento na *Teoria geral* "emerge do caráter bilateral das transações"[74], isto é, a toda venda corresponde uma compra, truísmo que não é aceito pelos seguidores de Keynes, devido ao simplismo do falso problema.

No plano objetivo, pode-se considerar investimento igual a poupança no sentido de que, *ex post*, só a parte da renda que se metamorfoseou em capital real é que pode ser considerada poupança. Isso significa que é o investimento que determina que o excesso da renda sobre o consumo corrente constituiu a verdadeira poupança. A parte do excesso da renda sobre o consumo que não se transformou em capital não pode ser considerada poupança, mas dinheiro ocioso, capital dinheiro potencial. A definição de poupança pelo ato de investir, que "emerge do caráter bilateral das transações", elimina *ab definitio* qualquer diferença entre poupança e investimento, impedindo a percepção da existência de parcela do lucro monetário que, por falta de oportunidade de investimento, na crise, por exemplo, fica como capital dinheiro potencial e reflui para a especulação em Bolsa.

No plano subjetivo, se os bens de capital que os empresários produzem não são vendidos pelos preços e em quantidades que os levaram a determinar o volume de produção e de emprego, mas abaixo do montante esperado, então eles reduzirão a escala de produção e de emprego. Aqui, o investimento, a demanda de bens de capital,

---

[73] Idem, *The General Theory of Employment, Interest and Money*, cit., p. 81.

[74] Ibidem, p. 63.

é colocado no plano subjetivo, monetário e global, e não no plano objetivo, em que ele é sempre igual à poupança, por definição dos termos na *Teoria geral*.

Keynes recorda que no *Treatise on Money*[75], quando a poupança era maior do que o investimento, o lucro situava-se abaixo do normal. Isto significa que, como dissemos, quando a taxa de lucro na crise, por exemplo, está tão baixa que não estimula a transformação de capital dinheiro em capital produtivo, permanece uma parcela do lucro como capital potencial, dinheiro ocioso, entesouramento. Assim, a possibilidade da desigualdade entre poupança e investimento que aparecia no *Treatise on Money* decorria da taxa de lucro e refletia a existência ou não de capital dinheiro potencial, que ficou obscurecida na *Teoria geral*.

Os pós-keynesianos deram ênfase apenas à desigualdade entre os preços da oferta e da demanda globais, essas colocadas no plano subjetivo, de montantes esperados e, de acordo com o diagnóstico fundamental aceito acriticamente, ao componente correspondente às vendas dos bens de capital. Como decorre da "lei psicológica fundamental" de Keynes, que não é lei, não é psicológica e não é fundamental, quando aumenta a renda $(A - U)$ o consumo $(A - A_1)$ cresce, mas não tanto quanto a renda; logo, se o investimento ou, no plano psicológico, o montante que os empresários que produzem bens de capital esperam receber da venda de sua produção não crescer o suficiente para preencher a diferença entre a renda e o consumo, a renda cairá.

Como vimos, a lei psicológica pode ser invertida, de tal forma que a proposição "se a renda aumenta, o investimento cresce, mas não tanto quanto a renda" pode ser enunciada da seguinte forma: "para que a renda se mantenha, é necessário que o consumo aumente para preencher a diferença entre a renda e o investimento acrescido". Essa última proposição é tão válida ou tão falsa quanto a lei psicológica fundamental. Logo, a discussão pós-keynesiana tem um suporte apenas ideológico e visa enfatizar a necessidade dos acréscimos de investimento, considerados como acréscimos de capital real (e não no sentido do livro III da *Teoria geral*, para impedir a queda da renda e do volume de emprego da economia).

Toda a problemática limitada, estreita, no âmbito da qual se move a ideologia pós-keynesiana a partir de uma distorção do pensamento de Keynes na *Teoria geral*, visa obscurecer que, do ponto de vista da produção, o investimento e seus incrementos não significam aumento de trabalho humano produtivo que se aplica sobre máquinas, matérias-primas e materiais auxiliares nos setores de produção de meios de produção, de meios de consumo e produção de não-mercadorias.

Teremos a oportunidade de observar, mais adiante, como, mediante um seccionamento indevido da realidade – ao considerar o dinheiro na mão do capitalista e não

---

[75] Idem, *Treatise on Money: The Pure Theory of Money*, cit.

o fluxo a partir da produção – tem-se a ilusão de que o dinheiro não consumido pelo capitalista é que constitui a poupança. No entanto a poupança real corresponde ao não consumo do assalariado, pressionado pelas relações sociais que o obrigam a vender a força de trabalho pelo seu custo social de produção, deixando, no valor do produto, a poupança e o consumo do capitalista como valores apropriados pelo capital.

Os pós-keynesianos foram responsáveis pela confusão entre a colocação, no plano subjetivo, do preço da oferta e do preço da demanda agregada e a colocação, no plano objetivo, da identidade entre investimento e poupança. É óbvio que, se o preço que os empresários esperam obter da venda de máquinas e equipamentos não chega a se efetivar, porque os empresários do setor de produtos finais não os compram (não investindo o suficiente)[76], os primeiros reduzirão o volume de produção e de emprego e a renda nacional se contrairá. Mas não é o que eles esperavam obter da venda de suas máquinas e outros itens do capital real que determina e define o investimento. Segundo Keynes, por definição, a poupança é igual ao investimento, ainda que o montante esperado pelos empresários do setor não se efetive por insuficiência de investimento, de compras realizadas pelos empresários que produzem produtos finais.

Os pós-keynesianos – entre eles, Joan Robinson – obscureceram a definibilidade e deram ênfase ao aumento de investimento como condição de equilíbrio da renda e do emprego, hipnotizados pelo falso diagnóstico de Keynes.

Keynes afirma:

> A antiquada visão segundo a qual poupança sempre envolve investimento[77] é formalmente mais correta, embora incompleta e errônea, do que a nova, segundo a qual pode haver poupança sem investimento ou investimento sem poupança genuína.[78]

Mas logo a seguir reconhece que é possível que os empresários tomem maiores ou menores quantidades de dinheiro emprestado para investi-lo, usá-lo como capital. Não esclarece que, se os empresários tomam mais dinheiro, aumentado o volume de

---

[76] Os investimentos em maturação, a compra de capital constante, compensam a insuficiência capitalista de demanda que tem origem na produção: os capitalistas, na economia sem governo, lançam dinheiro em circulação quando pagam C (capital constante) e V (capital variável, folha de salários). Sejam D1 e D2 as importâncias, em dinheiro, correspondentes aos pagamentos de C e V. Mas D1 + D2 não é suficiente para adquirir o valor das mercadorias que é C + V + S, sendo S o mais-valor. A mercadoria tem de ser vendida com lucro, mas o dinheiro correspondente não foi lançado em circulação, não se transformou em renda nem em demanda no mercado, logo a demanda é insuficiente porque é capitalista, por causa do lucro líquido que deve ser extraído da circulação sem nela ter sido lançado.

[77] O que não é verdade diante do capital dinheiro-potencial, do entesouramento, do *idle money*.

[78] John Maynard Keynes, *The General Theory of Employment, Interest and Money*, cit., p. 83.

ocupação, o trabalho humano adicionado vai acrescer a renda nacional. Parte do lucro do empresário amortizará o principal, os juros, correspondendo, do ponto de vista desse empresário individual, à poupança posterior ao investimento.

A importação de máquinas, de matérias-primas e de materiais auxiliares por parte das economias semi-integradas, e o correspondente endividamento externo, é outro exemplo de como o investimento de hoje pode ser pago com o não consumo de amanhã, com a poupança futura. Também neste exemplo o não consumo necessário para aumentar o exportável, a fim de pagar a dívida externa, recai sobre o assalariado subdesenvolvido, no caso, e não sobre os capitalistas, que continuam a melhorar seus padrões de consumo.

12

Poupança investimento e poupança forçada: uma determinação dos significados a partir da estrutura da produção e do emprego

A estrutura da produção determina a estrutura do consumo. Se existissem apenas dois setores de produção – o de produção de meios de produção e o de produção de meios de consumo –, o primeiro produziria o objeto do consumo produtivo (máquinas, implementos, matérias-primas e materiais auxiliares) e o outro, o objeto sobre o qual recai o consumo individual (trigo, frutas, carnes, geladeiras, televisores etc.). Logo, do ponto de vista da produção, parte da renda que não fosse consumida individualmente ou se transformaria em capital produtor (*capital equipment*, isto é, investimento) ou ficaria como dinheiro potencial.

Até o capítulo 10 da *Teoria geral*, Keynes parece raciocinar como se houvesse apenas dois setores de produção, aos quais correspondem as demandas D_1 e D_2. No entanto parte da renda nacional é formada na esfera da circulação e do governo, e este não é consumidor individual, não adquire bens de consumo a não ser para armazenar o excedente, nem é empresário, não compra capital produtor, *capital equipment*, meios de produção. Seus gastos têm, portanto, outro objeto, que, por não ser produzido nos departamentos I e II, só pode ser o resultado da atividade de outro setor, o departamento III (que não produz nem bens de produção nem de consumo, mas sim os produtos bélicos, espaciais etc.). Esses gastos são chamados "investimentos públicos".

No capítulo 7 da *Teoria geral* não foi explicitado o departamento III e não foi definido o gasto do governo ou o objeto sobre o qual ele recai. Investimento líquido é, então, definido como "adição a todas as espécies de capital produtor". "Investimento, assim definido, inclui, portanto, o incremento do capital produtor, quer ele consista em capital fixo, trabalho ou capital líquido"[1].

---

[1] John Maynard Keynes, *The General Theory of Employment, Interest and Money* (Londres, The Royal Economic Society, 1976), p. 75.

Keynes chama a atenção para outras definições de "poupança" e de "investimento", tais como a dele mesmo em *Treatise on Money*[2], nas quais não há igualdade entre uma e outra. Enfatiza outros sentidos do termo, como a compra de ações na Bolsa ou de capital produtor etc., mas jamais explicita que o conceito de "investimento" que adota no capítulo 7 não é o válido para o livro III, em especial para o capítulo em que expõe o multiplicador de investimento. Como vimos, naquele livro ele considera dado o *capital equipment*, só podendo haver investimento em mão de obra, unidades de trabalho empregadas em dado capital produtor.

Keynes afirma que a desigualdade entre poupança e investimento decorria da definição dos termos adotados no *Treatise on Money*. Acusa sua exposição anterior de "confusa e incompleta". No entanto, na *Teoria geral* não há clareza nem rigidez no uso do termo "investimento", que muda do capítulo 7 para o capítulo 10 (livro III). Os pós-keynesianos acrescentaram *G* – gastos do governo –, e Alvin Hansen fala até mesmo em investimento em merenda escolar, ou seja, investimento em consumo, tal a fluidez do conceito[3].

Os fenômenos poupança e investimento são obscurecidos não apenas pela estrutura da produção (departamentos I e II explícitos e departamento III implícito) e pela estrutura ocupacional. São obnubilados pela inexistência de uma estrutura de classe na economia capitalista representada por Keynes. Não se percebe que a poupança é produzida pelo assalariado, bem como os incrementos de poupança. O assalariado que poupa não se apropria do objeto poupado, isto é, do objeto subtraído de seu consumo individual: este é transferido, como lucro acrescido, à classe capitalista, dificultando a localização da poupança (não consumo). Logo, as decisões de não consumir ou de reduzir o consumo individual são, em realidade, tomadas pelos capitalistas e por seu governo despótico e impostas aos assalariados. Nesse sentido, toda poupança é poupança forçada, imposta pela classe capitalista à classe assalariada. Por outro lado, do ponto de vista do capitalista, quando ele se apropria de um lucro maior, ele pode "gastá-lo como renda", isto é, consumi-lo em vez de investi-lo. Se ele investe, tudo se passa como se ele tivesse se abstido de aumentar seu consumo individual. Daí a ilusão do sacrifício da poupança e de sua origem na própria classe capitalista. Esta ilusão se origina do seccionamento do processo produtivo-consuntivo, em que a redução do consumo e a do salário ficam ocultas, anteriores, e o fenômeno começa a ser estudado como se o início do processo fosse aquele em que o valor é apropriado como lucro pelo capitalista. Dada a apropriação do lucro (sobre o não consumo assalariado), o investimento é, do ponto de vista do capital, sacrifício pelo não consumo por parte dele; na verdade, o não consumo anterior, do assalariado, é que constitui a substância da poupança.

---

2 Idem, *Treatise on Money: The Pure Theory of Money* (Londres, Macmillan, 1971).

3 Alvin Harvey Hansen, *A Guide to Keynes* (Londres, The Royal Economic Society, 1976).

O capitalista tem dois tipos de demanda: a individual (de bens de consumo) e a demanda de bens de capital que acumula; o assalariado tem o consumo individual, de meios de consumo operário e o consumo das máquinas em que trabalha. O acréscimo da poupança e do investimento impõe uma redução do salário real dos trabalhadores já empregados, e essa redução se evidencia nas fases de acumulação intensiva das economias nacionais retardatárias. A ideologia keynesiana, introduzida na América Latina via Cepal, justifica todos os tipos de investimento, incluindo aquele realizado mediante capital estrangeiro. As economias capitalistas retardatárias, abertas ao capital estrangeiro, aumentam seu endividamento externo e, para pagar as dívidas da acumulação, reduzem ainda mais os já ínfimos padrões de consumo do assalariado subdesenvolvido, evidenciando que é o não consumo do assalariado que forma o capital. O aperto do cinto, o arrocho salarial, é o remédio para o pagamento da dívida externa, como foi, antes ou concomitantemente, o remédio para "combater a inflação", aumentar a poupança etc. O keynesianismo retardatário é eficiente e violento, como o keynesianismo de guerra, porque em ambos a "compatibilidade com a democracia capitalista" inexiste, revelando-se o caráter despótico do governo keynesiano e, ao mesmo tempo, a origem social da classe sacrificada pelo não consumo.

Keynes não esclarece na *Teoria geral* as relações que produzem a poupança e seus incrementos e, para obscurecer o fenômeno, afirma que "poupança forçada não tem sentido até que tenhamos especificado certa taxa padrão de poupança"[4]. Com aparente inocência, define como taxa normal de poupança a do pleno emprego – como se ela fosse clara – e também o conceito de pleno emprego. Mas não é à clareza que ele visa: se existe uma "correlação unívoca (inversa) entre o volume de ocupação e a unidade de salário que ganha uma unidade de trabalho"[5], então, ao pleno emprego, ao máximo volume de ocupação, corresponde necessariamente o mais baixo salário real por unidade de trabalho, portanto, o mínimo consumo do assalariado individual. A este nível inferior de consumo do pleno emprego corresponde a mais elevada taxa de poupança da coletividade. Como para o ideólogo mor do capitalismo moderno a poupança normal é a de pleno emprego, a taxa de poupança de subemprego seria inferior à normal: como a situação comum é a de subemprego, o genial travesti do real conclui que a existência de uma "deficiência forçada de poupança é o estado normal dos negócios"[6].

Para que, no pleno emprego, a poupança seja máxima, é necessário que a quantidade de moeda tenha provocado uma elevação do preço dos bens-salário e, com isso, forçado a redução de seu consumo individual. Keynes cita, a respeito, Bentham:

---

4 John Maynard Keynes, *The General Theory of Employment, Interest and Money*, cit., p. 80.

5 Ibidem, p. 17.

6 Ibidem, p. 80.

> E Bentham expressamente afirmou que ele tinha em mente as consequências do aumento da quantidade de dinheiro (relativamente à quantidade de coisas vendáveis por dinheiro) numa situação em que todas as mãos estivessem empregadas da maneira mais vantajosa.[7]

O aumento da quantidade de dinheiro é, também, em relação à poupança forçada – como se toda ela não o fosse –, a solução capitalista aconselhada por Keynes.

Só no fim do capítulo 7 a questão se esclarece um pouco, quando se determina que

> qualquer aumento no emprego envolve algum sacrifício da renda real daqueles que já estavam empregados [redução do salário real], mas a tentativa de relacionar esta perda com o aumento de investimento que pode acompanhar o aumento do emprego não parece ser frutífera.[8]

Não é frutífera para quem não quer esclarecer as relações reais e não pode fazê-lo para alcançar os objetivos ideológicos a que visa. No entanto, é fácil e clara a relação real, bem como o fato de que o aumento da taxa de exploração acompanha o incremento da poupança; é também óbvio que a classe capitalista não reduz seu consumo individual quando aumentam a taxa e a massa de lucro que auferem em decorrência da redução do salário real que recebe uma unidade de trabalho. A redução do consumo que ocorre quando aumenta a poupança e o investimento é sofrida pelo assalariado individualmente e resulta dos movimentos verificados na estrutura da produção e do emprego, anteriormente analisados.

A teoria do juro no plano monetário: o preço pago pela renúncia à liquidez como aparência. As relações sociais que produzem o juro e sua manifestação no comércio do dinheiro

A teoria monetária do juro – que o considera como o preço pago pela renúncia à liquidez – encobre a fonte real da poupança e obscurece qual a classe social que se abstém do consumo.

Suponhamos que Keynes aprendera – com o seu adversário Marx ou com seu mestre Malthus – que a abstinência, o não consumo, é realizada pela classe assalariada. Suponhamos que Keynes estivesse convencido de que o não consumo, a abstinência do assalariado, decorre do fato de que o dinheiro salário recebido em pagamento da força de trabalho obriga a classe assalariada a se abster do consumo de todos os produtos qualitativa e quantitativamente inacessíveis ao seu nível de

---

7 Idem.

8 Ibidem, p. 81.

remuneração. Isso significa que aquela classe social é a real responsável pelo não consumo, pela abstinência, e deve submeter-se continuamente à poupança forçada pelas relações sociais da produção. Se a classe assalariada que poupa não recebe juros, o juro não pode ser a remuneração para poupar, para se abster do consumo. Se é a classe capitalista que recebe juros e ela não realiza, na verdade, abstinência alguma, então o juro não pode ser considerado como o preço pago pela abstinência.

A classe que se abstém de consumir, por insuficiência de poder de compra, ainda que sua propensão marginal a consumir seja igual à unidade, o assalariado, não se dedica a conceder empréstimos monetários, não existindo registro de um assalariado que se dedicasse ao comércio do dinheiro. Logo, o juro não pode ser o preço pago pela abstinência, como pretendia a ideologia clássica. Se o juro é o preço cobrado pelo empréstimo de dinheiro que banqueiros e capitalistas praticam, então se pode partir para uma conceituação meramente monetária do fenômeno.

O que está por trás da conceituação de Keynes é a determinação de que o não consumo não é praticado pelos capitalistas, mas imposto ao assalariado pelas relações sociais da produção. Quando Malthus definiu a demanda efetiva como "vontade de comprar munida de poder de compra" – dizendo que sua insuficiência se devia ao fato de os assalariados, que têm grande vontade de comprar (elevada propensão a consumir), não terem poder de compra, e os ricos, que têm grande poder de compra, terem pouca vontade de comprar (baixa propensão a consumir) – acabou, como Keynes, vendo no aumento do consumo supérfluo, improdutivo, a solução para a deficiência da demanda efetiva. A poupança excessiva, o não consumo dos ricos, só poderia, para ambos, agravar o problema central da demanda efetiva.

Se parte da renda monetária que aflui à classe capitalista como lucro não for empregada nem na compra de bens de capital nem na compra de bens de consumo, este resíduo líquido, ocioso, significará, em certo aspecto, não consumo capitalista, de vez que a renda monetária se encontrava em seu poder. Mas, como a classe que realiza a poupança real é a classe assalariada, o não consumo capitalista, expresso na parcela de seu lucro que não foi empregada nem na demanda de bens de consumo, nem na de bens de produção, só poderá ficar como dinheiro potencial, redutor da demanda efetiva, do volume de ocupação e da renda nacional, tal como Malthus e Keynes consideraram.

Quando se parte da produção, como Marx faz, fica patente que o não consumo assalariado, que constitui a poupança real, deriva da estrutura da produção em que os setores que produzem bens-salário são limitados e estreitos; esta limitação e a estreiteza da produção de bens-salário permitem o alargamento do emprego e da produção dos setores que produzem bens de produção e bens de luxo, os objetos sobre os quais recai o consumo da cúpula.

Dada esta estrutura, se parte da renda capitalista não for gasta na compra de bens de produção ou na compra de bens de luxo, a demanda efetiva cairá, juntamente com o volume de produção e de ocupação da economia, tal como afirmam, com ligeiras diferenças, Marx, Malthus e Keynes. Esta é a determinação real, feita do ponto de vista da produção.

Em certas circunstâncias e dentro de certos limites, o dinheiro ocioso, o capital dinheiro potencial, que não foi empregado nem na compra de meios de consumo capitalista nem na compra de meios de produção, poderá ser usado por outros capitalistas dispostos a aumentar sua demanda, e, para isso, pagam uma remuneração, o juro. Tanto em Marx como em Keynes, o juro é o preço pago pelo uso do dinheiro e, de acordo com o primeiro, resulta da capacidade potencial do dinheiro de se transformar em capital produtivo e produzir mais-valor que será repartido entre o capitalista industrial e o capitalista do dinheiro, recebendo esta parcela o nome de "juro".

Quando Keynes afirma que as decisões de poupar são tomadas por certos agentes e as de investir, por outros agentes econômicos, coloca, de um lado, fazendo a poupança, os ricos ociosos e, do outro, investindo, os empresários sanguíneos e dinâmicos. Sua ideologia obscurece mais uma vez as relações reais, em que as decisões de investir são tomadas pelos capitalistas e pelo governo e as decisões de não consumir impostas ao assalariado são tomadas pelas relações sociais condicionadas, em sua taxa, pelo poder sindical, pelo custo social de reprodução da força de trabalho etc.

A teoria clássica do juro, segundo a qual o juro é o preço pago pelo não consumo, pela abstinência, convenceu os leitores vulgares e os economistas por vários motivos:

a. Porque coloca o juro como o preço de equilíbrio entre oferta de meios investíveis e demanda de recursos, de acordo com o clichê mecanicista de todos os mercados.
b. Porque expressa o ponto de vista do leitor de classe média, do professor, do ideólogo de baixa remuneração, do técnico subordinado para quem só é possível poupar de seu nível individual de renda, reduzindo o consumo corrente. A ideologia clássica generaliza este ponto de vista e estes padrões limitados e é incapaz de perceber que, se a acumulação de capital fosse esperar por aquela forma de recursos, o processo não se teria desenvolvido, não existiria a acumulação capitalista. Nenhum capitalista considera significativo seu nível individual de consumo em relação ao capital que investe em suas empresas.
c. Porque a teoria clássica pratica um seccionamento indevido da realidade quando descreve o processo a partir do lucro já na mão do capitalista, como se o importante fosse sua decisão de gastar em seu consumo individual ou poupar e investir o capital dinheiro. O processo real se inicia na produção, na qual são produzidos os objetos sobre os quais deverão recair o consumo

assalariado, o consumo individual capitalista e o consumo produtivo de meios de produção (obviamente, as não-mercadorias sobre as quais recai o consumo do governo são parcela cada vez maior do fluxo físico da produção). É na produção que o assalariado recebe seu dinheiro salário, com o qual comprará a parcela qualitativa e quantitativamente limitada de seu consumo. Do valor total da produção, retirado o dinheiro salário, duas parcelas ficam nas mãos do capitalista: a representada pelas máquinas, por equipamentos etc., sobre a qual recairá o investimento das empresas, e a outra parcela, a dos bens de consumo capitalista.

Se se inicia a análise do fluxo monetário já na mão do capitalista, parece que ele deixou de consumir, se absteve do consumo individual, quando investiu em máquinas, equipamentos etc. O seccionamento indevido da realidade consiste no mecanismo de distorção ideológica que obscurece o real, impedindo de se perceber que o não consumo, a abstinência, foi feito antes que o dinheiro chegasse às mãos do capitalista, quando o assalariado reteve a parcela limitada do dinheiro salário com a qual só pode decidir comprar os bens-salário produzidos por um número limitado de assalariados. O restante – renda capitalista – garante elevado padrão de consumo capitalista e, por mais alto que seja, o excedente reinvestível que deverá adquirir os meios de produção. Logo, o seccionamento dificulta que se acompanhe o processo total, desde seu início, na produção, e fornece a ilusão de que, se o juro se eleva, o consumo capitalista se reduz, aumentando a poupança.

Mais uma vez, Keynes atacou a ideologia clássica, mas não aprofundou sua crítica para mostrar que a origem da ilusão se encontrava no obscurecimento das relações sociais da produção, que ele próprio ajudou a conservar.

13

Da ideologia particular de Keynes à ideologia capitalista: o conformismo básico da *Teoria geral*

Como o conteúdo latente dos sonhos quase sempre chega à nossa consciência fantasiado e transformado, mas, algumas vezes, burlando a censura do superego, apresenta-se brutalmente nu ao plano da consciência, assim também aqueles elementos e motivos latentes em certas obras rompem o tecido mais ou menos lógico que os encobre e repontam despidos em alguns pontos da elaboração teórica. Nestas ocasiões, o conteúdo e o significado latentes e aparentes identificam-se. O paralelo não é literário nem gratuito. Os autores podem estar de tal forma impregnados pelos valores, preconceitos e formas de pensamento dominantes na classe de que participam que o conteúdo real e os objetivos finais de sua obra aflorem como expressão daquele condicionamento. Neste caso, o *bias* que apresenta sua produção se enquadra na elaboração ideológica de forma conformista, sem ferir interesses, valores e preconceitos do grupo ou da classe.

Em época de mudança social rápida, em que a ideologia do grupo já se tornou antiquada para explicar as novas realidades e em que outros grupos com novos instrumentos de análise, novas teorias e novos valores ameaçam ascender, a produção ideológica da elite dominante é fortemente motivada no sentido de uma transformação adaptativa. Neste caso, pode ser de grande interesse que uma obra surja com um sentido latente conformista, pautado e afinado com os interesses e valores dominantes e, ao mesmo tempo, com uma capa ou um conteúdo aparentemente simpático e agradável ao movimento da classe antagônica. Dessa forma, poderá conseguir amainar o conflito, politizar elementos da corrente oposta e prestar, assim, duplo serviço à sua classe.

Keynes escreveu a *Teoria geral* em época de crise e de rápida mudança social. Sua elaboração ideológica pretende ser parcialmente utópica, no sentido de Mannheim[1], como prova o trecho seguinte:

[1] O sentido do termo se esclarece no seguinte trecho: "Um estado de espírito é utópico quando resulta incongruente com o estado real dentro do qual ocorre. A incongruência é sempre devida

> Será uma esperança visionária a realização destas ideias? Têm raízes insuficientes nas razões que governam a evolução da sociedade política? São mais fortes os interesses que contrariam do que aqueles que favorecem? Não pretendo dar a resposta neste lugar.[2]

Esta pergunta feita à última pagina de seu livro é um atestado de que o leitor poderá ficar confuso quanto à sua colocação no conjunto dos interesses e valores dominantes na cultura da qual Keynes participou. O genial Keynes tinha consciência de que sua obra possuía dois sentidos: um aparente, utópico, outro latente, conformista, o que permitia que se lhe emprestassem dois significados – revolucionário ou conservador. Construiu, portanto, uma obra ideológica com capa utópica, tal como Quesnay.

John Maynard Keynes estava certo de que influiria profundamente no mundo e em seu destino. Sua posição de herói de Carlyle ou de super-homem de Emmerson e a convicção do papel que lhe estava reservado na história transparecem iniludivelmente na carta que dirigiu a Bernard Shaw:

> Quando minha nova teoria for devidamente assimilada, mesclando-se com a política, os sentimentos e as paixões, não posso prever qual será o resultado de seus efeitos sobre a atividade econômica.[3]

Segundo sua concepção, o conteúdo de verdade e a rigidez lógica de uma teoria tinham tanta importância para seu êxito e sua influência sobre a conduta dos homens, a estrutura do poder e a organização e o destino da sociedade quanto a pureza de um quadro de Michelangelo ou de um trecho da *Divina comédia*. Por isso Keynes procurou os motivos profundos pelos quais a teoria clássica impôs-se ao mundo, apesar de seu alheamento dos fenômenos que pretendia explicar e da pobreza de seu aparelhamento analítico, fora da validez lógica e científica daquela doutrina: na conjunção de interesses que favorecia, no comodismo que ensejava aos homens do governo e no conteúdo revolucionário que, apesar disso, encerra: "o objetivo de valorizar o indivíduo era depor o monarca e a Igreja"[4]. Keynes presenciara de perto o

---

a que semelhante estado de espírito, na experiência, no pensamento e na prática, orienta-se para objetos que não existem na situação real. Porém não deveríamos considerar como utópico qualquer estado de espírito que seja incongruente com a imediata situação e a transcenda (e, neste sentido, 'afasta-se da realidade'). Só se designarão com o nome de utopias aquelas orientações que transcendam a realidade quando, ao passar ao plano da prática, tendam a destruir, seja parcial ou completamente, a ordem das coisas em determinada época"; Karl Mannheim, *Ideología y utopía* (Cidade do México, Fondo de Cultura Económica, 1941), p. 169.

[2] John Maynard Keynes, *Teoría general de la ocupación e interés y el dinero* (Cidade do México, Fondo de Cultura Económica, 1951), p. 367.

[3] John Maynard Keynes citado em John Strachey, *El capitalismo contemporáneo*, cit., p. 269.

[4] John Maynard Keynes, *Laissez-faire and Communism*, cit., p. 7.

movimento comunista e sua crescente influência na Europa e percebera como uma doutrina que ele considerava "tão ilógica e tão imbecil possa ter exercido tão poderosa e duradoura influência sobre a mente dos homens e, por meio delas, sobre os acontecimentos da história"[5].

Mas a principal razão a que lorde Keynes atribuía a vitória de uma doutrina, sua influência no mundo de forma duradoura, é expressa na seguinte passagem:

> Finalmente, o individualismo e o *laissez-faire* não poderiam, a despeito de suas raízes profundas sobre as filosofias política e moral do final do século XVIII e princípio do século XIX, ter assegurado suas longas durações sobre a condução dos negócios públicos se não fosse por suas conformidades com as necessidades e os desejos do mundo dos negócios da época.[6]

Para quem o êxito e a influência prolongada de determinado sistema teórico (que tão ardentemente desejava para o de sua autoria) dependem tão profundamente de sua consonância com "as necessidades e os desejos do mundo dos negócios da época", não pode ser sincera a pergunta formulada e supracitada.

Keynes, portanto, tinha tanta certeza do êxito de sua teoria quanto de que eram mais fortes e óbvios os interesses que favorecia do que aqueles que contrariava, apesar da capa revolucionária com que especiosamente cobriu este aspecto importante de sua grandiosa elaboração ideológica. Temos a impressão de que uma análise isenta da *Teoria geral* poderia mostrar que, longe de ser uma construção acadêmica, é a forja em que os instrumentos monetários, dirigistas e intervencionistas se aperfeiçoam no sentido de manter a economia em um nível de ocupação máxima para um nível mínimo de salários reais, em relação a certa organização técnica e de equipamento. A inflação – elevação do nível de preços ou qualquer outra denominação que se queira dar ao fenômeno de elevação de preços – é o instrumento que realizará essa tarefa, permitindo concomitantemente a hipertrofia do Executivo e de suas agências, a realização de investimentos não produtivos nas *Agenda* e a ampliação relativa do mercado.

---

[5] Ibidem, p. 48. Em carta a Engels, datada de 22 de abril de 1868, Marx escreveu que estivera pensando numa "bobagem". A bobagem é, exatamente, o ovo de Colombo que Keynes veio a descobrir: a inflação perdoa as dívidas, eleva a taxa de mais-valor e se opõe à tendência à queda da taxa de lucro. Cf. Nicola Badaloni, "Marx e a busca da liberdade comunista", em Eric Hobsbawm (org.), *História do marxismo*, v. 1 (São Paulo, Paz e Terra, 1980).

[6] John Maynard Keynes, *Laissez-faire and Comunism*, cit., p. 49.

A uniformidade final na colocação do problema da redução dos salários reais vigentes como sintoma do conformismo básico entre Keynes e os clássicos

> Teria sido uma vantagem ter podido examinar os efeitos de uma mudança nos salários nominais em capítulo anterior, porque a teoria clássica costumou apoiar o suposto caráter de ajuste automático do sistema econômico em uma hipotética fluidez dos salários nominais; e, quando há rigidez, lançar-lhe a culpa pelo desajuste.[7]

Keynes refere-se ao ponto de vista segundo o qual o salário real é igual ao produto marginal do trabalho e que a utilidade do salário, quando se usa determinado volume de trabalho, é igual à desutilidade marginal desse mesmo volume de ocupação. Como, para os clássicos, o salário real é igual ao produto marginal do trabalho, o volume de ocupação só poderia aumentar se os assalariados consentissem em trabalhar por uma remuneração inferior ao produto marginal do trabalho.

> Não era possível, todavia, estudar este assunto em toda a sua extensão até havermos exposto nossa teoria, porque as modificações nos salários monetários são complicadas. Em determinadas circunstâncias, uma redução dos mesmos pode muito bem estimular a produção, tal como supõe a teoria clássica. Difiro desta teoria principalmente em matéria de análise, de maneira que não podia expor claramente, até que o leitor estivesse familiarizado com meu método.[8]

Uma redução dos salários, segundo os clássicos, faria baixar os preços dos produtos acabados e aumentar a procura e a produção, possibilitando maior volume de ocupação. Quando aumentam as unidades de trabalho, *ceteris paribus*, baixa sua produtividade marginal a ponto de igualá-la ao salário real reduzido.

Além das dificuldades de uma baixa dos salários nominais e reais provenientes da reação dos assalariados, a medida clássica para aumentar a ocupação pode, se considerarmos seu efeito sobre a procura global, reduzi-la, impossibilitando o aumento da ocupação.

Diz Keynes:

> Porque, se bem que ninguém negaria a proposição segundo a qual uma baixa nos salários monetários, *acompanhada pela mesma demanda global efetiva de antes*, estará associada a um aumento da ocupação; o assunto concreto que se discute é se a baixa dos salários nominais será ou não acompanhada pela mesma demanda global efetiva anterior, medida em dinheiro.[9]

---

[7] Idem, *Teoría general de la ocupación e interés y el dinero*, cit., p. 19.

[8] Ibidem, p. 247.

[9] Ibidem, p. 249.

Keynes, a seguir, utilizando seu método de análise global, procura demonstrar como os efeitos de uma redução dos salários sobre a propensão a consumir, a curva de eficiência marginal do capital e a taxa de juros podem atuar sobre o volume de ocupação[10]. Em linhas gerais, é este o seu raciocínio: uma baixa dos salários reais reduzirá os preços e provocará uma redistribuição da renda, que ele considera "provavelmente mais adversa que favorável", sobre a propensão a consumir. Também poderá atuar desfavoravelmente sobre a eficiência marginal do capital se a baixa dos salários nominais for considerada como sintoma de reduções futuras destes. Da mesma forma, atuará negativamente, em relação aos empresários, porque uma baixa de preços representa um aumento das dívidas, podendo levar muitos a insolvências. Como todos os salários nominais não podem baixar simultaneamente em todas as indústrias, o processo de redução direta dos salários, defendido pelos clássicos, provocará "uma resistência muito maior do que uma *redução gradual e automática dos salários reais como resultado da elevação de preços*"[11].

Sua conclusão é a seguinte:

> Portanto, se limitarmos nosso raciocínio ao caso de um sistema fechado e supusermos que não se pode esperar nenhum efeito favorável, a não ser simplesmente o contrário, das repercussões da nova distribuição das rendas reais sobre a propensão a consumir da comunidade, conclui-se que devamos basear todas as esperanças de resultados favoráveis de uma baixa de salários nominais sobre a ocupação, principalmente em uma melhoria da inversão devida a um aumento na eficiência marginal do capital, segundo o parágrafo 4, ou a uma menor taxa de juros, de acordo com o parágrafo 5.[12]

Keynes mostra-se cético em relação à primeira alternativa e, em relação à segunda, afirma que a taxa de juros pode ser igualmente reduzida quando se aumenta a quantidade de dinheiro "conservando invariável o nível de salários" (nominais, deve ficar esclarecido embora ele não o tenha feito). Sua descrença quanto à eficiência do método clássico no sentido de promover a plena ocupação é, finalmente, expressa da seguinte forma:

> Não há motivo, portanto, para crer que uma política de salários flexíveis seja capaz de manter um estado de plena ocupação contínua – como tampouco para pensar que uma política monetária de *open market* possa conseguir este resultado, sem ajuda.[13]

---

[10] Ibidem, p. 254.

[11] Ibidem, p. 253-4; grifo nosso.

[12] Ibidem, p. 254.

[13] Idem, *Teoria geral do emprego, do juro e da moeda*, cit., p. 256; tradução ligeiramente modificada por nós.

A seguir, Keynes passa a enumerar as vantagens de uma política de elevação de preços em relação a uma de redução dos salários nominais. As reduções uniformes para toda categoria de trabalho, justificadas por um critério que ele considera de "justiça social ou conveniência econômica", só podem ser alcançadas através de uma política monetária do governo, no sentido de uma elasticidade monetária maior, a fim de elevar os preços; reduzem-se, desta forma, os salários reais, embora os nominais conservem-se os mesmos. Além disso, os rentistas e todos aqueles que percebem rendas fixas sofrem uma justa redução de suas rendas estabelecidas contratualmente em moeda quando essa moeda perde em poder aquisitivo. Finalmente, o peso das dívidas se reduz quando, mantendo-se os salários nominais, aumenta-se a quantidade de dinheiro; este aumento atua no sentido de realizar um perdão parcial das dívidas que é realmente interessante para aqueles que têm, relativamente, maiores compromissos monetários para o futuro.

Assim, Keynes convoca o governo capitalista para a luta em proveito da reprodução das relações capitalistas de produção. Quer um governo desinibido, sem os limites do equilíbrio orçamentário, sem os limites impostos pelo sistema ouro e pela estabilidade do nível de preços, pela queda da taxa de lucro e pela demanda efetiva correspondente a uma estrutura produtiva desprovida do departamento III – improdutivo-destrutivo.

A inflação como processo indireto de realizar a redução da unidade de salário real

No momento em que a *Teoria geral* concorda com a teoria clássica – no sentido de que o aumento da ocupação só pode ser conseguido mediante uma baixa dos salários reais, diferindo dela apenas em relação ao método –, sua análise deixa de ser a de um caso particular de ideologia para ser um estudo de ideologia geral.

Quando Keynes procura demonstrar as vantagens de um processo indireto de redução dos salários, sua obra não pode ser considerada utópica, mas sim ideológica, no sentido proposto por Mannheim. Os instrumentos que apresenta para atingir a plena ocupação atuam diretamente sobre o nível de preços, elevando-o e, portanto, reduzindo os salários reais, sendo, por isso, derivados da ideologia clássica. A este respeito, assim se expressa Klein:

> Um ponto interessante é que, na esfera da política concreta, Keynes e Pigou não se encontravam em extremos opostos, pois que o segundo reconhecia que haveria muitas dificuldades práticas para a redução dos salários. Porém, em conjunto, Pigou acreditava plenamente que, com apropriada política bancária, podia confiar-se praticamente na redução de salários para elevar o nível de emprego.[14]

---

[14] Lawrence R. Klein, *La revolución keynesiana*, cit., p. 119.

A sociologia do conhecimento esclarece a respeito do real significado de aparentes coincidências, de respostas semelhantes que se encontram nas produções políticas ou "*científicas*" de determinados grupos e escolas, e que visam, no fundo, a idênticos objetivos, apesar do caráter *revolucionário* de que possa revestir uma ou outra destas produções. Percebe-se que o *revolucionário* e genial Keynes também não pôde desvencilhar-se daqueles "padrões de pensamento", daquelas "herdadas predileções ideológicas" de que nos fala Gunnar Myrdal em relação à teoria do comércio internacional e que determinaram, no que concerne à posição de Keynes diante da redução do salário real como técnica de solucionar o problema do desemprego, aquelas mesmas respostas dadas pelos clássicos. Quando se trata deste problema crucial de toda a economia política – o do salário –, em torno do qual os mais vivos interesses gravitam, a atitude mental de todos – clássicos, malthusianos ou keynesianos – sofre o condicionamento cultural dos grupos e das classes de que participam e que pautam a resposta rotineira de sempre. Por isso, a redução dos salários reais aparece, tanto nos clássicos como no próprio Keynes, como instrumento pacífico, insubstituível, da política de pleno emprego. Mesmo que outros caminhos possam ser encontrados para solucionar o problema, o forte condicionamento cultural que moldou seus "instrumentos mentais" pôde impedir que fossem percebidos.

Analogamente, Myrdal encontra na análise da teoria do comércio internacional distorções ideológicas e a elas se refere em conferências publicadas sob o título "Desenvolvimento e subdesenvolvimento"[15]. Assim se expressa o profundo economista sueco:

> O fato de a teoria do comércio internacional ter sido dominada por esses dois elementos sem realidade não é um acidente histórico, mas sim, na minha opinião, o resultado de certas predileções ideológicas. Creio que nosso pensamento e também nossas observações, mesmo quando nos esforçamos em ser objetivos, são dominados, muito mais do que imaginamos, por certas ideias muito gerais ou padrões de pensamento. Estas ideias gerais são, de algum modo, carregadas de juízos de valor; isto influencia nossos esforços intelectuais e tende a defendê-los da nossa atenção e do nosso senso crítico, se não trabalhamos com explícitas premissas de valor. Tais ideias são parte de uma tradição poderosa e, assim, moldaram todos os nossos instrumentos mentais; deram forma, não somente às respostas, mas determinaram, de modo ainda mais fundamental, as perguntas que formulamos e a maneira com que as formulamos. Tais ideias têm sido particularmente poderosas na determinação da teoria do comércio internacional.

---

[15] Gunnar Myrdal, "Desenvolvimento e subdesenvolvimento", *Revista do Conselho Nacional de Economia*, Rio de Janeiro, n. 47, set.-out. 1957.

> Esses dois elementos irreais a que venho me referindo são os agentes pelos quais estas herdadas predileções ideológicas exercem seu poder sobre a teoria econômica.[16]

Para nós, de acordo com o pensamento do professor Carlos Campos, são os interesses profundos e vitais, que se encontram presentes no domínio do consciente ou do inconsciente, que respondem por estes desvios da objetividade e que condicionam e estereotipam nossas respostas àquelas perguntas mais carregadas de conteúdo interessado, político. Por isso, no que se refere à teoria do salário, encontramos a identidade que caracteriza o pensamento dos clássicos e de Keynes, apesar do esforço deste último em apresentá-la de forma indireta e mais complexa, encoberta por uma espessa cortina monetária.

É evidente que as formas clássicas de explicação e justificação dos problemas relacionados com o salário e o volume de emprego tornaram-se obsoletas diante das profundas transformações na estrutura produtiva e organizacional e nos processos operacionais característicos da economia moderna. Não eram exigidos grandes esforços intelectuais nem notáveis arranjos conceituais para apontar a solução para o desemprego (a teoria da crise inexistiu, por *incompatibilidade lógica*, no pensamento neoclássico genuíno) na redução direta do salário real e nominal vigentes.

No entanto, com o advento da grande indústria, com as modificações introduzidas pela economia de guerra, com o necessário incremento das formas de atuação estatal na vida econômica, com as macrounidades de produção e consumo, com a organização da reação às medidas de redução direta dos salários, novos instrumentos de ação, novas formulações, novas distorções ideológicas deveriam surgir.

A *Teoria geral* é o produto genial dos anseios, dos temores e das angústias de uma classe que presenciava, desarmada teórica e *cientificamente*, as profundas e rápidas mudanças que se operavam na estrutura econômica e que tornavam antiquadas e imprestáveis as antigas formulações. A crise de 1929 desmoralizou e desacreditou o caráter explicativo do discurso marshalliano, possibilitando o surgimento de novas versões ideológicas.

Em um mundo concentrado, de macrounidades de produção, seria imperdoável deixar aos cuidados dos indivíduos isolados o antigo processo de redução dos salários. A teoria de Keynes apresenta, então, um macroprocesso em substituição ao microprocesso antigo. Introduz a crise e o problema do emprego no centro da teoria econômica, reconhece e justifica a posição ativa do Estado na atividade econômica e retira todo proveito possível em favor de sua classe, do sistema monetário inconversível, já dominante. Introduz não apenas a moeda na atividade econômica, como fizera Wicksell, mas reconhece as novas funções de um sistema

---

[16] Ibidem, p. 27.

ametálico e inconversível, habilmente controlado pelo Estado, em benefício de sua classe inerme e ansiosa.

Em sentido sociológico preciso, a ideologia keynesiana é nova, isto é, fornece uma visão distorcida de uma nova fase do capitalismo, fase tão distinta da anterior a ponto de condicionar, no pensamento e nas ideias de certa classe, respostas diferentes, em certos aspectos, aos velhos problemas e às antigas indagações. Verifica-se, no entanto, que os novos dispositivos e mecanismos derivados ideologicamente da nova "ciência" keynesiana, todos eles inflaciogênicos, concordam, em seus objetivos finais, práticos, e visam aos mesmos efeitos reais daqueles fornecidos pela ideologia *clássica*, principalmente no que diz respeito aos problemas básicos do salário real e do volume de ocupação.

Só do capítulo 19 em diante – isto é, depois de encerrada a *Teoria geral* – pode-se perceber o significado dos instrumentos forjados por Keynes e sua filiação ideológica. Durante grande parte de sua análise ele não se refere ao "nível de preços", expressão que havia condenado no início de sua obra. Assim, muitas vezes não se percebe o efeito que a modificação de certas variáveis sempre produz sobre os preços, no sentido de sua elevação, que é uma condição *sine qua non* do aumento de ocupação. E isso permite ao genial lorde certas imputações indevidas e falsas. Vejamos o seguinte trecho:

> Em uma situação dada da técnica, os gostos e as condições sociais que determinam a distribuição de renda, a renda real de uma pessoa aumentará e diminuirá com a quantidade de unidades de trabalho de que pode dispor, quer dizer, com o montante de sua renda medido em unidades de salário; ainda que, quando o volume total da produção mude, sua renda real aumente menos que proporcionalmente à sua renda medida em unidades de salário (devido à influência dos rendimentos decrescentes).[17]

Devemos chamar a atenção para o fato de que, nesta altura da *Teoria geral*, apenas um fenômeno é responsável pelo fato de que, quando aumenta a produção – logo, a ocupação –, a renda real sobe menos que proporcionalmente à renda medida em unidades de salário (salário nominal de uma unidade de trabalho) e esta é a influência dos *rendimentos decrescentes*. Perguntamos agora: esta imputação está rigorosamente certa ou o lorde ocultou aqui, propositadamente, outro elemento que pode ser responsável pela redução do salário real individual ou da unidade de salário real vigente? Parece-nos que este fato ocorreu muitas vezes na *Teoria geral*. Keynes ocultou algumas relações e, por assim dizer, jogou com cartas de menos até o final de sua exposição: este fato se prova com as próprias palavras de Keynes:

---

[17] John Maynard Keynes, *Teoría general de la ocupación e interés y el dinero*, cit., p. 95.

> Até este momento [isto é, o momento em que a plena ocupação ainda não foi alcançada] o rendimento decrescente, ocasionado pelo fato de aplicar mais trabalho a um equipamento dado de produção, *tem sido neutralizado pela aquiescência da mão de obra em ver reduzido seu salário real.*[18]

À página 95[19], Keynes havia ocultado o fato de que a elevação de preços era condição necessária – mais latente do que aparente – em toda a sua *Teoria geral* de um aumento do volume de investimento e da ocupação, e que este aumento de preço provoca a redução do salário real. Também à página 115, o genial economista atribui *exclusivamente* ao rendimento decrescente o fato de a renda real (em unidades de produto) aumentar menos que proporcionalmente ao aumento da ocupação e esta menos do que proporcionalmente à renda em unidades de salário. Também aqui não há referência ao elemento interveniente – elevação de preços que pode responder e realmente responde por este fato, como finalmente transparece à página 278. À página 115, o rendimento decrescente, devido ao aumento de ocupação, é o único responsável pelo fenômeno.

Ao utilizar habilmente o curto prazo marshalliano, Keynes concorda com a correlação inversa entre o salário real e o volume de ocupação:

> Não contesto este fato fundamental que os economistas clássicos muito justamente declararam inatacável. Num dado estado de organização, equipamento e técnica, a cada nível de salário real ganho por uma unidade de trabalho corresponde (em correlação inversa) um único volume de emprego.[20]

Após onze anos de trabalho, penso ter elucidado os motivos reais da redução da unidade de salário real vigente que tanto os clássicos como Keynes imputam a uma ilusória "lei dos retornos não proporcionais ou dos rendimentos decrescentes", que inexoravelmente se correlacionaria, de forma inversa, ao aumento do volume de ocupação. Como já foi dito em páginas anteriores, se os setores produtivos de bens de consumo e de bens de produção dispensam mão de obra, sua reabsorção só pode efetivar-se no setor improdutivo, comandado por uma racionalidade não lucrativa – o terciário do governo ou o departamento de produção de não-meios de consumo e de não-meios de produção, o departamento III, cujos produtos são adquiridos pelo governo por um preço especial (produtos bélicos, espaciais, estradas etc.) – capaz de aumentar a taxa de lucro e o coeficiente de investimentos. Ora, se o aumento da produção e do emprego se faz

---

[18] Ibidem, p. 278; grifo nosso.

[19] Ibidem, p. 95 e seg.

[20] Ibidem, p. 29.

necessariamente no terciário e no setor que não produz bens de consumo operário, então os trabalhadores anteriormente ocupados têm de dividir o *volume dado* de bens de consumo com os trabalhadores absorvidos naquele departamento ou/e em atividades terciárias. Logo, a redução do salário real vigente resulta não da lei de retornos não proporcionais, mas de uma estrutura da produção e do emprego em que necessariamente aumenta a ocupação nos setores improdutivos e/ou destrutivos sempre que os setores de produção de bens de produção e/ou de bens de consumo dispensam mão de obra. Assim, a *solução* keynesiana do desemprego faz desenvolver uma nova forma de conflito que será uma grave contradição, com o correr dos dias, entre os trabalhadores improdutivos (terciários e produtores de não bens de consumo) e os operários que produzem e trabalham nos setores de produção de bens de consumo e de bens de produção.

A impossibilidade de elevação dos salários reais individuais na análise keynesiana

O aumento do volume de investimento e de ocupação relaciona-se de tal forma com o aumento da demanda global e do nível de preços que, mesmo que os salários nominais se elevem, os salários reais sofrem fatalmente uma redução.

Não há, dentro da *Teoria geral*, possibilidade de aumento dos salários reais? Sim, a generosidade inglesa não poderia deixar de conceder esta oportunidade.

> Em períodos longos[21], por outra parte, fica para nós escolhermos entre a política de permitir que os preços baixem lentamente com o progresso da técnica e do equipamento, enquanto se conservam estáveis os salários; ou deixar que os salários subam pouco a pouco, ao mesmo tempo em que se mantêm estáveis os preços. No conjunto, prefiro a segunda alternativa porque é mais fácil conservar o nível real de ocupação dentro de uma escala determinada de pleno emprego com uma esperança de maiores salários para o futuro, do que com a de salários menores.[22]

A longo prazo, se ainda não estivermos todos mortos, a prodigalidade inglesa concederá aos assalariados a esperança de salários mais elevados se os melhoramentos tecnológicos possibilitarem uma baixa de preços. Pode-se acreditar, fundado em sólidas razões, que os melhoramentos tecnológicos podem provocar uma baixa de preços? Vivemos em um século de mudança tecnológica muito rápida, logo, o nível de preços deveria ser bastante estável, mesmo descendente, o que raramente ocorre, e não, evidentemente, devido ao rápido ritmo de mudança tecnológica. Parece-nos

---

[21] Recordemo-nos aqui da frase do próprio Keynes: "A longo prazo estaremos todos mortos...".

[22] John Maynard Keynes, *Teoría general de la ocupación e interés y el dinero*, cit., p. 260.

que, em parte, as ideias dominantes sobre a relação entre melhoria tecnológica e preço estão dominadas por um vício quantitativista que leva o observador a examinar a relação existente entre melhoria tecnológica e preço por um ângulo estático, mecânico. A teoria quantitativa da moeda, apesar das tentativas de emprestar-lhe mais precisão, não conseguiu libertar-se completamente dos defeitos de origem, dos estigmas que o mecanismo e a análise estática lhe transmitiram. Temos a impressão de que, em grande parte, as ideias até hoje prevalecentes sobre as consequências de uma inovação tecnológica no preço do bem produzido e no nível geral de preços fundam-se neste tipo defeituoso de análise.

Na realidade, se considerarmos estável a quantidade de moeda, uma inovação técnica que diminua o custo de produção ou possibilite o aumento de produção naquele setor beneficiado deverá fazer baixar o preço do bem produzido. Até que ponto estará correto este raciocínio? Percebe-se nele que dois elementos podem atuar no sentido de provocar a baixa de preço: diminuição do custo de produção ou aumento da oferta, decorrente da melhora. A influência do custo sobre o preço, devido à formação de monopólios e oligopólios importantes nos mercados atuais, tem parecido aos economistas modernos de pouca significação. A tendência atual é a de se considerar o preço como, em grande parte, imposto pelo ofertante. Mas podemos prescindir deste fato para verificar que uma certa dose de ilusão domina o raciocínio. Basta verificar as consequências dessa melhora sobre a empresa e sobre o período de obsolescência do equipamento para perceber o que realmente ocorre quando tais melhoras são aplicadas em dado setor. Se um setor da produção é beneficiado por um aperfeiçoamento tecnológico, os empresários que inicialmente o utilizam enxergam a possibilidade de aumentarem os lucros e não de baixarem os preços dos bens produzidos, a não ser para eliminarem certos concorrentes e, posteriormente, reelevarem os preços. Os empresários que se atrasarem na utilização da melhora ver-se-ão cedo levados a incorporá-la, ou porque desejam aumentar o lucro ou porque desejam manter-se naquele setor da produção.

Ora, para que a melhora seja incorporada é necessário um certo lapso de tempo, no qual uma série de modificações deverá, forçosamente, ocorrer para que a inovação passe a atuar. Estas modificações ocorrem tanto nas indústrias produtoras de bens de produção, que se veem obrigadas a modificar e inovar ou criar máquinas e técnicas de produzir as inovadas, quanto nas indústrias diretamente beneficiadas. As próprias inovações induzirão um aumento de renda, que afetará a procura de bens desse e de outros setores da produção. Além de não podermos analisar determinado setor como compartimento estanque, deveremos considerar que o preço não depende apenas do custo nem do produtor. O preço é uma relação entre bens e unidades monetárias, e estas dependem do governo, diretamente, e da rede bancária. Logo, se considerássemos um período mais longo, mesmo a possibilidade de serem beneficiados por melhoramentos tecnológicos todos ou quase todos os setores da produção, isso não importaria baixa ou estabilização de preços. Poder-se-ia, ainda, argumentar que uma política de restrição monetária no sentido de estabilizar os preços poderia retardar o ritmo de incorporação das melhorias tecnológicas ao sistema produtivo.

As consequências da introdução de novas técnicas em dada economia sobre os salários, que Keynes simplificou deliberadamente a fim de apresentá-las como fatores inexoráveis de elevação de salários reais a longo prazo, merecem, portanto, mais cuidadosa análise. As relações entre a introdução de melhoras técnicas e o nível de salários reais não possuem o caráter de universalidade, não podem ser afirmadas *a priori*, dependendo de uma constelação de fatores socioeconômicos e da própria natureza e do estágio de desenvolvimento da economia. Em seu trabalho intitulado *A economia brasileira: contribuição à análise de seu desenvolvimento*[23], Celso Furtado distingue inicialmente os efeitos de uma melhora tecnológica dentro dos quadros de uma economia industrial, de um lado, e no âmbito de uma economia colonial, de outro. Escreve o economista brasileiro:

> Observamos anteriormente que o aumento dos lucros induz os empresários de uma economia industrial a aumentar suas inversões, o que, evidentemente, pressiona o mercado de salários. Em consequência, sempre que a formação de capital cresça mais intensamente que a força de trabalho, os salários reais tenderão a crescer. Existem, entretanto, outros elementos que operam dentro desse sistema. Os empresários procuram fazer com que as melhorias técnicas favoreçam de preferência o capital, neutralizando, assim, a tendência dos salários a subir. Ao introduzirem melhorias técnicas que diminuem os seus custos, dão sempre preferência àquelas que possibilitam redução da folha de salários. Em outras palavras, procuram substituir mão de obra por dois lados: primeiramente, criando algum desemprego e, em segundo lugar, conseguindo colocar parte de seu capital novo sem recorrer ao mercado de trabalho.[24]

A liberação de mão de obra que se verifica em virtude da introdução de novas técnicas poderá ser absorvida pelas indústrias de bens de capital devido à maior procura de equipamentos por parte dos setores de produção final ou intermediária[25], mas nada garante que as oportunidades de emprego se igualem e absorvam o desemprego criado anteriormente.

Mesmo que não consideremos os efeitos destas novas inversões sobre o nível de preços, isto é, a pressão altista produzida pelo aumento da demanda global, podemos afirmar que nada nos indica que a mão de obra liberada encontrará emprego nas indústrias

---

[23] Celso Furtado, *A economia brasileira: contribuição à análise de seu desenvolvimento* (Rio de Janeiro, A Noite, 1954).

[24] Ibidem, p. 56-7.

[25] Ibidem, p. 58.

de bens de produção a um salário real ou nominal superior àquele vigente ao tempo em que foi liberada. É que, com a nova disponibilidade de mão de obra, com o consequente recrudescimento da disputa entre os assalariados pela obtenção de emprego, haverá, segundo o próprio Keynes, uma diminuição da "desutilidade marginal do trabalho", portanto, da unidade de salário real. Para que este fato não ocorra, é necessário que a procura de mão de obra adicional, criada em virtude do aumento da procura de equipamentos novos, seja superior à oferta de mão de obra liberada pela introdução da melhoria técnica. Desta forma, parece-nos que nada se pode afirmar *a priori* quanto à influência exercida a longo prazo pela introdução de melhoras técnicas sobre o mercado de trabalho; ao contrário do que afirma Keynes, tais influências têm mais possibilidades de ser adversas do que favoráveis ao salário real, principalmente se se considerar que as próprias indústrias de bens de produção têm interesse em substituir o fator trabalho pelo fator capital, levando a automatização e a automação a um grau mais avançado.

Celso Furtado considera que em uma economia colonial, na qual se encontra uma indústria local concorrendo com empresas do mesmo ramo sediadas em países mais avançados, a introdução de uma melhora técnica que logre reduzir sua necessidade de mão de obra de forma considerável reduzirá a "massa total da renda retida dentro do país" (de economia colonial) e a inovação técnica criará "desemprego com redução da renda"[26]. No capitalismo, as inovações *labour-saving* determinam o desemprego de mão de obra que, de início, será reabsorvido apenas nos setores improdutivos e nas atividades terciárias ligadas ao governo comprador de não-mercadorias.

Um dos motivos pelos quais se associa melhora tecnológica e baixa de preços é meramente afetivo: ele pode ser expresso como a associação entre preço e esforço. Como a melhoria tecnológica diminui o esforço para a realização de igual número de unidades de bens, isto é, aumenta a produtividade física do trabalho, pode-se pensar que ela reduz também o preço. Este raciocínio é, contudo, conduzido no plano subjetivo, sem a necessária correspondência no plano objetivo. A relação entre uma coisa e outra não é direta, nem mecânica, nem necessária. De modo que, de acordo com Keynes, se os assalariados tiverem de esperar que as melhoras venham possibilitar aumento dos salários reais, mediante baixa de preços, poderão armar-se da paciência de Jó, porque dificilmente este fato se realizará.

A pródiga Inglaterra gera filhos pródigos e Keynes foi, por excelência, um lorde impecavelmente inglês. Em 1956, um trabalhista ilustre publicou, em Londres, seu *Contemporary capitalism*, onde se lê, à página 246 da edição italiana: "pelo contrário, a política keynesiana prometia grandíssimos benefícios aos ricos e às massas populares"[27]; nossa análise da obra daquele que, "em muitos aspectos, partilhou as opiniões

[26] Ibidem, p. 58-9.

[27] John Strachey, *Il capitalismo contemporáneo*, cit.

e os preconceitos comuns de sua classe e de seu tempo", conforme o demonstrou Harrod[28], deve encontrar os benefícios comuns aos ricos e às massas populares que ela encerra, se é que isso realmente ocorre. Existe, na *Teoria geral*, uma possibilidade, a prazo talvez mais curto, de elevação do nível de salários reais; esta, contudo, é situada depois de atingido o "pleno emprego", como veremos a seguir.

Não há possibilidade alguma, no domínio da *Teoria geral*, de que o desemprego involuntário seja absorvido e, concomitantemente ao aumento da ocupação (da demanda efetiva, do aumento de investimento e da elevação de nível de preços), também se eleve o nível de salário real ou a unidade de salário real; isso porque, por definição[29], o desemprego involuntário significa que existem indivíduos dispostos a oferecer trabalho ao *salário nominal* vigente. Além disso, a elevação de preços dos bens de consumo dos assalariados reduz os salários reais até o momento em que a *plena ocupação* é alcançada; esta redução provocada pela elevação de preços é proporcional – ou mais do que proporcional – à elevação da unidade dos salários nominais que poderá ocorrer. Keynes se refere a este fato de forma inequívoca:

> Temos demonstrado que quando a demanda efetiva é deficiente existe *subemprego de mão de obra* no sentido de que existem homens desocupados dispostos a trabalhar por um *salário real menor do que o existente*. Em consequência, à medida que a demanda efetiva aumenta, a ocupação sobe, ainda que a um *salário real igual ou menor que o existente*; até o momento em que não haja excedente de mão de obra disponível ao salário em vigor nesse momento, quer dizer, não tenha mais homens (e horas de trabalho) disponíveis a menos que os salários nominais subam (a partir deste limite) *mais depressa* que os preços.[30]

O "pleno emprego de mão de obra", segundo o pensamento de Keynes, é alcançado justamente naquele momento em que não há mais trabalho disponível ao salário vigente no momento. Isto é, enquanto os salários reais não se elevam não há *plena ocupação*; e, na realidade, os salários reais não se elevam, mas, ao contrário, sofrem uma redução até o momento em que, de acordo com ele, a *ocupação é máxima*, como se pode deduzir do trecho seguinte:

> Até este momento, o rendimento decrescente ocasionado pelo fato de aplicar mais trabalho a um equipamento dado de produção tem sido neutralizado pela aquiescência da mão de obra em ver reduzido seu salário real.[31]

---

[28] Cf. ibidem, p. 229.

[29] Cf. John Maynard Keynes, *Teoría general de la ocupación e interés y el dinero*, cit., p. 273.

[30] Ibidem, p. 278; grifo nosso.

[31] Idem; grifo nosso. Se a aplicação de mão de obra a um equipamento ocioso, em época de crise, fornece rendimentos crescentes ao capitalista, então a redução do salário apenas aumenta mais a taxa de lucro na retomada.

Se o que Keynes chama de *plena ocupação* não for alcançado e ultrapassado, não haverá possibilidade de uma elevação da unidade de salários nominais mais depressa do que a dos preços dos bens de consumo, propiciando uma elevação dos salários reais. Já citamos o pensamento de Keynes quando afirma duvidar de que tenhamos conhecido, antes de 1936, um auge tão grande que levasse à *plena ocupação*, exceto durante a Grande Guerra (1914-1918). Também, em outra passagem, esta descrença nas possibilidades naturais de alcançar este estado é expressa da seguinte forma:

> Creio, portanto, que uma socialização bastante completa das inversões será o único meio de aproximar-se do pleno emprego, ainda que isto não necessite excluir qualquer forma, transação ou meios pelos quais a autoridade pública coopere com a iniciativa privada.[32]

Vemos, portanto, como são minguadas as possibilidades, segundo a *Teoria geral*, de um aumento dos salários reais individuais ou do nível de salários vigentes: ele só pode ocorrer depois da plena ocupação.

Keynes era realista demais para acreditar que o pleno emprego da mão de obra pudesse ser facilmente alcançado. Além disso, como "as provas indicam que o pleno emprego e o quase pleno emprego ocorrem raramente e têm pequena duração"[33], tudo indica que a elevação dos salários reais, caso um dia se realize, terá curta duração.

Este exame parece-nos suficiente para mostrar que a elevação do nível de preços, a inflação, a elevação de preços pura e simples, é o instrumento que, na *Teoria geral*, atua no sentido de reduzir os salários reais quando aumentam a demanda global e a ocupação e se aproxima o pleno emprego.

Parece-nos que o fato de persistir até os dias atuais, mesmo entre os pós-keynesianos mais ilustres, uma patente perplexidade no diagnóstico dos estados de *ocupação plena*, *pleno emprego*, *subemprego*, *inflação verdadeira* talvez seja um sintoma de que o verdadeiro sentido que Keynes emprestou a esses termos ainda não pode ser extraído da grande nebulosa em que o genial lorde inglês o colocou. Assim é que, dezoito anos após a publicação da *Teoria geral*, André Marchal escreve:

> Três dúvidas pesam sobre a análise e a política de Keynes. A primeira, dúvida a respeito do diagnóstico: o que é o subemprego? O que é o pleno emprego?[34]

A elevação de preços até aquele estado a que Keynes, muito a propósito, denomina "ocupação plena", segundo o significado em sua construção teórica, é, na verdade, o ponto em que a ocupação é *máxima*, dado o equipamento, a técnica etc., em relação ao salário real *mínimo* que torna possível este volume de ocupação. Do

[32] Ibidem, p. 362.

[33] Ibidem, p. 273.

[34] André Marchal, *Metodología de la ciencia económica*, cit., p. 237.

momento em que novas unidades de trabalho só forem empregadas a um salário nominal que corresponda (em relação com o nível de preços) a um salário real superior ao vigente, isto é, do momento em que o aumento da unidade de salário real for uma condição necessária para o aumento da ocupação, deste momento em diante, o estado de *pleno emprego* foi ultrapassado e não se pode falar em desemprego involuntário. Neste momento, o aumento da unidade de salário real corresponderá a um aumento menos do que proporcional no nível de preços; a ocupação é, então, mais do que plena, de acordo com Keynes, e só neste período os salários reais poderão aumentar. A *"plena ocupação" corresponde, na realidade, ao ponto em que o salário real é o mínimo compatível com a ocupação de mão de obra, dada a técnica e o equipamento*. Poder-se-ia dizer que o "pleno emprego de mão de obra" é o ponto de máxima exploração, como se deduz do próprio raciocínio de Keynes:

> Porém, se o pressuposto clássico não é válido, será possível aumentar o emprego fazendo subir os gastos em dinheiro[35] até que os salários reais tenham baixado de maneira que se igualem à desutilidade marginal do trabalho, estado em que haverá, por definição, pleno emprego.[36]

Ao contrário dos *clássicos*, que admitiam "a igualdade entre os salários e a desutilidade marginal do trabalho e que esta última aumenta quando cresce a ocupação"[37], Keynes não apenas supõe que em período de desemprego involuntário o salário é superior à desutilidade marginal do trabalho, mas que a própria desutilidade pode decrescer, convertendo-se em utilidade, como declara na seguinte passagem:

> Quando existe um desemprego involuntário, a desutilidade marginal do trabalho é necessariamente menor do que a utilidade do produto marginal [e] na realidade pode ser muito menor, porque certa quantidade de trabalho, para um homem que esteve desempregado por muito tempo, em vez de desutilidade pode ter utilidade positiva.[38]

Ao transformar desutilidade do trabalho em utilidade, graças a uma perspectiva psicológica que é própria do capitalista e não do trabalhador, o genial economista, além de supor que os salários reais possam baixar com o aumento da ocupação devido à alegação de que em período de desemprego involuntário o salário é superior à desutilidade marginal do trabalho, afirma ainda que a igualação dos dois se fará, quando aumentar a ocupação, em um ponto muito abaixo daquele suposto possível pelos clássicos, de vez que a própria desutilidade diminui... Nenhum economista anterior a

---

35 O eminente lorde poderia dizer, igualmente, subir o nível de preços.

36 John Maynard Keynes, *Teoría general de la ocupación e interés y el dinero*, cit., p. 273.

37 Ibidem, p. 272.

38 Ibidem, p. 128.

Keynes supôs a existência de um ponto tão baixo: o *pleno emprego*, no qual o salário real decrescente se iguala à desutilidade decrescente do trabalho. Este ponto – no qual o salário real decrescente, em virtude do aumento da ocupação e dos "gastos em dinheiro", encontra-se com a "desutilidade marginal do trabalho" metamorfoseada em utilidade para aqueles que ficaram "sem emprego muito tempo" – é, sem dúvida, o da máxima exploração global dos assalariados. Keynes chegou a ele de forma genial, conduzido pelo condicionamento cultural e pelas distorções ideológicas de que foi vítima, mas também por um raciocínio que se desenvolve em pleno domínio da psicopatologia. Verificamos aqui que uma verdadeira relação sadomasoquista, erigida em comportamento normal, permitiu a Keynes refutar o pensamento clássico, feito sobre reações normais de indivíduos normais, para justificar a redução dos salários até o estado de *plena ocupação*. Na verdade, a transformação da desutilidade em *utilidade positiva*, do desprazer em prazer, não se verifica apenas naquele caso que o lorde aponta e no qual estriba seu raciocínio, de um prolongado sofrimento decorrente do desemprego involuntário, mas é um mecanismo psicológico de adaptação do homem a situações de privações e castigos físicos continuados. Os campos de concentração na Segunda Guerra oferecem inúmeras observações desse tipo, em que certos mecanismos psicológicos atuam no sentido de acomodar os indivíduos ao sofrimento, que é convertido em prazer. Marshall, por exemplo, quando analisa a desutilidade marginal do trabalho, afirma:

> O sacrifício do trabalho pode decorrer da fadiga corporal ou mental, ou pelo fato de o trabalho ser feito em ambiente insalubre.
>
> É verdade que até mesmo quando um homem está trabalhando a soldo ele encontre, às vezes, prazer em seu trabalho: mas ele geralmente fica tão cansado antes que a tarefa termine que se alegra quando chega a hora de parar.
>
> Talvez, depois que ele deixe de trabalhar por algum tempo, no que diz respeito ao seu conforto, antes trabalhar por nada do que deixar de trabalhar; mas ele preferirá não estragar o mercado, da mesma forma que um industrial o faria, oferecendo aquilo que ele tem para vender muito abaixo do seu preço normal. Sobre este assunto, muito será dito em outro volume.
>
> Tecnicamente, isso pode ser chamado de desutilidade marginal do trabalho. Porque, enquanto aumenta a quantidade de uma mercadoria, sua utilidade marginal diminui; e com cada queda na desejabilidade, há uma queda no preço que pode envolver a totalidade das mercadorias e não apenas a última parte; assim, a desutilidade marginal do trabalho geralmente aumenta com cada acréscimo em sua quantidade.[39]

[39] Alfred Marshall, *Principles of Economics*, cit., p. 116-7.

Essa passagem do mestre de Keynes é a prova definitiva de que temos razão nessa crítica à abordagem feita na *Teoria geral*. Keynes tomou de Marshall, neste trecho, a ideia de que, para aquele que ficou desempregado muito tempo, é melhor trabalhar de graça do que deixar de trabalhar. Esta hipótese, que logo na frase seguinte Marshall rejeita, Keynes a erigiu em norma de comportamento dos assalariados desempregados há longo tempo! Converte, assim, desutilidade em utilidade, o que Marshall jamais ousou fazer, pois conclui do comportamento normal dos assalariados que, "assim, a desutilidade marginal do trabalho geralmente aumenta com cada aumento em sua quantidade total".

Uma exceção rejeitada pelo mestre foi convertida pelo discípulo em comportamento normal, e ele, sobre esta hipótese, construiu seu *pleno emprego!*

Nesse particular, nossa análise se esclarece com as seguintes observações de um analista perspicaz moderno:

> As tendências masoquistas são amiúde consideradas como simplesmente patológicas ou irracionais. *Mais comumente são racionalizadas.*
>
> [...] Existem três tipos de tendências sádicas mais ou menos entrelaçadas. Uma é para tornar os outros mais dependentes da pessoa e para fazer delas nada mais que meros instrumentos, argila nas mãos do oleiro. Outra consiste no impulso não só para governar os outros, desta maneira absoluta, *mas para explorá-los*, usá-los, roubá-los, eviscerá-los e, por assim dizer, *incorporar qualquer coisa deles que seja assimilável.*
>
> [...] Uma terceira espécie sádica é o desejo de fazer os outros sofrer ou vê-los sofrer.[40]

É evidente que a racionalização de tais impulsos permite que esses sejam incorporados à explicação "científica", transformando-os em verdade eterna. O processo continuado, secular, de formação e mudança adaptativa da teoria do salário é o exemplo mais completo de como explicações inconsistentes e irreais (teoria do fundo de salário, teoria marginalista dos salários, teoria keynesiana) podem, pelo simples fato de justificarem determinado tipo de relação de dominação, racionalizar os ingredientes afetivos (sadomasoquistas) implícitos naquela relação intergrupal e receber a aceitação acrítica da sociedade em seu conjunto durante longos períodos históricos.

No domínio do patológico, as relações sadomasoquistas também apresentam o prazer e a desutilidade metamorfoseados em prazer e utilidade. Ao aplicar ao assalariado involuntariamente desempregado este tipo de reação e de comportamento, o genial lorde pôde fazer recuar o ponto de igualdade do salário com a desutilidade marginal ao estado de *pleno emprego*, que foi erigido em ideal a ser alcançado pela economia capitalista.

---

[40] Erich Fromm, *O medo à liberdade* (Rio de Janeiro, Zahar, 1980), p. 125.

Quando Keynes define, na *Teoria geral*, a autêntica inflação como sendo "o aumento da demanda efetiva em situação de pleno emprego", não deixa transparecer claramente que, para ele, só há inflação autêntica quando se eleva a unidade de salários reais; aqueles economistas ortodoxos que se imbuíram do pensamento do mestre inglês foram mais explícitos em lançar a culpa da inflação diretamente na elevação dos salários.

"A razão da inflação é uma rápida e contínua alta dos salários nominais", diz Joan Robinson[41], no âmbito de um keynesianismo mais claro e muito difundido.

Na verdade, todos os keynesianos ortodoxos devem concordar com esta assertiva e, com Keynes e Robinson, lançar a culpa da inflação autêntica na elevação salarial, pois isso é uma decorrência do arranjo, do jogo de conceitos existente na *Teoria geral*. A escola keynesiana é responsável, além de outras, pela concepção do termo "inflação salarial"; a consequência do emprego deste termo foi, sem dúvida, fortalecer e difundir a imputação feita ao aumento de salário, de ser ele o único fator inflaciogênico. Robert Goetz-Girey, professor da Faculdade de Direito de Nancy, compreendeu bem esta finalidade do termo quando assim se expressou: "ao empregar esse termo inflação salarial, se reforça involuntariamente a opinião bastante em voga segundo a qual a elevação dos salários é a causa da inflação"[42].

A utilização especial dos termos "pleno emprego" e "inflação verdadeira" na *Teoria geral* constitui um genial arranjo do lorde. Enquanto o "pleno emprego de mão de obra" é, realmente, o estado em que a ocupação é máxima em relação a um salário mínimo compatível com aquele volume de ocupação, dada a técnica e o equipamento, a inflação autêntica é uma elevação de preços que se verifica a partir desse momento, isto é, um aumento da demanda efetiva que se traduziria em uma elevação dos salários reais.

A elevação de preços não é considerada por ele inflação verdadeira quando tem por consequência uma redução na unidade de salário ou no nível de salários reais. A partir do momento exato em que, para aumentar a ocupação, seja necessário um aumento dos salários reais, estamos no *pleno emprego keynesiano*...

Do momento em que a elevação de preços deve provocar um aumento mais do que proporcional na unidade de salário nominal, isto é, em que se atinge o ponto de resignação e os assalariados exigem maiores *salários reais* – o que provocaria um aumento na unidade de custos não compensado pela elevação de preços –, não se pode, *ab definitio*, falar em desemprego involuntário, e entramos em uma *inflação autêntica*. Segundo a utilização dos vocábulos feita por Keynes, a inflação é falsa ou

---

41 Joan Robinson citado em Maurice Flamant, *Traité d'économie politique*, cit., p. 9.

42 Robert Goetz-Girey, "Salaires et inflation depuis la Seconde Guerre Mondiale", *La Revue d'Économie Politique*, Paris, n. 3, 1953, p. 287.

não é *inflação* quando representa um processo de baixa dos salários reais... É verdadeira quando os salários nominais passam a elevar-se mais do que a elevação do nível de preços, isto é, quando começa a elevar-se o salário real... A ocupação não é plena quando há trabalho disponível, pronto a empregar-se ao salário nominal vigente, mesmo que se elevem os preços dos bens-salário.

Afinal, a inflação ou elevação de preços é justificável e instrumento eficaz para aumentar o volume de ocupação, segundo Keynes, enquanto funciona como redutor do salário real ou técnica de anulação dos salários nominais. Caso contrário, é *inflação verdadeira*, devendo ser combatida. *O desemprego é involuntário e deve ser absorvido até o momento em que haja mão de obra disponível a um salário real inferior, no máximo igual ao salário nominal vigente...*

Segundo a ideologia de Keynes, a poupança normal é a correspondente ao pleno emprego. Como no pleno emprego a poupança é máxima porque o salário e o consumo individual do assalariado são mínimos, a poupança *normal é a máxima...* Mas, como o pleno emprego raramente ocorre e a máxima não é forçada, mas *normal*, então, o que existiria seria "deficiência forçada de poupança"...

O emprego destas expressões – elevação de preços, inflação autêntica, desemprego involuntário, pleno emprego – reveste, na *Teoria geral*, um conteúdo político, teleológico, profundo e reflete a ideologia dominante nos grupos de que Keynes participou. A distorção e a deturpação ideológicas acarretam gravíssimas consequências. Os instrumentos de ação e de análise que delas derivam estão de tal forma contaminados que, se não soubermos compreender seus verdadeiros significados e objetivos, os governos e os teóricos poderão inconscientemente trabalhar em um sentido pernicioso e fatal, em relação à existência da chamada "sociedade democrática".

> Ou aprendemos a controlar melhor as depressões e as inflações do que as controlamos antes da Segunda Guerra Mundial ou a estrutura política da sociedade democrática estará seriamente ameaçada.[43]

Este é o aviso importante e irrecusável de Samuelson. Se não compreendermos que a inflação autêntica não é a "inflação autêntica" nem o *pleno emprego* verdadeiro é o "pleno emprego" de Keynes, jamais poderemos controlar as depressões e as inflações e poderemos estar colaborando para aumentar a ameaça que paira sobre as instituições políticas da sociedade democrática, cada vez mais despótica.

Na fase de depressão em que Keynes se inspirou, o problema fundamental não poderia ser o de "aumentar o coeficiente de novos investimentos", aumentar o capital real que se encontrava com elevada taxa de subutilização.

---

[43] Paul Samuelson, *Introdução à análise econômica*, cit., p. 163.

Seu diagnóstico inicial, que atribui à insuficiência de D_2 (demanda de bens de capital) a insuficiência da demanda global (D), não poderia ser o diagnóstico final e definitivo de seu modelo.

O problema inicial era aumentar a demanda de bens de consumo e criar os mecanismos capazes de manter elevada a propensão média e marginal a consumir da coletividade, que, no início da *Teoria geral*, ele supôs, *a priori*, bastante elevada. Os investimentos keynesianos, tratados no livro III, são *investimentos* em mão de obra, trabalho produtivo ou improdutivo em dado equipamento.

Logo, ele sabia, embora não o declarasse ao armar o quadro justificativo de seu diagnóstico fundamental, que o problema da elevada taxa de ociosidade do equipamento era o resultado de uma insuficiência relativa da demanda global.

Ora, o Estado moderno, ao introduzir e manejar os novos mecanismos de sustentação da demanda global de bens de consumo, essenciais à sobrevivência do capitalismo maduro, não poderia destruir suas características essenciais; dentre elas, a desigual repartição da renda. Os novos mecanismos acionados pelo governo deveriam resolver dois problemas fundamentais: aumentar a demanda de bens de consumo em relação à capacidade instalada de produzi-los e manter a desigualdade na repartição da renda. A inflação, como resultado do novo desempenho do governo, resolveria ambos simultaneamente, fornecendo os estímulos aos novos investimentos (graças à redução da taxa de juros, da unidade de salário real, do perdão de dívidas e redução do custo fixo, e à elevação do preço de venda da produção), uma vez que a demanda de bens de consumo, sustentada pelos *investimentos* fora dos setores produtivos, levaria os capitais reais existentes a uma situação de *pleno emprego*.

O perigo representado pela elevação dos salários não é, aos olhos de Keynes, específico do capitalismo: ele ronda a humanidade, ameaçando levar o "declínio e a dissolução das sociedades econômicas" e devendo, portanto, ser evitado a todo custo, como imperativo de salvação dos sistemas. Como já nos referimos,

> A experiência que remonta pelo menos ao tempo de Sólon, e que decerto poderia recuar ainda de muitos séculos se tivéssemos estatísticas, indica-nos o que o conhecimento da natureza humana nos levaria a esperar, ou seja, que há uma tendência constante da unidade de salários para a alta, através de longos períodos, que somente pode ser reduzida em pleno declínio e dissolução das sociedades econômicas.[44]
>
> Por motivos independentes do progresso técnico e do aumento da população é, portanto, indispensável que o estoque monetário aumente gradualmente[45],

isto é, que a elevação de preços reduza o salário, salvando as sociedades econômicas!...

[44] John Maynard Keynes, *Teoria geral do emprego, do juro e da moeda*, cit., p. 323.

[45] Idem.

Uma vez mais, evidencia-se que a inflação deve ser vista como a unidade das soluções da economia moderna, dirigista, intervencionista, keynesiana. Os economistas e os homens públicos invertem frequentemente o mundo sobre o qual pensam que atuam mais do que realmente podem fazê-lo. Afirmam *combater a inflação*, combate que, se levado ao extremo, à morte do "dragão inflacionário", significaria suicídio, crise, depressão, pois aboliria a solução. Eles não podem compreender o significado real, isto é, determinar o que concretamente é a inflação porque, se o fizessem, tornar-se-iam incapazes de participar da *ação* de seu grupo que produz a inflação e reproduz os *males* imanentes ao fenômeno.

Mas o remédio keynesiano – *a inflação* – é uma solução que atua dentro de limites cada vez mais estreitos, porque é uma solução que amplia os conflitos fundamentais do sistema. Assim, a solução um dia deixará de ser capaz de reduzir o salário real vigente, de aumentar a eficiência marginal do capital, de perdoar dívidas do empresário-investidor, de reabsorver o desemprego etc. Nesse momento, a decomposição e a crise da sociedade keynesiana e da *ciência* macroeconômica poderão surpreender os equilibristas a-históricos.

Keynes sabia que apresentava apenas uma velha forma para um dos mais antigos remédios do capitalismo, mas isso ele só declara fora da *Teoria geral*:

> A Idade Moderna se inaugura, eu penso, com a acumulação de capital que começou no século XVI. Creio eu [...] que isto se deveu, inicialmente, ao aumento de preços e de lucros a que ele leva e que foi consequência do tesouro de ouro e de prata que a Espanha trouxe do Novo Mundo para o Velho.[46]

A dinâmica inflacionária mercantilista, realimentada no neomercantilismo keynesiano, modifica a estrutura da acumulação e passa a desenvolver o capital improdutivo e as forças improdutivas, fazendo com que as contradições fundamentais do modo de produção capitalista se encarnem na própria estrutura da produção e do emprego; agora, a inflação passa a decorrer da própria estrutura que se desenvolveu, em parte apoiada na moeda estatal, inflaciogênica e, como sempre, na redução do salário e no aumento de lucro.

Quando a acumulação de capitais se transforma em sobreacumulação e produz uma crise (1929) que bloqueia os departamentos I (devido à queda na demanda de meios de produção) e II (devido ao colapso da demanda de meios de consumo), o capitalismo salva-se entrando na senilidade e desenvolvendo as não-mercadorias produzidas no departamento III.

---

[46] John Maynard Keynes, "Economic Possibilities for our Grand-Children", em *Essays in Persuasion* (Nova York, Norton, 1963), p. 361.

O governo compra as não-mercadorias com dinheiro não conversível que imprime no papel; a produção destruidora e o trabalho improdutivo-destrutivo são pagos por um preço elevado, com *State money*, dinheiro fictício que eleva o lucro irreal, gerado pelo governo (eficiência marginal fictícia do capital), que se soma ao lucro combalido, extraído do trabalho humano não pago.

14

O desequilíbrio entre os salários reais e os salários nominais

Um dos desequilíbrios que se verifica na economia moderna – que não possui um mecanismo autocorretor, mas, ao contrário, tende a agravar-se por si mesmo e também quando o governo intervém com o objetivo de alcançar o pleno emprego, mediante políticas monetárias ou de investimentos públicos[1] – é o da redução dos salários reais individuais quando se eleva o nível de preços.

A moeda e o crédito, como decorre de nossa análise presente, tornaram-se instrumentos de realização, continuidade e agudização deste desequilíbrio, mas – eis o outro lado da questão – são também o mais aprimorado instrumento de liberdade. Liberdade de escolha, liberdade de ação, liberdade de receios em relação ao futuro; instrumento de segurança e instrumento de ação, a moeda e o crédito representam aquisição milenar no processo da civilização humana[2]. Utilizá-los adequadamente

---

1 Somente à página 285 da *Teoria geral* se esclarece devidamente a ação de um aumento na quantidade de dinheiro sobre as outras grandezas: "Por conseguinte, devemos considerar em primeiro lugar o efeito das variações na quantidade de dinheiro sobre a grandeza da demanda efetiva; e o aumento desta irá, em termos gerais, aumentar a quantidade de ocupação e elevar o índice de preços"; John Maynard Keynes, *Teoria geral do emprego, do juro e da moeda*, cit., tradução ligeiramente modificada por nós. Assim, a resposta do aparelho produtivo de bens de consumo é cronicamente insuficiente e posterior ao aumento da demanda. A rigidez da oferta que se afirma na crise acompanha o sistema até que a rigidez de oferta do pleno emprego seja alcançada.

2 Escrevi este trecho aos 26 anos de idade; não tinha ainda compreendido que a moeda e o crédito, como fenômenos capitalistas, não podem expressar nada que não exista no sistema. Como fenômeno capitalista, a moeda e o crédito representam a liberdade e os limites de ação que a sociedade estratificada impõe a cada classe. Na economia keynesiana, a moeda estatal, detida pelo governo, mostra o poder crescente do governo e é usada na compra de força de trabalho improdutivo (funcionários) e de não-meios de produção e de não-meios de consumo, expressando a posição do Estado no polo do consumo capitalista, onde os problemas são os mais sérios; o capital dinheiro mundial é o dinheiro das multinacionais que, com ele, reproduzem e ampliam seu poder internacional; o capital dinheiro nacional pode adquirir meios de produção, de consumo e força de

é tarefa árdua, a mais difícil talvez que a economia política deverá resolver. A menos que pretendamos entrar no processo acumulativo da socialização privada – uma "socialização bastante completa das inversões será o único meio de se aproximar do pleno emprego"[3] –, deveremos o quanto antes procurar corrigir desajustes de base que se efetivam, em parte, por meio da moeda.

A socialização *privada* é o resultado inexorável da "sobrevivência do capitalismo a si mesmo", isto é, às condições adequadas ao seu desenvolvimento. A socialização privada é uma *contradictio in adjecto* e expressa o caráter contraditório e limitado das soluções capitalistas. O intervencionismo e o dirigismo keynesianos introduzem relações aparentemente socialistas na estrutura do capitalismo individualista, justamente na esfera do governo, que é o principal baluarte e garantidor do capitalismo e da burguesia. Assim como a sociedade anônima não socializa, em realidade, o capital ou os lucros, porque as ações acumuladas nas mãos dos poucos controladores das corporações são não apenas quantitativa, mas qualitativamente diferentes das ações pulverizadas nas mãos dos pequenos acionistas, assim também "os investimentos públicos" keynesianos não são verdadeiros investimentos produtivos e reprodutivos, mas investimentos equilibrantes da insuficiência relativa de consumo, inerente ao modo capitalista de distribuição e de consumo; tais investimentos inúteis, destrutivos ou não reprodutivos, conservam o capitalismo não apenas porque aumentam a capacidade relativa de consumo, mas também porque desviam para atividades improdutivas parte das forças produtivas do sistema, forças estas cujo desenvolvimento acelerado iria determinar a rápida superação do capitalismo que se mostraria incapaz de conter as forças produtivas que criou.

As formas keynesianas e pré-keynesianas de "socialização privada" – por implicarem sempre a liquidação das forças produtivas que se voltariam para o consumo coletivo, o lazer social, para a melhoria das condições de existência social, aplicando-se em seu oposto, nas *Agenda* da guerra, dos programas espaciais, da atividade terciária improdutiva e superabundante – não deixarão nenhum saldo positivo para a história do homem quando forem abolidas e ultrapassadas na crise da economia keynesiana. As soluções keynesianas são, desde a origem, contraditórias e limitadas, visam tornar lucrativas as forças produtivas e a capacidade de produção que se paralisaram por falta de demanda dos bens de produção e dos bens de consumo ou por

---

trabalho nos setores em que o capital dinheiro mundial permite sua presença; o dinheiro salário não pode adquirir bens de capital, nem força de trabalho, mas, apenas, bens de consumo operário; o cartão de crédito é o dinheiro que expressa as relações do terciário e só pode comprar bens de consumo. Assim, a liberdade de escolha que o dinheiro fornece é, tal como a liberdade democrática, limitada, circunscrita, específica de cada classe.

[3] John Maynard Keynes, *Teoría general de la ocupación e interés y el dinero*, cit., p. 362.

ausência de lucro. Nas não-mercadorias objetivam-se de forma lucrativa (eficiência marginal fictícia do capital) o que o governo engendra ao garantir a demanda até então inexistente, quando as forças produtivas excedentes ainda assumiam a forma de mercadorias – meios de produção e meios de consumo.

A participação do empregado no lucro da empresa talvez fosse uma tentativa hábil, capaz de aproximar, de modo bastante satisfatório, a realidade econômico-social dos ideais democráticos, em bases sólidas.

Um dos aspectos interessantes da participação dos empregados no lucro da empresa é seu funcionamento como instrumento anticíclico. Na realidade, Keynes dá grande ênfase ao fato de as desigualdades na repartição das rendas, aliadas à baixa propensão ao consumo, característica dos grupos capitalistas, permitirem o elevado volume de investimento do mundo contemporâneo.

Ora, existe também o outro lado da medalha: a elevada propensão à liquidez, também característica deste grupo, ao lado da baixa propensão ao consumo, enfraquecem a demanda global, provocando, segundo o próprio Keynes, efeitos danosos no volume de emprego. A política de baixa na taxa de juros, segundo Keynes, torna-se problemática, um meio precário de incentivo ao investimento, incapaz de elevar o volume de inversões a um nível adequado. Acaba, portanto, denegando as virtudes empresariais da classe responsável pelo investimento, pois a política de investimentos públicos é, em realidade, o remédio heroico para a solução do *desemprego involuntário* e de outros relacionados. Ora, se, afinal de contas, não podemos contar com os supostos benefícios que advêm da desigual distribuição de rendas na sociedade contemporânea, que seria a formação de poupança e manutenção de um elevado nível de investimento, por que manter e aumentar tais desigualdades através do processo de elevação de preços? Segundo o próprio Keynes, é a socialização das inversões que está, em última instância, encarregada de solucionar o problema da manutenção de um elevado volume de investimento, capaz de elevar o volume de emprego e fazer com que a economia atinja a estrada real da prosperidade. Não há razão fria, científica, para que se mantenha e aumente a desigualdade na distribuição das rendas, principalmente quando se ponderam, também, os efeitos que a propensão reduzida ao consumo e a elevada preferência pela liquidez das classes favorecidas exercem em relação à demanda global, reduzindo-a. Além disso, os assalariados têm, em todo o mundo, elevada propensão ao consumo e baixa preferência pela liquidez. Eles são, portanto, os menos responsáveis pela retração da demanda global que este comportamento psicológico ensejaria, na perspectiva keynesiana. Ao se desacreditar na possibilidade da classe capitalista de exercer adequadamente sua função em relação ao investimento, não se deveria descurar o fato relevante de que a propensão ao consumo dos assalariados é elevada, aproxima-se da unidade, sua preferência pela liquidez é praticamente nula, de tal forma que a elevação dos salários[4] ou a participação nos lucros se reflete diretamente sobre a demanda global, aumentando-a, condição essencial para que a economia atinja o verdadeiro pleno emprego de modo durável. Mas as relações capitalistas de produção opõem-se à redistribuição: na prosperidade, não há por que redistribuir, ameaçar a reprodução ampliada; na crise, com o colapso do lucro, não há o que redistribuir.

A falácia do processo de redistribuição das rendas através da política fiscal. A conclusão de Kalecki e os dados de Colin Clark

No nosso modo de ver, devido principalmente a certas reações organizadas na sociedade atual e a certos desvios provocados pelo raciocínio em termos globais, que desconhecem a realidade individual dos fenômenos sociais, a política fiscal tem-se mostrado incapaz de desempenhar a função principal que o keynesianismo aparentemente lhe confere: a redistribuição das rendas sociais. Examinemos cada um destes pontos.

As reações contrárias à política fiscal devem-se, inicialmente, ao espírito individualista, egoístico, que se converteu em um dos princípios do liberalismo e que serve de suporte à estrutura legal, consuetudinária e moral de nosso sistema, de tal forma que a parte das rendas individuais que o Estado recebe como imposto é considerada como indevida, quase ilegal. Os processos de defraudar o fisco não recebem, por isso, em grande extensão, nem ao menos o controle social difuso da censura coletiva. As técnicas de fraudar o fisco tornaram-se de tal forma aperfeiçoadas que chegam a constituir verdadeiro tipo de reação de classe contrária ao imposto. A contabilidade engloba processos que permitem reduzir os lucros tributáveis e inflar lucros fictícios que respaldam a especulação nas Bolsas. A este respeito, dizia Keynes:

> Não é de supor que os ricos possam sofrer novas limitações, pois a fuga aos impostos já se tornou um concorrente perigoso à velha forma de ganhar dinheiro. Mas a redistribuição ainda pode ser melhorada, fazendo-se com que a maioria dos lucros do progresso seja aplicada às camadas menos favorecidas, ao invés de dividir tais lucros igualmente entre ricos e pobres.[5]

---

[4] A ineficácia da escala móvel de salários foi assim sintetizada por Maurice Flamant: "A escala móvel de salários aumenta a demanda efetiva, quer dizer, em período de inflação, aumenta os lucros. Cada novo aumento salarial permite aos empresários recuperar sobre os salários o que teriam almejado lhes retirar; em um esforço ulterior dos assalariados para obter uma nova alta de salários não conseguiria fornecer aos empresários os meios de uma nova reconquista. A escala móvel faz reviver o mito de Sísifo"; *Traité d'économie politique*, cit., p. 181.

[5] John Maynard Keynes citado em Robert Louis Heilbroner, *Introdução a história das ideias econômicas* (Rio de Janeiro, Zahar, 1959), p. 268.

Pode-se, com justiça, indagar até que ponto foi sincero este trecho do eminente economista inglês.

Outra técnica que anula e, mais do que anula, torna contrário o efeito de certos impostos é o fenômeno da repercussão. Na realidade, este processo mereceria uma reanálise na qual talvez se mostrasse que sua significação na economia moderna é maior do que se pensa comumente. Os impostos que repercutem sobre o consumidor provocam o resultado contrário àquele que é considerado como objetivo principal do imposto, pois reduzem os salários reais pelo aumento de preços dos bens de consumo.

A análise, em termos globais, dos efeitos da política fiscal parece produzir certa ilusão quanto aos reais efetivos do processo de redistribuição de rendas. Na verdade, parece haver aqui uma ilusão semelhante à ilusão monetária decorrente da elevação geral de preços. Fomos levados a suspeitar da existência de tal fato pela coincidência entre o processo indireto de baixa de salário sugerido e justificado por Keynes, mediante a elevação do nível de preços, e o processo indireto de redistribuição das rendas, mediante o imposto.

Por que, ao invés de uma redistribuição direta, realizada, por exemplo, por meio da participação do empregado no lucro da empresa, teria Keynes preferido o processo indireto por meio do fisco? Em nosso modo de ver, há aqui uma ilusão em muitos aspectos semelhante ao espelhamento monetário que se verifica na relação entre salário real e salário nominal, conforme vimos. Vejamos até que ponto o imposto realiza uma verdadeira redistribuição de renda. A receita fiscal resultante da arrecadação dos impostos, principalmente de renda e de transmissão[6], não é, evidentemente, redistribuída em espécie. Ela será convertida em investimentos públicos novos ou aplicada para fazer face às despesas públicas, podendo quase não figurar em capítulos propriamente redistributivos. Os investimentos públicos desta forma realizados terão como resultado uma elevação dos preços de bens de consumo e dos bens de capital que dependerá, em parte, da relativa aplicação do aumento das rendas nominais em consumo e em investimento. De qualquer forma, a elevação do nível de preços corresponderá a uma baixa de salários reais e das rendas fixas. O imposto de renda progressivo ou proporcional diminui as diferenças entre as rendas líquidas percebidas pelos componentes da classe cujas rendas não são fixas. A diferença, embora não persista tão acentuada entre os componentes da classe capitalista, pode, contudo, ser mantida e aumentada entre a classe capitalista e a assalariada, ou melhor, entre os que percebem ou não rendas fixas, principalmente pelo efeito provocado pela própria aplicação dos impostos.

---

[6] Keynes dá especial destaque aos impostos de renda e de transmissão *causa mortis*; ver *Teoría general de la ocupación e interés y el dinero*, cit., p. 357.

Pelo menos em parte, a redistribuição de rendas realizada pelo imposto é apenas ilusória. O processo de redistribuição direta – que não ocorreu seriamente a Keynes – parece-nos menos sujeito a provocar tais ilusões. Podemos dizer que o efeito provável da redistribuição da renda nacional, através da política fiscal, acarreta uma nivelação mais ou menos importante na classe que aufere rendas elevadas, mas não necessariamente uma redistribuição entre as classes assalariadas e não assalariadas, da mesma forma que, conforme Keynes, a luta em torno dos salários nominais não afeta a distribuição da renda entre as duas classes. Assim se expressa lorde Keynes a este respeito:

> Em outras palavras, a luta em torno dos salários nominais afeta primordialmente a distribuição do volume total de salários reais entre os diferentes grupos de trabalhadores e não à sua média por unidade de ocupação, que depende, como veremos, de um conjunto de forças diferentes.[7]

O efeito inflacionário das despesas públicas financiadas pelos impostos desempenha importante papel na anulação da redistribuição das rendas entre as classes. A respeito das consequências inflacionárias dos gastos do governo financiados pelo imposto, é interessante a contribuição de Jay Wilson Wiley:

> Se as pessoas forem forçadas a pagar em impostos importâncias que elas teriam gasto em outros pagamentos, o governo, gastando o dinheiro no lugar dos contribuintes, nada acresceria ao dispêndio total, nem induziria a alocação de recursos adicionais. Se as pessoas pagarem impostos com dinheiro que elas poupariam, ou usassem fundos tomados emprestados para pagamentos de impostos, as consequências poderiam ter algum efeito inflacionário.[8]

O mesmo ocorreria com dinheiro emprestado de poupadores privados. Se o dinheiro se destinasse a empréstimos a terceiros, ou se fosse gasto de qualquer forma, então os empréstimos tomados pelo governo a esses fundos para gastos subsequentes do governo não teriam quaisquer efeitos inflacionários.

> Contudo, os fundos adquiridos por meio da expansão de crédito bancário ou por empréstimos externos têm um impacto inflacionário. O crescimento líquido da oferta monetária proveniente da expansão do crédito bancário é, obviamente, inflacionário, e o efeito multiplicador de novos gastos de fundos que não se destinem previamente a ser gastos na economia se somarão às consequências inflacionárias.[9]

Nossa conclusão de que o processo indireto de redistribuição das rendas defendido por Keynes – e realizado hoje em quase todo o mundo – é o instrumento e o

[7] John Maynard Keynes, *Teoría general de la ocupación e interés y el dinero*, cit., p. 77.

[8] Jay Wilson Wiley, "Economis: An Analytic Approach", São Paulo, 1956, mimeo.

[9] Idem.

fruto da mesma ideologia que considera *impossível* uma elevação dos salários reais, dada a organização, a técnica e o equipamento, quando aumenta a ocupação, e que só considera possível, em termos dúbios, a longo prazo, uma elevação dos salários individuais (ou seja, na média dos salários reais), parece-nos poder ser comprovada pelos resultados das pesquisas de Kalecki.

Na realidade, como já procuramos demonstrar, a técnica inflacionária, ou de elevação do nível de preços como processo indireto de realizar a baixa dos salários reais, é o produto desta mesma ideologia, dominante desde Adam Smith pelo menos, e que se aperfeiçoa nos *clássicos*, para encontrar em Keynes seu maior artífice. A análise de Kalecki, realizada dentro do mesmo período e considerando as mesmas grandezas keynesianas, leva-o às seguintes conclusões, expostas no magnífico *Dizionario di economia politica*, organizado por Claudio Napoleoni:

> 1) [...] que os impostos de consumo (com taxas uniformes *ad valorem* sobre todos os bens-salário) não alteram o volume e a estrutura da produção, mas têm por efeito uma transferência do poder de compra dos trabalhadores já empregados àqueles desempregados (se se supõe que a receita dos impostos seja gasta em subsídios aos desempregados, pagamentos aos empregados etc). A renda real das classes capitalistas diminui em medida muito menor do que a renda real das classes trabalhadoras já empregadas, porque as primeiras gastam em bens-salário um percentual de suas rendas muito menor do que as últimas; 2) os impostos sobre as rendas provocam imediatamente um aumento do emprego e da produção, que poderia ser, em seguida, contrabalançado pelos efeitos negativos dos impostos sobre os incentivos a investir. Mas pode-se supor que o aumento dos lucros brutos logo após a introdução do imposto compense em notável medida esses efeitos negativos e que, então, a redução do volume de investimento seja relativamente pequena. Em conclusão, o efeito principal da tributação da renda será o aumento da demanda de bens-salário da parte dos trabalhadores já empregados, portanto, o aumento da produção dos preços dos ditos bens; a redução da renda real dos trabalhadores já ocupados (e em menor medida, dos capitalistas).[10]

São também interessantes as contribuições de Jay em relação ao problema de distribuição da renda na Inglaterra:

> A primeira conclusão de Jay [segundo Strachey] é que na Inglaterra, desde 1939, não houve nenhuma distribuição da renda nacional em proveito da massa de trabalhadores nem devido às pressões sindicais nem por meio de política fiscal. [Em relação a período

[10] Claudio Napoleoni (org.), *Dizionario di economia politica* (Milão, Edizioni di Comunità, 1956). Se o governo emprega a receita tributária na compra de produtos (defesa, conquista do espaço etc.) a um preço que permita às indústrias produtoras a obtenção de um lucro superior ao da taxa média, então o efeito será concentrador e não redistributivo.

mais recente esta é a conclusão do mesmo autor:] Depois de 1939 houve, contudo, uma notável redistribuição que ocorreu, porém, durante a guerra e não depois.[11]

As conclusões de pesquisas recentes em torno deste problema, como as de Dudlye Seers[12] e, principalmente, as de Colin Clark, publicadas em primeira mão por Strachey, são bastante coincidentes. Estas conclusões, porém, como o próprio Colin Clark esclarece, baseiam-se em algumas simplificações bastante significativas. Os dados fornecidos por este economista excluem, por exemplo, a agricultura, que é um setor em que "a divisão do produto do trabalho é muito menos favorável à força de trabalho do que à indústria". Ademais, a análise considera a cota do produto líquido referente ao trabalho e fornece dados sobre as variações globais dos salários reais e não dos salários reais individuais, isto é, ignora as modificações ocorridas no volume de ocupação. Por outro lado, não reflete as possíveis modificações devidas a fatores ocasionais diversos, as guerras, por exemplo, não podendo, portanto, ser imputadas a uma possível influência da política fiscal no complexo problema da redistribuição. Estes são os dados fornecidos por Colin Clark. Figuram as porcentagens do produto líquido atribuído aos assalariados em uma série de anos:

PRODUTO LÍQUIDO DESTINADO AOS ASSALARIADOS (%)

Áustria		Bélgica		Canadá		Japão	
1951	74,2	1951	61,6	1938	72,0	1934-36	55,1
				1952	74,21	1951	67,9

Reino Unido		Estados Unidos		Alemanha	
1843	63,0	1919	71,9	1913	63,2
1880	63,2	1929	71,9	1928	65,9
1911	59,5	1939	73,6	1936	56,6
1924	70,5	1949-51	76,8	1953	70,7
1938	72,2	1953	80,1		
1952	74,4				
1953	72,6				

México		Porto Rico		Austrália	
1939	67,2	1929	70,0	1938-39	66,1
1949	51,2	1951	74,1	1952	75,9

[11] John Strachey, *Il capitalismo contemporáneo*, cit., p. 144.

[12] Dudlye Seers, *The Levelling of Incomes Since* (Oxford, Blackwell, 1938).

Suíça		França		Noruega	
1938	58,8	1929	59,0	1930	60,7
1949	71,2	1938	72,5	1939	60,2
1952	73,9	1952	84,7	1950-52	56,8
Nova Zelândia		**Irlanda**		**Holanda**	
1938-39	65,1	1938	74,7	1938	64,5
1951-52	78,2	1952	78,9	1949	69,6
Chile		**Finlândia**		**França**	
1940	54,6	1938	81,5	1885	60,7
1950	57,4	1952	83,0	1913	73,2

Fonte: Colin Clark, *The Conditions of Economic Progress*, Londres, Macmillan, 1957.

A porcentagem do produto líquido atribuído aos assalariados tem variado pouco em períodos consideravelmente longos, como demonstram os dados arrolados. Se considerarmos o aumento das unidades de trabalho empregadas nestes mesmos períodos, perceberemos que a situação dos assalariados, individualmente considerados, não experimentou as mesmas variações em relação ao produto líquido. Naqueles países em que houve aumento percentual da participação dos assalariados no produto líquido, a variação da participação em termos individuais poderá ter sido nula ou adversa, caso o incremento do número de unidades de trabalho empregadas tenha sido, percentualmente, igual ou maior do que o incremento percentual do produto líquido referente aos assalariados, em seu conjunto.

É preciso não esquecer de que o objetivo principal do governo capitalista é garantir o capitalismo e de que o objetivo do sistema tributário é garantir os recursos para que o governo alcance aquele objetivo.

Resistências sociais favoráveis à inflação

Procuraremos esclarecer, nas páginas seguintes, os motivos pelos quais a inflação tornou-se crônica e normal no mundo contemporâneo, e por que existem certas reações favoráveis à elevação do nível de preços e contrárias às medidas de caráter deflacionista.

Parece-nos que dois motivos já foram devidamente esclarecidos:

1. o proveito relativo auferido por determinados grupos e decorrente da redução dos salários reais individuais quando se verifica elevação no nível de preços;
2. o outro motivo deriva de que as tendências dirigistas e intervencionistas dos modernos Estados democráticos são justificadas e exigidas pela análise

macroeconômica de Keynes e facilitadas pelos instrumentos de política econômica derivados desta análise.

Em relação ao primeiro motivo, seria oportuno lembrar que "Marshall assinalava muito especialmente o fato de que os salários são rígidos em relação aos preços, por isso os trabalhadores perdem onde ganham os patrões"[13].

Em relação à segunda razão invocada, devemos recordar que lorde Keynes deixou uma porta aberta ao intervencionismo quando descreu da possibilidade de uma redução eficaz da taxa de juros no sentido de provocar um aumento de investimentos adequados a um volume de ocupação plena, ou, pelo menos, superior ao existente[14]. É notório que, em certos aspectos, "Keynes assume [...] uma posição diferente: seu sistema é intervencionista, ou, mais exatamente, conduz à intervenção"[15]. Poderíamos também dizer que seu sistema é inflacionário ou, mais exatamente, conduz à inflação.

3. Outra consequência da elevação geral de preços é a que se refere às dívidas contraídas durante o processo altista. Na realidade, a elevação de preços corresponde a um perdão parcial das dívidas contraídas quando o poder aquisitivo da moeda era maior do que se encontra no momento em que as dívidas são pagas. Em termos precisos, poderíamos dizer que, quando se verifica a elevação de preços entre o momento da prestação e o da contraprestação, esta se faz diminuída em termos reais. Na *Teoria geral*, Keynes reconhece expressamente tal fato e o invoca em defesa das práticas inflacionárias.[16]

Ora, o simples conhecimento da vida cotidiana nos indica que os industriais e comerciantes contraem maior volume de dívidas, valem-se mais do crédito do que os demais grupos que percebem salários, vencimentos ou soldos. Louis Baudin, em sua obra *Le Crédit*, afirma, com razão, que as grandes fortunas da Alemanha de 1922 se fizeram graças ao endividamento.[17]

A valorização imobiliária atua no mesmo sentido e favorece especialmente os proprietários de imóveis. As repercussões da valorização imobiliária e do equipamento de produção sobre o custo e o preço dos bens merecem análise mais delongada do que aquela que podemos fazer aqui. Basta atentarmos para o processo de reavaliação do ativo para percebermos sua influência altista sobre o custo e o preço. É verdade que Keynes se mostrou favorável ao processo de calcular a depreciação, na

---

[13] Lawrence R. Klein, *La revolución keynesiana*, cit., p. 11.

[14] John Maynard Keynes, *The General Theory of Employment, Interest and Money*, cit.

[15] Alain Barrère, *Théorie économique et impulsion keynésienne*, cit. p. 309.

[16] Cf. John Maynard Keynes, *Teoría general de la ocupación e interés y el dinero*, cit., p. 258.

[17] Louis Baudin, *Le Crédit* (Paris, Fernand Aubier, 1934).

base do custo original do equipamento, o que "conduz a uma supervalorização da renda produzida"[18].

Ao analisar o processo de pagamento de dividendos com títulos ou processo de desdobramento de ações, Antonio Goxens conclui:

> Uma consequência é evidente: não repartir dividendo para deixar o benefício em reserva, ou então reparti-lo mediante a entrega de títulos produz, para o acionista, os mesmos resultados. É um espelhamento que produz gastos por pagamentos de impostos e comissões de intermediários e contribui para inflacionar os capitais em circulação.[19]

A própria contabilidade das empresas está sujeita a certas distorções quando se verifica determinada elevação no nível de preços. Diz Goxens:

> A contabilidade é uma ciência exata quando opera com dados exatos; no momento em que se apresenta um ciclo altista, se se limita a contabilidade a operar com quantidades referidas a moeda legal, deixa-se de ter a qualidade referida e seus balanços são fictícios.[20]

Temos a impressão de que uma análise desinteressada do processo de retificação do balanço nos mostraria como, sob o pretexto de preservar o patrimônio da empresa em período de inflação, certas técnicas interessadas se inserem na contabilidade. As fraudes contábeis que visavam lesar o fisco e os pequenos acionistas passaram, na crise atual (2002), a criar um lucro fictício e a elevação fictícia das ações nas Bolsas.

Se considerarmos o aumento de lucro que se verifica como decorrência da elevação do nível de preços, poderemos compreender por que este processo encontra certas reações sociais específicas de determinados grupos, que atuam no sentido de sua continuidade. Estas reações tornam-se ainda mais facilmente constatáveis quando se observa a realidade da rede bancária moderna. O fato de coincidir o grande desenvolvimento dos bancos particulares com a tendência de elevação de preços pode esclarecer o interesse da rede bancária na continuidade do fenômeno. Aqui nos valemos mais uma vez de Goxens:

> Diz-se que os bancos saem ganhando com a inflação, o que pode ser verdade em alguns aspectos e segundo as inversões que constituam seu ativo e proporcionalidade com os saldos passivos.[21]

---

18 Alvin Harvey Hansen, *A Guide to Keynes*, cit., p. 57.

19 Antonio Goxens, *Inflación, deflación y tributos en la contabilidad de las empresas* (Madri, Aguilar, 1948), p. 125.

20 Ibidem, p. 130.

21 Antonio Goxens, *Inflación, deflación y tributos en la contabilidad de las empresas*, cit., p. 54.

Em seguida, explica o fato: a liquidez bancária pressupõe que a velocidade de operações de seu ativo tem de ser superior às operações passivas deste. Desta diferença de velocidades pode derivar um lucro para o banco. Quando o ritmo da inflação é acentuado, ao devolver dinheiro aos seus conta-correntistas o banco cada vez lhes entrega menor poder aquisitivo, ainda que um mesmo nominal; por sua vez, ele também recebe um menor valor ao cancelar os créditos concedidos e as letras e os documentos descontados; se a rotação das operações for tal que as operações do ativo tiverem menor prazo que a média de permanência em conta dos saldos passivos, o banco sairá ganhando, devido à desvalorização experimentada pelo dinheiro neste intervalo multiplicada pelo volume de operações.

Industriais, banqueiros e comerciantes valem-se dos meios ao seu alcance para que o processo de elevação de preços continue. Se percebermos que as autoridades governamentais, principalmente aquelas que ocupam agências do governo diretamente relacionadas com os problemas monetários, forem extraídas destes grupos, poderemos compreender uma das razões principais pelas quais o Estado colabora na manutenção e se esforça por tornar crônico o processo altista, justificado pela genial teoria keynesiana. Poderemos dizer que todo instrumental de que dispõe o governo para realizar a "plena ocupação", isto é, a política de manipulação da taxa de juros, a política fiscal, a política de mercado aberto – *open market* –, a política de investimentos públicos, a política cambial, podem converter-se em verdadeira reação organizada para manter uma constante elevação geral de preços.

A corrente de economistas que defende, aberta ou encobertamente, a ação consciente dirigida no sentido de inflacionar a economia, e que tem em Keynes seu corifeu e seu maior artífice, é numerosíssima. Samuelson não discrepa desta atitude mental e assim se expressa:

> O aumento de preços geralmente produz aumento de emprego. A inflação moderada lubrifica as engrenagens da indústria e a produção total cresce. O investimento privado é intenso e as oportunidades de trabalho são abundantes. Por isso deve preferir-se inflação moderada à deflação moderada.[22]

E os economistas que defendem empresários e industriais atuam – como não poderia deixar de ser – sobre a composição do mercado.

> Com efeito, em período de inflação as imperfeições do mercado são agravadas. Poder-se-ia dizer que o grau de monopólio, quer dizer, a frequência e a importância de situações monopolísticas e oligopolísticas são função do ritmo e da importância das altas de preços.[23]

---

[22] Paul Samuelson, *Introdução à análise econômica*, cit., p. 57.

[23] Maurice Flamant, *Traité d'économie politique*, cit., p. 40.

4. Observa-se, também, com frequência, que alguns dispositivos declaradamente anti-inflacionistas acionados pelo governo produzem efeitos inflaciogênicos: o aumento de impostos (até mesmo o aumento de imposto de renda) repercute no preço dos produtos finais; os preços políticos, geralmente de bens essenciais (trigo, leite, remédios, tarifa de transportes, combustíveis, eletricidade etc.) deverão ser, mais cedo ou mais tarde, corrigidos, reajustados, a fim de reduzir as despesas crescentes do governo em sua manutenção aos níveis antigos. Este reajuste gera uma *elevação dos preços* dos bens reajustados e de todos os produtos finais dos setores que utilizam estes bens como matéria-prima ou que, de qualquer forma, os têm arrolados como parte dos custos. Por outro lado, deixando o governo de subvencionar aqueles produtos, passa a dispor de maiores recursos que, na medida em que forem aplicados em outros setores da economia, gerarão aumento da demanda global e dos preços; a restrição ou contenção de crédito ao consumo, principalmente das vendas a prestação dos bens de consumo, quando consegue reduzir a procura global destes bens, acaba por provocar uma reação do comércio no sentido de conservar seu antigo nível de lucro, pela *elevação de preços* unitários das mercadorias vendidas; se a política anti-inflacionista é mantida até o ponto de desencadear o aumento da taxa normal de concordatas e falências, inicialmente no comércio varejista, as indústrias reagem defensivamente, incluindo os prejuízos oriundos do comércio em seus custos de produção e, portanto, *elevando o preço* de venda de seus produtos: o prejuízo que o comércio dá à indústria é pago, finalmente, pela massa dos consumidores futuros.

Em suma, as distorções ideológicas que contaminam os instrumentos de que o governo dispõe no combate à inflação e os mecanismos de proteção do comércio, da indústria e dos percebedores de rendas não fixas fazem com que as camadas da população mais sacrificadas com a elevação de preços sejam as mesmas que pagam o mais alto preço pela deflação.

Poderemos incluir, aqui, o falso raciocínio segundo o qual o crédito ao consumo é mais inflacionário do que o crédito à produção. Ora, tanto um quanto o outro atuam igualmente sobre a procura global (D); os primeiros permitindo um aumento da procura de bens de consumo (D_1), os segundos, um aumento de (D_2), procura de bens de capital. Ambos são igualmente inflacionários, não se podendo predizer, de um modo geral, qual o seja mais. O crédito à produção pode ser mais *útil*, mais *produtivo*, mais *essencial* etc.[24], mas o argumento de que é menos inflacionável não encontra apoio

[24] Pode ser. Para se saber se o é, é necessário acompanhar o produto até o consumo, onde ele se completa. O produto utilizado na guerra torna improdutivo (e destrutivo) o trabalho que o produziu; o mesmo produto usado na exploração de jazidas pode ser produtivo, como é o caso da dinamite.

na realidade econômica. O único argumento baseia-se em certa definição política de inflação, que sustenta que o aumento da *massa de produção* pode ser tal que anule a elevação de preços... Mas, baseados nestas falsas noções, os industriais, mesmo em período de combate à inflação – e talvez predominantemente nesses períodos – encontram abertas as facilidades de crédito oficial ou oficioso.

Desenvolvimento das contradições do sistema de crédito: do crédito à produção ao crédito ao consumo. Caráter fictício e imaginário de vários fenômenos econômicos

Se nos fixamos no crédito capitalista e não no crédito em geral, percebemos que mesmo o crédito ao consumo é promovido pela produção capitalista. O aumento do raio de ação da produção e o consequente afastamento espacial e temporal entre a produção e o consumo determinam o crédito capitalista. O elevado preço de certos bens de consumo (duráveis) vale-se do crédito a fim de que a indústria venda aqueles bens para o consumidor que não tem poupança suficiente para adquiri-los. As outras indústrias de bens de consumo passam a contar com uma demanda solvente residual (a renda que sobrou do pagamento das prestações) se não adotarem o crédito para a venda de seus produtos. Ao final, o consumidor transforma-se em consumidor endividado. A capacidade total de consumo não se expande porque é a renda e não o endividamento que limita o consumo coletivo.

No início do processo, o capitalista industrial era, ao lado dos fazendeiros, o grande devedor-coletivo. A inflação perdoou sua dívida, aumentou o seu lucro. No fim do processo, o capitalista industrial não era mais devedor; as grandes empresas foram 100% autofinanciadas. O grande devedor passa a ser o consumidor que se beneficiaria do perdão de dívidas acarretado pela inflação, reduzindo o lucro, o poder de compra do fluxo de retorno do capital dinheiro. Portanto, a inflação que, de início, dinamiza o processo e aumenta o lucro (eficiência marginal do capital), no final do processo, na fase crítica da economia keynesiana, provocará o resultado oposto.

A crise da economia keynesiana mostrará o caráter fantástico, imaginário do *desenvolvimento econômico* baseado na grande dissipação alimentada pelo dinheiro estatal e pelo crédito fictício. Pela terceira vez na história do capitalismo se desnudará a natureza real dos principais fenômenos que moveram uma era; assim como a afirmação da indústria capitalista, no século XVIII, sobre o comércio, a subsunção e recriação do comércio, que passou a ter seu objeto, seu ritmo, sua área de ação etc. determinados pela produção capitalista, que, por sua vez, erigiu padrões novos de ação diante dos quais a riqueza mercantilista por excelência – o ouro e a prata – assumiu o caráter de uma riqueza fantástica, irreal, negação estática do movimento do capital; assim como as grandes desproporções que sustaram o *laissez-faire*: desproporção das ferrovias, desproporção bélica, desproporção automobilística, desproporção agrícola etc. e, em consequência, a desproporção fantástica do crédito e do valor fictício das ações, no fim dos anos 1930, mostraram, na crise de 1929, sua anatomia patológica; assim também a crise da economia keynesiana, que se aproxima a cada instante, mostrará o caráter imaginário, ilusório, fictício das *grandes realizações* do capitalismo despótico, keynesiano.

Não foi Marx quem descobriu que os fenômenos econômicos assumem, no capitalismo, um caráter irreal, *imaginário*, necessário à dinamização do processo real. Sismondi, por ele citado no Livro III de *O capital*, já percebera o caráter imaginário da dívida pública. John Law, Locke e outros afirmaram o caráter *imaginário* de fenômenos capitalistas[25]. Mas foi Marx o primeiro autor a mostrar que a possibilidade de surgimento de formas irreais, imaginárias[26], de capital, de crédito, de dinheiro, de preços, de valor etc., decorre da opacidade das relações sociais que, no capitalismo, manifestam-se no *fetichismo das mercadorias*. Nas relações sociais da produção, "grupos de indivíduos ou indivíduos isolados realizam seu trabalho independentemente de cada um", perdendo de vista o fato de que

> O conjunto desses trabalhos privados constitui o trabalho social total. Como os produtores só travam contato social mediante a troca de seus produtos do trabalho, os caracteres especificamente sociais de seus trabalhos privados aparecem apenas no âmbito dessa troca.[27]

Quando uma "relação social definida entre homens [...] assume a *forma fantástica* de uma relação entre coisas", obscurece-se o processo social pelo qual o

---

25 John Locke: "O consenso geral entre os homens conferiu um valor imaginário à prata, em razão de suas qualidades, que a tornam adequada a servir como dinheiro"; John Locke, "Some Considerations of the Consequences of the Lowering of Interest" (1691), em *Works*, v. 2 (Londres, s/n, 1777), p. 15, citado em Karl Marx, *O capital: crítica da economia política*, Livro I: *O processo de produção do capital* (trad. Rubens Enderle, São Paulo, Boitempo, 2013), p. 165. "Como poderiam diferentes nações atribuir um valor imaginário a uma única coisa... Por sua adoção como dinheiro, ela (a prata) recebeu um valor adicional ('une valeur additionelle')"; John Law citado em idem. Em relação à diferença entre o valor do metal enquanto moeda e enquanto barra, Marx considera que, como dinheiro, a mercadoria adquire uma forma especial de valor, porque "a forma-dinheiro não é nada além do reflexo concentrado em uma mercadoria particular, das relações de valor entre todas as outras" (ibidem, p. 93).

26 Hilferding baseia-se em Marx fielmente quando escreve: "A ação é, pois, um título de renda, um título de crédito sobre a futura produção, um direito sobre os rendimentos. Ao capitalizar esses rendimentos e constituindo essa capitalização o preço da ação, parece existir um segundo capital nesses preços de ações. Isto é puramente fictício. O que existe realmente é só o capital industrial e seus lucros. Isso não impede que esse capital fictício exista aritmeticamente e se denomine capital em ações"; Rudolf Hilferding, *El capitalismo financiero* (Madri, Tecnos, 1974), p. 113.

27 Karl Marx, *O capital*, Livro I, cit., p. 77-8.

trabalhador individual transfere valor para o objeto sobre o qual trabalha, deixando-se de perceber que o objeto material é o portador de parte do valor agregado da sociedade (trabalhador coletivo) e que a troca apenas revela que as quantidades trocadas contêm parcelas idênticas daquele trabalho geral. Como isso fica opaco, obscurecido pelas relações antagônicas de classe, de propriedade, de trabalho, de consumo, parece que as mercadorias recebem seu valor do confronto com uma mercadoria especial, o dinheiro.

Se, aos olhos obscurecidos pelo fetichismo, as mercadorias adquirem valor devido a esse confronto – e não devido às relações que os homens mantêm no processo coletivo, total, de trabalho social –, uma coisa que não contém trabalho cristalizado, que não foi produzida, como o sangue humano, o coração, a retina, a honra, uma indulgência plenária etc., adquire um valor mistificado, irreal, quando se confronta com o dinheiro e recebe seu preço. Se o dinheiro fosse o equivalente geral perfeito, transparente, rígido de todas as mercadorias, ele imporia uma necessária igualdade entre o valor (trabalho humano cristalizado) de cada mercadoria particular e do dinheiro; esse dinheiro seria incompatível com as necessidades do sistema capitalista, em que se atribuem preços até a coisas sem valor e, por outro lado, não haveria possibilidade de a forma preço destacar-se do valor; isso significa que, se o preço coincidisse sempre com o valor, o preço irreal, o capital fictício, o crédito imaginário e a riqueza fantástica não teriam possibilidade de existir. É justamente pelo fato de a moeda não ser um equivalente geral rígido que passa a servir muito bem para expressar o preço das mercadorias que sofrem alterações frequentes em seus valores, isto é, na quantidade de trabalho humano contido nos valores de uso: as oscilações dos valores das mercadorias decorrem das alterações das composições orgânicas do capital devidas a inovações tecnológicas, principalmente, ou a modificações devidas ao fato de serem as mercadorias particulares parte de um todo em movimento que destaca o preço do valor sempre que a economia se distancia da crise.

O preço especulativo das ações, no auge, nada tem a ver com o valor real das ações, enquanto títulos jurídicos de propriedade da empresa; a capacidade de endividamento das empresas no *boom* é muito maior do que seu desempenho lhe proporcionaria em período de crise, ou até mesmo na prosperidade, o que caracteriza este caráter fictício do crédito no auge; os preços dos momentos de auge, em ascensão, são inflados por um conteúdo irreal que expressa o descolamento entre o preço e o valor, movimento fantástico que se traduz em inflação no auge keynesiano e que, se não atuarem mecanismos contendedores, se destruirá na crise, como ocorre nas crises verdadeiras do capitalismo: nelas, o preço se reduz até encontrar o colchão real do valor; o crédito superativado se desacredita, juntamente com a ideologia dominante; os acionistas individuais que, conforme Keynes considerou na década de 1920, e Marx cinquenta anos antes, são prestadores das sociedades anônimas e, por isso, recebem juros e não dividendos, veem seu capital fictício voltar às dimensões reais; ao reduzir-se o volume de emprego da economia, contrai-se a fonte de produção do lucro, contraindo-se sua massa à medida que aumenta o desemprego.

No chão real da crise, abaixo do qual o nível da atividade econômica não pode descer, não há condições para florescerem os ingredientes imaginários, fictícios, que são produtos necessários do processo de vida dos homens. Keynes percebeu que o descrédito da ideologia, a destruição do otimismo, a queda da massa e da taxa de lucro, do nível da atividade econômica, do crédito, da demanda agregada etc., levaria a economia a um círculo vicioso intransponível. Só o governo capitalista, dotado de padrões de comportamento diferentes dos da atividade privada, poderia introduzir no chão árido e real da crise os necessários ingredientes imaginários e irreais que só a retomada e o auge produziam.

Por isso não é importante demonstrar o caráter imaginário e fictício que alimenta, necessariamente, os fenômenos capitalistas, sendo a ideologia um desses fenômenos. O importante é determinar as consequências sobre o processo produtivo-consuntivo real e, finalmente, como a atividade capitalista que criou os conteúdos imaginários se apresentará cada vez mais caótica, irracional, incontrolável, conhecendo necessariamente uma crise. Os mecanismos de expansão da atividade capitalista inspirados na teoria de Keynes e os limites de sua eficiência constituem o prolongamento deste trabalho, e sua apresentação inicial se encontra em dois trabalhos nossos da década de 1970[28].

A ideologia econômica imagina uma situação de desequilíbrio inicial, de curto prazo ou de equilíbrio em subemprego, situação afastada da posição ótima; Marx inicia a análise de uma situação de equilíbrio em que valores iguais se trocam. A ideologia econômica se esforça por mostrar como a economia capitalista é capaz de autoajustar-se a partir do desequilíbrio inicial, tendendo para situações ideais em que o mar estagnante do lucro zero ou do lucro normal apenas capaz de conservar os capitalistas em seus ramos (walrasiano, o primeiro, marshalliano, o último) harmoniza-se com a remuneração integral com todos os fatores, incluindo o trabalho, que receberia um salário igual ao produto da unidade marginal de trabalho.

Marx esforça-se por demonstrar como, a partir de uma situação abstrata de equilíbrio, em que os preços coincidiriam com valores e em que valores iguais estavam sendo permutados, o desequilíbrio surge na produção quando a mercadoria especial força de trabalho, adquirida por seu valor (igual ao seu custo de produção), reproduz não apenas o seu custo, mas um valor excedente, o mais-valor; o mais-valor não

---

[28] Lauro Álvares da Silva Campos, "Mecanismos de sustentação do crescimento – I: O terciário" e "Mecanismos de sustentação do crescimento – II: as *Agendas*", *Textos para discussão*, n. 12-13, Brasília, Departamento de Economia da Universidade de Brasília, 1973-1974.

pode assumir a forma de salário porque, se o fizesse, a força de trabalho estaria sendo vendida acima de seu valor. O direito capitalista atribui a propriedade do mais-valor contida nas mercadorias produzidas sob o comando do capital, ao capitalista. Ele pode vender as mercadorias produzidas, consideradas suas em sua totalidade, e transformar o mais-valor cristalizada nas mercadorias em dinheiro. Parte desse lucro é aplicada no processo de acumulação; o capitalista só é capitalista porque acumulou e não pode parar de acumular, sob pena de ser eliminado de sua situação de classe. A acumulação de capital, que nasce do equilíbrio aparente e da igualdade superficial, cria os limites ao próprio capital. As crises do capitalismo revelam desequilíbrios e contradições que se desenvolvem e mudam de forma sem perder sua identidade.

Os ideólogos da economia partem do desequilíbrio para *demonstrar* que o equilíbrio é o resultado final e eterno do *devenir* capitalista. Marx parte do equilíbrio para demonstrar que a transformação e a crise são o produto, o resultado imanente do *devenir* capitalista. A teoria da crise ortodoxa, mesmo em Keynes, é a tentativa de conciliar uma teoria do equilíbrio (parcial ou geral) com seu oposto, a teoria do desequilíbrio, da crise. Por isso, em cada crise do capitalismo, renasce para entrar em cena a teoria do valor-trabalho, dialética, que contém em todas as suas linhas o caráter crítico da notável expansão capitalista na esfera privada. A moeda estatal é o principal veículo de reativação do real e, ao mesmo tempo, de introdução do conteúdo fictício, ilusório no *processo de vida dos homens*. Do ponto de vista do valor-trabalho, a moeda estatal e a dívida pública constituem capital imaginário, dinheiro irreal, desvinculado do trabalho humano. Mas, como Osíris, Ísis e Hórus, aquela criação imaginária atua, dentro de certos limites[29], na atividade real: agências se criam, empregos se oferecem, exércitos se mobilizam etc., em nome e sob a égide daqueles poderes irreais. Assim como as esfinges e as pirâmides sobreviveram aos ingredientes imaginários que as fizeram erguer por meio do trabalho real dos homens, assim também milhões de empregados

---

[29] "Também as formações nebulosas na cabeça dos homens são sublimações necessárias de seu processo de vida material, processo empiricamente constatável e ligado a pressupostos materiais. A moral, a religião, a metafísica e qualquer outra ideologia, bem como as formas de consciência a elas correspondentes, são privadas, aqui, da aparência de autonomia que até então possuíam. Não têm história, nem desenvolvimento; mas os homens, ao desenvolverem sua produção e seu intercâmbio materiais, transformam também, com esta sua realidade, seu pensar e os produtos de seu pensar." Karl Marx e Friedrich Engels, *A ideologia alemã* (trad. Rubens Enderle, Nélio Schneider e Luciano Cavini Martorano, São Paulo, Boitempo, 2007), p. 94. O conteúdo fictício da moeda estatal é o reflexo, no dinheiro, das contradições existentes nas "relações materiais" manifestadas na crise de 1929. Como todo conteúdo irreal, fantasmagórico, fictício, o da moeda não tem vida própria, movimento próprio, e por isso só interage e dinamiza o real dentro de certos limites. A moeda estatal, fictícia, perderá seu poder de interagir sobre a atividade econômica quando a inflação, que expressa aquela irrealidade e ficção no nível global, deixar de ser a solução dinamizadora da economia keynesiana.

e funcionários improdutivos e destrutivos são alimentados e agem sob o comando da ideologia fictícia de Keynes e do dinheiro estatal irreal. Como se descobriu que o Nilo não nasce no céu e se desacreditou um dia dos poderes sobrenaturais de Osíris, Ísis e Hórus, assim também as obras faraônicas, as economias externas doadas pelo governo à classe capitalista por meio das obras públicas e o poder ilimitado do dinheiro cartal do governo, conforme será analisado no capítulo 17, serão desmascarados, juntamente com os suportes pseudológico-científicos que sustentam a ideologia keynesiana na crise que só se deterá no chão seco do real.

Esses ingredientes imaginários, na atividade centrada na empresa privada, só podem dinamizar a atividade real da produção na medida em que atuem sobre o processo de tomada de decisão em cujo núcleo Keynes sabe que se encontram as expectativas do empresário. Aqueles ingredientes fictícios só poderão converter-se em prática real na medida em que, no sistema dirigido pelo e para o lucro, determinarem o aumento da massa de mais-valor e de sua taxa, isto é, o aumento do volume de ocupação e a redução do salário real vigente.

O estudo das expectativas de curto e de longo prazo só será importante na medida em que mostrar como a tomada de decisão das empresas privadas – quanto ao volume de emprego e da produção que oferecem – está sujeita a ser alterada pelos ingredientes irreais que se encontram na esfera do governo capitalista, da autoridade monetária e dos grupos responsáveis pelo *deficit spending* ou por seus sucedâneos. Esses ingredientes são capazes de aumentar o nível da demanda global de bens de consumo em relação à capacidade de produção dos ditos bens.

Quando o ingrediente fictício prepondera no processo de tomada de decisão, até o lucro é mesclado pelo conteúdo irreal necessário e se transforma em eficiência marginal fictícia do capital.

No plano psicológico, o sinal de exaustão da economia keynesiana se dará quando as expectativas dos empresários não encontrarem mais, na esfera do governo, os parâmetros das decisões individuais e os estímulos para a ação.

"Keynes aprendeu com Jeremy Bentham que capital é poder sobre coisas e pessoas." Marx concordou com essa determinação.

Máquinas, equipamentos, dinheiro só são capital quando as relações sociais da produção estão presentes para fazê-los capital.

O poder político é a forma mais expandida de poder. O Estado capitalista é o núcleo do poder. O Estado ajudou a partejar o capital, garante desde o início sua reprodução. O Estado capitalista é capital como também o são os tentáculos imperialistas do Estado.

15

O papel das previsões na ideologia keynesiana

Ao dedicar os capítulos 5 e 12 da *Teoria geral* às expectativas, Keynes não pretendeu fazer um exercício sobre a psicologia do empresário. No sistema formado por capitalistas individuais, o processo de tomada de decisão é considerado importante na medida em que possa ser influenciado pelo governo e por suas agências.

Keynes não parte da produção capitalista, das relações de produção para a determinação do comportamento do empresário como resultado direto de uma estrutura específica; não se preocupa, essencialmente, com as variações do comportamento e das expectativas como parte do todo em movimento – na crise e na prosperidade –, embora seja importante para ele persuadir o leitor de que "a mudança nas expectativas de curto e longo prazos" poderia ser produzida pela ação do governo sobre os parâmetros que determinariam o comportamento do empresário. Do ponto de vista individual, "grandes negócios são, frequentemente, uma loteria"; as decisões dos empresários quanto ao futuro, em termos de produção, estão fundamentadas em um impulso para a ação cujas

> consequências totais só serão determináveis muitos dias depois, devendo apenas ser consideradas como manifestação de pulsões atávicas, e não como o resultado de médias ponderadas e de lucros quantitativos multiplicados por probabilidades quantitativas [e serão] apenas um pouco mais baseadas em cálculos exatos de lucros futuros, do que uma expedição ao Polo Sul.[1]

Embora sejam precárias, "o empresário não tem escolha, senão a de ser guiado por essas expectativas, se é que ele vai produzir algo por meio de um processo que requer tempo"[2].

---

1 John Maynard Keynes, *The General Theory of Employment, Interest and Money*, cit., p. 161-2.

2 Ibidem, p. 46.

No plano psicológico, no qual as expectativas se realizam, o lucro não é a renda real do empresário, definida como o "excesso do valor de sua produção acabada, vendida durante o período, sobre seu custo primário"[3]. Aqui, no plano psicológico, o lucro é subjetivo, o resultado que ele espera obter, a eficiência marginal do capital; e é esse lucro subjetivo, previsto de forma otimista ou pessimista, que importa, pois é ele que determina o volume real da produção e do emprego no *curto prazo*. O período de tempo – o curto e o longo prazo – tem um significado especial, uma vez que o curto prazo é definido, para fins de expectativas, como o

> mais curto intervalo a partir do qual a firma está livre para rever sua decisão relativa a quanto emprego oferecer. É, por assim dizer, a unidade econômica efetiva mínima de tempo.[4]

As expectativas de longo prazo são relacionadas a

> quanto o empresário pode esperar receber sob a forma de retornos futuros se ele compra (ou, talvez, manufatura) produtos acabados que adiciona ao seu equipamento de capital.[5]

Keynes raciocina, a seguir, sobre o processo de aumento do volume de ocupação resultante de uma mudança nas perspectivas, nas expectativas.

> É sobre estas várias expectativas que depende o montante que as firmas oferecerão. Os resultados reais *produzidos e vendidos serão relevantes para o emprego na medida em que causem uma modificação de expectativas*.[6]

No plano psicológico das expectativas, o *resultado real* da produção não tem significado algum a não ser na medida em que provoque modificações nas expectativas e, por conseguinte, no volume de emprego.

Até aqui se verifica que Keynes procura demonstrar que as expectativas dos empresários são destituídas de certeza e de precisão, tal como uma "expedição ao Polo Sul". É dessas expectativas que depende o volume real de ocupação que os empresários oferecem. O volume atual de ocupação depende das expectativas passadas, cujos efeitos ainda estão presentes, e das expectativas atuais. Os resultados alcançados e os resultados esperados interagem em suas influências sobre o volume de emprego que as empresas oferecem. As expectativas de curto prazo são alteradas continuamente, por isso "será frequentemente seguro omitir referências expressas a expectativas de curto prazo"[7].

---

3 Ibidem, p. 53.

4 Ibidem, p. 47.

5 Idem.

6 Idem; grifo nosso.

7 Ibidem, p. 50.

Keynes estava realmente preocupado com as expectativas de longo prazo, isto é, as decisões que não se limitavam por cálculos estreitos sobre uma "produtividade marginal do capital" marshalliana, mas que se faziam sobre acontecimentos contidos no "prazo de duração do equipamento produtor", lapso de sua "eficiência marginal do capital". Nesse período, as decisões dos empresários, em geral, poderiam ser influenciadas pela redução da unidade de salário, pelo perdão de dívidas que incidem sobre o equipamento comprado a prazo, pela possível redução da taxa de juros, pelo aumento de preço, da demanda agregada e do montante esperado e realizado da venda de sua produção, e, portanto, da taxa e da massa de lucro que as relações sociais alteradas pela moeda estatal determinariam na economia dirigida.

Portanto, temos de concentrar nossa atenção sobre as expectativas de longo prazo cujo estado é analisado no capítulo 12 da *Teoria geral*, no qual o autor começa, logicamente, lembrando o conceito de eficiência marginal do capital.

Os fatos que Keynes considera de difícil previsão, e que ele expressamente coloca como aqueles que informam realmente as previsões a longo prazo, são:

> Futuras mudanças na qualidade e na quantidade dos estoques de capitais reais e no gosto dos consumidores, a grandeza da demanda efetiva que ocorram durante a vida útil do capital sob consideração, e as mudanças na unidade de salário que possam ocorrer durante sua vida.[8]

Enquanto a economia do *laissez-faire* envolvia as expectativas dos empresários em uma nuvem de incertezas, a economia de Keynes prometia uma luz no caos, desde que o governo capitalista seguisse os conselhos do lorde. "Seria idiotice, na formação de nossas expectativas, atribuir grande peso a matérias que são muito incertas"[9]. O governo anticíclico deveria criar um estado de confiança tão estável e seguro quanto possível, porque

> sua relevância para os problemas econômicos advém de sua importante influência sobre a escala de eficiência marginal do capital. Existem dois fatores separados que afetam a taxa de investimento, a saber, a escala de eficiência marginal do capital e o estado de confiança. O estado de confiança é relevante porque é um dos principais fatores que determinam o primeiro, que é a mesma coisa que a escala de demanda de investimentos.[10]

Depois de advertir que sua digressão vai se colocar num "diferente nível de abstração do resto deste livro", Keynes repete que

---

[8] Ibidem, p. 147.

[9] Ibidem, p. 148.

[10] Ibidem, p. 149.

> nosso conhecimento dos fatores que governarão os rendimentos de um investimento daqui a alguns anos é comumente muito fraco e frequentemente negligenciável [...] nossa base de conhecimento para o rendimento, daqui a dez anos, de uma estrada de ferro, de uma mina de cobre [...] chega a muito pouco e, algumas vezes, a nada [...].[11]

Nos tempos do *laissez-faire*, os investimentos dependiam de "uma oferta suficiente de indivíduos de temperamento sanguíneo". "Os negócios eram, em parte, uma loteria"[12] e – de acordo com a ideologia do capitalismo despótico, estatal de que Keynes foi o principal artífice – as decisões de investir em negócios privados do tipo antigo eram, contudo, decisões em grande parte irrevogáveis, não apenas para a comunidade como um todo, mas também para o indivíduo.

> Com a separação entre a propriedade e a gerência que prevalece hoje e com o desenvolvimento dos mercados organizados de investimento, surgiu um novo fator de grande importância que algumas vezes facilita o investimento, mas, outras, aumenta a instabilidade do sistema.[13]

Embora, de início, as expectativas de investimento relacionem-se ao conceito de investimento do ponto de vista da produção – compra de meios de produção, adição ao ativo imobilizado em capital –, agora passa a significar compra de ação que é, para o próprio Keynes da década de 1920, uma forma de empréstimo que o pequeno acionista faz à *corporação*.

A seguir, o conhecimento e a perspicácia de Keynes são demonstrados quando ele aponta cinco diferentes motivos pelos quais a precariedade e a incerteza quanto à situação e à rentabilidade futura das empresas trazem de instabilidade à Bolsa. Esta precariedade é, agora, a culpada parcial "de nosso problema contemporâneo de assegurar investimento suficiente"[14] e decorre do fato de que nosso "conhecimento atual não provê uma base suficiente para que formule uma expectativa matematicamente calculada"[15]. No capítulo das expectativas a longo prazo, é tão grande a ênfase dada à *especulação* – definida como "a atividade de prever a psicologia do mercado" – sobre a *empresa* – definida como "a atividade de prever o rendimento futuro dos ativos pelo período de sua existência"[16] – que ele adverte: não é sempre que o primeiro predomina sobre o último.

---

[11] Ibidem, p. 149-50.

[12] Idem, p. 150.

[13] Ibidem, p. 150-1.

[14] Ibidem, p. 153.

[15] Ibidem, p. 152.

[16] Ibidem, p. 158.

Se a compra das ações "fosse tão indissolúvel quanto o casamento", em sua opinião muitos males seriam evitados, mas, por outro lado, é a liquidez do investimento que diminui o risco e atrai o especulador. A solução para

> a crise de confiança que aflige a vida econômica do mundo moderno seria não deixar ao indivíduo a escolha entre consumir sua renda ou encomendar a produção de um ativo de capital específico que [...] ele considera como o mais promissor investimento disponível para si.[17]

Assaltado por dúvidas quanto ao futuro, ele poderia aumentar seu consumo em detrimento do investimento, mas não deixaria, como estava ocorrendo, o dinheiro ocioso, pela indecisão de "gastar sua renda quer de um ou de outro modo"[18].

Keynes enfatiza longamente a incerteza, a precariedade, as oscilações das expectativas de investimento devidas à especulação, e coloca a indecisão da crise de 1929 como decorrência da *natureza humana*. Ela se deve ao fato de que uma "grande parte de nossas atividades positivas dependa mais do otimismo espontâneo do que de expectativas, quer sejam matemáticas, morais, hedonísticas ou econômicas". Se apenas dependesse "de expectativas matemáticas, a empresa (o motivo, esclareça-se) feneceria e morreria"[19]. Deve haver uma aliança entre o "cálculo razoável" e as "pulsões atávicas". Mas, finalmente,

> não se deve concluir disso que tudo dependa de ondas de psicologia irracional. Ao contrário, o estado de expectativas a longo prazo é frequentemente firme e, até quando não o é, os outros fatores exercem efeitos compensadores. Estamos meramente lembrando-nos de que as decisões humanas que afetam o futuro, quer pessoais, políticas ou econômicas, não podem depender de expectativas matemáticas estritas, de vez que as bases para fazer tais cálculos não existem.[20]

Obviamente, esse não é o objetivo principal de Keynes ao dedicar dois capítulos às previsões de curto e de longo prazo. Meio às "pulsões atávicas", às indecisões, à impossibilidade de cálculo, de imprevisibilidade, à aventura, ao risco e à sorte que condicionariam o processo de tomada de decisões concernentes ao volume de investimento, de produção e de ocupação a efetivar-se, imanentes ao *laissez-faire*, surgem certos parâmetros na órbita do governo keynesiano.

Os investimentos públicos são governados por padrões de racionalidade diferentes dos que determinam as decisões privadas. Pertencem

---

[17] Ibidem, p. 160.

[18] Ibidem, p. 161.

[19] Ibidem, p. 162.

[20] Ibidem, p. 162-3.

> à crescente categoria de investimentos diretamente custeados pela autoridade pública – na qual esta assume o risco – e que se realizam independentemente do que venha a ser, dentro de uma ampla faixa, sua receita comercial e sem o risco de que seja necessário satisfazer, pelo menos, a equivalência entre a expectativa matemática de receitas e a taxa corrente de juros.[21]

Acima de tudo, o Estado pode influir e determinar os parâmetros das decisões privadas, a eficiência marginal do capital e a taxa de juros, por meio da moeda estatal usada como instrumento de redução do salário real, de perdão de dívidas do equipamento comprado a prazo, de aumento da receita monetária relativa à venda de uma unidade de mercadoria (aumento de preço do produto final), de redução da taxa de juros.

Somente depois de termos mostrado a existência desses efeitos da moeda estatal sobre a eficiência marginal do capital poderíamos compreender o papel da crítica realizada por Keynes às previsões privadas. Mas, para ele, o governo não seria capaz de alterar as decisões de curto e de longo prazo, principalmente as últimas, mas teria o poder de, acima dos empresários individuais, visualizar a taxa esperada de lucro futuro:

> Espero ver o Estado, que está em posição de calcular a eficiência marginal dos bens de capital – a longo prazo – e na base do proveito social, assumindo uma maior responsabilidade na organização direta dos investimentos.[22]

Do ponto de vista do valor-trabalho, o dinheiro irreal e o capital imaginário produzidos na esfera do governo constituem produtos necessários do processo de vida dos homens, assim como a ideologia, o mito, a fantasia. Aqueles elementos desrealizados dinamizam o real dentro de certos limites. Podem agir sobre a atividade real porque os cálculos relacionados com as decisões de quanto investir, quantos trabalhadores empregar, quanto produzir estão envoltos em incertezas, riscos, imprevisibilidades. Dentro desse quadro bastante caótico, o preço irreal futuro, influenciado pela moeda estatal fictícia, poderá estimular os investimentos privados, reverter as expectativas pessimistas em otimistas e, portanto, aumentando a eficiência (subjetiva) marginal do capital, determinar o aumento do volume de ocupação. O incremento do número de trabalhadores ocupados e o aumento do trabalho humano realmente cristalizado nas mercadorias produzidas pela economia como um todo significa, do ponto de vista do valor-trabalho, aumento da massa de mais-valor. Se o salário real individual diminui, a taxa de mais-valor da economia aumenta, em virtude do "pequeno aumento do preço dos bens-salário".

---

[21] Ibidem, p. 163.

[22] Ibidem, p. 164.

Portanto, era preciso demonstrar a precariedade, a insegurança, a imprecisão dos *cálculos* relacionados com a aventura das decisões para mostrar que, ao lado do *lucro do empresário* real e *ex post*, existe um lucro subjetivo, futuro, que pode ser engendrado pelo governo capitalista e penetrar na atividade real do sistema.

Como a demanda efetiva consiste na transposição (rebatimento) da demanda para os planos monetário e subjetivo, uma vez que é definida como o cruzamento da curva da função do preço de oferta global com a curva da função do preço de demanda global (montante que os empresários *esperam obter*), é óbvio que o governo keynesiano determina a demanda efetiva. E o faz através das modificações sobre a eficiência marginal do capital, que é a produtividade marginal transposta para o *plano monetário e subjetivo*.

Se o governo cria moeda estatal e aumenta seu dispêndio, os empresários que produzem não-mercadorias (produtos bélicos, artefatos de exploração espacial, estradas etc.) esperarão um aumento do montante de suas vendas e elevarão o preço de oferta global, aumentando o volume de ocupação e produção.

Se o governo aumentar seus gastos com a burocracia civil e militar, esses consumidores improdutivos se somarão aos empregados na produção de não-meios de consumo (não-mercadorias) de modo que os empresários que produzem meios de consumo esperarão um aumento do preço das mercadorias que produzem, aumentará o preço da demanda global; o ponto subjetivo, hipotético, esperado, de cruzamento das funções dos preços de oferta e de demanda globais se deslocará porque a elevação dos preços dos meios de consumo terá provocado a redução do salário real e o incremento no volume de ocupação terá aumentado a massa de mais-valor.

No plano monetário e subjetivo para onde Keynes transpôs o problema da demanda efetiva, o governo pode, dentro de certos limites, determinar a eficiência marginal do capital e os preços de demanda e de oferta globais; mas, para que o lucro esperado se converta em lucro real, é preciso que o volume de ocupação (massa de mais-valor) aumente e que o salário real que ganha uma unidade de trabalho diminua (aumento da taxa de mais-valor), relações que ficam latentes, mais profundas que o nível da ideologia pode alcançar.

Quando a ideologia de Keynes deixar de ativar o real e se desmoralizar, o caráter irreal do consumo destrutivo (estatal) e do esquizofrênico (da massa de consumidores do capitalismo avançado) ficará evidente. Da mesma forma que um dia o ouro e a prata deixaram de ser a riqueza por excelência, diante dos padrões impostos pela produção capitalista baseada no valor-trabalho, da mesma maneira pela qual o *boom* ferroviário que durou de 1850 a 1907 perdeu prestígio e foi sucedido por um período em que os trilhos das ferrovias foram arrancados, assim como os 5,3 milhões de automóveis produzidos em 1929 nos Estados Unidos reduziram-se a 900 mil em 1931 e a 700 mil em 1943, assim também as obras públicas improdutivas, a produção bélica do dirigismo despótico etc. irão desmoralizar-se na crise da economia keynesiana. A falta de visão histórica impede que muitos cérebros privilegiados percebam que a crise da economia keynesiana começou quando ela surgiu, assim como a presença de Tânatos se manifesta no primeiro vagido erótico da vida individual.

16

Acumulação de capital, ideologias salariais e estruturas da produção. A redução dos salários reais como instrumento de acumulação é o denominador comum entre Keynes e os clássicos

"Os homens agem antes de argumentar. No princípio era a ação. E a ação humana resolveu a dificuldade, muito antes de a sutileza dos homens tê-la descoberto", diz Goethe no *Fausto*. Keynes agiu antes de argumentar e procurou solucionar o problema do desemprego involuntário antes de sua sutileza ter construído a *Teoria geral*. A política keynesiana precedeu no tempo à teoria keynesiana, isto é, a teoria keynesiana, como salienta Klein, foi uma elaboração teórica justificativa de uma série de medidas que lorde Keynes já apregoava[1]. Sob este aspecto, ela é um modelo de coerência, encerra um conteúdo tão inflacionário (no sentido de uma ação dirigida para provocar uma elevação no nível de preços) quanto as medidas anteriormente aconselhadas, por exemplo, em conferências pelo rádio etc., nos Estados Unidos. A aplicação generalizada no mundo ocidental das políticas sugeridas pela *Teoria geral* conseguiu, por si e por outros fatores da conjuntura social e política (como a Segunda Guerra Mundial), absorver parte do desemprego involuntário, provocando um volume elevado de ocupação, com subsalários. As políticas financeiras e fiscais não conseguiram – por encerrarem os mesmos vícios ideológicos da política de salários nominais – realizar uma redistribuição das rendas direta e razoavelmente favorável ao assalariado.

Pergunta-se, neste ponto do presente trabalho, se não há a possibilidade, dentro da teoria keynesiana, de realizar-se uma política de pleno emprego real, isto é, que não provoque automaticamente uma redução do nível de salários reais e que corresponda ao acesso do trabalhador às máquinas e aos equipamentos.

---

[1] Em sentido idêntico, encontram-se outros depoimentos, incluindo o de Heilbroner: "Portanto, quando a *Teoria geral* foi publicada, em 1936, o que apresentava não era exatamente um programa novo e radical, mas uma defesa das medidas que já estavam sendo aplicadas", algumas delas defendidas por William Petty e postas em prática nas crises do século XIX. Ver Robert Louis Heilbroner, *Introdução à história das ideias econômicas*, cit., p. 251.

A resposta irrecusável a esta pergunta é que, no curto prazo, dada a organização, a técnica e o equipamento, não há essa possibilidade, no âmbito do pensamento econômico liberal – clássico e keynesiano – de aumentar o volume de emprego sem redução do nível dos salários reais vigentes. A longo prazo, como vimos, a impossibilidade de aumento transparece, apesar da especiosa invocação das melhorias tecnológicas. Mas a sociologia do conhecimento pode fornecer-nos certos elementos para esclarecermos devidamente os fundamentos desta forma de pensamento comum a todos os autores que elaboraram a ideologia econômica dominante nos países democráticos da atualidade, principalmente os motivos pelos quais a *revolução keynesiana* teria absorvido e perfilhado esta atitude mental diante da realidade econômica. Como elaboração consciente e inconsciente da ideologia capitalista, esta atitude recua a Adam Smith, pelo menos, e, por meio de uma série de apresentações mais ou menos diversas – teoria do fundo de salários, lei de bronze dos salários, teoria marginalista da igualdade entre a produtividade marginal do trabalho e a desutilidade marginal –, incorporou-se à *Teoria geral* de Keynes, em que recebeu a última e mais eficaz forma de apresentação[2]. Keynes não conseguiu desvencilhar-se daquela visão transmitida por tradição secular e da qual participaram todos os autores e todos os grupos com os quais conviveu. Neste aspecto sociológico, Keynes foi um clássico por excelência, e esse dogma capitalista acompanhou-o durante toda a sua existência. Ao examinar, na *Teoria geral*, os fatos econômicos pelo prisma das grandezas globais, trazia no espírito Keynes aquele postulado acumulativo segundo o qual não era possível uma elevação dos salários reais, e que o aumento da

[2] Esta racionalização está presente onde existem relações capitalistas de produção – este pensamento desrealizado é produzido pelas relações de produção. Diz Max Weber: "Parece à primeira vista, e assim se acredita e muitos continuam assim acreditando, que há uma estreita correlação entre o baixo nível dos salários e o aumento do ganho do empresário. O capitalismo seguiu esta rota a partir de um princípio e, durante vários séculos, foi um artigo de fé que os salários inferiores são produtivos, isto é, que aumentam o rendimento do trabalhador, já que, como tinha dito Pieter de la Cour – de acordo nisto, segundo veremos, com o espírito do antigo calvinismo –, 'o pobre só trabalha porque e enquanto é pobre'"; *La ética protestante y el espirito del capitalismo* (Madri, Editorial Revista de Derecho Privado, 1955), p. 54-5. E completa a exposição o sociólogo: "Já Calvino dissera que o povo, isto é, a massa de trabalhadores e artesãos, só obedece a Deus quando se mantém na pobreza; esta afirmação tinha sido 'secularizada' pelos holandeses (Pieter de la Cour e outros) no sentido de que os homens só trabalham quando a necessidade os leva a fazê-lo e a formulação deste *leitmotiv* da economia capitalista é o que conduz, mais tarde, a construir a teoria da produtividade dos salários baixos. Uma vez mais, o utilitarista foi se impondo insensivelmente, à medida em que ia secando a raiz religiosa"; ibidem, p. 242-3. À justificativa religiosa se seguem a justificativa racional, a marginalista, e, depois de desmoralizada esta, a keynesiana, todas versões ideológicas que visam justificar o nível baixo dos salários reais, usando a lógica, a exposição geométrica, limites e derivadas etc. para dar aparente racionalidade ao impulso capitalista de reduzir o salário real.

ocupação só poderia ocorrer quando se verificasse uma redução do nível de salários reais[3]. Na crise, a taxa decaída de lucro só pode recuperar-se mediante a redução do salário real individual.

Este fato é indiscutível, pois Keynes declara-o reiteradas vezes na *Teoria geral.* Foi com o espírito munido deste conceito clássico que Keynes procedeu ao exame da realidade – o condicionamento cultural que sofreu jamais lhe permitiu afastar do pensamento a ideia de que este fato pudesse deixar de ser uma verdade eterna. E este pode ter provocado o maior desvio de objetividade que se apresenta em sua genial *Teoria geral.* Quando critica a lei de Say, segundo a qual "os produtos se trocam por produtos", isto é, todo bem produzido cria, automaticamente, seu próprio mercado de colocação, vai se fundamentar em três elementos: propensão à liquidez (ou taxa de juros), propensão ao consumo e eficiência marginal do capital. São estes três fenômenos, dois deles decorrentes da atitude psicológica dos homens diante da renda e da moeda, que respondem pelo equilíbrio entre o preço da oferta global e o preço da demanda global. São estes elementos que determinam o volume de investimento e de consumo e permitem que a demanda global atinja o nível previsto. A ocupação aumenta até o ponto necessário para realizar a produção, ou seja, a oferta correspondente à demanda global com este volume de ocupação. Keynes afirma que este ponto pode não corresponder à sua ocupação plena, isto é, que os assalariados podem consentir ainda em uma redução do nível de salários reais; assim, existirá um outro volume de investimento possível, propiciado por uma elevação de preços (logo, baixa de salários reais) que corresponde a um volume ótimo de ocupação em que o novo nível de salário real é inferior ao nível anterior (este correspondente ao *pleno emprego da mão de obra*). O salário real correspondente à plena ocupação é, forçosamente, inferior ao salário real, em período de *subemprego*, ou, como diz Barrère, Keynes "atinge a determinação do salário real que, em situação de emprego parcial, é superior à desutilidade marginal do volume de emprego"[4].

Um único perigo correm os empresários, em relação ao qual Keynes faz uma advertência: é o de que a elevação de preços (e a consequente redução dos salários reais) que se verifica quando a economia se encaminha para o pleno emprego desvaire os empresários, levando-os a aumentar a ocupação além do ótimo keynesiano... Diz ele:

---

[3] A referência feita por Max Weber sobre a forma pela qual Lutero leu e assimilou a Bíblia pode ser utilizada e aplicada a Keynes em sua visão da problemática do salário: também Keynes leu a teoria sobre o salário e viu este aspecto da realidade "com as lentes de sua própria mentalidade, a qual não só foi tradicionalista nos últimos anos de sua evolução ideológica, senão a cada dia o era mais"; ibidem, p. 92.

[4] Alain Barrère, *Théorie économique et impulsion keynésienne*, cit., p. 312.

> Por certo tempo, pelo menos, a elevação dos preços pode alucinar os empresários, de maneira que aumentem a ocupação *além do nível que leva ao máximo seus lucros individuais*,[5]

ou seja, em termos globais, *o pleno emprego de mão de obra*...

Se Keynes tivesse sido capaz de romper o condicionamento cultural e desfazer-se dos desvios ideológicos de que inegavelmente padece sua obra, talvez pudesse ter retirado todo o significado que encerra este seu trecho:

> O consumo, para repetir o evidente, é o único objeto e fim da atividade econômica. As oportunidades de emprego estão necessariamente limitadas pela extensão da procura global.[6]

Se não herdasse o preconceito clássico que se traduz na impossibilidade de aumento dos salários reais acima de um nível mínimo de subsistência, talvez não apontasse como causa do estrangulamento dos volumes de ocupação e investimento uma baixa propensão ao consumo e uma elevada propensão à liquidez, portanto, elevada taxa de juros. Isso porque a propensão ao consumo se determina em um momento posterior à remuneração aos fatores de produção, isto é, já no momento em que, percebidas as rendas, serão gastas em bens de consumo, investidas ou conservadas em forma líquida. O volume insuficiente de ocupação e de investimento só poderia ter como causa um fenômeno que ocorresse depois do momento em que as rendas fossem distribuídas (jamais antes). Por isso a insuficiência da ocupação é imputada, afinal, à propensão à liquidez e à propensão ao consumo. Ora, se a causa se situasse em um momento anterior, isto é, no próprio momento em que as rendas são distribuídas aos fatores de produção, ela jamais surgiria em uma análise que coloca a razão de um insuficiente volume de ocupação aparecendo apenas no momento em que, já percebidas, as rendas vão ser, de qualquer forma, empregadas. Esta abordagem de Keynes se realiza porque ele considerou *a priori* – em decorrência da herança ideológica que recebeu e aumentou – impossível a existência de uma causa que se situasse na própria relação de distribuição de renda aos fatores de produção. Esta possibilidade deveria ser o objetivo principal das investigações teóricas e práticas e não afloram na teoria de Keynes devido ao *seccionamento indevido* do processo *produtivo-consuntivo* que lhe permitiu iniciar a análise depois de já distribuídas as rendas na circulação, e não na produção, onde se situam os problemas reais.

Suas "herdadas predileções ideológicas" levaram-no a hipostasiar e aceitar pacificamente que, dada a organização, a técnica e o equipamento, o aumento do volume de ocupação só é possível mediante a redução da unidade de salário real:

> Assim, pois, não discuto este fato vital que os economistas clássicos consideraram (com razão) como irrevogável. Num estado conhecido de organização, equipamento e técnica,

---

5 John Maynard Keynes, *Teoría general de la ocupación e interés y el dinero*, cit., p. 278; grifo nosso.

6 Ibidem, p. 106.

o salário real que ganha uma unidade de trabalho tem uma correlação única (inversa) com o volume de emprego.[7]

Devemos recordar, todavia, que, no mundo real, esta correlação não possui nem a rigidez matemática nem o caráter de verdade lógica que os clássicos e Keynes lhe atribuem. Pelo contrário. As discussões que se travaram, depois da publicação da *Teoria geral*, a respeito da real influência da unidade de salário real sobre o volume de ocupação levaram a "um estado de agnosticismo"[8], conforme a expressão de Alvin Harvey Hansen a este respeito. Keynes, no entanto, colocou na base de sua construção teórica a ideia de que existe uma correlação unívoca, inversa, entre o salário que ganha uma unidade de trabalho e o volume de ocupação, dada a técnica, a organização e o equipamento, sem discutir e sem analisar os motivos reais do fenômeno.

Desta forma, justificou – atribuindo-lhe falsamente o caráter de verdade eterna – a necessidade de redução da unidade de salário real vigente, que erigiu em condição *sine qua non* do aumento de ocupação. Na base da *Teoria geral* encontra-se, sem dúvida, a preocupação em justificar a redução da unidade de salário real vigente, e o eminente pensador a incorpora ao seu sistema teórico sem discuti-la, de vez que ela se ajusta aos seus propósitos e à sua peculiar conformação ideológica como "o casaco bem talhado ao corpo do freguês"[9].

Às considerações anteriores, feitas quando analisamos as correlações existentes entre a incorporação de inovações técnicas, o nível de preços e o mercado de trabalho, podemos aduzir as seguintes, que expressam as dúvidas que pairam no espírito dos economistas serenos. Afirma Andréas Paulsen, professor de economia da Universidade de Berlim, corroborando a opinião de Alvin Harvey Hansen:

> Se é que subsista algum, os cientistas da economia que afirmem, em forma dogmática, ou que reduções do salário aumentem seguramente o volume de emprego ou a impossibilidade de que produzam uma repercussão vantajosa qualquer. É muito grande o número das incógnitas que variam com as condições e situações especiais.[10]

Convinha aos intuitos finais, aparentes ou encobertos, do notável autor da *Teoria geral* e dos *Essays in Persuasion* persuadir seus leitores de que a redução da unidade de salários real é o único meio, dada a técnica, a organização e o equipamento, de lograr-se o aumento do volume de ocupação, devido à eterna lei dos

---

[7] Ibidem, p. 30.

[8] Alvin Harvey Hansen citado em Andréas Paulsen, *La nueva teoría económica: una introducción a la teoría económica de John Maynard Keynes y a la política de pleno empleo* (Bueno Aires, El Ateneo, 1957), p. 315.

[9] Joseph A. Schumpeter, *Teorias econômicas: de Marx a Keynes*, cit., p. 274.

[10] Andréas Paulsen, *La nueva teoría económica*, cit., p. 315.

rendimentos decrescentes. No entanto, o ímpeto da classe capitalista de reduzir o preço de todos os *fatores de produção*, mesmo o da força de trabalho, é atribuído pela ideologia marshalliano-keynesiana – e não pela ricardiana – à falsa lei dos retornos não proporcionais a que estaria sujeita a dinâmica industrial capitalista.

A redução do "salário real que ganha uma unidade de trabalho" transforma-se em um pressuposto indiscutível no campo da teoria keynesiana e em um objetivo pacífico no domínio da ação política nela inspirada. O revolucionário lorde Keynes é, a este respeito, um clássico em sua própria acepção da palavra, diferindo deles apenas porque adota medidas indiretas, monetárias em sua maior parte, inflacionárias em sua totalidade, para conseguir a redução da unidade de salário vigente e o aumento do volume de ocupação nos setores improdutivos (terciários e de produtos *extra commercium*: bélicos, espaciais, estradas etc.), cujo produto constitui a categoria *não-mercadorias* que analisamos em outro trabalho[11].

Se o "consumo é o único objeto e fim da atividade econômica" e se "as oportunidades de emprego estão necessariamente limitadas pela extensão da procura global", será lícito atribuir as limitações do volume de ocupação – logo, do consumo – ou a uma elevada preferência pela liquidez ou a uma baixa propensão a consumir (os dois fatores capazes de reduzir o consumo) da classe que percebe, individualmente, as rendas mais baixas e que tem, portanto, a mais elevada propensão ao consumo e a mais baixa preferência pela liquidez? E, ainda mais, será lícito procurar os instrumentos diretos ou indiretos mais eficazes para reduzir estas rendas, com o fim aparentemente lícito de aumentar a taxa, a massa de lucro e as oportunidades de ocupação e levar a economia a um estado de *pleno emprego* em que estas rendas atinjam o *mínimo psicológico*, isto é, o ponto depois do qual é insustentável oferecer trabalho ao salário nominal reduzido[12], em termos reais, pelo aumento do volume de ocupação, de investimento e do preço dos bens de consumo?

---

[11] Lauro Álvares da Silva Campos, *A crise completa: a economia política do não*, cit.

[12] André Marchal assim se expressa a respeito da atitude dos assalariados em relação ao salário real: "O operário tem, agora, uma noção ampla e duradoura de seu próprio interesse. É por isso – contrariamente ao que afirmavam Simiand e Keynes, a saber: que o trabalhador considera mais seu salário nominal que seu salário real (afirmação talvez certa em períodos de relativa estabilidade de preços; quando a diferença não tem maior importância) – que vemos hoje os trabalhadores interessando-se mais por seu salário real que pelo salário nominal: os sindicatos operários examinam as estatísticas dos índices de preços quando se trata de formular demandas de aumento salarial"; André Marchal, *Metodología de la ciencia económica*, cit., p. 235. Marchal tem, em parte, razão quando afirma que hoje os assalariados preocupam-se mais com seus salários reais do que com os nominais. Após dezoito anos de influência keynesiana, em que os instrumentos inflacionários são acionados continuamente, emprestando ao fenômeno altista as características de processo crônico de exploração, é natural que isso ocorra. Mas convém lembrar que as reações dos sindicatos são feitas com certo retardo em relação à elevação do custo de vida e que, por outro lado, os instrumentos keynesianos de reação e anulação das reivindicações salariais não perderam ainda sua eficácia nos

A resposta a estas perguntas será dada pelo leitor, de acordo com sua menor ou maior participação e aceitação da ideologia econômica expressa na *Teoria geral*.

Não devemos nos esquecer da advertência de Mannheim, que tem sido tantas vezes olvidada:

> A investigação, na sociologia do conhecimento, oferece-nos a esperança de poder chegar a uma etapa de exatidão, porque em nenhum campo da cultura é tão determinável a interdependência, esta interdependência implícita na mudança de sentidos e de ênfases, como no próprio pensamento. Com efeito, o pensamento é um indicador particularmente sensível às mudanças sociais e culturais. A variação do sentido das palavras e as múltiplas conotações de qualquer conceito refletem a polaridade de esquemas antagônicos da vida, implícita nos matizes de sentido.[13]

A resposta mais objetiva deveria, parece-me, considerar que é a *demanda relativa de bens de consumo* e não o nível absoluto da demanda que é necessário elevar, do ponto de vista da reprodução capitalista. No subemprego ou na crise, o remédio que Keynes indica, de início, o aumento de D_2 (demanda de bens de capital), não é viável diante da elevada taxa de ociosidade do capital real: não há curva de eficiência marginal do capital capaz de induzir os empresários a adquirir equipamentos novos para instalá-los ao lado de equipamentos parados. Logo, não é no aumento de D_2 que a notável inteligência de Keynes confia, embora afirme isso de início, para arrancar a economia da crise. O aumento da demanda de bens de consumo (D_1) só pode se dar quando aumentam o volume da ocupação e a renda disponível para o consumo, isto é, quando a economia já encontrou a solução do desemprego e da crise. A economia capitalista – Keynes o sabia – estava, na crise de 1929, em um beco sem saída. O estímulo a D_3 (demanda governamental de não-meios de consumo e de não-meios de produção) corresponderia a um incremento da ocupação e da renda disponível para o consumo, *aumento relativo* da demanda global de bens de consumo no que concerne à capacidade instalada de produção dos ditos bens de consumo. A elevação do preço desses bens, o aumento subsequente da produção do setor e do respectivo volume de ocupação, a redução da taxa de ociosidade do equipamento e a redução do salário real individual decorrente do *aumento relativo da demanda de bens de consumo* derivam dos gastos do governo e impõem uma mudança profunda na estrutura da produção e do emprego. A predominância crescente de D_3 na composição da demanda efetiva mostra, ainda, que era a demanda global de bens de consumo que, dada a distribuição da renda, ficara aquém da capacidade de produção superdimensionada pela acumulação capitalista. E que a estrutura da produção, na qual se

---

dias atuais. Além disso, o governo capitalista não possui outro instrumento de redução e controle real tão eficiente quanto a inflação, logo, não tem escolha.

[13] Karl Mannheim, *Ideología y utopía*, cit., p. 73.

expandem os setores improdutivos-destrutivos a uma taxa superior à dos produtivos (de bens de produção e de consumo), não pode continuar, ilimitadamente, a desenvolver-se, porque para ela se transferiu a contradição entre a capacidade de produção do sistema e a de consumo da coletividade, em nova forma. A essa nova forma da contradição correspondem, no plano monetário, a expansão da moeda estatal e o império da inflação.

O processo acumulativo, na economia keynesiana, desenvolve, de um lado, a produção de não-mercadorias, produtos inconsumíveis ou destinados à destruição e, de outro, o subsalário e o subconsumo correspondentes. Para expandir esta estrutura, a acumulação impõe a redução do salário real individual. Quando a acumulação capitalista, em vez de desenvolver o setor improdutivo, faz expandir o de produção de bens de luxo, tal como ocorre na estrutura clássica, impõe aos seus ideólogos as versões do fundo de salários e do produto da unidade marginal que justificam a redução do salário e obscurecem o fato de que é a preservação daquela estrutura acumulativa particular que exigiu a desigualdade distributiva. Portanto, aquelas ideologias parecem estar justificando a desigual repartição de rendas e a redução do salário como necessidade imposta pela acumulação em geral, e não deixam perceber que elas decorrem, em grande parte – e podem decorrer totalmente – da estrutura específica da acumulação capitalista.

Na economia keynesiana, assim como na clássica, a complexa dinâmica do sistema depende, também, do aumento do volume de ocupação indispensável para compensar a redução dos bens-salário decorrente da diminuição dos salários reais individuais. Se a ocupação não aumenta, por qualquer motivo, o departamento que produz bens de consumo para assalariados entra em crise, contaminando o departamento de produção de meios de produção correspondente.

Quando os instrumentos monetários deixarem de ativar o sistema e não se verificar o aumento do volume de ocupação, uma condição essencial à reprodução da economia keynesiana terá deixado de existir, traduzindo-se numa crise. A dívida pública que se eleva para conter a taxa de inflação dentro de limites estreitos colocará outro limite à dinâmica keynesiana. Os gastos do governo estarão direcionados ao pagamento do serviço do capital financeiro e passarão a sustentar o imperialismo senil e não mais, sequer, a produção de não-mercadorias.

O ideal desmascarado: o pleno emprego keynesiano

Atingido o ponto de máxima redução dos salários – ponto este posterior àquele em que a desutilidade (custo, esforço) foi convertida em utilidade positiva para, depois, transformar-se de novo em desutilidade e igualar-se ao nível de salários reais mínimo –, estamos na plena ocupação keynesiana. Realmente, se os salários reais baixam tanto que os assalariados se recusam a trabalhar, haverá, por definição, plena ocupação, ainda que o volume de pessoas desempregadas seja enorme! Este é o verdadeiro sentido da análise keynesiana, pois, quando não há mão de obra disponível ao nível de salário nominal vigente, não há desemprego *involuntário*, e sim voluntário, por conseguinte, há plena ocupação.

A elevação de preços que atua no sentido da redução da unidade de salário real não é *inflação autêntica*, graças a outro arranjo conceitual de Keynes.

Ao realizar tais arranjos e todas as distorções, globalizações, homogeneizações indevidas, como poderia o genial lorde conceituar claramente o pleno emprego? Parece-nos que, se o fizesse, deixaria transparecer que o pleno emprego (de capitais reais e de mão de obra) resultaria apenas naquilo a que ele se refere perfunctoriamente: a maximização dos lucros.

Em sua *Teoria geral*, Keynes esqueceu-se de parte do conselho de Marshall de quem foi o grande discípulo: "é necessário que os conceitos sejam claramente definidos, mas não que o uso dos termos seja rígido"[14].

Keynes não definiu claramente o pleno emprego e o manejo dos outros termos básicos. Não teve rigidez alguma na *Teoria geral*. Tal como a expressão polinésia tabu, que tem sentidos opostos[15], sagrado e profano, amado e odiado, também a plena ocupação tem sentido ambivalente – ideal, ótimo a ser alcançado, com caráter quase místico e, ao mesmo tempo, o pior e menos desejável estado a que a economia pode tender: o de máxima redução dos salários reais e das rendas fixas. Assim sendo, a definição clara de *pleno emprego* não poderia ser dada por Keynes. Se conceituasse claramente, as pontas que sobram, os arranjos conceituais e as distorções cometidas aflorariam à tona de sua análise, bem como o sentido latente do conceito.

---

[14] Alfred Marshall, *Principles of Economics*, cit., p. 44.

[15] Em Mannheim lê-se a seguinte passagem: "Todo conceito representa uma espécie de tabu frente às demais fontes possíveis de sentidos e unifica e simplifica a vida em benefício da ação" (Karl Mannheim, *Ideología y utopía*, cit., p. 20.
Para o bem da verdade declaro que, ao escrever a página supra, não me lembrava do pensamento de Mannheim, e verifiquei a relação entre tabu e pleno emprego baseado em Freud – *Totem e tabu* – e, principalmente, em Carlos Campos, que mostrara a origem totêmica da soberania e de outros conceitos jurídicos. As conclusões do professor brasileiro datam de 1932. Convém esclarecer que não concordamos inteiramente com Mannheim. Como demonstrou Carlos Campos, há conceitos anódinos, que comunicam o real pela captação do real na experiência: o branco é o resultado da combinação de todas as cores (disco de Newton); o ponto é a interseção de duas retas (geometria euclidiana). Quando, por outro lado, o conceito é construído pela racionalização e "supervalorização afetiva", emocional, política, parte do real é convertida em ideal, objetivo, meta. Verifica-se, assim, que o elemento místico, teleológico, cinde o real em duas partes: a supervalorizada adquire o caráter de sagrado, verdade total e eterna, e o conteúdo real, não supervalorizado politicamente, é tido por parte da sociedade ou por ela em seu todo, como profano: só nestes casos, em nosso modo de ver, a semelhança com o tabu se verifica (pensamento filosófico, metafísico, místico). Esta oposição interna, esta tensão devida à oposição interna mostra, segundo a concepção de Marx, a existência de uma contradição interna sob a aparente unidade.

André Marchal percebeu a dúvida que paira sobre o sentido do termo "pleno emprego" e assim se expressou: "Três dúvidas pesam sobre a análise e a política de Keynes. Primeiro, dúvida a respeito do diagnóstico: que é subemprego? Que é pleno emprego?"[16]

François Perroux vai mais longe:

> Não foi jamais demonstrado nem que o estado de pleno emprego possa ser estável, nem que o emprego de mão de obra deva necessariamente coincidir com o pleno emprego dos capitais reais...

Segundo Perroux, "o pleno emprego não foi definido e, sem dúvida, não o poderá ser"[17].

Não concordamos com o eminente economista francês quando ele afirma que o objetivo adotado por Keynes – o pleno emprego – é arbitrariamente escolhido; apenas, seu sentido real não pode ser declarado, pelos motivos aqui esclarecidos.

Sem rodeios e sem medo de errar, podemos afirmar que o pleno emprego (de capitais reais e de mão de obra) só pode ser conhecido através de sua exteriorização: a maximização dos lucros. E essa maximização dos lucros é o objetivo real da *Teoria geral* que nela, apesar das cortinas de fumaça, coincide com a plena ocupação: ponto de máxima redução do salário real.

Na verdade, não é necessário, dentro do arranjo conceitual keynesiano, que haja coincidência entre o pleno emprego dos capitais reais e da mão de obra (plena ocupação); isso porque o emprego de todos os fatores será considerado pleno quando o lucro possível de ser obtido com o concurso deles for máximo; e, como se mostrará, os termos da definição keynesiana de pleno emprego são tais que o lucro é máximo quando a remuneração do fator trabalho (unidades de trabalho) for a *mínima* possível para que se ofereçam as unidades de trabalho que vão maximizar o lucro. Neste momento, o "volume marginal produzido" se igualaria ao mínimo necessário para que houvesse oferta de fatores "suficientes para o produzir" (isto é, produzir o volume marginal).

E este é o *sentido latente* na definição do pleno emprego que Keynes, genialmente, concebeu:

> Temos pleno emprego quando a produção atinge o nível em que o volume marginal produzido por uma unidade representativa dos fatores da produção baixa ao mínimo necessário para que esses fatores se ofereçam em número suficiente para o produzir.[18]

---

[16] André Marchal, *Metodología de la ciencia económica*, cit., p. 237.

[17] François Perroux citado em Émile James, *Histoire de la pensée économique au XXème siècle* (Paris, Presses Universitaires de France, 1955), p. 356.

[18] Na edição da Macmillan and Co., de 1949, encontramos à página 303 a definição de pleno emprego: "We have full employment when output has risen to a level at which the marginal return

Keynes sempre contou com dois elementos importantes que militavam – e militam – no sentido da confusão reinante em torno de sua colocação diante dos fatores essenciais do sistema: a falta de memória dos leitores e o interesse pequeno-burguês dos que, sabendo ler e escrever, acham que o compreenderam.

Assim, nada disso precisaria ser explicitado se seus intérpretes tivessem prestado atenção aos seguintes trechos que se encontram no início da *Teoria geral* e estão de pleno acordo com esta colocação final do problema do pleno emprego, tal como apresentado:

> Não contesto este fato fundamental que os economistas clássicos muito justamente declararam inatacável. Num dado estado de organização, equipamento e técnica, *a cada nível de salário real* que ganha uma unidade de trabalho corresponde (em correlação inversa) um único volume de emprego. Portanto, se o emprego aumenta, isso quer dizer que em períodos curtos a remuneração por unidade de trabalho deve em regra diminuir e os lucros aumentar.[19]
>
> Na medida, portanto, em que se considerar válida esta proposição, *qualquer* medida destinada a aumentar o emprego acarretará, inevitavelmente, uma redução paralela do produto marginal e, portanto, o nível dos salários medido em termos deste produto.[20]

Logo, ao mais alto nível de emprego (plena ocupação da mão de obra) corresponderá, inevitavelmente, o mais baixo nível de salários, medido em termos deste produto. E, como a "remuneração por unidade de trabalho deve em regra diminuir e os lucros aumentar", os lucros serão máximos quando a ocupação for a máxima.

Do lado da oferta de mão de obra, esta deveria cessar, de acordo com os clássicos, Marshall principalmente, quando a desutilidade (esforço, sacrifício) marginal igualar-se à utilidade da unidade marginal de salário. Mas, para Keynes,

> quando existe desemprego involuntário, a desutilidade marginal do trabalho é necessariamente menor que a utilidade do produto marginal [e] na realidade pode ser muito

---

from a representative unit of the factors of production has fall into the minimum figure at which a quantity of the factors sufficient to produce this output is available". Na edição em espanhol da Fondo de Cultura Económica, às páginas 290-1, lê-se: "Tenemos ocupación plena cuando la producción ha subido a un nivel tal que el rendimiento marginal de una unidad representativa de los factores de la producción ha bajado a la cifra mínima con la cual hay disponible una cantidad suficiente de factores para lograr esta producción". Na edição francesa que consultamos, o trecho está traduzido exatamente como na edição em português da editora Fundo de Cultura, p. 290, e aqui reproduzida.

19 John Maynard Keynes, *The General Theory of Employment, Interest and Money*, cit., p. 29; grifo nosso.

20 Idem; grifo nosso.

> menor; porque certa quantidade de trabalho, para um homem que esteve sem emprego por muito tempo, ao invés de desutilidade pode ter uma utilidade positiva,[21]

conforme analisamos anteriormente.

Assim, um salário diminuto representa uma grande dose de utilidade, de prazer para o indivíduo desempregado por muito tempo, e ele poderia trabalhar, segundo Marshall, até mesmo "*for nothing*".

Assim, Keynes deixou de lado, por motivos inconfessados ou lamentável distorção ideológica, a igualação do produto físico marginal do trabalho ao poder aquisitivo da unidade marginal de trabalho:

> O raciocínio apresenta-se deste modo: *n* homens encontram-se empregados, o enésimo acrescenta um quintal diário à sua colheita e os salários têm o poder aquisitivo de um quintal por dia. O (n + 1)ésimo homem, entretanto, apenas acrescentaria 0,9 de quintal por dia, e o emprego não pode, portanto, subir a (n + 1) homens, a não ser que o preço do trigo suba em relação ao salário até que o poder aquisitivo dos salários diários seja de 0,9 de quintal. Os salários globais seriam, então, de 9/10 (n + 1) de quintais, quando anteriormente eram de *n* quintais. Deste modo, o emprego de um homem suplementar, no caso de efetuar-se, implica uma transferência de ingressos dos que antes estavam empregados para os empreendedores.[22]

Adotou Keynes outro plano de análise, o psicológico – ou subjetivo –, no qual não mais o produto físico do enésimo homem (1 quintal, por exemplo) se iguala ao poder aquisitivo do salário (1 quintal), mas em que o salário é tomado em termos de utilidade (subjetiva) do produto marginal para o empregado e o seu esforço em termos de desutilidade (subjetiva) marginal[23].

As coisas são totalmente diferentes neste plano de análise, e "até mesmo certa quantidade de trabalho, para um homem que esteve sem emprego por muito tempo, ao invés de desutilidade pode ter uma *utilidade positiva*"; para estes desempregados de longa data, subjetivamente, meio quintal ou menos pode ser igual, em utilidade (subjetiva), a um quintal... E eles serão admitidos até o ponto em que o último homem-hora empregado produzir meio quintal (ou menos), que é o salário real que o trabalhador estará disposto a aceitar.

Esta redução de seu "salário real, permitida graças ao artifício subjetivista de Keynes, será propiciada por um anestésico de sua farmacopeia:

---

[21] Idem, *Teoría general de la ocupación e interés y el dinero*, cit., p. 128.

[22] Idem, *Teoria geral do emprego, do juro e da moeda*, cit., p. 29, nota 9.

[23] Cf. idem, *Teoría general de la ocupación e interés y el dinero*, cit., p 128.

> Se bem que os trabalhadores costumam resistir a uma redução de seu salário nominal, não costumam abandonar o trabalho quando sobem os preços das mercadorias para assalariados.[24]

Assim, a "transferência de renda dos que antes estavam empregados para os empreendedores" torna-se fatal, inexorável até o pleno emprego. Neste ponto, os lucros serão os máximos e os salários reais os mínimos compatíveis com o volume de ocupação; e se, a este ínfimo salário real vigente (que em *termos subjetivos* pode representar o dobro ou mais do mesmo, "para os que estiveram desempregados por muito tempo"), mesmo psicologicamente ampliado, não houver oferta adicional de mão de obra, não haverá, por definição, desemprego involuntário. É a plena ocupação keynesiana...

Antes de rompermos a capa da definição supra, convém fazermos alguns comentários:

a. A definição de pleno emprego supõe a existência de rendimentos decrescentes, situando-se na fase dos rendimentos marginais dos fatores em que o volume acrescido à produção é o mínimo capaz de permiti-lo.

b. Seu raciocínio coloca-se no curto prazo marshalliano, no sentido em que o definimos anteriormente, e não no curto prazo keynesiano (realmente, a elevação de preços, o aumento da quantidade de moeda, deve parar aí, mesmo porque, após o pleno emprego, haverá a *inflação verdadeira*: a partir desse momento, os salários se elevariam mais do que o nível de preços).

c. Para conceituar o *pleno emprego*, tal como o fez, Keynes teve de abandonar também o seu conceito *dinâmico* de eficiência marginal do capital e adotar o conceito marshalliano, estático, em que se considera "que o capital dá no presente a sua produtividade marginal" (o seu "*acréscimo marginal do volume produzido*", com o concurso das "unidades representativas dos fatores da produção em número suficiente para produzir", refere-se, evidentemente, ao "volume marginal", obtido no presente, com as unidades de fatores).

A redução à margem da produtividade do capital é produto marshalliano e, como vimos, resulta da "*lei*" dos rendimentos decrescentes de Ricardo, talvez via Stanley Jevons. Keynes rompeu com este conceito a fim de procurar demonstrar a possibilidade de aumento da eficiência marginal do capital (em relação à taxa de juros e mesmo de forma absoluta); vimos que, para fazê-lo, Keynes introduziu um elemento *dinâmico* no curto prazo de Marshall: o "aumento da quantidade de moeda" que, baixando a remuneração dos fatores que entram no custo (juro, salário real da unidade de trabalho e até o custo fixo do equipamento comprado a prazo) e elevando o preço de venda dos bens produzidos, fez aumentar a produtividade marginal do

[24] Ibidem, p. 22.

capital. Ora, o curto prazo de Marshall nada mais é do que outra denominação da hipótese de *ceteris paribus* com referência à técnica, à organização e ao equipamento (isto é, estes elementos são, por definição, dados). No curto prazo de Marshall, todos os elementos *dinâmicos* (inovações tecnológicas, organização e equipamento mais eficientes) foram "isolados no poço" do *ceteris paribus* a fim de que as novas unidades de trabalho (variáveis) empregadas só pudessem ter produtividade decrescente (esta é sua hipótese relevante). Assim, a unidade de trabalho menos produtiva – a marginal – daria a medida de todas as unidades de trabalho empregadas: o menor salário ao qual se igualariam os de todas as outras unidades de trabalho, que transferem a diferença entre o salário que antes ganhava e o marginal para os empresários.

Quando Keynes define o pleno emprego, ele volta, sem dizê-lo, ao conceito de curto prazo de Marshall, no qual o rendimento dos fatores é decrescente, por força das condições definidoras do *curto prazo*. O genial lorde abraça, aqui, igualmente, o conceito de produtividade marginal do capital de Marshall, estático, isto é, o aumento obtido com o acréscimo de uma unidade representativa dos fatores, no *presente*, conceito que ele havia expressamente condenado e alijado da *Teoria geral*, até o momento em que foi obrigado a *arranjar a definição de pleno emprego*.

Realmente, "o volume marginal produzido por uma unidade representativa dos fatores de produção" nada mais é do que o *produto* da unidade marginal em Marshall, em termos de "unidade representativa" e no *presente*. Quando o "volume marginal produzido por uma unidade representativa dos fatores baixa ao mínimo necessário para que esses fatores se ofereçam", nada mais ocorre do que a igualação do *produto* marginal (volume marginal produzido) com o salário (remuneração mínima "para que esses fatores se ofereçam", segundo o pleno emprego de Keynes), sempre no presente.

Em linguagem um pouco diferente, Keynes teve de voltar a Marshall para definir o pleno emprego como o ponto em que os *fatores* recebem sua menor remuneração. Até mesmo o conceito de "unidade representativa" assemelha-se ao de firma representativa ("*representative firm*"), de Marshall. Em termos globais e homogêneos, tal como Keynes os coloca, quando a remuneração se reduz "ao mínimo necessário para que esses fatores se ofereçam", devemos distinguir para compreender o sentido latente e real de sua definição:

a. O *lucro* de todos os fornecedores de fatores (exceto o trabalho) encontra no pleno emprego o ponto de maximização (preço da unidade do fator representativo = custo marginal = receita marginal: lucro máximo).

b. Em relação ao outro fator, as unidades de trabalho, o *pleno emprego* é o ponto de *minimização do salário*, pois a ele corresponde a *mais baixa remuneração* à qual se oferece uma "unidade representativa de trabalho" (mínimo necessário para que também *esse fator se ofereça*).

Em resumo: o pleno emprego keynesiano corresponde, ao mesmo tempo, por definição, à *remuneração mínima* para que os outros fatores que não o trabalho sejam oferecidos. A remuneração mínima a esses fatores eleva ao máximo o lucro das empresas ou dos demais agentes individuais que os oferecem: preço (da unidade representativa do fator fornecido) = custo marginal = receita marginal do fornecedor = lucro máximo do fornecedor; simultaneamente, a *remuneração mínima*, para que se ofereça uma unidade representativa de trabalho, minimiza a unidade de salário real, pois, no "pleno emprego", teremos: utilidade do salário = desutilidade marginal do trabalho (depois de ter sido transformada em utilidade positiva para os que estiveram desempregados por muito tempo); produto marginal do trabalho = salário.

A combinação de "uma unidade representativa dos fatores de produção", que caracteriza o *pleno emprego*, dá um aumento ao volume de produção igual à remuneração suficiente para permitir que "as unidades representativas dos fatores se ofereçam para o produzir". Portanto, no *pleno emprego* keynesiano o lucro será o máximo para as empresas que adquirem as unidades representativas dos fatores e para as que as cedem, e o salário será o mínimo possível para, com as unidades representativas de trabalho oferecidas por este salário, obter-se o "volume marginal produzido".

Por ter sido o conceito keynesiano de pleno emprego arranjado com esses elementos ideologicamente preparados, não foi possível, até agora, compreender o seu verdadeiro sentido.

Apenas um *ótimo de objetividade* é capaz de explicitar a situação real, oculta no conceito de pleno emprego que Keynes formulou de forma tão enganadora quanto genial. Se ele tivesse, durante toda a sua vida, apenas constatado que a remuneração mínima aos fatores de produção, à margem, corresponde, ao mesmo tempo, à maximização dos lucros e à minimização dos salários para erigir este ponto em *ideal*, teria seu lugar de honra assegurado na galeria dos economistas capitalistas. E a forma em que apresentou o *pleno emprego*, capaz de ocultar seu sentido latente e verdadeiro aos olhos de todos, é o produto de um gênio autêntico.

Ao se tentar desmascarar, pela primeira vez na história do pensamento econômico, o sentido latente e real de seu conceito e o verdadeiro sentido de sua obra, manifesto minha grande admiração por sua inteligência privilegiada. Creio que, infelizmente, as herdadas predileções ideológicas contaminaram todo o seu trabalho; por isso, e por ser um homem profundamente articulado, talvez tenha sido mais prejudicial do que favorável o balanço da influência de suas ideias sobre a "mente dos homens e, por meio deles, os acontecimentos da história".

Keynes forneceu ao governo capitalista a ideologia necessária para dinamizar a atividade econômica desorganizada e cindida na crise de 1929. A elevação do dispêndio na escala necessária "para fazer a grande experiência que demonstraria minha tese" só poderia se verificar fora da democracia capitalista, em períodos bélicos ou sob o domínio do totalitarismo e do despotismo capitalista, segundo Keynes confessa em 1940. "A grande dissipação decorrente da preparação das armas", a mudança da estrutura da produção, da ocupação e do consumo sob o poder da moeda estatal geram a inflação. A moeda assume o caráter despótico necessário à superação da crise capitalista e disfarça tensões, pressões e repressões que o governo capitalista tem de impor às relações sociais para salvar o capital em crise. A redução do salário por meio da "elevação de preços dos bens-salário" mostra como, por meio da moeda, a relação social entre capitalistas e assalariados é pressionada em proveito do capital; a relação social entre credores e devedores é alterada por meio da inflação, do perdão de dívidas por ela acarretada; as relações sociais entre o setor público e privado são alteradas por meio da ampliação da moeda estatal etc. A inflação é, assim, a unidade das soluções da economia keynesiana, que modifica a relação entre trabalho produtivo e improdutivo, em detrimento do trabalhador produtivo. Outros instrumentos de pressão daquelas relações sociais da produção poderiam ser utilizados pelo governo, mas revelariam claramente seu caráter despótico e os interesses de classe que protege. A inflação é o instrumento repressivo, despótico, usado para pressionar as relações sociais básicas da produção moderna. Quando, apesar da inflação, a crise se instaurar, novas formas de despotismo, bélico ou não, serão sugeridas para tentar redinamizar a atividade cindida e paralisada em grande parte. Os estabilizadores, a moeda estatal, a inflação, o setor destrutivo improdutivo e todo o conteúdo keynesiano terão entrado em crise. A inflação não poderá mais redinamizar a economia. Ela, que foi a unidade das soluções despóticas da economia keynesiana, terá encontrado os limites à sua própria ação; ela, que foi *racional*, adequada, de início, à atividade capitalista, ao deixar de ser útil, constituirá um problema a mais, diante do desemprego e da taxa de lucro em crise.

Ragnar Nurkse apontou, em seu livro *Problemas de formação de capital em países subdesenvolvidos*[25], a semelhança entre pleno emprego e desenvolvimento econômico, e subemprego e subdesenvolvimento. As relações sociais da produção, numa economia capitalista semi-integrada, retardatária e dependente, quando unificadas e obscurecidas pela ideologia keynesiana subdesenvolvida, revelam o caráter despótico necessário e imanente às relações antagônicas; em sua marcha para o desenvolvimento econômico, o pleno emprego dos subdesenvolvidos, a inflação, a repressão sindical, o despotismo militar, a repressão cultural etc. aliam-se no processo de compressão do consumo e do salário que é necessário para a acumulação intensiva de capital.

As relações sociais da produção, no capitalismo retardatário, cristalizam-se em uma máquina coletiva semi-integrada, à qual falta o componente correspondente aos setores produtores de bens de capital, que permanecem nas economias centrais,

[25] Ragnar Nurkse, *Problemas de formação de capital em países subdesenvolvidos* (Rio de Janeiro, Civilização Brasileira, 1957).

integradas. A impossibilidade de investir no setor produtor de máquinas de produzir máquinas eterniza a dependência que se traduz em importação de máquinas e peças, bem como de certos insumos estratégicos, aumentando o endividamento das economias semi-integradas. A poupança excessiva, decorrente da elevada taxa de exploração do capitalismo em direção ao desenvolvimento, na impossibilidade de se investir em diversos setores que são dominados pelas relações do capital financeiro mundial, se canaliza, à feição da estrutura da economia clássica, para os setores que produzem bens de luxo, nos quais reproduz o capital estrangeiro (automóvel, televisão etc.) ou a ele se associa, e pode mesmo ter certa independência, limitada a esses produtos.

Em relação ao setor que produz bens-salário, o não consumo do assalariado, que decorre justamente da alocação de poucos recursos na produção de bens-salário, é reforçado com a compressão salarial para "combater a inflação", "aumentar a poupança interna", "pagar a dívida externa", estribilho monótono que os assalariados conheceriam "desde os tempos de Sólon" se naqueles tempos a relação capitalista fundamental já existisse.

A máquina coletiva do keynesianismo "em vias de desenvolvimento" (sucedâneo de "em direção ao pleno emprego"), na impossibilidade de desenvolver seus componentes bélicos e destrutivos, como ocorre na economia dominante, desenvolve os componentes que produzem os objetos sobre os quais recai o consumo da alta renda, reproduzindo a estrutura básica da concentração da riqueza, da produção, da renda, do consumo e da propriedade.

A violenta pressão sobre o salário real individual e os limitados meios de consumo do assalariado subdesenvolvido atualiza as versões clássicas sobre o fundo dado de salários, a impossibilidade malthusiana de elevação do salário real, o empobrecimento relativo etc.

A redução da taxa de crescimento da população operária, a transformação da estrutura ocupacional devido ao aumento das atividades improdutivas, o aumento dos valores de uso produzidos em dada jornada de trabalho, as relações internacionais que sobre-exploram os trabalhadores subdesenvolvidos etc. obscurecem a discussão atual em torno da situação real do assalariado.

A totalidade dos grandes ideólogos afirmou a tendência para o empobrecimento absoluto do assalariado, devido, em parte, à falta de percepção histórica que mostraria o patamar em ascensão dos valores de uso obtidos pela produtividade crescente do trabalho.

Marx é acusado injustamente, porque sua teoria do salário é a única que vislumbra não o empobrecimento absoluto, malthusiano-keynesiano, mas o empobrecimento relativo, devido à perspectiva histórica em que os acréscimos de produtividade seriam traduzidos em maior massa de valores de uso na composição do salário real individual. Os acréscimos de produtividade nos setores de produção de bens-salário reduzem o custo de produção da mercadoria "força de trabalho" e, por isso, o salário em termos de valor, permitindo ao capitalista apropriar-se de maior parcela de mais-valia. Daí o empobrecimento relativo.

Para Keynes, a redução do salário real, até o pleno emprego, significa empobrecimento absoluto, malthusiano, do trabalhador individual, e esse empobrecimento corresponde a um *aumento de lucros.*

Enquanto para Marx o salário é parte de uma totalidade, de tal forma que o montante de salários não pode oscilar senão dentro de estreitos limites, em dado nível técnico, sob pena de a totalidade não se reproduzir (entrando numa crise por insuficiência de demanda, por exemplo), para Keynes a redução do salário real pode se dar a um nível abaixo daquele que os clássicos pensavam possível. Isso porque, para Keynes, o aumento da poupança e do investimento que se verifica quando a economia se aproxima ou se situa no pleno emprego, onde a poupança é "normal", isto é, a máxima, não se destina à produção de bens-salário, mas em grande parte à produção de não-meios de consumo que o governo adquire. Assim, embora os salários reais individuais se reduzam, não haverá, dentro da estrutura da produção, do emprego e do consumo keynesiano, problema de realização. A estrutura da economia keynesiana como que desligou o consumo assalariado da totalidade de que ele é parte, do consumidor coletivo capitalista e, em seu lugar, instaurou o Moloch em cujas mãos colocou a moeda estatal.

Assim, o empobrecimento absoluto do assalariado instala-se na estrutura da produção, da ocupação e da demanda no processo de marginalização do assalariado e na tentativa de obter um *fator a preço zero*, a força de trabalho.

Como vimos, Keynes relega a possibilidade de aumento do salário real para o longo prazo, quando "todos estaremos mortos", posterior ao reinado do pleno emprego. Essa esperança se funda na possibilidade de que as melhorias técnicas reduzam o preço dos bens-salário ou permitam um aumento do salário nominal, conservando-se estável o nível de preços. Do presente trabalho parece decorrer que aquelas sugestões são cerebrinas e contrariam a estrutura e o funcionamento da economia keynesiana avançada ou da subdesenvolvida.

A história da ideologia do salário nos mostra que o pensamento conservador não pode prometer muito mais ao assalariado do que o pensamento dito revolucionário afirma ser o seu quinhão: o empobrecimento absoluto (Malthus-Keynes), o empobrecimento relativo (Marx).

A ideologia keynesiana indica que só depois de desenvolver a acumulação intensiva (clássica, do *laissez-faire*) e, como consequência daquela, a acumulação improdutiva e destrutiva, isto é, após a crise da estrutura da economia keynesiana, no socialismo, é que o trabalhador poderá obter da máquina coletiva uma parcela das substâncias que o trabalhador coletivo transformou em meios de consumo e não em seu oposto.

A negação da negatividade que sustenta e se acumula no capitalismo, em sua fase imperialista senil, será negada e soterrada pela crise. A superação da crise capitalista permitirá que centenas de trilhões de dólares, excedente que não pode ser investido em nenhum dos dois departamentos – de meios de produção e de meios de consumo –, e que se objetivaram no departamento III, destrutivo, improdutivo, esse excedente será inseminado pela força de trabalho que o capitalismo lançou ao desemprego e subemprego.

Como, na crise, o lucro que dirigia a ação da sociedade capitalista passou do verde para o vermelho, novos parâmetros devem surgir para conduzir a ação coletiva.

Em vez do lucro, cuja ausência destrói os investimentos ainda recalcitrantes, o excedente exacerbado pela crise deverá construir pontes para o futuro, localizar setores e se objetivar em obras que perdurarão no novo mundo.

O trabalho humano, que o capitalismo senil tornou tanatológico e objetivou na produção de não-mercadorias, deixará de ser organizado para obtenção da eficiência marginal fictícia do capital. A economia destrutiva, concentrada nos Estados Unidos, não encontrará o contrapolo de uma nação beligerante. A crise das estruturas e das instituições keynesianas falidas deixará enormes forças potenciais desempregadas. Na ausência do lucro e da eficiência marginal fictícia do capital, a inquietude humana chamada trabalho só poderá organizar-se e objetivar-se sob a direção de uma nova bússola: a preservação da vida humana e da natureza, do lazer saudável, da produção artística, literária, erótica. A rosa amorosa e civilizada existe e está plantada no futuro. Seu aroma, sua cor, sua textura aguardam a sociedade que será digna de colhê-la. Não importa o nome da rosa – socialismo, comunismo, cooperativismo –, o que importa é a rosa.

Sem o lucro de poucos, o trabalho coletivo será gratificado pelo resultado social, erótico, vitalizante que brotará da própria ação.

17

Mudanças nos sistemas monetários: a inflacionabilidade como principal determinante das mudanças dos sistemas monetários

Existe, na modificação verificada nos sistemas monetários, principalmente em períodos mais recentes, um aspecto de importância considerável e que não tem sido objeto de estudo nas proporções merecidas.

Alguns autores apontam como fator responsável pelas mudanças dos sistemas monetários a indecisão da preferência coletiva, que ora elege um ora outro metal para padrão do sistema e para exercer as funções de instrumento de medida de valores, intermediário nas trocas, e de reserva de valores. Esta indecisão faz com que certos bens elevados à categoria da moeda em determinado momento sejam mais tarde destituídos desta função, voltando à categoria comum, da qual outro bem se eleva, adquirindo as características peculiares à moeda. Adam Smith dizia que o ouro e a prata, por suas qualidades intrínsecas (durabilidade, inalterabilidade, grande valor em relação ao peso e volume etc.), satisfaziam adequadamente as exigências coletivas.

Outros autores indicam que as mudanças nos sistemas monetários se fazem no sentido de uma crescente desmaterialização da moeda. A moeda mercadoria substitui a moeda representativa, e a moeda fiduciária representaria um passo a mais no caminho da separação entre a moeda e a mercadoria, evolução que culminaria com o aparecimento da moeda bancária ou escritural, completamente destituída de suporte material[1]. Segundo esses autores, trata-se de uma tendência crescente de independência do valor monetário em relação à matéria (*hylé*). A economia moderna, preocupada com outras espécies de investigações, pouco contribui para esclarecer a evolução e as modificações que os sistemas monetários têm apresentado.

As derrotas do ouro, esta "relíquia bárbara", e do bimetalismo não se devem apenas ao fato, comumente apontado, de que os sistemas metálicos estavam sujeitos a

[1] Cf. Henri Guitton, *Economia política*, v. 2 (Rio de Janeiro, Fundo de Cultura Econômica, 1961), p. 13.

alguns percalços que seu funcionamento colocou em evidência. Da mesma forma, as mudanças que se verificaram, e que teriam conduzido as modificações desde a moeda mercadoria até a moeda escritural, não representam apenas tendência de *desmaterialização*. Também a passagem transitória do sistema plurimetálico para o sistema monometálico não representa a vitória de determinado metal, sua eleição pela preferência coletiva. No século XX, o sistema ametálico sucedeu, rapidamente, o bimetálico e o monometálico, num processo rápido e universal. Quais os fatores principais que teriam presidido a tais mudanças? Por que o papel-moeda e a moeda escritural teriam tomado, por assim dizer, de assalto, o mundo moderno?

A história acidentada dos diversos sistemas talvez nos autorizasse a traçar as grandes diretrizes de sua transformação. Essa tarefa é cercada de dificuldades quase insuperáveis; a moeda, *realidade social* que é, está sujeita às influências de uma série de fatores que atuam, em circunstâncias e momentos diversos, com intensidades também variadas. A predominância de um fator sobre o outro, em determinado momento histórico, pode trazer certa perplexidade ao estudioso.

Talvez se possa afirmar que a *funcionalidade*, a aptidão do sistema para atuar dentro dos quadros da realidade econômica e social de forma mais ou menos hábil, é uma constante no seu processo de mudança em períodos amplos. Quando se operam modificações nestes quadros, elas se refletem no sistema monetário, de forma a modificá-lo, adaptativamente, à realidade nova, emergente, e dinamizá-la dentro de certos limites[2].

Observamos, por exemplo, que nos sistemas metálicos de cunhagem não livre o soberano ou o governo se apropria de parte do metal levado à cunhagem. Este direito dos suseranos e dos reis, que fizeram da moeda um instrumento de exploração em proveito próprio, não poderia sobreviver à vitória do liberalismo. Por isso, a liberdade de cunhagem, corolário das liberdades políticas, veio, na França, com a lei de 28 de março-7 de abril de 1803. Apenas o trabalho da Casa da Moeda (*Hôtel des Monnaies*) era cobrado, excluindo-se completamente toda forma de exploração por parte do Estado em relação à moeda. Este exemplo de completa abstenção do Estado em face da moeda, de ausência de exploração, em que a moeda deixa de ser fonte de receita pública, é, sem dúvida, fato solitário na história moderna. Exceto exemplos como este, em que o ideal político revolucionário, vencedor, açambarca a totalidade das instituições sociais, um fator se destaca nas disputas dos interesses e das doutrinas em relação aos sistemas monetários; e as mudanças dos sistemas correspondem à predominância de certos grupos interessados em um sistema mais manipulável no sentido da inflação, ou da ascensão ao poder dos grupos interessados em uma rigidez maior do sistema monetário.

---

[2] Marx afirma que uma forma monetária nova é capaz de mudar a forma da contradição, mas não a supera.

A produção produz o dinheiro. À medida que a produção de não-mercadorias e de serviços se expande para assegurar a reprodução do capital, à produção daqueles símbolos de valor tem de corresponder a produção de moeda simbólica, cartal, como veremos adiante.

Só algo comprido pode ser usado como unidade de medida para medir coisas compridas; para pesar algum objeto, o padrão tem de ter peso; para expressar o preço e o valor de uma mercadoria, só uma mercadoria pode servir de unidade de medida e padrão de preço. Por isso, Marx tem razão quando afirma que a mercadoria é o embrião do dinheiro.

Ligeiras anotações sobre as modificações dos sistemas monetários

I

A história monetária da Inglaterra é povoada de episódios interessantes e esclarecedores em relação às tendências dos sistemas monetários. Apesar de não ter acolhido as ideias de John Law, a Inglaterra conheceu cedo a experiência do papel-moeda. Em 1793 e 1794, as exigências de guerra contra a França perturbavam as finanças inglesas, a tal ponto que o curso forçado foi estabelecido em 1797. Esclarece René Gonnard:

> O regime de papel-moeda se iniciava e, com ele, as hiperemissões. O montante das emissões foi, de 1802 a 1808, de cerca de £ 13 milhões por ano, permitindo empréstimos ao Estado de £ 4 milhões a £ 5 milhões por ano em média, de 1787 a 1810. O curso forçado, que devia expirar em 1802, foi prolongado até 1819.[3]

Vemos, aqui, um fato que frequenta a história monetária com assiduidade praticamente imutável: o recurso ao papel-moeda como instrumento de financiamento de guerras. É que, nestes períodos, a atividade e as funções do Estado, qualquer que seja seu regime político e sua estrutura jurídica, se hipertrofiam, insufladas pelas necessidades de defesa coletiva. Adam Smith já percebera que a teoria é, em certo aspecto, uma técnica colocada a serviço dos interesses vitais dominantes, de modo que seu liberalismo, quando defrontava os imperativos de defesa do Estado, abria-se em amplas exceções.

Quando, por exemplo, uma libra-ouro é usada como moeda, seu uso desgasta seu peso. A libra-ouro, que passa a pesar menos de uma libra, passa a ser "símbolo de si mesma", isto é, a moeda desgastada onde continua escrito "uma libra" possui

---

[3] René Gonnard, *Histoires des doctrines monétaires dans ses rapports avec l'histoire des monnaies* (Paris, Sirey, 1935), p. 289.

menos de uma libra. Logo, ela passa a ser símbolo de uma libra-peso. A moeda simbólica surge na moeda mercadoria e a possibilidade de vir a ser simbólica já se encontra presente em sua origem, em seu embrião, a mercadoria. Uma verdade descoberta por Marx.

O papel-moeda, instrumento de notável funcionalidade, aparece para socorrer o Estado liberal quando, principalmente por injunções bélicas, avolumam-se suas atividades e necessidades monetárias. O dinheiro estatal é expressão e extensão do poder do Estado que, enquanto produtor e fornecedor de capital aos capitalistas, tendo partejado o capitalismo e assistido à acumulação de capital, é capital, núcleo das relações de "poder sobre coisas e pessoas".

Na França, nos Estados Unidos do século XIX (*green-back*), na Inglaterra, da mesma forma que, no século XX, em todos países em que o Estado se tornou dirigista ou intervencionista, empresário, investidor, comerciante ou guerreiro, o papel-moeda aparece como fenômeno normal, em decorrência das funções agigantadas do Estado.

Outro fato interessante da história monetária desta época – que se repete na França, na Rússia, nos Estados Unidos – é a resistência dos governantes ao reconhecimento do estado inflacionário vigente. Os representantes do governo inglês, durante o surto inflacionário do início do século XIX, recusavam-se a reconhecer aquela realidade. O chanceler do Tesouro "sustentava que as notas não estavam depreciadas e que era o valor do ouro que se tinha elevado, não o do papel que havia decaído"[4]; como vemos, a lógica das necessidades e dos interesses ignora o raciocínio lógico, conseguindo, algumas vezes, vencê-lo, pelo menos temporariamente. Por incrível que pareça, o parlamento inglês e inúmeros economistas do tempo corroboraram a estranha tese do chanceler[5].

A partir de 1809, Ricardo intervém nas discussões sobre as emissões de papel-moeda "e sua depreciação contestada pelos representantes do governo". Ricardo colocava-se como adversário da inflação e partidário decidido de uma deflação bastante enérgica que diminuísse o montante do papel-moeda em circulação até que seu valor tivesse atingido o valor do ouro ou, como ele mesmo comenta – o que vem a dar no mesmo –, até "que o preço nominal do ouro voltasse a se equiparar ao da moeda"[6]. Apesar disso, e o que tem grande significação, Adam Smith e Ricardo consideravam *o papel-moeda como etapa final da evolução dos sistemas monetários*:

---

4 Ibidem, p. 286.

5 "Muito estranhamente, o governo e os bancos na Inglaterra recusaram-se a acreditar que a elevação de preços estivesse relacionada ao crescimento da circulação monetária. Eles eram atribuídos a uma valorização do ouro. Embora Ricardo e o Comitê dos Bulionistas de 1810 tenham dado a explicação correta, esta não angariou confiança"; Paul Einzig, *Inflation*, cit., p. 41.

6 René Gonnard, *Histoires des doctrines monétaires dans ses rapports avec l'histoire des monnaies*, cit., p. 293.

> Os progressos da experiência e dos esclarecimentos nos mostram que há ainda um passo a dar, e que é preciso tirar-lhes [aos metais preciosos] esta função que eles desempenharam tão vantajosamente em épocas menos esclarecidas.[7]

Ricardo mostra-se decididamente favorável à moeda-papel, embora reconheça os perigos de tal sistema, pois

> a experiência mostra [...] que todas as vezes que um governo ou um banco tiveram a faculdade ilimitada de emitir papel-moeda, *sempre abusaram dela.* [Entretanto,] uma moeda de papel sabiamente dirigida marca um tal progresso nas ideias comerciais que eu lamentaria amargamente nos ver levados pela influência de preconceitos para um sistema menos avançado.[8]

A função do Banco seria manter certa correspondência entre o valor do papel-moeda e o das barras de metal, não permitindo oscilações grandes entre um e outro. Ricardo, embora não pudesse compreender toda a significação do papel-moeda, que só depois das análises de Wicksell e Keynes pôde ser realizada, penetrou a fundo diversos aspectos de certos fenômenos. Ele mostra, por exemplo, que quando o Estado exerce o monopólio de cunhar moeda, o direito de senhoriagem pode elevar-se consideravelmente. Quando se trata de papel-moeda, "*todo seu valor pode ser considerado como representando senhoriagem*". Para que uma moeda de papel conserve seu valor não há necessidade de que seja conversível[9]. Eis aí, para então, a vantagem que teria um governo ao adotar esta moeda.

Voltemos aos fatos: em 1816, o Banco da Inglaterra declara-se capaz de reembolsar os bilhetes emitidos em data anterior a 1812 e, em 1817, os anteriores a 1816. Mas "o público já se havia habituado de tal forma aos bilhetes que não se apressava em trocá-los, e parecia mesmo preferi-los, às vezes, ao ouro"[10].

Em 1821, finalmente termina o curso forçado e a circulação de moeda metálica se reinaugura. Na crise de 1825, o Banco da Inglaterra concede, pela primeira vez, crédito sobre garantia colateral de títulos.

Fato de maior significação pelas discussões que suscitou entre os partidários do *currency principle* e os do *banking principle*, e sua repercussão universal, foi a reforma do Banco da Inglaterra, em 1844. Com a adoção do *currency principle*, venciam os partidários da deflação, estipulando o Ato Peel a obrigatoriedade de cobertura integral em ouro para as emissões do banco. A circulação fiduciária foi limitada a 14 milhões de libras. Mas, como esclarece René Gonnard, o antagonismo

---

7 David Ricardo, *Princípios de economia política e tributação*, cit., p. 241.

8 Idem.

9 René Gonnard, *Histoires des doctrines monétaires dans ses rapports avec l'histoire des monnaies*, cit., p. 302.

10 Ibidem, p. 310.

entre os partidários do *banking principle* e os do *currency* não foi tão grande como, à primeira vista, pareceu.

> A oposição entre os dois princípios traduz-se no fato de que, ao se referir ao *currency*, a proporção entre o encaixe e a emissão é fixada por lei, enquanto, ao referir-se ao *banking*, esta proporção é deixada aos cuidados da prudência do banqueiro.[11]

Bastou, no entanto, o rigor do *currency principle* para que a rede bancária lançasse mão de um expediente, conhecido há muito tempo, para anular a rigidez da lei. O cheque adquire, então, expansão e utilização insólitas. A limitação da circulação monetária que o Ato Peel deveria acarretar foi, desta forma, impedida pelo aumento vertiginoso da moeda escritural. Daí em diante, seu uso difundiu-se em todos os países e sua colaboração na elevação de preços talvez seja, em nossa época, mais importante do que a do próprio papel-moeda.

Outro fato interessante que surge frequentemente em todos os países é a inoperância das restrições legais ao volume das emissões. Na Inglaterra, "por três vezes foi necessário recorrer à suspensão da Lei Peel, sendo o Banco autorizado a exceder o limite legal da emissão fiduciária"[12]. As limitações legais cedem diante do peso, de injunções de diversas ordens, ou se cria um processo de burlar constantemente a lei quando tal limite é ultrapassado; o Tesouro encampa a emissão, que se torna puramente fiduciária[13].

Abre-se a brecha para as modificações da circulação através de alterações legislativas. Podemos dizer que a adoção da moeda representativa por parte de um país torna sua economia mais inflacionável do que a de outro em que circule moeda metálica. Da mesma forma, o sistema que adota um único padrão metálico – o monometalismo – é, em relação ao bimetalismo, uma forma restritiva do montante da circulação. Hamilton já o percebera, em 1792; nas disputas entre os partidários do monometalismo e do bimetalismo, o caráter inflacionário do segundo sistema é sempre invocado. Bismarck é influenciado pelas mesmas ideias de Hamilton e declara temer que o ouro fosse "cobertura muito estreita"[14].

II

René Gonnard, ao analisar as disputas que se travaram em torno das questões monetárias nos Estados Unidos no século XIX, chega à conclusão de que, se se pretender

---

[11] René Gonnard, *Histoires des doctrines monétaires dans ses rapports avec l'histoire des monnaies*, cit., p. 295.

[12] Eugênio Gudin, *Princípios de economia monetária* (Rio de Janeiro, Agir, 1980), p. 315.

[13] Ibidem, p. 371.

[14] Ibidem, p. 352.

encontrar um ponto de vista do qual se possa encarar a questão com um caráter de unidade, este ponto deve ser o do *inflacionismo*[15]. Seu estudo da realidade dos Estados Unidos no século XIX é impressionante e esclarecedor. Mostra como a querela monetária neste país teve sua localização geográfica de forma bastante nítida: os estados do litoral do Atlântico, os da Nova Inglaterra, mais ricos e mais industrializados, defendem o monometalismo ouro. "Os estados do Oeste e do Sul, colonizados mais tarde, povoados de agricultores, frequentemente endividados com os banqueiros de Nova York e Filadélfia"[16], são partidários do bimetalismo ou do papel-moeda, porque desejam pagar suas dívidas *bon compte*. Aos primeiros, credores, interessa receber em ouro e não admitir que a desvalorização da moeda provoque o perdão de dívidas. Lembremos que este é um dos argumentos de Keynes em favor da elevação de preços.

Em 1792, Hamilton fazia vitorioso o bimetalismo, trazendo como principal argumento a afirmativa de que "a eliminação do emprego de um dos dois metais como moeda faria reduzir a quantidade de instrumentos em circulação"[17].

Só o exame simplista ou o ideal estético prevalecendo sobre o científico poderia ver na "tendência para a desmaterialização" ou para a "unidade" a diretriz das mudanças verificadas nos sistemas monetários. Em nosso modo de ver, René Gonnard aproxima-se com maior felicidade do ponto essencial da questão, quando vislumbra, na luta entre inflacionismo ou deflacionismo, ou entre bimetalismo e monometalismo, nos Estados Unidos, o reflexo das disputas político-partidárias:

> Na história dos Estados Unidos, no século XIX a questão monetária aparece antes sob seu aspecto prático, como luta de interesses e de partidos. É em torno da inflação, e também dos interesses dos *silvermen*, que o combate se trava. As lutas das teorias permanecem, de algum modo, em plano secundário: e os argumentos em favor ou contra o bimetalismo ou a inflação são os mesmos que vimos se oporem nas controvérsias dos economistas europeus.[18]

Nos Estados Unidos, portanto, orientando e dirigindo as discussões entre monometalismo e bimetalismo, entre deflação e inflação, aparecem os interesses de grupos e partidos: a derrota de um grupo é também a queda de um sistema metálico.

Seria preciso esperar o início do século XX para que os esclarecimentos a respeito da moeda bancária e de sua influência sobre o nível de preços, bem como as distinções entre

---

[15] Ibidem, p. 366.

[16] Ibidem, p. 367.

[17] Ibidem, p. 366.

[18] René Gonnard, *Histoires des doctrines monétaires dans ses rapports avec l'histoire des monnaies*, cit., p. 383.

o papel-moeda e bilhete de banco pudessem ser realizadas. A Wicksell principalmente deve-se a afirmativa de que "a multiplicação do crédito e a moeda metálica de banco teriam praticamente ofuscado a influência da moeda metálica na fixação de preços"[19].

Charles Rist mostra-nos, também, que a confusão em torno dos instrumentos monetários e creditícios vem de período anterior. A má percepção da "linha de separação" entre os instrumentos de crédito e a moeda propriamente dita é constante em todos os economistas do século XVIII.

> A confusão é, em parte, voluntária e em parte inconsciente em John Law, involuntária, mas constante em Adam Smith e Mollien, sistemática em Ricardo.[20]

Embora não possamos recuar nosso estudo no tempo, podemos afirmar que os argumentos que aparecem nos momentos decisivos das disputas a favor ou contra o monometalismo ou o bimetalismo, como favorável ou contrário ao papel-moeda (ou melhor, ao sistema ametálico), referem-se e se baseiam em suas consequências sobre o nível geral de preços: são favoráveis ou desfavoráveis à inflação.

Encontramos, em autores anteriores a Smith, a percepção nebulosa, o pensamento informado por uma realidade não totalmente compreendida, mas experimentada e sentida. Quesnay, por exemplo, defende uma elevação de preços permanente:

> Eu defendo uma carestia e uma abundância permanente, porque uma carestia passageira não forneceria uma distribuição geral de riqueza a toda a nação; ela não aumentaria as rendas dos proprietários, nem as rendas do rei: ela não seria vantajosa senão a alguns particulares que venderiam, então, seus gêneros a alto preço.[21]

São estes os argumentos que renascem de tempos em tempos: poderíamos colocar algumas ideias de Quesnay a respeito da elevação de preços, entre as páginas frescas de economistas modernos que perceberam a necessidade de usarem-se os gastos do governo para elevar o nível da demanda efetiva.

III

Se, ao nos referirmos à inflação na Alemanha, ocorre-nos a lembrança da experiência inflacionária da década de 1920, que passou para a história como o começo das inflações modernas, não encontramos na Rússia um ponto culminante que sirva

---

19 Charles Rist, *Histoire des doctrines sur la monnaie et le crédit, depuis John Law jusqu'à nos jours* (2. ed., Paris, Sirey, 1951), p. 275.

20 Idem.

21 François Quesnay citado em René Gonnard, *Histoires des doctrines monétaires dans ses rapports avec l'histoire des monnaies*, v. 2, cit., p. 115.

de referência. Na realidade, a espiral inflacionária russa recua extraordinariamente no tempo; quase sem solução de continuidade, ela aparece no século XVIII e se prolonga, pelo menos, até 1947.

A moeda-papel surge na Rússia em 1778, atinge a depreciação de 50% em 1796 e de 75% em 1810. Em 1827, o Estado declara que só trocará rublo papel por rublo metal, na razão de 3,60 kopeks por 1.

Embora a situação experimentasse alguma melhora por volta de 1843, com a guerra da Crimeia (1854) reaparece o papel-moeda inconversível e a inflação. Apenas em 1897 volta-se à conversibilidade, mas esta só foi conseguida mediante a diminuição do rublo-ouro em peso, não pela elevação do valor do rublo papel.

Embora conseguisse esta conversibilidade, 1914 se avizinhava e, como acontece em quase todas as guerras, as emissões financiam a hipertrofia do Estado.

> No momento da tomada do poder pelo governo soviético, a Rússia conhecia uma situação monetária desastrosa. Os anos de guerra tinham provocado uma inflação sem precedente. De julho de 1914 à Revolução de Fevereiro, o montante do papel-moeda em circulação passou, com efeito, de 1.133 milhões de rublos a 9.949 milhões.[22]

O novo regime, apesar de todos os ideais reformadores, recebeu a herança inflacionária, aumentado-a dia a dia. Segundo os dados fornecidos por Bettelheim, catorze meses depois da tomada do poder, ou seja, em 1º de janeiro de 1919, a circulação monetária chegava a 61.126 milhões, para elevar-se, em 1º de janeiro do ano seguinte, a 235.015 milhões e, passado um ano mais, a 1,169 bilhão de rublos.

Em 1920, os teóricos do Comissariado das Finanças estudavam as possibilidades de instituir-se um sistema de pagamento sem moeda. Em 1921, propuseram a unidade de trabalho, o *troud*; mas a própria tendência da economia soviética exigia a presença da moeda em uma economia de mercado. A espiral inflacionária continuava em franca ascensão. Iniciou-se, então, o processo de troca de unidades monetárias novas pelas antigas, técnica tantas vezes utilizada pelos países capitalistas.

Em 1922, o governo soviético institui novo rublo, trocável pelos antigos, na razão de 1 por 10 mil antigos. Em 1923, repete-se a troca e um rublo de 1923 é trocado por 100 de 1922. Em 1923, o *tchervonetz*, nova unidade monetária aparecida em 1922, é definido pelo peso de 7,74 gramas de ouro fino.

Apesar de todas estas medidas tomadas pelo governo, a inflação continua enfrentando impunemente as políticas drásticas impostas pelo poder.

Todo o primeiro plano quinquenal "é, indubitavelmente, caracterizado por uma inflação considerável"[23]. Apesar de ter persistido durante todo o segundo

---

22 Charles Bettelheim, *L'Économie soviétique*, cit., p. 324.

23 Ibidem, p. 337.

plano quinquenal, "embora com um ritmo consideravelmente enfraquecido", os economistas soviéticos teimavam em afirmar que não existia inflação. Os argumentos por eles evocados são os mesmos de que lançam mão seus colegas capitalistas. Não admitem a existência da inflação, embora não neguem que o nível de preços se eleve... Diziam que, como "no curso do período considerado, a produção aumentou muito, assim como o número de trabalhadores e empregados"[24], não havia inflação, mas apenas aumento geral de preços, argumento perfeitamente keynesiano... Durante todo este tempo, ela atuava como técnica de exploração do proletariado em proveito do Estado soviético.

> Na economia soviética – diz ainda Bettelheim –, moeda e crédito não são, finalmente, senão instrumentos que, da mesma forma que as finanças públicas, são acionados pelo Estado para realizar, nas melhores condições possíveis, os objetivos visados pelo plano.[25]

A inflação se incorpora, também, ao sistema soviético e aí exerce função bastante semelhante àquela que desempenha nos países capitalistas; é uma técnica cujo significado aparente é o de ajustar a realidade ao plano pré-fabricado e cujo significado real é o de ser uma técnica de exploração do assalariado, em favor do Estado, da acumulação socialista e da produção de não-mercadorias.

A explicação que se pode dar ao fato de que no século XX todos os países adotaram definitivamente o sistema ametálico de papel-moeda inconversível[26] só pode ser encontrada no fato de ser este o sistema que melhor funciona no sentido de satisfazer às exigências do Estado moderno e aos interesses dos grupos dominantes. Só esse sistema permite ao Estado hipertrofiar suas funções, realizar uma política ampla de investimentos públicos, atender a uma gigantesca despesa de guerra ou de desenvolvimento econômico e realizar uma ação inflacionária consciente (em certo sentido), em proveito de certas classes ou de grupos predeterminados.

Anotações sobre o estudo de Max Weber: elasticidade de produção e inflacionabilidade dos diversos sistemas

As escassas e insuficientes anotações anteriores sobre os aumentos dos níveis de preços bastam para apontar suas ligações com as lutas políticas, com as necessidades bélicas e com outros elementos da conjuntura socioeconômica. Podem, finalmente,

---

[24] Idem.

[25] Ibidem, p. 323.

[26] O último país a adotar o sistema inconversível foi a Arábia Saudita, já na segunda metade do século XX.

levar-nos a supor que o processo de mudança dos sistemas monetários se realiza no sentido em que os interesses de classes, grupos, partidos ou as injunções da conjuntura exigem e impõem a deflação ou a inflação. O sistema monometálico é o menos inflacionável, principalmente quando a cunhagem não é livre ou, sendo livre, o preço do ouro no mercado (barras) é superior ao valor da moeda metálica de igual peso. O sistema bimetálico é mais inflacionável do que o monometálico, e o de papel-moeda de curso forçado é o mais inflacionável de todos, de modo que, em termos absolutos, a "elasticidade da produção da moeda" não pode ser considerada igual nos três sistemas.

Em *Economia e sociedade*[27], Max Weber refere-se a este fato nos seguintes termos:

> A comparação de todos esses processos (1 e 2) mostra o seguinte:
> Enquanto ainda existe dinheiro metálico de tráfico livre, a possibilidade da "inflação" está bastante limitada:
>
> 1. "Mecanicamente", pela circunstância de que a quantidade do metal nobre em questão disponível, num momento dado, para fins monetários, ainda que elástica, está em última instância fixamente limitada.
>
> 2. Economicamente (em condições normais), pela circunstância de que a fabricação de dinheiro se deve unicamente à iniciativa de interessados privados, orientando-se, portanto, a solicitação de cunhagem pelas necessidades de pagamento da economia orientada pelo mercado.
>
> 3. Nessas condições, a inflação somente é possível pela transformação do dinheiro metálico limitado até então vigente (hoje, por exemplo, da prata nos países com padrão-ouro) em dinheiro de tráfico livre; mas, nesta forma e com forte barateamento e expansão da produção do metal do dinheiro limitado, é muito intensa.
>
> 4. Uma inflação com meios de circulação somente é concebível como um crescimento a longo prazo e muito lento da circulação, condicionado pela prorrogação de créditos e, ainda que elástico, em última instância fixamente limitado pela consideração da solvência do banco de emissão. Nessas condições, a possibilidade de inflação aguda só existe quando há perigo de insolvência por pane do banco, normalmente, portanto, em caso de um sistema monetário de papel-moeda condicionado por *situação de guerra*.[28]

Para que se possa compreender o final desta exposição, é necessário que se saiba o significado das seguintes expressões[29], empregadas por Max Weber ou por Georg Friedrich Knapp:

---

27 Max Weber, *Economia e sociedade* (Brasília, Editora Universidade de Brasília, 1991).

28 Ibidem, p. 123.

29 Ibidem, p. 111 e seg.

Lítrica – administração: aquela que tem por objetivo corrigir as irracionalidades da moeda.
Cartalidade e dinheiro cartal: expressa a independência do valor da moeda em relação à matéria de que é feita (*hyle*).
Hilodromia: diz-se que existe a hilodromia quando a administração lítrica cunha qualquer quantidade de metal que se apresente, ou a troca por moeda cartal.

Apontaremos aqui alguns trechos do trabalho de Max Weber que, em pouco mais de trinta páginas, alcança alguma lucidez e profundidade em relação a certos aspectos da política monetária e da natureza e do funcionamento dos sistemas monetários.

Embora Max Weber considere que

> não se pode sustentar que ali onde existe um sistema de papel (moeda) autógeno se dê sempre a probabilidade de inflação – pois durante a guerra quase todos os países desembocam em um sistema de papel (moeda), porém se pode dizer que de todos modos o desenvolvimento das consequências da inflação é muito mais evidente [...]. A política lítrica pode ser, também, política inflacionista (seja plurimetalista ou de papel), especialmente em caso de dinheiro metálico de caráter acessório ou em caso de sistema de papel.[30]

Examinemos, em seguida, os motivos pelos quais o papel-moeda "nunca pode ser hilodrônico, no pleno sentido do termo":

> E não se pode considerar nula ou igual a zero a diferença existente entre os *assignats* desvalorizados e aquilo que um dia poderia ser uma prata desvalorizada em consequência de uma desmonetização universal e reduzida a ser matéria-prima para suas indústrias (coisa com que está de acordo o próprio Knapp).[31]

Não se pode, pois, comparar em termos absolutos a elasticidade de produção de moeda nos diversos sistemas. Isso porque, evidentemente, embora se pudesse considerar a quantidade de metal "uma magnitude elástica", ela era "contudo infinitamente mais fixa que a representada pela possibilidade de emissão de papel-moeda"[32]. Keynes, como vimos, não considera estas profundas diferenças existentes entre as elasticidades de produção da moeda nos diversos sistemas. Quando ele prega a eutanásia do rentista na *Teoria geral* de modo específico[33], e o repete em inúmeros pontos de sua obra, não esclarece que o instrumento encarregado de exterminá-lo – a redução de taxa de juros através do aumento da quantidade da moeda e, por conseguinte, uma elevação controlada do nível de preços – sufoca também outras classes sociais. Assim se expressa Keynes:

---

[30] Ibidem, p. 183.

[31] Ibidem, p. 152.

[32] Ibidem, p. 153.

[33] John Maynard Keynes, *Teoría general de la ocupación e interés y el dinero*, cit., p. 361.

> Ademais, será uma grande vantagem na ordem dos acontecimentos que defendo, que a eutanásia do rentista, do inversionista que não tem nenhuma missão, não será algo repentino, senão uma continuação gradual, ainda que prolongada, do que temos visto recentemente na Grã-Bretanha, e não necessitará de um momento revolucionário.[34]

Weber também se refere a este fenômeno em *Economia e sociedade*:

> O "peso" deste aumento "exodrômico" e não prejudicial na provisão do dinheiro se paga lentamente pela mesma camada social que, em caso de inflação financeira aguda, encontra-se materialmente confiscada: pela camada constituída por todos aqueles recebedores de rendas num nominal que permanece idêntico ou que são possuidores de um patrimônio constituído por determinados valores "nominais". Estes são, antes de todos, os rentistas; logo, os funcionários com soldo fixo, ou seja, um soldo que só depois de muitas lamúrias pode chegar a um aumento; e, assim mesmo, os trabalhadores com salários fixos só são mobilizáveis depois de duras lutas.[35]

Estas passagens da obra de Max Weber e outras aqui não referenciadas nos mostram que uma abordagem que pretenda alcançar aquele "ótimo de verdade" a que se refere Mannheim, ou que tenha um grau de neutralidade científica elevado, não pode deixar de constatar:

a. Que a elasticidade de produção da moeda é muito maior, considerando a coletividade em seu conjunto, em um sistema de papel-moeda do que nos sistemas metálicos.

b. Que os efeitos do aumento da oferta de dinheiro que provocarão a eutanásia do rentista afetam também outras classes sociais, a saber: os assalariados e funcionários que tenham rendas bastante fixas, em termos nominais.

Keynes justifica a elevação do dispêndio do governo, custeado pela emissão de papel-moeda, atribuindo uma "elasticidade de produção zero ou próxima de zero" à moeda. Essa suposta elasticidade de produção próxima de zero seria a responsável pela elevação da taxa de juros. No entanto o sistema bancário moderno, produtor de moeda escritural, e o de produção de papel-moeda inconversível evidenciam a alta "elasticidade de produção da moeda".

A insuficiência de demanda efetiva (e não de moeda) é que o capitalismo tem de remediar. A única solução, além dos investimentos em maturação (inviáveis numa crise de sobreacumulação), é o aumento da demanda governamental. O governo compra não-mercadorias que são pagas com papel-moeda, com dinheiro estatal.

---

[34] Idem.

[35] Max Weber, *Economía y sociedad*, cit., p. 154.

Não é o aumento do dinheiro em circulação que provoca a inflação. A necessidade de elevar a demanda efetiva realiza-se por meio de novas emissões. O dinheiro estatal penetra no circuito como renda monetária acrescida. Ao acréscimo de renda monetária não corresponde qualquer aumento da produção e da oferta de mercadorias. Ao incremento da demanda "efetiva" em relação à oferta de mercadorias corresponderá uma elevação de preços.

À estrutura produtiva dinamizada pela produção de não-mercadorias, símbolos que o governo compra, corresponde o pagamento em dinheiro simbólico. Elevada a renda disponível, os preços em elevação dos meios de consumo oferecidos poderão ser pagos porque a renda monetária é suficientemente alta para isso. Os preços se elevam e, mesmo elevados, as vendas das mercadorias se realizam porque a quantidade de dinheiro se elevou, as rendas monetárias se elevaram no departamento III.

Quando as compras de não-mercadorias realizadas pelo governo fazem com que a demanda efetiva alcance o nível de pleno emprego, as despesas do governo, que deveriam ser reduzidas, não podem parar de aumentar. Se o governo limitasse seu dispêndio no nível em que a demanda efetiva correspondesse ao pleno emprego, qualquer incremento da produção e da oferta de mercadorias se depararia com uma demanda efetiva insuficiente para demandar o valor total da oferta de mercadorias, recaindo a economia numa retração de subemprego.

18

Considerações sobre o passado e o presente. As crises e as guerras: escatologia e superação

Aumentar a produção e a produtividade, por um lado, e preservar a escassez necessária para que a eficiência marginal do capital não caia a zero, por outro, é a grande contradição, do ponto de vista do próprio capital.

Se o capitalismo se caracteriza pelos incrementos de produtividade obtidos pelo trabalho assalariado impulsionado pela máquina, sob o comando despótico do capital, como conservar escasso o capital, se se considera que a escassez é a principal condição de manutenção do motor do sistema, o lucro?

> A única razão pela qual um ativo oferece uma série de rendimentos durante sua vida útil, que tem um valor agregado superior ao seu preço de oferta inicial, é *porque ele é escasso...* [...] se o capital se tornar menos escasso, o rendimento excedente diminuirá.[1]

Portanto, a desigualdade na repartição da renda, imanente ao modo de produção capitalista, tem um duplo efeito que se manifesta sobre o aumento dos meios de produção e sobre o incremento dos meios de consumo: provoca, de um lado, o rápido aumento dos meios de produção, tornando o capital facilmente "abundante" e determinando, assim, o colapso da eficiência marginal do capital e, de outro, àquela acumulação corresponde a redução do salário real individual, da capacidade absoluta de consumo da coletividade, que impede que aqueles investimentos subsistam, pondo um limite ao processo acumulativo pelo lado da realização.

"Se eu estou certo em supor que é relativamente fácil tornar os bens de capital tão abundantes que a eficiência marginal do capital seja zero"[2], tal como ocorreu na crise de 1929, porque a acumulação de riqueza no período anterior foi "tão grande

---

[1] John Maynard Keynes, *The General Theory of Employment, Interest and Money*, cit., p. 213; grifo nosso.

[2] Ibidem, p. 221.

que sua eficiência marginal caiu mais rapidamente do que a taxa de juros pôde cair"[3], então, os acréscimos de produtividade imanentes ao sistema industrial revelam-se incompatíveis com a taxa de lucro que move o próprio capital. Keynes, com sua teoria da escassez, dá razão a Marx, que afirma que é o capital que opõe o limite ao próprio capital.

Para tentar solucionar provisoriamente esta contradição intransponível, Keynes apresenta uma saída contraditória. A solução consiste em fazer com que os incrementos de produção e os aumentos de produtividade não provoquem a abundância do *capital equipment*, do capital produtor.

Se parte do capital real for exportada, os acréscimos de produção e os aumentos da oferta de meios de consumo se darão fora, na economia semi-integrada, importadora. Na economia integrada, exportadora, fica o acréscimo de renda que se destinará, em grande parte, à demanda de meios de consumo, provocando seu aumento relativo: ao incremento da demanda de meios de consumo não correspondeu qualquer aumento da produção e da oferta dos ditos meios.

Assim, a exportação de capital real tem um efeito dual, pois evita tanto a abundância interna e a queda da eficiência marginal do capital como produz o aumento relativo da demanda de bens de consumo. Evita a abundância dos meios de produção e dos meios de consumo, mantendo elevada a taxa de lucro da economia cêntrica, porque o *aumento relativo* da demanda de meios de consumo provoca o aumento de seus preços e a redução do salário real.

A produção de não-mercadorias desempenha o mesmo papel das exportações de não-meios de produção, não apenas porque permite o aumento do capital improdutivo no departamento que produz bens de produção como porque, sendo o governo o único comprador da produção final, aumenta a capacidade relativa de consumo da coletividade. Aqui estão, portanto, os fatores principais que na ideologia keynesiana respondem, como parte da estrutura da produção e da ocupação modeladas pelo governo, pela sustentação da taxa de lucro do sistema. Isso porque são elas que, penetrando na estrutura da produção e da ocupação, evitam a abundância e aumentam o volume de emprego (massa de mais-valor) e elevam os preços dos meios de consumo, reduzindo os salários (aumentando a taxa de mais-valor). Keynes concorda com Gesell:

> o resultado de preencher os hiatos da teoria clássica não consiste em abandonar o *sistema de Manchester*, mas indicar a natureza das contradições que o jogo livre das forças econômicas requer, se se têm de realizar as plenas potencialidades da produção,[4]

---

[3] Ibidem, p. 219.

[4] Idem, *Teoria geral do emprego, do juro e da moeda*, cit., p. 357; grifo do autor; tradução ligeiramente modificada por nós.

cumprindo o ideal malthusiano. Se a economia manchesteriana emprega 9 milhões em 10 milhões de trabalhadores, ela os aloca bem.

> A queixa contra o presente sistema não é que aqueles 9 milhões deveriam estar empregados em tarefas diferentes, mas que oportunidades de emprego deveriam estar disponíveis para 1 milhão de homens remanescentes.[5]

Para reabsorver o desemprego, Keynes chega a sugerir a socialização total dos investimentos, que é uma forma de socialismo privado, como se vê:

> Não é a propriedade dos instrumentos de produção que é importante que o Estado assuma. Se o Estado for capaz de determinar o total dos recursos destinados a aumentar os instrumentos de produção e a taxa básica de remuneração de seus proprietários, ele terá realizado tudo o que é necessário.[6]

O Estado que produz capital e garante sua reprodução, este Estado é capital. Assim, o aumento do lucro ou a tentativa de manutenção de sua taxa positiva, por meio do governo keynesiano que evita a queda da eficiência marginal do capital através da compra de não-mercadorias, é o que se convencionou chamar de "socialismo keynesiano". Este socialismo da aristocracia burguesa, tal como o de Kalecki, tem por objetivo, de um lado, evitar o desenvolvimento das forças produtivas, dos meios de produção reprodutivos, preservando escasso o capital, elevada a exploração do trabalho e, por outro, preservar as relações de produção capitalistas além do nível absoluto das forças totais que o trabalho humano desenvolveu: as produtivas e as improdutivas, as que dinamizam e as que detêm o movimento real.

O papel do Estado keynesiano é o de preservar as relações capitalistas, evitar o crescimento das forças produtivas, fazer com que o capitalismo "sobreviva a si mesmo", como foi dito, profeticamente, ainda no século XIX.

> Vamos assumir, além disso, que a ação do Estado interfere, como um fator balanceador, para evitar que o aumento do equipamento de capital seja tão intenso que o aproxime do ponto de saturação. [Como] com os recursos da técnica moderna, numa comunidade em que a população não cresça rapidamente, é capaz de fazer baixar a eficiência marginal do capital em equilíbrio aproximadamente a zero, no curso de uma só geração,[7]

então o papel do governo é evitar o aumento do capital produtor, sua abundância, e o colapso correspondente.

---

[5] Idem, *The General Theory of Employment, Interest and Money*, cit., p. 379.

[6] John Maynard Keynes, *The General Theory of Employment, Interest and Money*, cit., p. 378.

[7] Ibidem, p. 220.

> Como, portanto, o alargamento das funções do governo, que supõe a tarefa de ajustar, a propensão a consumir com o incentivo para investir [...] como único meio de evitar a destruição das formas econômicas existentes em sua integridade e a condição de funcionamento da iniciativa individual bem-sucedida,[8]

organizada a iniciativa privada na forma de empresas que se dediquem a vender ao governo atividades e coisas "completamente dissipadoras e não apenas parcialmente dissipadoras"[9]. Esta dissipação nada mais é do que o custo social de manutenção das relações capitalistas que Keynes tanto ama e que ele quer conservar "por mais cem anos".

A hipertrofia do Executivo e a destruição de um imaginário equilíbrio entre os três poderes decorrem dessa estrutura de gastos, necessária à reprodução ampliada do capital.

> Enquanto o alargamento das funções do governo, envolvido na tarefa de ajustar uma ao outro, a propensão a consumir e o incentivo a investir, poderia parecer um terrível obstáculo ao individualismo a um publicista do século XIX ou a um financista americano de hoje, eu o defendo, ao contrário, tanto como o único meio prático de evitar a destruição das formas econômicas existentes em sua integridade quanto como condição do funcionamento bem-sucedido da iniciativa privada.[10]

Portanto o socialismo privado de Keynes pode até mesmo reconcentrar a propriedade e a riqueza desde que os gastos do governo se façam na forma de encomendas de bens e serviços a empresas que tenham elevada rentabilidade, acima da média da economia.

A mesma distorção que se apresenta na estrutura da produção e da ocupação reflete-se no fluxo físico de "bens e serviços", no plano objetivo; decorre daquela distorção da estrutura da produção e da ocupação, a deformação do consumo coletivo, pois o perfil da demanda nada mais é do que a sombra, pouco alterada, daquela estrutura. A desigual repartição da renda e da riqueza, cuja preservação criou a "solução" keynesiana, gera, por outro lado, um superinvestimento relativo, uma acumulação muito rápida, capaz de, "no curso de uma só geração, levar a eficiência marginal do capital a zero". Ao empregar recursos, capital, trabalho em atividades improdutivas, evita-se "abundância do capital produtivo" e a queda de sua eficiência marginal, mantendo-se baixo o nível das forças produtivas reais e preservando-se as relações de produção, de distribuição e de consumo que lorde Keynes ama, a ponto de defender o desenvolvimento desta estrutura keynesiana.

Do ponto de vista da moeda, aquelas distorções que se situam no plano objetivo, na produção, no emprego, no produto, traduzem-se em inflação, na elevação do

---

[8] Ibidem, p. 129.

[9] Idem.

[10] Ibidem, p. 380.

preço de bens de consumo, no aumento do lucro e na redução do salário, nos termos concebidos por Keynes.

Portanto, para liquidar a inflação seria necessário retificar a estrutura produtiva, a ocupacional, a do consumo, a da repartição da renda e a da riqueza preexistente e, para isso, as próprias relações sociais da produção, porque aquelas deformações e a inflação estão a serviço da preservação das relações de produção.

A estrutura da produção, da máquina coletiva, da ocupação e do consumo resultantes dessa sociedade contraditória que quer e não pode evitar a elevação da produção e da produtividade e evitar a abundância, preservar a escassez, conciliar estes movimentos opostos, passa a ser contraditória e desenvolve na produção, na ocupação, na máquina coletiva, no consumidor coletivo os componentes improdutivos, destrutivos, como resultado da solução keynesiana.

Ao aumentar a capacidade relativa de consumo da coletividade por meio da deformação da estrutura da produção e da ocupação, ao mesmo tempo o sistema reduz o crescimento do capital produtivo, evitando a abundância de capital e a queda da taxa de lucro.

O desvio sistemático de recursos para as atividades improdutivas e destrutivas, sob a égide do governo, é que provoca a impossibilidade de alocar aqueles recursos em setores que incrementariam as forças produtivas, levando a economia para a crise, rapidamente.

Assim, o remédio malthusiano-keynesiano é dual, atuando, ao mesmo tempo, como mecanismo de aumento relativo da capacidade de consumo da coletividade e reforçando aquele efeito através da preservação da escassez, da redução da abundância de meios de produção.

O departamento III, no qual se concentram os capitais, onde a força de trabalho improdutivo se alimenta com dinheiro estatal, não produz bens, porque seus produtos não são disponíveis, são *extra comercium*, como diziam os clássicos. Assim, a renda que o governo keynesiano cria naquele departamento III serve, em parte, para realizar o valor da produção de meios de consumo, aumentando a capacidade relativa de consumo da coletividade.

O departamento que produz meios de produção não mais os vende apenas para os empresários do departamento que produz meios de consumo, como acontecia na Grã-Bretanha até 1843. Uma parte das máquinas produzidas destina-se à produção de não-mercadorias, no departamento III, outra parte é exportada para as economias semi-integradas, por meio de transplante, geralmente produzindo no exterior os acréscimos à produção de meios de consumo. Portanto, de todas as máquinas produzidas pelo departamento I, das economias centrais, integradas, apenas uma parcela destina-se a produzir meios de consumo individual.

Toda esta renda aumenta a demanda de bens de consumo, de acordo com a propensão a consumir da sociedade de consumo, capitalista, em relação à oferta limitada pelas condições da própria estrutura da produção e da ocupação, fazendo subir o preço dos bens de consumo, aumentar os lucros e reduzir o salário real, como Keynes expressamente afirma.

A crise de 1907, quando terminou o auge fantástico das estradas de ferro, encontrou sua solução na preparação das armas e na Primeira Guerra Mundial.

A crise de 1929, que marca o término do fantástico processo acumulativo posterior à Primeira Guerra, encontrou sua solução na preparação das armas, a partir de 1933, e a recuperação na guerra e na reconstrução pós-bélica.

Infelizmente para o futuro da humanidade, o capitalismo do século XX deu razão a Malthus e a Keynes, evidenciando a imanência da grande dissipação, improdutiva e/ou destrutiva, às relações do capitalismo.

A crise do capitalismo keynesiano, que se aproxima dia a dia, encontra o componente bélico como o mais importante setor da economia capitalista cêntrica.

A guerra é o principal problema da economia política[11], que uma metodologia ideológica afastou aparentemente do universo de análise econômica, embora Keynes jamais o tenha feito.

As transformações que a crise levará à estrutura da produção, da ocupação, da distribuição, do consumo e da riqueza serão, no mínimo, tão profundas quanto aquelas acarretadas pela crise do mercantilismo e pela crise do *laissez-faire*.

A principal tarefa da economia, como ciência do homem, é divisar formas de superação da crise da economia keynesiana que não sejam a monótona recorrência do remédio malthusiano-keynesiano: a guerra.

Tanto em 1907 quanto em 1929, o componente bélico e seus equivalentes improdutivos constituíam uma pequena parte do produto, tendo, portanto, um campo potencialmente grande para expandir. Nos cinquenta anos de economia keynesiana aquele componente cresceu tanto que ocupa cerca de 70% do produto da economia cêntrica, uma vez determinadas as relações sociais embutidas nas não-mercadorias; a guerra, nessa estrutura de uma economia de guerra, não dinamizará a economia como aconteceu nos dois conflitos mundiais anteriores. Será uma destruição inútil, um sacrifício escatológico, em que apenas a reconstrução dos escombros abrirá, nos cemitérios da humanidade, oportunidades de novos investimentos.

Portanto a principal tarefa do economista consiste, hoje, em divisar formas capazes de superar a crise da economia keynesiana sem guerra, mostrando, se necessário, que a superação das relações de produção pode ter-se tornado um imperativo da sobrevivência e da realização do homem.

---

[11] Eric Hobsbawm considera as guerras como o fenômeno mais importante do século XX. Ver Eric Hobsbawm, *O breve século XX (1914-1991)* (São Paulo, Companhia das Letras, 1996).

Referências bibliográficas

AURELIUS, Marcus. Meditations. In: *Britannica Great Books*, v. 12. Chicago, Encyclopaedia Britannica, 1952.

BADALONI, Nicola. Marx e a busca da liberdade comunista. In: HOBSBAWM, Eric (org.). *História do marxismo*, v. 1. São Paulo, Paz e Terra, 1980.

BARAN, Paul A. *A economia política do desenvolvimento econômico*. São Paulo, Abril Cultural, 1984.

BARRÈRE, Alain. *Théorie* économique *et impulsion keynésienne*. Paris, Dalloz, 1952.

BARTON, John. *Observations on the Circunstances which Influence the Condition of Labouring Classes of Society*. Londres, s/n, 1817.

BAUDIN, Louis et al. (orgs.). *Traité d'*économie *politique*. Paris, Dalloz, 1953.

_______. *Le Crédit*. Paris, Fernand Aubier, 1934.

_______. *La Monnaie et la formation des prix*. 2. ed., Paris, Sirey, 1947.

_______. *Manuel d'économie politique*. Paris, Librairie Générale de Droit & Jurisprudence, 1953.

BENTHAM, Jeremy. *Escritos económicos*. Cidade do México, Fondo de Cultura Económica, 1965.

BETTELHEIM, Charles. *L'Économie soviétique*. Paris, Recueil Sirey, 1950.

BLOOMFIELD, Arthur. La nueva ciencia económica: la influencia de Keynes en la teoría y en la política económica. In: *Revista de Occidente*, Madri, 1955.

BOULDING, Kenneth Ewart. Análisis económico. In: *Revista de Occidente*, Madri, 1947.

CAMPOS, Carlos Álvares da Silva. *Hermenêutica tradicional e direito científico*. Belo Horizonte, Imprensa Nacional, 1970.

_______. *Sociologia e filosofia do direito*. Belo Horizonte, Del Rey, 1995.

CAMPOS, Lauro Álvares da Silva. *A crise completa:* a economia política do não. São Paulo, Boitempo, 2001.

_______. *Controle econômico e controle social*. Tese (Doutorado em Economia do Desenvolvimento), Roma, Universidade Pro DEQ, 1958.

_______. Mecanismos de sustentação do crescimento – I: o terciário. *Textos para Discussão*, n. 12. Brasília, Departamento de Economia da Universidade de Brasília, 1973.

_______. Mecanismos de sustentação do crescimento – II: As *Agenda*. *Textos para Discussão*, n. 13. Brasília, Departamento de Economia da Universidade de Brasília, 1974.

CLARK, Colin. *The Conditions of Economic Progress*. Londres, Macmillan, 1957.

CLOUSEAUX, Max. Mouvements généraux de hausse des prix à l'origine desquels le facteur monétaire se trouve avoir joué le rôle moteur. In: BAUDIN, Louis et al. (orgs.). *Traité d'*économie *politique*. Paris, Dalloz, 1953.

DILLARD, Dudley. *A teoria econômica de John Maynard Keynes*. São Paulo, Pioneira, 1989.

EINZIG, Paul. *Inflation*. Londres, Chatto & Windus, 1952.

FLAMANT, Maurice. *Traité d'économie politique*. Paris, Dalloz, 1951-1953, 2 v.

_______. *Théorie de l'inflation et politiques anti-inflationnistes*. Essais d'application de concepts keynésiens. Paris, Dalloz, 1952.

FREUD, Sigmund. *Totem et tabou*. Paris, Payot, 1924.

FROMM, Erich. *O medo à liberdade*. Rio de Janeiro, Zahar, 1980.

FURTADO, Celso. *Formação econômica do Brasil*. São Paulo, Editora Nacional, 1976.

_______. *A economia brasileira*: contribuição à análise de seu desenvolvimento. Rio de Janeiro, A Noite, 1954.

GALBRAITH, John Kenneth. *O novo Estado industrial*. Rio de Janeiro, Civilização Brasileira, 1968.

GOETHE, Johann Wolfgang. *Fausto*. Belo Horizonte, Villa Rica, 1991.

GOETZ-GIREY, Robert. Salaires et inflation depuis la Seconde Guerre Mondiale. In: Congrès des Économistes de Langue Française: Rapport. *La Revue d'Économie Politique*, Paris, n. 3, 1953.

GONNARD, René. *Histoires des doctrines monétaires dans ses rapports avec l'histoire des monnaies*. Paris, Sirey, 1935.

GOXENS, Antonio. *Inflación, deflación y tributos en la contabilidad de las empresas*. Madri, Aguillar, 1948.

GUDIN, Eugênio. *Princípios de economia monetária*. Rio de Janeiro, Agir, 1980.

GUITTON, Henri. *Economia política*, v. 2. Rio de Janeiro, Fundo de Cultura Econômica, 1961.

HANSEN, Alvin Harvey. *A Guide to Keynes*. Londres, McGraw-Hill, 1953.

HEILBRONER, Robert Louis. *História do pensamento econômico*. São Paulo, Nova Cultural, 1996.

_______. *Introdução à história das ideias econômicas*: grandes economistas. Rio de Janeiro, Zahar, 1959.

HICKS, John. *The Crisis in Keynesian Economics*. Oxford, Brasil Blackwell, 1974.

HILFERDING, Rudolf. *El capitalismo financiero*. Madri, Tecnos, 1974.

HOBSBAWM, Eric. *O breve século XX*: 1914-1991. São Paulo, Companhia das Letras, 1996.

HOBSON, John A. *Imperialism:* A Study. Ann Arbor, The University of Michigan Press, 1972.

JAMES, Émile. *Histoire de la pensée économique au XXème siècle*. Paris, Presses Universitaires de France, 1955.

JAMES, William. *Principles of Psychology*. Chicago, Encyclopaedia Britannica, 1955.

JEVONS, William Stanley. *A teoria da economia política*. São Paulo, Abril Cultural, 1983. Coleção Os Economistas.

KEYNES, John Maynard. Economic Possibilities for our Grand-Children. In: *Essays in Persuasion*. Nova York, Norton, 1963.

_______. *Essays in Persuasion*. Nova York, Norton, 1963.

_______. *Laissez-faire and Comunism*. Nova York, New Republic, 1926.

_______. Laissez-faire and Comunism. In: *Essays in Persuasion*. Nova York, Norton, 1963.

_______. *Teoria geral do emprego, do juro e da moeda*. Rio de Janeiro/Lisboa, Editora Fundo de Cultura, 1970.

_______. *Teoría general de la ocupación e interés y el dinero*. Cidade do México, Fondo de Cultura Económica, 1951.

_______. The Collected Writings of John Maynard Keynes. In: *Essays in Biography*. Londres, The Royal Economic Society, 1972.

_______. *The General Theory of Employment, Interest and Money*. Londres, The Royal Economic Society, 1976.

_______. *A Tract on Monetary Reform*. Londres, Macmillan, 1971.

_______. *Treatise on Money: The Pure Theory of Money*. Londres, Macmillan, 1971.

_______. *Treatise on Money: The Applied Theory of Money*. Londres, Macmillan,1971.

_______. How to Pay for the War. In: *Essays in Persuasion*. Nova York, Norton, 1963.

_______. *As consequências econômicas da paz*. Brasília, Editora Universidade de Brasília, 2002.

_______. O fim do laissez-faire. In: SZMRECSÁNYI, Tamás (org.), *Keynes*. São Paulo, Ática, 1984.

KLEIN, Lawrence R. La revolución keynesiana. *Revista de Derecho Privado*, Madri, 1952.

LABINI, Sylos. The Keynesians: A Letter from America to a Friend. *Quarterly Review*, Roma, Banca Nazionale del Lavoro, n. 2, out. 1949.

LEFEBVRE, Henri. *Sociologia de Marx*. São Paulo, Forense, 1968.

LHOMME, Jean; MARCHAL, Jean. *Contributions* à *une théorie réaliste de la répartition*. Paris, Librairie Armand Colin, 1952.

MANNHEIM, Karl. *Ideología y utopía*. Cidade do México, Fondo de Cultura Económica, 1941.

MARCHAL, André. *Méthode scientifique et science économique*, Paris, Genin, 1951.

_______. *Metodología de la ciencia económica*. Buenos Aires, El Ateneo, 1958.

MARSHALL, Alfred. *Principles of Economics*. Londres, Macmillan, 1961.

MARX, Karl. *Capital*, v. 1. Moscou, Progresso, 1974.

_______. *Capital*, v. 2. Moscou, Progresso, 1974.

_______. *Capital*. Londres, Lawrence & Wishart, 1974.

_______. *Contribuição à crítica da economia política*. São Paulo, Flama, 1946.

_______. *El capital*. Madri, M. Aguilar, 1931, tomo III.

_______. *Grundrisse*. Londres, Penguin Books, 1974.

_______. *Grundrisse*. Cidade do México, Siglo XXI, 1985, 3 v.

_______. *Theories of Surplus Value*. Londres, Lawrence & Wishart, 1969.

MARX, Karl; ENGELS, Friedrich. *L'Idéologie allemande*. Paris, Éditions Sociales, 1968.

MYRDAL, Gunnar. *Aspectos políticos da teoria econômica*. Rio de Janeiro, Zahar, 1962.

_______. Desenvolvimento e subdesenvolvimento. *Revista do Conselho Nacional de Economia*, Rio de Janeiro, n. 47, set.-out. 1957.

_______. *Los efectos económicos de la política fiscal*. Madri, Aguilar, 1948.

MUELLER, Max Gerhard. *Readings in Macroeconomics*. Nova York, Holt, Hinehart & Wiston, 1966.

NAPOLEONI, Cláudio. *Dizionario di economia politica*. Milão, Edizioni di Comunità, 1956.

NOGARO, Bertrand. *La Méthode de l'économie politique*. 2 ed., Paris, Domat-Montchrestieu, 1950.

NURKSE, Ragnar. *Problemas de formação de capital em países subdesenvolvidos*. Rio de Janeiro, Civilização Brasileira, 1957.

OGDEN, Charles Kay; RICHARDS, Ivor Armstrong. *El significado del significado*. Barcelona, Paidós, 1984.

OSER, Jacob. *The Evolution of Economic Thought*. Nova York, Harcourt, Brace & World, 1970.

PATINKIN, Don. Price Flexibility and Full Employment. *American Economic Review*, Chicago, v. 38, set. 1948.

PAULSEN, Andréas. *La nueva teoría económica*: una introducción a la teoría económica de John Maynard Keynes y a la política de pleno empleo. Bueno Aires, El Ateneo, 1957.

PIGOU, Arthur Cecil. *Teoria y realidad económica*. Cidade do México, Fondo de Cultura Económica, 1942.

PIROU, Gaëtan. *Les Doctrines économiques en France depuis 1870*. Paris, Librairie Armand Colin, 1925.

REED, John. Quase trinta. In: *Eu vi um novo mundo nascer*. São Paulo, Boitempo, 2001

RICARDO, David. *Princípios de economia política e tributação*. São Paulo, Abril Cultural, 1982. Coleção Os Economistas.

RIST, Charles. *Histoire des doctrines sur la monnaie et le crédit, depuis John Law jusqu'à nos jours*. 2. ed., Paris, Sirey, 1951.

ROBINSON, Joan. *An Essay on Marxian Economics*. Londres, Macmillan, 1976.

_______. *Filosofia econômica*. Rio de Janeiro, Zahar, 1979.

_______. The Relevance of Economic Theory. *Monthly Review*, jan. 1971.

SAMUELSON, Paul. *Introdução à análise econômica*. Rio de Janeiro, Agir, 1952.

_______. *L'Économique: techniques modernes de l'analyse économique*. Paris, Armand Colin, 1968.

SCHUMPETER, Joseph A. *História da análise econômica*, v. 3. Rio de Janeiro/Lisboa, Fundo de Cultura Brasil-Portugal, 1964.

_______. *Teorias econômicas*: de Marx a Keynes. Rio de Janeiro, Zahar, 1970.

SEERS, Dudlye. *The Levelling of Incomes Since*. Oxford, Blackwell, 1938.

SHAKESPEARE, William. *O mercador de Veneza*. 2. ed. Porto, Lello e Irmão, s/d.

SMITH, Adam. *La riqueza de las naciones*. Cidade do México, Fondo de Cultura Económica, 1958.

_______. *A riqueza das nações*. Lisboa, Fundação Calouste Gulbenkian, 1993.

STEINDL, Josef. *Maturidade e estagnação no capitalismo americano*. São Paulo, Abril Cultural, 1983. Coleção Os Economistas.

STRACHEY, John. *El capitalismo contemporáneo*. Cidade do México, Fondo de Cultura Económica, 1960.

_______. *Il capitalismo contemporáneo*. Milão, Feltrinelli, 1957.

SWEEZY, Paul Marlor. *La teoria dello sviluppo capitalistico*. Turim, Einaudi, 1951.

TINBERGEN, Jan. Keynes y la econometria. *Revista de Occidente*, Madri, 1968.

_______. *La teoria economica de John Maynard Keynes*. Madri, Aguilar, 1960.

WALRAS, Léon. *Compêndio de elementos de economia política pura*. São Paulo, Abril Cultural, 1983. Coleção Os Economistas.

WEBER, Max. *Economía y sociedad*. Cidade do México, Fondo de Cultura Económica, 1992.

_______. *Economia e sociedade*. Brasília, Editora Universidade de Brasília, 1991.

_______. *Historia económica general*. Cidade do México, Fondo de Cultura Económica, 1942.

_______. La ética protestante y el espirito del capitalismo. *Revista de Derecho Privado*, Madri, 1955.

WICKSELL, Knut. *Lições de economia política*. São Paulo, Abril Cultural, 1986. Coleção Os Economistas.

WILLEY, Jay Wilson. *Economics*: An Analytic Approach. 1956, mimeo.

Caricatura de Keynes feita pelo chargista neozelandês David Low, em 1934.

Impresso em novembro de 2016, ano em que se completam oito décadas da primeira edição da *Teoria geral*, este livro foi composto em Garamond Premier Pro, 11/13,5, e impresso em papel Avena 80 g/m^2 pela gráfica Rettec para a Boitempo, em outubro de 2016, com tiragem de 2 mil exemplares.